Liebe Gokçe

Von Herzen alles Gute zu Deinem
30. Geburtstag.
Wir freuen uns auf Dich und Deine
Zukunft in der Schweiz und
hoffen sehr, dass Du Dich wohlfühlen
wirst!
Viel Spass beim Durchlesen neuer
Marketing-Ideen und Strategien
grosser Brands...
          Alles Gute
          Clarin.

30. Mai 2009

Superbrands

VOLUME III

Argentina · Australia · Austria · Azerbaijan · Bangladesh · Benelux · Bolivia · Bosnia · Brazil · Bulgaria · Canada · Caribbean
China · Chile · Columbia · Costa Rica · Croatia · Cyprus · Czech Republic · Denmark · Dominican Republic
Eastern Africa · Ecuador · El Salvador · Egypt · Estonia · Finland · France · Germany · Greece · Guatemala · Honduras Hong
·Kong · Hungary · Iceland · India · Indonesia · Israel · Italy · Kazakhstan · Kuwait · Latvia · Lebanon · Lithuania · Macedonia
Malaysia · Mexico · Morocco · New Zealand · Nicaragua · Nigeria · Norway · Pakistan · Panama · Peru · Philippines · Poland
Portugal · Puerto Rico · Romania · Russia · Saudi Arabia · Serbia · Singapore · Slovakia · Slovenia South Africa · South Korea
Spain · Sri Lanka · Sweden · Switzerland · Taiwan · Thailand · The Maldives · Turkey
Ukraine · United Arab Emirates · United Kingdom · United States of America · Uruguay · Venezuela

Impressum

CHIEF EXECUTIVE OFFICER
Eamonn Sadler

CHIEF OPERATING OFFICER
Steve Dodgson

PROJECT DIRECTOR
Rhett Lego

BRAND LIAISON & PUBLIC RELATIONS DIRECTOR
Norbert R. Lux

REDAKTION
Sandra Liebich
Barbara Blaser

CHEFREDAKTEUR UND LEKTOR
Norbert R. Lux

GESTALTUNG UND LAYOUT
Satz & Grafik Kempter, Nürnberg
Schutzumschlag: Satz & Grafik Kempter
kontakt@sg-kempter.de

VERÖFFENTLICHT VON
Superbrands Ltd.
35, Ballards Lane
London – N3 1XW United Kingdom
www.superbrands.com

Vertreten in Deutschland und Österreich durch
The Conjoint Marketing Group
Rhett Lego
Rößlweg 9
82166 Gräfelfing
Deutschland
www.Superbrands.info

UNSER BESONDERER DANK GILT
Luke Johnson, Stephen Smith, Richard Thomas, Bill Colegrave,
Peter Ledbetter, Mark Farrer-Brown, Diane Linley,
Peter McCutchen, Carl Meyer, Ben Redmond, sowie Robert Knorr,
Claudia Lux, Carmen und Andreas Kempter, Roland Lang und
Rafal Serowik.

Copyright Superbrands Ltd. 2007
Alle Rechte vorbehalten

Superbrands ist eine eingetragene Marke; das Copyright liegt bei
Superbrands Ltd; der Schriftzug darf nur nach Genehmigung
verwendet werden.

Jegliche Reproduktion oder Kopie bzw. Übertragung von Logos,
Bildern und Texten aus diesem Buch auf elektronischem, digitalem
oder fotomechanischem Wege ist ohne vorheriges Einverständnis
durch Superbrands strengstens untersagt.

Die Eigentümer der in diesem Buch präsentierten Marken sind mit
der Nutzung und Reproduktion der Logos und Fotografien
einverstanden.
Die Gewährleistung der Angaben über die Marken kann von
Superbrands nicht übernommen werden, da die Inhalte
ausschließlich von den Marken bereitgestellt wurden.
Alle Angaben und Daten – insbesondere etwaige Preisangaben von
Werbebeispielen – entsprechen dem Stand vom Oktober 2007.

Druck
Winkowski Sp. z o. o. – www.winkowski.pl

ISBN 978-1-905652-38-9

Superbrands

VOLUME III

Das Buch ist allen Unternehmen gewidmet, die einen entscheidenden Beitrag zur Wirtschaftskraft Deutschlands leisten.

EINE PRÄSENTATION DER STÄRKSTEN MARKEN DEUTSCHLANDS

Inhalt

Vorwort Bundeswirtschaftsminister Michael Glos	6
Vorwort Chief Executive Officer und Chief Operating Officer	7
Vorwort Project Director und Brand Liaison & PR Director	8
Die Jury der Superbrands Germany	9
Franz Beckenbauer	12
adidas	14
After Eight	16
Alpina	18
ADAC	20
ARAL	22
Asbach	24
Auto Bild	26
BACARDI	28
BARMER	30
Bayern	32
BOBBY CAR	34
BOSE	36
BRIDGESTONE	38
BRITISH AIRWAYS	40
Chiquita	42
C&A	44
CosmosDirekt	46
Deutsche Bahn	48
Deutsche Bank	50
Deutsche Post	52
DFB	54
DHL	56
Drei Wetter taft	58
duschdas	60
Erdal	62
eterna	64
Fissler	66
Freixenet	68
Frosch	70
FC BAYERN MÜNCHEN	72
Hamburg Mannheimer	74
Handelsblatt	76
HARIBO	78
Hengstenberg	80
Hertz	82
HOFBRÄUHAUS	84
KÄRCHER	86
kinder Schokolade	88
Kneipp	90
Köstritzer	92
KRUPS	94
LEGO	96
Lufthansa	98
Maggi	100
MAN	102
MARTINI	104
metabo	106
Microsoft	108
Miele	110
MON CHÉRI	112
neckermann	114
NESCAFÈ	116
Nintendo	118
NIVEA	120
n-tv	122
o.b.	124
PENATEN	126
Persil	128
playmobil	130
poggenpohl	132
Postbank	134
RTL	136
SCHLECKER	138
Schwarzkopf	140
SMARTIES	142
Spalt	144
Stiebel Eltron	146
SKL	148
Underberg	150
Valensina	152
VARTA	154
VELUX	156
Villeroy & Boch	158
VISA	160
wüstenrot	162
Zewa	164
Superbrands-Cover aus aller Welt	166

Vorwort

Michael Glos MdB
Bundesminister für Wirtschaft und Technologie

Liebe Leserinnen und Leser,

Deutschland erlebt gegenwärtig einen wirtschaftlichen Aufschwung, dessen Kraft und Dynamik viele überrascht hat. Immer mehr Unternehmen melden volle Auftragsbücher und investieren wieder. Die deutsche Wirtschaft ist so zuversichtlich wie seit langem nicht mehr. Ganz besonders aber freue ich mich über die nachhaltige Verbesserung der Lage auf dem Arbeitsmarkt. Von der damit einhergehenden Belebung des Konsumklimas dürften nicht zuletzt die Anbieter von Markenartikeln profitieren.

Die wirtschaftspolitische Strategie der Bundesregierung, die vor allem auf Investitionsanreize und die Senkung der Lohnzusatzkosten gesetzt hat, gab der Konjunktur Schwung und hat das Vertrauen von Konsumenten und Investoren gestärkt. Doch die Politik kann nur den Rahmen schaffen, entscheidend ist und bleibt, dass die Unternehmen mit ihren Produkten am Markt überzeugen. Gerade im Zeitalter der Globalisierung mit seinem immer reichhaltiger und unüberschaubarer werdenden Warenangebot kommt hier der Marke als Unterscheidungs- und Identifikationsmerkmal eine herausragende Bedeutung zu.

Die Ära der großen Marken brach mit dem Aufkommen der industriellen Produktion und der in Folge stark zunehmenden Produktvielfalt an. Es entstanden Marken, die sich zum Teil bis heute erfolgreich behaupten und mitunter sogar zum Synonym für eine ganze Produktgruppe geworden sind. Denn Marken schaffen Orientierung. „Da weiß man, was man hat" – so bringt es ein bekannter Werbeslogan für ein traditionsreiches und zu den „Superbrands" zählendes deutsches Markenprodukt auf den Punkt.

Diese Funktion der Marke ist heute angesichts der mit der Globalisierung einhergehenden ständigen Ausweitung des Angebotes an Waren und Dienstleistungen wichtiger denn je. Gerade deutsche Anbieter können auf ausländischen Märkten oft vom guten Qualitätsimage deutscher Markenprodukte profitieren. Das weltweit hohe Ansehen von Produkten „Made in Germany" gründet auch auf dem Erfolg großer deutscher Marken. Eine gut geführte Marke kann von entscheidender Bedeutung für den Wert und den wirtschaftlichen Erfolg eines Unternehmens sein.

Die Bundesregierung ist sich des Problems, das die ständige Zunahme von Marken- und Patentverletzungen darstellt, sehr bewusst. Nach OECD-Schätzungen wurden im Jahr 2005 weltweit Piraterieprodukte im Wert von 150 Milliarden Euro gehandelt. Die Bundesregierung setzt sich deshalb auf allen Ebenen intensiv für die Bekämpfung der Produktpiraterie ein. Der deutsche Zoll hat zum Beispiel seine Grenzkontrollen deutlich ausgeweitet. In 2006 gelangen dem Zoll 10.000 Aufgriffe gefälschter Waren – dreimal so viel wie noch in 2003. Auch im Rahmen des G8-Gipfels in Heiligendamm war die bessere Durchsetzung geistiger Eigentumsrechte ein Schwerpunktthema.

Doch nicht nur der Staat, auch die Wirtschaft selbst ist hier gefordert; der Schutz des geistigen Eigentums ist eine gemeinsame Aufgabe von Politik und betroffenen Unternehmen. Im Vorfeld des G8-Gipfels hat die Bundesregierung deshalb gemeinsam mit Vertretern der deutschen Wirtschaft ein Strategiepapier entwickelt, das eine Zusammenstellung von Maßnahmen enthält, die die Unternehmen selbst ergreifen können, um sich gegen Produktpiraterie zu schützen.

Aber auch erfolgreiche Marken dürfen sich nicht darauf beschränken, das Erreichte zu schützen und zu bewahren. Sie müssen sich – die Beiträge in diesem Buch belegen dies eindrucksvoll – immer wieder veränderten Bedingungen anpassen und innovative Lösungen finden, um im globalen Wettbewerb zu bestehen, neue Märkte zu erobern und nicht hinter ihre Konkurrenten zurückzufallen. Mit der Auszeichnung der „Superbrands" wird die Aufmerksamkeit auf besonders starke, überzeugend geführte Marken gelenkt, die im Sinne von „Best Practices" Maßstäbe setzen.

Ich freue mich deshalb, dass in diesem Buchband nun schon zum wiederholten Mal die „Superbrands Germany" präsentiert werden – Marken, die auch für die wirtschaftliche Leistungsfähigkeit unseres Landes stehen. Allen, denen diese Auszeichnung zuteil wurde, gratuliere ich sehr herzlich!

Ihr

Vorwort

Im Namen des Managements von Superbrands Ltd. begrüßen wir Sie herzlich zu dieser dritten Ausgabe von Superbrands Germany!

77 der besten Marken, die in Deutschland aktiv sind, werden auf den folgenden Seiten vorgestellt. Dies gibt einen fantastischen Einblick, wie „alltägliche" Marken zu Superbrands werden.

Seit unserer zweiten Ausgabe aus dem Jahre 2005 hat sich sehr viel getan, einschließlich Deutschlands erfolgreicher Austragung der Fußball Weltmeisterschaft 2006. Mit diesem grandiosen Ereignis hat Deutschland der Welt auf eindrucksvolle Weise demonstriert, dass das Land nicht nur mit seiner legendären deutschen Tüchtigkeit glänzt, sondern dass die Menschen hier auch exzellente Gastgeber sind. Was die „Marke Deutschland" betrifft, so war die Weltmeisterschaft ein enorm positiver Indikator für die ständig wachsende Wirtschaftskraft des größten Marktes in Kontinentaleuropa.

Um das Thema Fußball fortzuführen, freuen wir uns ganz besonders, unsere allererste Persönlichkeit als deutsche Superbrand begrüßen zu dürfen. Die Legende *Franz Beckenbauer* bedarf in Deutschland eigentlich keiner Vorstellung. Allerdings wird nicht jeder alle Einzelheiten seiner erfolgreichen Karriere kennen, welche hier auf einer Doppelseite dargestellt werden.

Die deutschen Superbrands gehören zu einer ständig wachsenden Familie. Die Superbrands Organisation erstreckt sich bereits über 80 Länder weltweit, deckt alle Kontinente ab und erreicht Märkte die so unterschiedlich sind wie die USA, Nigeria, Sri Lanka und Indonesien! Ungeachtet der lokalen Kulturen und Gewohnheiten, wächst die globale Markenlandschaft in Größe, Wert und Wichtigkeit. Die Organisation Superbrands wird diese Entwicklung kontinuierlich verfolgen und seine Leser stets aktuell mit hochwertigen und aufschlussreichen Buchbänden über hervorragende Markenführung informieren.

Zum Schluss danken wir allen, die zum Erfolg dieses Buches beigetragen haben. Voran unserer geschätzten Jury, ohne deren Wissen, Erfahrung und objektive Beurteilung dieses Projekt nicht existieren würde. Des weiteren den Markenverantwortlichen und ihren Kollegen, die das Material für unsere Artikel lieferten und schließlich dem Superbrands Germany Team, dessen Energie und Einsatz sehr bewundernswert ist.

Wir hoffen, Ihnen gefällt diese Ausgabe von Superbrands Germany und wünschen Ihnen allen viel Freude beim Lesen!

Eamonn Sadler
Chief Executive Officer

Steve Dodgson
Chief Operating Officer

Vorwort

Rhett Lego
Project Director

Norbert R. Lux
Brand Liaison & Public Relations Director

Mit dem konjunkturellen Aufschwung in Deutschland hat auch die Markenlandschaft erneut an Lebendigkeit gewonnen. Es gibt eine Vielzahl von jungen, enthusiastischen, dynamischen Firmen, die sich ihre Position in der lokalen und globalen Wirtschaft und in den Köpfen der Konsumenten erobern. Und natürlich arbeiten die älteren, traditionelleren und etablierten Marken im Einklang, um all das, was die deutsche Grundeinstellung von Vitalität und Leidenschaft ausmacht, weiter zu entwickeln.

Markenführung umfasst viel mehr als „nur" die Verwendung eines Logos, das beim Verbraucher einen Wiedererkennungseffekt erzielt. Sicherlich ist dies ein wichtiger Bestandteil jeder Marke. Heute umfasst Brand Marketing aber auch weniger offensichtliche Komponenten wie zum Beispiel die äußere Erscheinungsform und funktionelle Details, Befriedigung, Markenwert, die Identität einer Marke, wie sie den Verbraucher anspricht und natürlich die Kernaussage, die Seele der Marke.

Die Leidenschaft Deutschlands, seiner Menschen und dementsprechend auch seiner führenden Marken manifestiert sich in solchen Unternehmen, die eine Identität und Markenkultur erschaffen. Aber geschäftlicher Erfolg ist nicht immer gleichzusetzen mit erfolgreicher Markenbildung. Herausragende Unternehmen - wie die 77 deutschen Superbrands - sprechen von ihrer Markenkultur und ihrer Geschichte und es gelingt Ihnen, sich vor allem einer immer stärker spezialisierten und besser informierten Öffentlichkeit zu präsentieren. Dieses Ethos ist in Deutschland sehr stark ausgeprägt.

Darüber hinaus sind es aber auch gerade die internationalen Unternehmen mit Ihren weltweit erfolgreichen Marken, die wiederum einen entscheidenden Beitrag zum wirtschaftlichen Erfolg Deutschlands leisten.

Mit dieser dritten Ausgabe würdigt Superbrands Germany die herausragende Arbeit führender Marken, die aktiv daran beteiligt sind, Deutschlands Position in der Welt weiterzuentwickeln und zu festigen.

Auf den folgenden Seiten stellen wir Ihnen einige der stärksten Marken Deutschlands vor. Sie alle wurden durch eine hochrangige Jury zu den besten des Landes gewählt.

Damit erhalten Sie Einblick in ihre Geschichte, ihre Produkte und ihre Wettbewerbsstärken. Das Buch würdigt auch den Erfolg und die Leidenschaft führender deutscher und internationaler Unternehmen, mit der sie sich im heutigen Wettbewerb behaupten.

Schließlich ist es uns eine besondere Ehre, dieses Jahr erstmals in der über 12-jährigen Geschichte der globalen Organisation Superbrands, eine Persönlichkeit auszuzeichnen – *Franz Beckenbauer*!

Jedes Land bringt Persönlichkeiten hervor, die Geschichte schreiben und deren Name allein schon den Status einer Superbrand erreicht haben – und dieser Entwicklung wollen auch wir nun Rechnung tragen. Superbrands – beziehungsweise unsere hochrangige Jury – ist überzeugt, dass *Franz Beckenbauer* diese Auszeichnung in besonderem Maße verdient, da er – wie kaum eine andere Persönlichkeit – Deutschland in der gesamten Welt repräsentiert.

Wir beglückwünschen alle Superbrands zu ihrer wohlverdienten Auszeichnung! Die Messlatte dazu ist enorm hoch und damit ein Beweis und eine Bestätigung der hervorragenden Markenführung.

Die Jury der Superbrands Germany 2007/2008

Die weltweite Organisation der Superbrands ist stolz auf die weitreichenden Kooperationen mit hochrangigen und höchst kompetenten Persönlichkeiten aus Wirtschaft, Medien sowie von Agenturen und Universitäten.

Ohne die nationalen Jurys wäre eine unabhängige Bewertung und Wahl zu den Superbrands nicht denkbar.
Superbrands Germany bedankt sich für eine außerordentlich gute Zusammenarbeit bei allen Jury-Mitgliedern, deren Aufgabe wahrlich nicht einfach und schnell zu erledigen war.

Nur mit ihrer Hilfe war gewährleistet, dass nach einem sensiblen Selektionsverfahren wirklich nur die Besten zu den Superbrands Germany gewählt wurden.

Die Bewertungskriterien sind weltweit gleich und schließen ein: Markendominanz, Kundenbindung, Goodwill sowie Langlebigkeit und gesamte Markenakzeptanz.

Andreas Arntzen
Geschäftsführer der Verlagsgruppe Madsack

- Als die ersten Rinder im amerikanischen Westen mit einem glühenden Eisen markiert wurden tat man dies, um sie wiedererkennbar zu machen. Fortan ward Rind nicht mehr gleich Rind, der Wettbewerb um die Marke hatte begonnen.
- Marken schaffen heißt, Dingen eine eigene Persönlichkeit zu verleihen, sie unverwechselbar zu machen.
- Tritt mit der zunehmenden Individualisierung von Produkten und Dienstleistungen die Marke in den Hintergrund oder können wir im Gegenteil sogar von einer „Renaissance" des Markengedankens ausgehen?
Wenn die Bedeutung von Marken rückläufig wäre, warum machen sich dann so viele Menschen Gedanken über die Bewertung von Marken.
- Die Superbrands sind weiterhin im Kommen, denn sie geben uns Orientierung, unterstützen unseren Trieb nach Kontinuität und Verlässlichkeit. Und selbst No-Name ist heute eine Superbrand.

Rainer Barth
Managing Director Grey Worldwide

- Das Geheimnis von Superbrands ist die Beständigkeit des Ziels!
- Börsenwert folgt Markenwert. Und Markenwert ist eine Frage des Markeninhalts, der klaren inhaltlichen Positionierung. Erfolgsmarken haben eine auf einen klar definierten Punkt konzentrierte Zielsetzung.
„Wofür soll die Marke stehen?", „Für was ist die Marke kompetent?"
Hieraus abgeleitet die „Vier Goldenen Gesetze" für erfolgreiches Brand Building.
- Präzise Zielorientierung.
- Eng fokussierte inhaltliche Markenidee zur Durchsetzung der Kernkompetenz.
- Innovation in der Vermarktung, im Produkt und kreative Brillanz in der Kommunikation als Basis zur Formulierung von überlegenen Angeboten im Markt.
- Konsequenz und Kontinuität in der Markenführung für den Aufbau von Brand Signals und Markenbesitzständen.
- Wenn das befolgt wird – dann „klappt`s auch mit der Marke". Dann kann aus einem Produkt eine Brand, aus einer Brand eine Superbrand werden.

Helmut Fleischer
Geschäftsführer der HF Consulting

- Eine Marke steht für den Eindruck, den „man" hat und sagt im Wesentlichen aus, für welche Werte sie steht und wie die Marke ist.
- Dies in wenige Worte zu fassen fällt Konsumenten aber auch Fachleuten nicht immer leicht. „Superbrand" braucht nicht viel Erklärungen, jede (r) versteht, was gemeint ist – einfach eine super Brand (Marke). Das Wording macht auch deutlich, dass es eine Vielzahl von Marken gibt, aber eben einige, die noch ein bisschen besser sind – eben super Brands.
- „Superbrand" bündelt die traditionelle Assoziation mit einer Marke (Qualität, Identität etc.) ideal mit Attributen wie Aktualität, Popularität, aber auch Sympathie und Nachfrage/Interesse („haben wollen").
- Superbrands sind im Wirtschaftsleben Synonyme für Spitzenleistungen, eine wichtige Orientierungshilfe für Konsumenten.

Dr. Hans H. Hamer
Verlagsgeschäftsführer AUTO BILD und Axel Springer Auto Verlag

- Eine Superbrand ist eine Marke, die kontinuierlich Vertrauen in ihre Qualität schafft.
- die subjektiv ein gutes Gefühl gibt.
- die Autorität hat.
- mit der sich der Verbraucher identifiziert.
- für deren Wert man bereit ist, auch einen entsprechenden Preis zu zahlen.

Dr. Erich Kaub
ehem. BTW-, DZT- und DeHoGa-Präsident, Aufsichtsratsvorsitzender der GATO AG

- Superbrands sind das „Salz in der Suppe" der Marktwirtschaft. Brands, die den Verbraucher informieren und klare Qualitätssignale setzen, haben eine herausragende Stellung in der Weltwirtschaft.
- Marken sind für das Vermögen einer Gesellschaft wichtiger als Industrieanlagen und nur mit dem wesentlichen Potenzial eines Unternehmens, nämlich seiner qualifizierten Mitarbeiter vergleichbar.
- Jede internationale Superbrand hat sich über eine regionale Marke zu einem nationalen und internationalen Brand durchgesetzt. Für jedes junge Unternehmen stellt dieses Faktum einen Anreiz für kontinuierliche und professionelle Positionierung seiner Marke dar.
- Die Auszeichnung für hervorragende Markenführung hilft einerseits dem Inhaber der Marke und ist eine bedeutende Anerkennung seines Marketings, motiviert aber andererseits auch kreative und dynamische Unternehmen, in diesem bedeutenden Kreis aufgenommen zu werden.

Wilhelm Kötting
Chefredakteur Bloomberg German TV

- Eine Superbrand ist schon seit Jahren da. Ich kenne sie. Sie gehört zu meinem Leben. Es macht mir die Entscheidung leicht, welches Produkt einer Warenkategorie ich kaufen soll. Jeder braucht sie oder will sie. Sie steht für Qualität und Zuverlässigkeit.
- Eine Superbrand beherrscht seinen Markt und die Marke ist seit Jahren gut geführt.
- Kaufe ich eine Superbrand, dann weiß ich: „Ich habe mich richtig entschieden, der Kauf war gut, ich bin zufrieden!"

Frank Mahlberg
Leiter des Vorstandsbüros Zeitungen des Vorstandsvorsitzenden der Axel Springer AG

- Eine starke Marke zeichnet sich durch Strahlkraft und Verlässlichkeit aus. Ergänzt um ein einheitliches Kommunikationsmuster und die ständige Veränderungsbereitschaft an Marktanforderungen entsteht eine Superbrand.
- Eine Superbrand wird geliebt, bewundert, beneidet, imitiert, bekämpft und manchmal auch verachtet. Die damit verbundene Faszination und Emotion ist eine maßgebliche Triebfeder für Wertschöpfung in einer Gesellschaft.

Ewald Manz
Senior Client Partner Korn/Ferry International

- Der Brauch, Produkte zu kennzeichnen und sie somit aus der Anonymität zu heben, ist Jahrhunderte alt; das Markieren von Produkten ist also keine Erfindung unserer Zeit.
- Schon im alten Rom, Ägypten, Troja wurden Gegenstände mit Symbolen versehen um ihre Identität zu kennzeichnen, mit der Überzeugung dass die von einem bestimmten Hersteller produzierten Waren besser sind als andere.
- Superbrands sind kein Selbstzweck, sie dienten schon früh und heute umso mehr der Identifikation und Differenzierung von Produkten.
- Ziel war und ist es „markierte Ware" begehrenswert zu machen, so dass sie gegenüber herkömmlichen Produkten vorgezogen wird.
- Superbrands sind die Leuchttürme im Nebel des Marktes, die dem Verbraucher auch in noch so schwierigen Phasen eine Orientierung bieten. Sie stehen wie Felsen in der Brandung der Reizüberflutung und trotzen somit Wind und Wetter – heißt Preis- und Werteverfall.

Laurence Mehl
Geschäftsführer der Verlagsgruppe Handelsblatt

Kerry O'Donoghue
Managing Director Germany
The New York Times Media Group

Klaus-Peter Schulz
CEO der BBDO Germany

- Starke Marken basieren auf einem hervorragenden Image und strategischer Markenführung. Sie überzeugen mit harten Faktoren wie Umsatz, Marktanteilen und Ertrag und schaffen es, Emotionen zu wecken und Nachfrage zu stimulieren.
- Wenn das richtige Geschäftsmodell und eine vitale Marke optimal vernetzt werden, lässt sich nicht nur in den klassischen Märkten sondern auch im Internet gutes Geld verdienen – weltweit. Die Zukunft solcher Marken liegt in der optimalen Nutzung der Medienkonvergenz.
- Eine starke Marke zeichnet sich dadurch aus, dass sie unverwechselbar und eindeutig ist. Sie soll dem Kunden Klarheit und Orientierung bieten sowie Kaufentscheidungsprozesse erleichtern helfen. Austauschbarkeit ist das Gefährlichste, was einer Marke widerfahren kann.
- Marken brennen sich in unser Gedächtnis ein und verändern uns.

- Jedes Jahr werden über 3.000 neue Produkte in Supermärkten vorgestellt.
- Nie zuvor hatten Konsumenten die Wahl aus einem so groß gefächerten Warenangebot wie jetzt, gesucht und favorisiert werden dennoch die bekannten Marken, die Superbrands. Wenn eine Marke stark genug ist das Verhalten und ebenso das Kaufverhalten eines Menschen zu verändern, dann ist es ein Superbrand. Um dies zu erreichen, muss die Marke Vertrauen schaffen. Ihr muss es gelingen kontinuierlich eine klare Botschaft zu übermitteln und eine emotionale Beziehung zwischen dem Kunden und der Marke aufzubauen.
- Die Herausforderungen an ein Unternehmen sind hierbei, einerseits ihre Marken in einem permanent wechselnden Umfeld zu schützen und zu pflegen und dennoch innovativ zu bleiben.
- Lebenseinflüsse ändern sich ständig. Konsumenten müssen immerfort Entscheidungen treffen. Sie entscheiden sich für Brands die sie kennen, denen sie vertrauen, die sie verstehen und respektieren, Superbrands.

- Marken gibt es viele. Aber darunter sind nur wenige Superbrands. Was zeichnet sie aus? Sie stehen für klare Werte und ein starkes Versprechen - besonders was die Produktqualität angeht. Superbrands sind relevant. Sie haben eine klare Orientierungsfunktion. Konsumenten greifen nach ihnen, selbst wenn sie zur Preis-Premium-Kategorie gehören. Rabattschlachten können ihnen so gut wie nichts anhaben.
- Superbrands sind krisenresistent. Ihre außergewöhnliche Stärke trägt entscheidend zum Erfolg des gesamten Unternehmens bei. Superbrands sind spätestens seit der Bilanzierung von Marken längst selbst ein Asset und können sogar den Unternehmenswert steigern.
- Voraussetzung ist allerdings eine kontinuierliche Markenpflege. Markenmanagement ist also kein Selbstzweck, sondern reines Wertmanagement.
- Superbrands holen den Konsumenten mit integrierten Kommunikationskonzepten über alle Touchpoints hinweg ab. Denn über Werbedruck allein kann heute keine Marke mehr zur Superbrand werden.

Dietrich Schulze van Loon
Geschäftsführer der Molthan van Loon Communications Consultants GmbH und Präsident der GPRA

Hartmut Scheffler
Geschäftsführer TNS Infratest Holding GmbH & Co. KG

Dr. Christoph Weger
Geschäftsführer der Gruner + Jahr New Media Ventures GmbH

- Relevanz, Aktualität, Begehrlichkeit und Image - das sind die Eigenschaften, die wirkliche Superbrands aufweisen. Gleichgültig, aus welchem Bereich sie kommen, diese vier Kriterien erfüllen sie allesamt. Die Markenstars berücksichtigen dabei gekonnt evolutionäre Veränderungen in Markt, Medien und Zielgruppen. Ihre Macher wissen genau, wohin sie langfristig wollen.
- Superbrands sind Evergreens und keine kurzlebigen Hits, sie sind die Leuchttürme, kein Buschfeuer also, das bald nur noch glimmt.
- Superbrands machen unsere Welt erlebnisreicher und bunter. Sie bieten Nutzen und Mehrwert, wecken mit ihrer Unverwechselbarkeit Emotionen und Sehnsüchte. Sie stellen einen besonderen Wert dar. Sie spielen eine wesentliche, identitätsstiftende Rolle für Käufer, Anwender und Konsumenten. Sie verfügen über das entscheidende Maß an Innovationskraft, das unabdingbar ist für die Weiterentwicklung von Wirtschaft und Gesellschaft unseres Landes. Sie sind Vor- und Leitbild gleichermaßen und Synonym für nachhaltigen Erfolg.

- Superbrands sind für mich Marken, die in ihrer Produktkategorie (oder auch Produktnische) sofort - und mit Topwerten - assoziiert werden, sofort ein klares Markenbild erzeugen, kontinuierlich stabile Preise erzielen (oft Premium-Preise), denen von allen Stakeholdern (nicht nur den Verbrauchern) Vertrauen entgegen gebracht wird und die in der Regel international aufgestellt sind. Ganz wichtig: Superbrands befriedigen gleichzeitig sowohl rationale Bedürfnisse wie emotionale wie symbolische Bedürfnisse und sind damit stärker gegen kurzfristige Moden oder zufällige Ereignisse gefeit.
- Zu Superbrands gehört auch nachhaltiger wirtschaftlicher Erfolg. Dies allein ist ein wichtiger Faktor im Wirtschaftsleben, nicht zu unterschätzen ist aber auch der damit verbundene psychologische Faktor: Superbrands "erhellen" die konjunkturelle Lage UND Stimmung.

- Superbrands sind die Königsklasse der Produkte und Dienstleistungen.
- Sie schaffen ein hohes Maß an Vertrauen beim Verbraucher, stehen für Qualität und Verlässlichkeit und für das gewisse Etwas. Sie haben eine einzigartige Identität, sind authentisch und unverwechselbar.
- Sie halten ihre Produktversprechen langfristig – manche über Jahrzehnte hinweg – und vermitteln dem Konsumenten damit ein Stück Heimat.
- Superbrands setzen Maßstäbe. Doch was gut ist, wird auch kopiert – durch Me-Too-Produkte oder illegal. Die Europäische Kommission will mit einer Reform ihres Zollsystems und hohen Strafen den Kampf gegen Produktpiraterie verschärfen.
- Nicht nur mit solchen Sanktionen wird es Trittbrettfahrern zukünftig schwer gemacht. Auch in Zeiten der Globalisierung ist schlicht die bestehende Substanz entscheidend für den anhaltenden Erfolg der Superbrands.

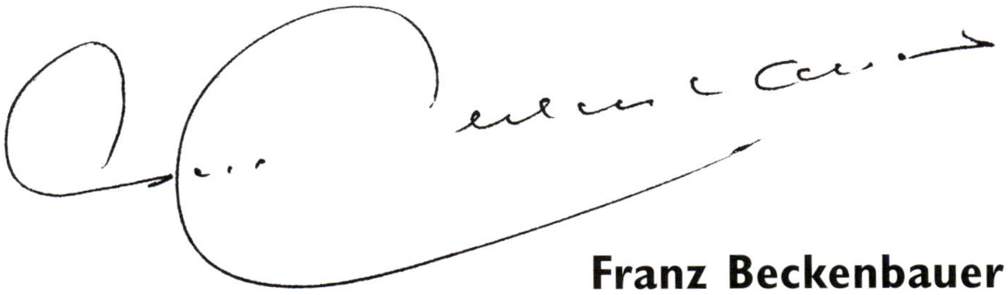

Franz Beckenbauer

Die internationale Organisation Superbrands zeichnet bereits in über 80 Ländern die stärksten und besten Marken aus. In der über 12-jährigen Geschichte von Superbrands wird nun erstmals mit **Franz Beckenbauer** eine Persönlichkeit geehrt.

Die Organisation findet die Zeit reif, nicht „nur" Produkt- und Unternehmensmarken auszuzeichnen, sondern eben auch verdiente Persönlichkeiten eines Landes.

Liegt der Fokus bei den Produkt- und Unternehmensmarken auf national und international tätige des jeweiligen Landes, so konzentriert sich Superbrands bei den Persönlichkeiten nun ausschließlich auf jene, die neben der großen Bedeutung im Heimatland vor allem auf internationaler Ebene selbst eine „Superbrand" geworden sind.

In welchem Land man auch immer die Herkunft mit „Germany" anspricht – an erster, zweiter oder maximal dritter Stelle kommt mit einem Raunen *Beckenbauer* über die Lippen! Und dies nicht „nur" bei der „einfachen" Bevölkerung – keineswegs! Wie sonst käme keinem Geringeren als Englands ehemaligem Premierminister *Tony Blair* bei einem Treffen 1999 mit den mächtigsten und berühmtesten Staatsoberhäuptern der Welt in den Sinn, *Franz Beckenbauer* ins Ohr zu flüstern, dass er – trotz aller anwesender Prominenz – eigentlich den bekanntesten Namen aller trage und an Ruhm nicht zu übertreffen sei – wahrlich eine Superbrand!

GESCHICHTE

Franz Beckenbauer wurde am 11. September 1945 in München geboren und wuchs im Stadtteil Giesing auf. Der gelernte Versicherungskaufmann begann seine Fußball-Karriere beim SC 1906 München, ehe er 1958 zum FC Bayern München, der damaligen „Nummer Zwei der Stadt", wechselte. Bereits in der Regionalliga (damals die zweithöchste Spielklasse) spielte *Beckenbauer* zusammen mit *Sepp Maier* und *Gerd Müller* und sollte fortan gemeinsam die sportlichen Höhenflüge des FC Bayern München begründen.

Am 2. September 1964 debütierte *Franz Beckenbauer* für die Mannschaft des FC Bayern München im Spiel der Regionalliga gegen die Stuttgarter Kickers. 1965 schaffte er zusammen mit seinem Team den Aufstieg in die Erste Bundesliga

Bereits am 26. September 1965 wurde *Franz Beckenbauer* erstmals in das deutsche Fußball-Nationalteam zu einem Länderspiel in Schweden berufen, und dies nach nur sechs Bundesliga-Spielen!

Bei der Fußballweltmeisterschaft 1966 in England ging schließlich der „Stern *Franz Beckenbauer*" am internationalen Fußball-Himmel auf und sollte bis heute nicht verglühen.

Am 25. April 1971 führte *Franz Beckenbauer* erstmals als Kapitän der Nationalmannschaft sein Team gegen die Türkei in Istanbul auf´s Feld.

Seinen sportlichen Höhepunkt als Spieler der Nationalmannschaft feierte *Beckenbauer* 1974 mit dem Gewinn der Fußball WM in München.

1977 wechselte *Beckenbauer* vom FC Bayern München für drei Jahre zum amerikanischen Team Cosmos New York. Dort erspielte er sich an der Seite von *Pelé* drei US-Meister-Titel, ehe er 1980 nach Deutschland zum Hamburger SV zurückkehrte.

Im November 1983 trat *Franz Beckenbauer* von der aktiven Profi Fußballer-Laufbahn zurück.

Die Höhepunkte und Erfolge seiner fußballerischen Laufbahn würden dieses Kapitel sprengen, so dass wir diesen ein eigenes widmen und uns auch den „anderen Seiten" des „Kaisers" zuwenden ….

Im Jahre 1984 berief der Deutsche Fußball Bund *Franz Beckenbauer* zum Team-Chef der deutschen Fußball-Nationalmannschaft mit der seine Erfolgsgeschichte als Trainer weiterging.

1986 führte *Franz Beckenbauer* Deutschland zur Vize-Weltmeisterschaft, ehe er 1990 mit dem Gewinn des Weltmeistertitels auch die Krönung der Trainer-Laufbahn erfuhr.

Franz Beckenbauer ist in dritter Ehe mit *Heidi Beckenbauer* verheiratet und hat neben den beiden jüngsten Kindern *Joel* und *Francesca* noch die Söhne *Thomas, Michael* und *Stefan* aus den vorangegangenen Beziehungen.

Die Karriere von *Franz Beckenbauer* führt als Funktionär und Sportpolitiker zu weiteren herausragenden Erfolgen. So wurde er 1991 Vizepräsident und 1994 schließlich Präsident des FC Bayern München. Im Jahre 2000 wurde *Franz Beckenbauer* vom DFB zum Präsidenten des Organisationskomitees für die Fußball-Weltmeisterschaft 2006 in Deutschland ernannt und krönte diese Arbeit schließlich mit der wohl eindrucksvollsten Fußball-Weltmeisterschaft aller Zeiten.

Seit 1982 kümmert sich *Franz Beckenbauer* mit seiner nach ihm benannten Stiftung auch um bedürftige, behinderte und unverschuldet in Not geratene Menschen.

Trotz seiner knapp bemessenen Zeit generierte er bei Golfturnieren und persönlichen Terminen große Summen für die Stiftung, so dass in den vergangenen 25 Jahren über acht Millionen Euro an Hilfsbedürftige weiter gegeben werden konnten.

ERRUNGENSCHAFTEN UND ERFOLGE

Nicht zu unrecht füllen die Erfolge von *Franz Beckenbauer* als Sportler und Funktionär beziehungsweise Sportpolitiker so manche Bücher, und so bleibt es in diesem – eher bescheidenen – Rahmen nur möglich, die wichtigsten tabellarisch aufzulisten:

Erfolge als Spieler
- Fußball-Weltmeister (1974)
- Vizeweltmeister (1966)
- Fußball WM Dritter (1970)
- Europameister (1972)
- Vizeeuropameister (1976)
- Europapokal der Landesmeister: Sieger (1974, 1975, 1976) mit Bayern München
- Europapokal der Pokalsieger: Sieger (1967) mit Bayern München
- Weltpokalsieger: (1976) mit Bayern München
- Deutscher Pokalsieger: (1966, 1967, 1669, 1971) mit Bayern München
- Deutscher Meister: (1969, 1972, 1973, 1974) mit Bayern München sowie (1982) mit dem Hamburger SV
- US Meister: (1977, 1978, 1980) mit Cosmos New York
- Deutscher Fußballer des Jahres
- Europas Fußballer des Jahres
- Ehrenspielführer

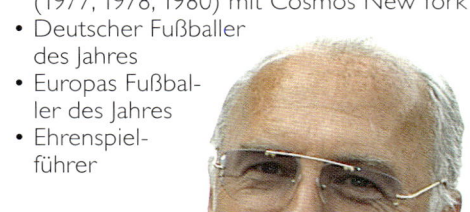

   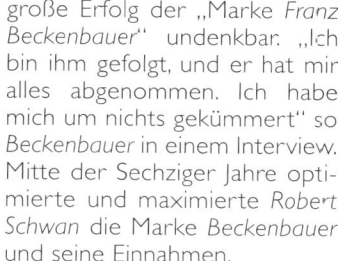

Erfolge als Trainer
- Fußball-Weltmeister 1990 mit Deutschland
- Vizeweltmeister 1986 mit Deutschland
- UEFA-Cup-Sieger 1996 mit Bayern München
- Deutscher Meister 1994 mit Bayern München
- Französischer Meister 1991 mit Olympique Marseille

Erfolge als Sportfunktionär
- Als Präsident des FC Bayern München hat *Franz Beckenbauer* den Verein weiter zu nationalen wie internationalen Erfolgen geführt und zu einem der renommiertesten Fußballvereine weltweit ausgebaut.

- Die Fußball-Weltmeisterschaft 2006 wurde – dank seines Engagements und unermüdlichen Einsatzes – mit überwältigendem Erfolg in Deutschland ausgetragen und war laut FIFA Präsident *Sepp Blatter* „Die beste Weltmeisterschaft aller Zeiten!"

Auszeichnungen (Auszug)
- 2007 Laureus World Sports Awards Preis für das Lebenswerk
- 2007 Auszeichnung „Genie des Weltfußballs" durch die IFFHS
- 2006 Großes Verdienstkreuz des Verdienstordens der Bundesrepublik Deutschland
- 2006 Auszeichnung mit der „Goldenen Sportpyramide" der Deutschen Sporthilfe für sein Lebenswerk
- 2006 Großer Verdienstorden am Bande (höchste Auszeichnung) des Südamerikanischen Fußballverbandes Conmebol.
- 2005 Persönlicher Preis des Bayerischen Ministerpräsidenten beim Bayerischen Sportpreis
- 2005 Bambi zusammen mit *Péle* in der Kategorie Millennium-Bambi (darüber hinaus zahlreiche weitere Bambis in den Jahren 1986, 1990, 1995 und 2000)
- 2004 Ehrendoktor der Nationalen Sportakademie Sofia
- 2004 Jahrhundert-Verdienstorden des Fußball-Weltverbandes FIFA
- 1999 Platz 3 bei der Wahl zum Weltfußballer des 20. Jahrhunderts
- Ehrennadel der FIFA
- 1986 Verdienstkreuz I. Klasse des Verdienstordens der Bundesrepublik Deutschland
- 1982 Bayerischer Verdienstorden
- 1976 Verdienstkreuz am Bande des Verdienstordens der Bundesrepublik Deutschland
- 1966 und 1967 Silbernes Lorbeerblatt

MARKT

In der reizüberfluteten Medien-Welt zählt heutzutage die Kontinuität kaum mehr. Immer mehr, schneller, höher, verworrener und verrückter – sei es in den Print-Medien (noch am harmlosesten), im Radio, im Kino, Fernsehen oder Internet. Auffallen um jeden Preis mit nahezu jedem Mittel – dies scheint wohl der einzige Weg des Marketings und der PR der Zukunft zu sein. Und dabei gibt es (weltweit) nur wenige Persönlichkeiten, die über Jahrzehnte Beständigkeit und Kontinuität zeigen.

Neben der Musik- und Medien-Branche bringt gerade der Sportbereich die angesehensten und glaubwürdigsten Testimonials auf den Markt – und dies weltweit und Religion-übergreifend!

Nur wenigen Persönlichkeiten des 20. Jahrhunderts ist es gelungen, über Jahre und Jahrzehnte als Testimonial – teilweise parallel und mit den unterschiedlichsten Partnern – erfolgreich „zu überleben". Dazu zählt mit Sicherheit *Franz Beckenbauer*, und dies nicht nur national, da er in der Welt als Superbrand zum Inbegriff von Deutschland zählt.

Aus der (Werbe-)Medienwelt sind Testimonials ebenso wenig wegzudenken, wie die Testimonials selbst durch Ihre Persönlichkeit in der Medien-Landschaft. Sei es als Kolumnist, Redakteur, Produzent oder Moderator herausragender Events – bekannte Persönlichkeiten „begleiten" uns tagaus tagein.

WERBUNG UND PRODUKT

Es vergeht wohl kaum ein Tag, an dem *Franz Beckenbauer* – in welcher Form auch immer – nicht in den Medien vertreten ist. Sei es als höchstkompetenter Gesprächspartner, Kommentator oder auch als Testimonial. Das sorgt für hohe Bekanntheitswerte. Was wiederum ein gewichtiges Argument für potentielle Werbepartner ist – die perfekte Vermarktungskette für die Marke *Beckenbauer*. – Dies kommt nicht von ungefähr. Ohne *Robert Schwan*, dem langjährigen Mentor und Berater, wäre der große Erfolg der „Marke *Franz Beckenbauer*" undenkbar. „Ich bin ihm gefolgt, und er hat mir alles abgenommen. Ich habe mich um nichts gekümmert" so *Beckenbauer* in einem Interview. Mitte der Sechziger Jahre optimierte und maximierte *Robert Schwan* die Marke *Beckenbauer* und seine Einnahmen.

Die „Geburt" des Werbestars begann mit Knorr-Suppen („Kraft in den Teller – Knorr auf den Tisch"). Sponsorenverträge und weitere Engagements ließen nicht mehr lange mehr auf sich warten – es galt strategisch zu sondieren, dirigieren und entscheiden. Dies mit bestem Erfolg und schließlich auch weltweit – Cosmos New York lässt grüßen.

Hatte *Franz Beckenbauer* schon als Spieler einen langen Atem beziehungsweise „die zweite oder dritte Lunge", so scheint dies in den vergangenen zehn Jahren mit seinen Engagements und Aufträgen erst recht so zu sein.

Alle Geschäfte laufen über die SKK-Rofa AG in der Schweiz, deren Exklusivbeauftragter heute *Marcus Höfl* ist. Das Unternehmen hält alle Vermarktungsrechte am Namen *Beckenbauer*.

AKTUELLE ENTWICKLUNG

Auch wenn von einigen (wenigen) Ecken die „Omnipräsenz" von *Franz Beckenbauer* kritisiert wird, so darf man dies getrost weniger als Kritik, sondern vielmehr als Neid bezeichnen. „Neid ist die höchste Form der Anerkennung" – wer auch immer diesen Spruch formulierte, hat bei *Beckenbauer* mit Sicherheit recht! „Franz schafft immer, was er will", so *Pelé*, Fußballlegende und langjähriger Freund des Kaiser, mit dem er Ende der Siebziger Jahre bei Cosmos New York gespielt hat. Neider hat *Franz Beckenbauer* Gott sei Dank kaum, dafür umso mehr Anerkennung von allen Schichten der Bevölkerung – und dies auf der ganzen Welt.

So kommt es nicht von ungefähr, dass *Franz Beckenbauer* zur Zeit mit sieben Firmen kooperiert – adidas, Audi, Bild, EnBW, Erdinger, Postbank und T-Home / Premiere.

Nie aber hat er in all den Jahren das Ziel aus den Augen verloren, mit seiner Stiftung notleidenden Menschen zu helfen.

www.beckenbauer-stiftung.de

Wussten Sie schon von Franz Beckenbauer?

- Den Spitznamen Kaiser erhielt *Franz Beckenbauer* von den Medien 1968 als man – anlässlich eines Freundschaftsspiels des FC Bayern München in Wien – Fotoaufnahmen mit ihm neben einer Büste des ehemaligen österreichischen *Kaisers Franz I.* schoss.
- In der Saison 1990/91 war *Beckenbauer* Cheftrainer (später technischer Direktor) von Olympique Marseille
- *Franz Beckenbauer* bestritt 103 Länderspiele und schoss 14 Tore
- In der Bundesliga erzielte *Beckenbauer* 44 Tore für den FC Bayern München
- Mit vier Eigentoren steht er immer noch auf Platz drei der Eigentorschützen-Tabelle der Bundesliga
- *Franz Beckenbauer* ist leidenschaftlicher Golfspieler mit Handicap 10
- Der Lebensmittelpunkt des Familienmenschen *Beckenbauer* liegt in Salzburg

adidas

MARKT

Der Markt in der Sportartikelindustrie wird beherrscht von wenigen großen Marken, flankiert von einer Reihe von Nebenspielern, unter denen sich auch zunehmend „traditionelle" Modelabels finden, die auf den Sportmarkt drängen.

Neben klassischer Sportbekleidung und Sportschuhen liegt auch vermehrt vom Sport inspirierte Mode im Trend. Um die Konsumenten deshalb gezielter anzusprechen, ist adidas in zwei Divisionen eingeteilt - Sport Performance und Sport Style.

adidas Sport Performance bietet attraktive funktionelle Produkte für Freizeit- und Profi-Sportler. Technologische Innovation und Leidenschaft für Leistung stellen die Eckpfeiler dieser Division dar. Wichtige Kategorien sind hier zum Beispiel Running, Fußball, Basketball und Training.

Die Sport Style Division von adidas verbindet die authentische Vision und Leidenschaft, mit der *Adi Dassler* vor mehr als 80 Jahren zum Sport kam, mit dem dynamischen Lifestyle von heute. Das Ergebnis ist eine perfekte Kombination aus jahrzehntelanger Sporttradition sowie internationaler Mode und umfasst die Kollektionen von adidas Originals sowie Y-3 in Kooperation mit *Yohji Yamamoto*.

ERRUNGENSCHAFTEN UND ERFOLGE

2006 war ein ereignisreiches und erfolgreiches Jahr sowohl für die Marke adidas als auch das gesamte Unternehmen. Mit dem Abschluss der Akquisition von Reebok International Ltd. durch die adidas Gruppe entstand ein Unternehmen mit einer eindrucksvollen Präsenz im weltweiten Sportartikelmarkt.

Im April 2006 unterzeichneten die Marke adidas und die National Basketball Association (NBA) eine elfjährige strategische Merchandising-Partnerschaft, mit der adidas ab der Saison 2006/2007 zum offiziellen NBA-Ausrüster für Trikots und Bekleidung wurde.

Als offizieller Sponsor, Ausrüster und Lizenznehmer hat adidas die FIFA Fußball-Weltmeisterschaft 2006™ genutzt, um die Stellung als weltweiter Marktführer im Fußball weiter auszubauen. Dazu trägt auch die langfristige Partnerschaft mit der UEFA bei. adidas besitzt die weltweiten Sponsorenrechte für die UEFA EURO 2008™ in Österreich und der Schweiz. Zudem haben die UEFA und adidas ihre UEFA Champions League™ Partnerschaft verlängert, so dass adidas bis 2009 die offiziellen Spielbälle für die UEFA Champions League™ stellen wird.

Auch für das Megaereignis 2008, die Olympischen Spiele in Beijing, hat sich adidas bestens positioniert: als offizieller Sportswear Partner der Olympischen Spiele und Ausrüster der Olympiamannschaft von China.

GESCHICHTE

Adi Dassler, Schuster aus dem bayerischen Städtchen Herzogenaurach, fertigte 1920 seine ersten Turnschuhe. Aus bescheidenen Anfängen erwuchs adidas zu einem global agierenden Konzern, der heute weltweit als Synonym für Sport schlechthin gilt. Viele der Grundprinzipien, die schon für die ersten Schuhe galten, sind bis heute tief in der Philosophie des Unternehmens verwurzelt.

Dassler, selbst sowohl Sportler als auch Schuhfabrikant, setzte seine praktischen Kenntnisse in die Herstellung von Produkten um, die zu einer Leistungssteigerung auf höchstem sportlichem Niveau beitrugen.

Dasslers Verdienste um den Sport brachten ihm mehr als 700 Patente und andere Markenrechte ein, viele davon für neuartige, revolutionierende Produkte.

Heute wie damals greift das Unternehmen dabei die ganz spezifischen Anforderungen der Sportler auf, um daraus Erkenntnisse abzuleiten für die Produktion von leistungsstärkerer Schuhe und Bekleidungsartikel.

Der Leitsatz „zuhören, testen, verbessern", dem *Dassler* ursprünglich anhing, ist auch heute noch Schlüssel für die Forschungs- und Entwicklungsanstrengungen des Unternehmens.

Zu den technischen Innovationen zählt der weltweit erste Fußballschuh mit auswechselbaren Schraubstollen. Seit adidas bei den Olympischen Spielen in Amsterdam 1928 die ersten Sportler ausrüstete, errangen Sportler, die bei Olympischen Spielen und Weltmeisterschaften Schuhe oder Sportkleidung von adidas trugen, zahlreiche Weltrekorde und Medaillen.

PRODUKT

Vor mehr als 80 Jahren begann *Adi Dassler* mit der Fertigung von Produkten, die speziell auf die Anforderungen von Sportlern abgestimmt sind. Seine Produkte waren seit jeher von Innovationen geprägt und haben die Welt des Sports für immer verändert.

adidas ist führend in Innovation und Design und strebt danach, Sportlern auf jedem Niveau mit jedem Produkt, das adidas auf den Markt bringt, zu Spitzenleistungen zu verhelfen. Bei der Fußball-Weltmeisterschaft im eigenen Land stellte adidas dies eindrucksvoll unter Beweis.

AKTUELLE ENTWICKLUNG

Mit dem weltweit ersten wahrhaft intelligenten Laufschuh führte adidas die Vision seines Gründers, die Welt des Sports zu verändern, 2004

weiter. Die intelligente Dämpfung des adidas_1 passt sich beim Laufen ständig selbst an. 2006 folgte die Basketballversion des adidas_1.

Auch im Bereich Fußball präsentierte adidas Neuheiten: mit dem ersten modularen Fußballschuh, dem +F50 TUNIT sowie dem offiziellen Spielball der FIFA Fußball-Weltmeisterschaft 2006™. Der adidas +Teamgeist™ weist eine revolutionäre Konstruktion aus 14 Panels mit einer absolut runden Außenhaut auf, die den Spielern erhebliche Verbesserungen in Bezug auf die Präzision und die Ballkontrolle bietet.

Richtungsweisend sind auch die Clima365™ Textil-Technologien (CLIMALITE®, CLIMACOOL®, CLIMAWARM®, CLIMAPROOF®), die die Körpertemperatur eines Läufers unabhängig von den äußeren Bedingungen 365 Tage im Jahr optimieren.

TechFit mit Powerweb hebt adidas Performance-Sportbekleidung auf ein neues Niveau. Anhand von intensiven Studien der Muskeln von Athleten sowie deren Bewegungen wurde eine einzigartige Technologie entwickelt, die in nahezu jeder Sportart angewendet werden kann. Durch die Kompression, also das Einwickeln des Muskels in einen eng anliegenden Stoff, kann die sportliche Leistung verbessert werden.

'Seeing Red'

adidas.com

Impossible is nothing

Mit der ForMotion™ Technologie bietet adidas ein umfassendes Konzept für hochwertige Schuhe und Bekleidung. Inspiriert durch Autofahrwerke präsentiert adidas im Schuh-Bereich ein aktives, funktionales Zwischensohlensystem, das vertikale und horizontale Dämpfung voneinander trennt. Dies schafft mehr Stabilität, eine bessere Bewegungskontrolle und reduziert die Beanspruchungen der Knie und Knöchel erheblich. Bei der Bekleidung stellt ForMotion™ sicher, dass die extremen Bewegungsmomente des Athleten während seines Sports optimal unterstützt und beispielsweise lineare, rotierende oder helixförmige Bewegungen berücksichtigt werden. Durch die Anpassung der Schnitte an die jeweilige Sportart ist eine außergewöhnlich gute Bewegungsfreiheit garantiert.

WERBUNG

Mit der Weiterführung des 2004 vorgestellten Markenkonzepts „Impossible is Nothing" präsentiert adidas 2007 eine neue Kampagne, in der jeder ermutigt wird, den ersten Schritt zu tun, um sein persönliches „Impossible" zu erreichen. Durch die wahren Geschichten von Sportlern, die sich an scheinbar unmögliche Ziele herangewagt und diese erreicht haben, möchte adidas die Menschen ermutigen, über ihre eigenen Grenzen nachzudenken – und diese zu überwinden.

MARKENWERT

adidas ist eine starke Marke. Eine Marke, die sich für Athleten, Produkte, Innovationen und eine Führungsrolle im Sport einsetzt. Eine Marke, die sich allen Sportbegeisterten widmet – sowohl dem Athleten, der an seine Grenzen stoßen will als auch demjenigen, der an seiner persönlichen Bestleistung arbeitet – oder einfach Freude am Sport hat.

Die Botschaft der Marke ist es, die „weltweit führende Sportartikelmarke" zu sein. Dies bedeutet führend zu sein in der Produktherstellung, bei Innovationen, im Sport und in der Betreuung von Athleten.

Die Werte von adidas sind einzigartig. Seit über 80 Jahren handelt und kommuniziert adidas mit seinen Kunden, Sportlern und der ganzen Welt auf der Basis dieser Werte. Für die Marke adidas gelten sechs zentrale Werte: authentisch, leidenschaftlich, innovativ, inspirierend, engagiert, ehrlich.

www.adidas.de

Wussten Sie schon von adidas?

- *Adi Dassler* hatte Bäcker gelernt, fand aber keine Anstellung und begann daher mit der Herstellung von Schuhen im Hinterzimmer einer Wäscherei seiner Heimatstadt.

- Die erste Maschine, die *Adi Dassler* installierte, war eine ausgeklügelte, von Hand zu betreibende Schneidemaschine, die er aus Abfallholz und einem alten Fahrrad gebastelt hatte.

- Der amerikanische Läufer *Jesse Owens* gewann bei der Olympiade in Berlin 1936 vier Goldmedaillen in Schuhen von *Adi Dassler*.

- *Adi Dasslers* Bruder *Rudolf* gründete das Unternehmen „Puma".

- *Adi Dassler* entwickelte den weltweit ersten auswechselbaren Schraubstollen für Fußballschuhe.

MARKT

Seit über 40 Jahren steht After Eight in Deutschland für minzigen Schokoladengenuss auf die feine englische Art – und erfreut sich nach wie vor sehr großer Beliebtheit. Die hauchzarten Minztäfelchen haben sich über die Jahrzehnte als echte Institution auf dem Pralinenmarkt etabliert. In den Köpfen der Verbraucher steht After Eight für die gelungene Kombination aus Tradition und Moderne. Seit ihrer Einführung 1966 stehen die edlen Minztäfelchen für stilvolle Genussmomente und ein kleines Stückchen Luxus für jeden Tag.

Any Time Platz Eins bei Neueinführungen im Convenience-Markt, ein Preis der Lebensmittel-Praxis für besonders innovative Produkte. Im selben Jahr erhielt das After Eight Fine Sticks-Runddisplay den Deutschen Verpackungspreis.

GESCHICHTE

Bereits in den Sechziger Jahren wurde After Eight auf dem englischen Markt eingeführt – damals noch von der Firma Rowntree. Wenige Jahre später fanden die stilvollen Minztäfelchen dann auch ihren Weg nach Deutschland. Musste die feine

 1987    1995    2001    2005

Der deutsche Pralinenmarkt ist stark durch Innovationen und Renovationen geprägt – die Konsumenten wünschen sich Abwechslung und Vielfalt im Regal, kombiniert mit bekannten und beliebten Klassikern. Kernzielgruppe von After Eight sind die Best Ager: Selbstbewusste, anspruchsvolle und jung gebliebene Genießer über 50. Heute sind über die Hälfte der After Eight Käufer älter als 50 Jahre, fast zwei Drittel davon sind weiblich. Obwohl der Pralinenmarkt heiß umkämpft und insgesamt sogar leicht rückläufig ist, verzeichnet After Eight auch 2007 Zuwächse und kann seinen Marktanteil ausweiten.

ERRUNGENSCHAFTEN UND ERFOLGE

After Eight ist der Begründer des Segments für Minzschokolade. Und dank der hochwertigen Zutaten und der strengen Qualitätskontrolle sind die Pralinen aus dem Hause Nestlé noch immer führend in diesem Markt. After Eight wurde bereits mit zahlreichen Preisen ausgezeichnet – unter anderem für besonders innovative Verpackungskonzepte und Produktinnovationen. Denn gerade am Point of Sale sorgen ein frisches, elegantes Design, innovative Displays und der markentypische Auftritt in dunkelgrün für ein einheitliches Erscheinungsbild und schnelle Wiedererkennung.

Seit einigen Jahren gewinnt After Eight deutsche, europäische und internationale Preise für Produkte, Verpackungen und Displays. Beispielsweise erhielt die After Eight Presentbox, als raffinierte Verpackung für die klassischen Minztäfelchen, im Jahr 2004 den Worldstar Packaging Competition Award, der von der World Packaging Organisation verliehen wurde. Zwei Jahre später, 2006, gewann After Eight

Schokoladenspezialität 1966 noch aus England importiert werden, lief sie bereits ein Jahr später im Hamburger Schokoladenwerk vom Band. Hier wurde eine komplett neue Produktionshalle nur für After Eight errichtet. In den folgenden Jahren stieg die produzierte Menge an. Aus diesem Grund kam schon bald eine zweite Produktionsanlage mit angeschlossenem Labor dazu, um der großen Nachfrage – und den hohen Qualitätsansprüchen – auch weiterhin gerecht zu werden. 1988 wurde das Unternehmen Rowntree von der Nestlé SA erworben – und damit auch die Marke After Eight.

Bis Mitte der Neunziger Jahre gab es ausschließlich das klassische After Eight Minztäfelchen. Erst 1995, fast drei Jahrzehnte nach der ursprünglichen Markteinführung, kam mit der After Eight Collection die erste Produktweiterentwicklung auf den Markt. Die Pralinenmischung mit einer Auswahl an Schokoladen-Spezialitäten mit feiner Minznote wurde einige Jahre später in „My Favourite" umbenannt. Seit 2000 sind der After Eight Weihnachtsmann und der After Eight Osterhase aus dunkler Schokolade fester Bestandteil im alljährlichen Saisongeschäft. Um für noch mehr Vielfalt und Abwechslung zu sorgen, kamen im Jahr 2004 erstmals die limitierten Sorten After Eight White mit weißer Schokolade und After Eight Milde Orange mit fruchtiger Orangen-Füllung auf den Markt – aber jeweils nur für kurze Zeit. Seitdem sorgen immer wieder neue „Limited Editions" für zusätzliche Kaufimpulse.

Ebenfalls in 2004 eroberte After Eight mit Any Time die Jacken-, Hosen- und Handtaschen aller Freunde des feinen Minzgenusses. Any Time sind knackige Minzdragees in einer stilvollen Metalldose. Aber auch die kürzlich vergangenen Jahre stehen im Zeichen kontinuierlicher Innovationskraft. Die jüngste Innovation aus dem Jahr 2006 sind After Eight Fine Sticks. Das sind feine, circa 12 Zentimeter lange Stäbchen aus

dunkler Schokolade mit der typischen Minzcreme-Füllung. Der besondere Clou ist die attraktive Verpackung – denn nach dem Öffnen fächern sich die Sticks dekorativ auf – einfach ideal zum Anbieten oder Verschenken. Seit 2007 wird auch der Impulskanal minzfrisch: Die After Eight Munchies sind feine Schokoladenstückchen mit Minzcreme-Füllung für spontane und stilvolle Genuss-Momente. Ein weiteres Highlight aus diesem Jahr ist die im September eingeführte exklusive Variante After Eight Dark mit 85 Prozent Kakaoanteil in der Schokolade.

PRODUKT
After Eight verbindet den Geschmack edler Pfefferminze mit feinster Zartbitterschokolade zu einem begehrten Geschmackserlebnis für anspruchsvolle Genießer und ist Synonym für Genuss auf die feine englische Art. Das After Eight Produktprogramm umfasst derzeit die folgenden Produkte:

After Eight Classic – feine Minztäfelchen mit der klassischen After Eight Minzcreme-Füllung, ideal zum selber genießen oder anbieten. Erhältlich in der 200 Gramm und der 400 Gramm Packung.

After Eight Fine Sticks – zartschmelzende Schokoladensticks mit der typischen Minzcreme-Füllung in einer dekorativen Verpackung.

After Eight My Favourite – ausgesuchte Kombination aus verschiedenen Pfefferminzpralinen – das perfekte Geschenk für den anspruchsvollen Genießer.

After Eight Any Time – knackige Pfefferminzdragees mit zartbitterer Minzschokolade – der ideale Begleiter für unterwegs, zusätzlich zur kleinen Dose gibt es den passenden Nachfüllpack.

After Eight Dark – zartherbe Schokoladentäfelchen mit 85 Prozent Kakaoanteil in der Schokolade und einer Pfefferminz-Kakaocremefüllung.

Die feine englische Art zum Anbieten.

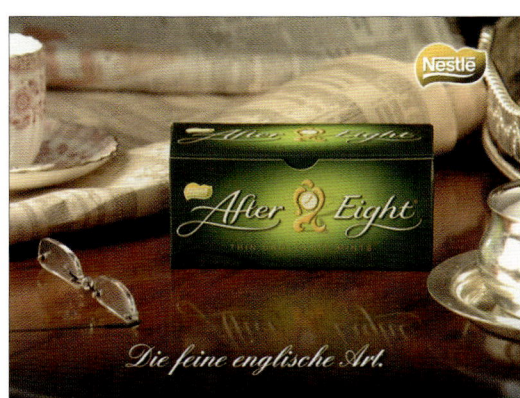
Die feine englische Art.

Die feine englische Art für unterwegs.

AKTUELLE ENTWICKLUNG
Trends kommen und gehen, aber kaum eine Marke versteht es, den Spagat zwischen Tradition und Moderne so gekonnt zu meistern wie After Eight. Denn die stetige Anzahl an starken Innovationen, gerade aus der jüngsten Vergangenheit zeigen, dass die Marke nach wie vor große Aktualität besitzt. Die klassischen Minztäfelchen sind der Ursprung und das Kernprodukt am Markt – und das seit mittlerweile über 40 Jahren. Besonders großen Wert legen die After Eight Produktentwickler darauf, edle Spezialitäten aus Minzschokolade für die verschiedensten Anlässe zu kreieren. Denn After Eight ist mehr als nur eine Schokoladenspezialität: Die feinen Minzpralinen bieten für jeden geselligen Anlass, ganz gleich ob zum Geburtstag oder einfach als „schokoladiges Dankeschön", eine raffinierte und kultivierte Geschenkidee. Besonders natürlich zu Festtagen wie dem Valentinstag, Ostern oder dem Muttertag.

WERBUNG
Seit mehr als 40 Jahren TV-Werbung hat sich der Kern der Markenbotschaft kaum verändert: After Eight Werbung vermittelt immer einen Ausschnitt der englischen Lebensart, immer typisch englischen Humor mit einem Augenzwinkern – genau so, wie die Deutschen die Engländer wahrnehmen. Auch die 2006 geschaltete „Golden Rules Kampagne" verzeichnete große Erfolge. ‚Golden Rules', das sind die feinen Benimmregeln der englischen Society, die es zu beachten gilt. So werden beispielsweise Benimmregeln wie ‚Ladies First' auf die typische, feine englische Art in Szene gesetzt.

MARKENWERT
Mit einer hohen Markenbekanntheit von 96 Prozent und großen Sympathiewerten ist After Eight seit über 40 Jahren nicht nur in aller Munde, sondern eine echte Institution am deutschen Pralinen-Markt.

Die Markenstärke ist besonders dadurch begründet, dass das Markenbild von After Eight in den Köpfen der Konsumenten so klar und unverwechselbar ist: So wird After Eight wie keine andere Schokoladenmarke mit England, Minze und einer kleinen Prise Humor auf die feine englische Art assoziiert. Auch die Farbe der Produktverpackungen, die seit nunmehr über 40 Jahren dunkelgrün ist, ist den Konsumenten wohlbekannt und steht symbolhaft für erfrischenden Genuss zu wirklich jeder Gelegenheit.

www.nestle.de

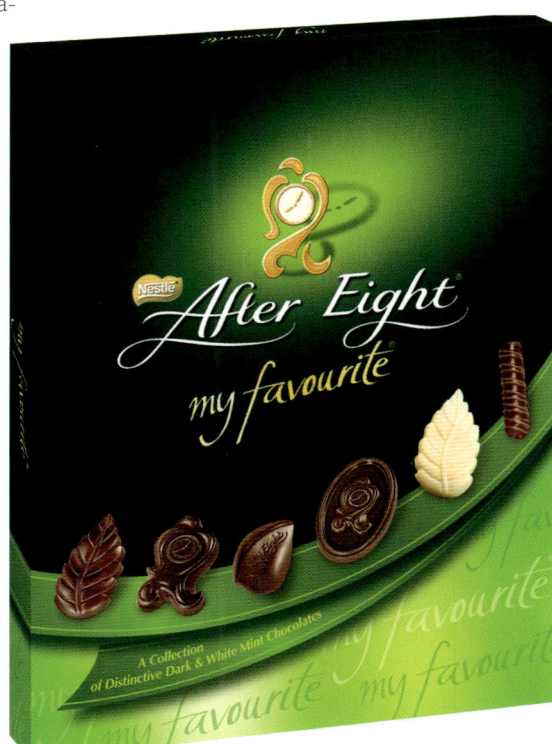

Wussten Sie schon von After Eight?

○ Wenn man alle After Eight Täfelchen, die weltweit in einem Jahr konsumiert werden, hintereinander legt, umrunden sie 1,3 mal die Erde und sie reichen 53 Mal von London bis nach Berlin!

○ Es gibt tolle Pudding-, Eis-, Likör- und Kuchenrezepte mit After Eight!

○ Die Pfefferminze ist ursprünglich eine europäische Pflanze, allerdings wird der überwiegende Teil heute in Amerika angebaut. Die Mutterpflanzen wurden aus England importiert.

Alpina

MARKT

Der Markt für Wandfarben unterlag in den vergangenen Jahren einem starken Wandel. Aufgrund der zunehmenden Individualität der Kunden-Ansprüche entstanden völlig neue Marktsegmente. So sieht der Verbraucher Wände nicht mehr nur als neutralen Hintergrund an, sondern gestaltet sie gezielt als Teil des Wohnraums. Wurde bis Ende der Neunziger Jahre noch vorwiegend weiß gestrichen, steigt nun die Nachfrage nach farbigen Produkten. Davon profitiert das Bunt-Segment, das heute einen klaren Wachstumsmarkt ausmacht.

Trotz verstärkter Marktdynamik, steigender Preisfokussierung und hohen Kundenansprüchen gelingt es der Marke Alpina, sich uneingeschränkt als Marktführer zu behaupten. Das Lead-Produkt Alpinaweiß ist heute Europas meistgekaufte Innenfarbe. Neben der konstanten Markenqualität auf höchstem Niveau liegen die Erfolgsfaktoren vor allem in einer sehr konsequent umgesetzten Markenführung. Daher stehen auch weiterhin Investments in Markenkommunikation und optimale Warenpräsentation, in Forschung und Entwicklung sowie in überlegene Produktqualität im Vordergrund – eine Strategie, die auf lange Sicht fortgesetzt wird.

Mit einem großen Fundus an neuen Konzepten stärkt Alpina seine Position als Innovationsführer sowie Trendsetter und arbeitet an der systematischen Besetzung aller relevanten Marktsegmente. Konsumenten profitieren zukünftig insbesondere auch von hochattraktiven POS-Auftritten, die eine bessere Erlebbarkeit von Farbe und Gestaltungsmöglichkeiten bieten und somit als Ideen- und Impulsgeber dienen.

ERRUNGENSCHAFTEN UND ERFOLGE

Alpina ist bereits seit Jahrzehnten Marktführer für Innenfarben. Mit rund 95 Prozent Bekanntheitsgrad ist Alpina zum Gattungsbegriff für Wandfarben geworden. Aktuelle Daten belegen: 85 Prozent aller Heimwerker haben bereits Produkte von Alpina verwendet – davon liegt der nächste Wettbewerber mit einem Wert von nur 24 Prozent weit entfernt!

Ein wichtiger Grund für die langjährige Marktführerschaft ist das ausgeprägte Vertrauen der Verbraucher in die Marke Alpina. In regelmäßigen Konsumentenstudien erhält Alpina hier beste Werte – die Marke steht für höchste Produkt-Qualität und -Sicherheit.

Grund hierfür ist das konkrete, leicht nachvollziehbare Leistungsversprechen, das Alpina seit Jahrzehnten konsequent einhält: „Einfach und sicher in der Anwendung – perfekt im Ergebnis". Die Kommunikation dieser Botschaft wird in allen eingesetzten Medien erfolgreich transportiert. Nicht zuletzt auch deshalb erhält Alpina 2002 den „Kunden-Service-Preis Kommunikation" – die bedeutendste Auszeichnung der Branche.

Ein weiterer zentraler Erfolgsfaktor ist die Innovationskraft von Alpina – in allen Segmenten. Im stark umkämpften Markt weißer Wandfarben setzt sich Alpina mit neuen Rezepturen durch. So wurde für das wichtigste Produkt der Marke eine neue Deckkraftformel entwickelt, die eine außergewöhnliche Leistung erbringt: Mit der TAD-Formel nimmt der Endverbraucher Alpinaweiß als klaren Qualitätsführer wahr. Zudem wird die Premium-Farbe durch die aktuelle Benotung „sehr gut" des „Öko Test" auch den Ansprüchen umweltbewußter Konsumenten gerecht.

Darüber hinaus erzielt Alpina mit dem Produkt Alpina Sensan, der ersten Dispersionsfarbe ohne Konservierungsmittel, einen jahrelangen produkttechnischen Vorsprung. Im gleichen Segment ist die neue Wandfarbe Alpina AirClean positioniert: Erstmals wird im Baumarkt eine klimaaktive Farbe angeboten, die Schadstoffe in der Raumluft abbaut. Die Qualität der Raumluft wird nachhaltig verbessert.

Obwohl Alpina jahrzehntelang die Marke für weiße Wandfarbe war, gelingt 2002 der erfolgreiche Einstieg in den Wachstumsmarkt „farbige Wandgestaltung". Mit der innovativen Kreativ-Linie „LivingStyle" schafft Alpina den Image-Transfer von Weiß auf Bunt und den Image-Aufbau als Marke für hohe Gestaltungskompetenz. Die Produkte von Alpina LivingStyle ermöglichen ein effektvolles Wand-Design. Erstmals wird kreative Wandgestaltung schnell und einfach selbstgemacht – mit einem Ergebnis wie aus Profihand. Ein überragender Produktvorteil, den in dieser Form bis heute kein Wettbewerber anbieten kann.

Für weitere Abgrenzung sorgt der eigenständige, moderne Markenauftritt mit einer sympathischen, emotionalen Kommunikation. Beides, Produkt- und Marken-Entwicklung von LivingStyle, wird ausgezeichnet: 2002 erhält Alpina LivingStyle den von der Kölner Branchenmesse „Practical World" und der Fachzeitschrift „bau- und Heimwerkermarkt" vergebenen Innovationspreis. Für hervorragende Markenführung in der Kategorie „Beste Marken-Dehnung" wird Alpina LivingStyle Finalist beim MarkenAward 2005 der Absatzwirtschaft. Durch die erfolgreiche Ausweitung der Marken-Kompetenz auf das Kreativ-Segment stärkt Alpina nicht nur die Gesamtmarke, sondern bereichert sie zudem um eine junge, trendgemäße Aura.

In 2007 erweitert Alpina die Erfolgsstory von LivingStyle mit einer neuen Produkt-Range im Wachstumssegment „ReadyMix", dem Markt für fertig abgetönte Wandfarbe: Unter dem Motto „Die Farben der Designer" bietet LivingStyle COMPOSITION dem Konsumenten drei „Farb-SETs", die nach aktuellen Trends im FarbDesign-Studio des Unternehmens entwickelt. Die Farben innerhalb der SETs sind perfekt aufeinander abgestimmt. Wie auch im Kreativ-Bereich sind Konzept und Kommunikation von ausgeprägtem Benefit und hoher Emotionalität geprägt.

Aber nicht nur Produktentwicklung und -pflege sind von innovativen Ideen geprägt. Auch bei Verpackung und Design leistet Alpina Pionierarbeit. Wie bei den Produkt-Qualitäten steht hier der Endverbraucher-Nutzen klar im Fokus. Schon 1993 erregt Alpina mit einer innovativen Packungsneuheit Aufsehen: Der „ÖkoPack" erhält den „World Star" und wird damit von der „World Packaging Organisation" für ein umwelt- und conveniencegerechtes Konzept ausgezeichnet. Die Verpackung ist komplett recyclebar und verfügt über ein integriertes Abstreifgitter.

Mit dem patentierten EasyPak™ launcht Alpina 2005 eine Weltneuheit. Hier profitieren Konsumenten von drei starken Vorteilen, die mit der Auslobung „Leicht zu tragen, einfach zu öffnen, perfekt streichen" auf einen Nenner gebracht werden.

Eine weitere Verpackungs-Innovation stellt der Alpina ColorStick dar – aktuell als „Produkt des Jahres 2007" von „Pro-K, Industrieverband Halbzeuge und Konsumprodukte aus Kunststoff" ausgezeichnet. Der Verband prämiert Produkte, die Innovation, Funktion, Design und Kreativität am besten in sich vereinigen. Mit dem ColorStick wird der Erfolg im Bunt-Segment ausgeweitet. Die „Mischmaschine aus der Tube" revolutioniert die Technik des Selbermischens. Durch ein exaktes Dosierungs-System wird dem Kunden das Abtönen extrem erleichtert. Erstmals wird Selbstmischen absolut farbtongenau.

GESCHICHTE

110 Jahre Tradition und Erfahrung stehen hinter der DAW (Deutsche Amphibolin-Werke). Als *Eduard Murjahn* 1889 bei Ernsthofen im Odenwald das Mineral „Hornblende" entdeckte, entwickelte er ein Verfahren, Amphibolin aufzuarbeiten und gründete die „Deutschen Amphibolin-Werke von Eduard Murjahn". Fünf Jahre später übernahm Sohn *Robert* das Unternehmen und benannte es um in „Deutsche Amphibolin-Werke von *Robert Murjahn*". Am Firmensitz in Ober-Ramstadt werden „Murjahn's Anstrichpulver" und „Amphibolin Verputzpulver" hergestellt. Später entwickelte *Dr. Robert Murjahn* das wässrige Emulsions-Bindemittel „Caparol" (Casein, Paraffin, Oleum). Damit konnte der Maler die benötigte Farbe selbst aus Pigmenten und Füllstoffen herstellen.

Dr. Robert Murjahn setzt erstmalig eine Reinacrylat-Dispersion anstelle von natürlichem Öl in seinem Caparol Binder ein. Das Produkt „Caparol-Paste-ölfrei" markierte den Beginn der modernen Dispersionsfarben-Technologie.

Bereits 1901 begann die Erfolgsgeschichte von Alpinaweiß. Die bis heute bekannteste Wandfarbe wurde als erste kaltwasserlösliche Pulverfarbe für innen in den Markt eingeführt. Seitdem wird sie stets auf den wissenschaftlich neusten Stand gebracht.

Alpina gehört zur Caparol-Firmengruppe, dem größten privaten Baufarbenhersteller Europas. Unter dem Dach der DAW (Deutsche Amphibolin Werke) teilen sich die Bereiche Profi-Maler (Caparol) und Do-it-yourself/Heimwerker (Alpina). Der Jahresumsatz der DAW beträgt im In- und Ausland rund 800 Millionen Euro und wird von 3900 Mitarbeitern erwirtschaftet.

PRODUKT

Unter dem Marken-Dach Alpina wird eine umfassende Produktpalette für unterschiedliche Marktsegmente, Anwendungsbereiche und Zielgruppen angeboten. Die konstant hohen Markenwerte bei Bekanntheit, Image und Vertrauen werden konsequent für die erfolgreiche Ausweitung des Sortiment genutzt: von weißen auf bunte Innenfarben, auf kreative Wandgestaltung, auf Fassadenfarben und auf Lacke und Lasuren.

Mit der Produktlinie LivingStyle ist Alpina erfolgreich im Kreativ-Segment und Markt für fertig abgetönte Wandfarben

vertreten. Im Bereich der Abtönfarben steht der neue, innovative Alpina ColorStick im Fokus. Das Farbkonzentrat wird nicht nur in zahlreichen Nuancen, sondern auch in einer innovativen Verpackung präsentiert. Ebenfalls innovativ ist eine Produktneuheit in der Kategorie Lacke/Lasuren: Alpina 2in1, Convenience-Lacke und -Lasuren mit integrierter Grundierung – für einfaches Lackieren/Lasieren und Grundieren in einem. Ein weiteres Highlight der Alpina Lack-/Lasuren-Range: Als einziger Hersteller in Deutschland bietet Alpina hier exklusiv den „TeflonSurfaceProtector".

Um möglichst alle Marktsegmente optimal zu bedienen, reagiert Alpina schnell auf die Ausprägung neuer Zielgruppen: Die hochqualitative Produktlinie Alpina PROFI erfüllt die Anforderungen sogenannter „Universal-Handwerker", die ihr Material zunehmend im Baumarkt statt im Fachgroßhandel einkaufen.

Flankierend zum Produkt-Programm bietet Alpina serviceorientierte Dienstleistungen. Nicht nur die Alpina-Hotline steht dem Kunden rund um die Uhr zur Verfügung, sondern auch der „AlpinaColorDesigner". Mit diesem Tool kann der Verbraucher im Internet seine individuelle Farbgestaltung mit Farbtönen und erstmals sogar Strukturen in virtuellen Räumen online ausprobieren.

AKTUELLE ENTWICKLUNG

Um der besonderen Bedeutung von Trends in der Wandgestaltung Rechnung zu tragen, startet Alpina in 2007 dazu ein eigenständiges Projekt: Alpina TREND gewährt periodisch einen Blick in die nahe Zukunft des Farb-Designs und unterstreicht die hohe Kompetenz des Unternehmens in diesem

Bereich. Vier Trend-Welten mit unterschiedlichen Charakteren – ELEGANCE, NATURE, PRESTIGE und FUN zeigen Fachhandel und Endverbrauchern Wandgestaltungen von morgen, die den Zeitgeist treffen. Vielfach werden nämlich kurzfristige Modeerscheinungen mit echten Trends verwechselt – längst nicht alles, was „in" erscheint, ist im wahrsten Sinne trendig. Daher verläßt sich Alpina weder auf jahrzehntelange Erfahrung noch auf gutes Gespür: Die Farb-Trends sind in Kooperation mit der Hochschule für Angewandte Wissenschaft und Kunst in Hildesheim definiert und Ergebnis dezidierter Analysen und wissenschaftlich fundierter Prognosen.

WERBUNG

Seit zehn Jahren prägt die weiße Katze das Markenbild von Alpina. Als Sympathieträger des Brand Champions Alpinaweiß ist sie zum Brand Icon der Marke Alpina geworden. Das beliebte Haustier lädt die Marke emotional auf; symbolisch steht die Katze für Reinlichkeit und Geruchsempfindlichkeit und schlägt so die Brücke zu den Werten und Kernkompetenzen der Marke: perfektes Ergebnis, strahlendes Weiß, keine Geruchsbelästigung, Umweltverträglichkeit. Der TV-Spot mit der weißen Katze steigerte die gestützte Markenbekanntheit von 70 auf rund 95 Prozent. Neben klassischer Werbung in Print und TV setzt Alpina auf publikumsstarke Themen-Promotions wie die Aktionswochen zur Fußball-WM oder die Co-Promotion mit Aral.

Für eine besonders erfolgreiche Kampagne steht gar ein eigenes Produkt bereit: die Volksfarbe – eine gemeinsame Aktion von Alpina, Bild.de und T-Online. Hohen Stellenwert hat darüber hinaus auch das umfassende POS-Marketing von Alpina mit aufmerksamkeitsstarker, erlebbarer Marken- und Produkt-Präsentation.

MARKENWERT

Vertrauen durch Leistung – gestern wie heute. Zu jeder Zeit konnte und kann sich der Verbraucher auf Alpina verlassen: Produkte, die den Namen Alpina tragen, sind überaus einfach, leicht und schnell ohne Fachkenntnisse anzuwenden und garantieren dabei ein perfektes Ergebnis, wie vom Profi gemacht. Diese Leistung bietet Alpina nun schon über Jahrzehnte lang – immer auf dem neusten Stand der Technologie. Der Erfinder- und Pioniergeist des Firmengründers hat sich von Generation zu Generation übertragen. Hierauf basiert die große Innovationskraft der Marke Alpina. Ihre Markenstärke wird immer wieder neu mit konstant hohen Werten bei Bekanntheit, Image und Vertrauen bestätig und stellt somit einen bedeutenden Vermögenswert des Unternehmens dar.

www.alpina-farben.de

Wussten Sie schon von Alpina?

○ Alpinaweiß deckt jährlich weit über 100 Millionen Quadratmeter Wandfläche in Deutschland und Europa. Dies entspricht in etwa der Fläche von über 30.000 Fußballfeldern.

○ Über 85 Prozent aller Heimwerker haben bereits Alpina Produkte gekauft oder verwendet.

○ Die Alpinaweiß-Katze hat in Form eines Stofftieres mittlerweile in über 300.000 Haushalten Einzug gehalten.

MARKT

Ein Partner, der zu mir steht. Der mir zur Hilfe eilt, wenn es darauf ankommt. Für 16 Millionen Menschen in Deutschland ist dies der ADAC. Damit ist der Club der Gelben Engel nicht nur Deutschlands, sondern sogar Europas größter Automobilclub und nimmt im weltweiten Ranking den dritten Platz ein.

Seit mehr als 100 Jahren fasziniert der ADAC all jene, die Reisen lieben und Sicherheit schätzen. Weil Mobilität Teil ihrer persönlichen Freiheit bedeutet, haben mehr als ein Drittel aller motorisierten Haushalte in Deutschland mindestens eine Mitgliedschaft beim ADAC. Deutlich überdurchschnittlich vertreten sind dabei Autofahrer, die den Milieus der oberen Mittelschicht beziehungsweise der Oberschicht zuzuordnen sind.

Allerdings greift es zu kurz, den ADAC als reinen Automobilclub zu verstehen. Denn der ADAC steht seinen Mitgliedern nicht nur im Falle einer Panne zur Seite. Zahlreiche Leistungen und Angebote – von der Luftrettung über das Fahrsicherheitstraining bis hin zu Versicherungsleistungen rund um die Mobilität – machen die zentrale Stellung der Hilfe im Club transparent: Wann immer es um Hilfe rund um Auto, Reisen und Verkehr geht, ist der ADAC zur Stelle – und in den entsprechenden Marktsegmenten vertreten.

Diese Fülle der Leistungen sowie die millionenfach bewährte Kompetenz bei allen Hilfeleistungen haben den ADAC zu einer der populärsten Marken Deutschlands gemacht: 96 Prozent der Bevölkerung definieren den ADAC absolut richtig. Der ADAC zählt damit zu den bekanntesten Marken Deutschlands.

ERRUNGENSCHAFTEN UND ERFOLGE

Umfassende Hilfsbereitschaft und ausgewiesene Kompetenz sind die Pfeiler, auf denen die Erfolge des ADAC stehen. Die Leistungen können sich sehen – und belegen – lassen: In nahezu 84 Prozent aller Fälle gelingt es den ADAC-Pannenhelfern liegen gebliebene Fahrzeuge wieder flott zu bekommen. Damit ADAC-Mitgliedern aufwendiges Abschleppen und teure Werkstattbesuche erspart bleiben.

Nicht weniger eindrucksvoll ist die Bilanz der ADAC-Luftrettung: Wenn jede Sekunde zählt, kommen die Gelben Engel aus der Luft. Gerade mal zwei Minuten brauchen die Ärzte, Rettungssanitäter des ADAC, bis sie bei einem Notruf in der Luft sind. Tag für Tag sind die 44 eigenen ADAC-Hubschrauber in ganz Deutschland als Lebensretter im Einsatz. Allein im Jahr 2006 waren mehr als 34.000 Einsätze zu verzeichnen.

Auch das konsequente Engagement des ADAC für mehr Verkehrssicherheit wird von Erfolg gekrönt: Über eine Million Menschen aller Altersstufen – darunter rund 520.000 Kinder – nahmen im vergangenen Jahr an den zahlreichen Veranstaltungen für mehr Sicherheit im Verkehr teil; mehr als 180.000 Auto- und Motorradfahrer ließen sich auf einem der ADAC-Trainingsplätze schulen und machten den ADAC zu Deutschlands größtem Veranstalter von Fahrsicherheits-Trainings.

Dieser Einsatz trägt Früchte. Das wurde erst jüngst durch die größte Markenuntersuchung der Agentur Young und Rubicam eindrucksvoll belegt: In Sachen „Vertrauenswürdigkeit" und „Verantwortungsbewusstsein" erreichte der ADAC – quer durch alle Altersgruppen – absolute Spitzenpositionen.

Auch bei Führungskräften hat der Club einen klangvollen Namen. So ermittelte das Düsseldorfer Marktforschungsunternehmen Ires im Rahmen des WirtschaftsWoche Faszinationsatlas' einen absoluten Spitzenplatz für den ADAC im Segment „Marken/Unternehmen". Der Club bewegt sich hier in einem Umfeld auch international bekannter Marken wie adidas und Coca-Cola. Dies beweist auch das Gfk-Markenbranding „Best Brands 2007", das durch seine statistisch orientierte Ausrichtung für besonders aussagekräftige Ergebnisse steht. Hier erreichte der ADAC aus dem Stand heraus im Segment „Beste Unternehmensmarke" einen Platz unter den Top Ten.

Ebenso aussagekräftig: Die Deutsche Gesellschaft für Verbandsmanagement verlieh dem Club der Gelben Engel den „Innovation Award 2003". In einem Feld von 8.500 deutschen Verbänden schnitt der ADAC als Bester ab. Auch die ADAC-Versicherungsangebote sowie der ADAC-Internetauftritt verbuchen stets hervorragende Testergebnisse für sich.

GESCHICHTE

Der Club wurde 1903 in Stuttgart von 25 begeisterten Motorradfahrern als Deutsche Motorradfahrer-Vereinigung (DMV) gegründet. Die Zahl der Mitglieder nahm ebenso rasant zu wie die Art der Kraftfahrzeuge. Schon 1911 wurde daher der Name Allgemeiner Deutscher Automobil-Club (ADAC) gewählt. Ein erstes deutliches Zeichen dafür, dass sich der Club nicht als elitärer Zirkel versteht, sondern als Interessensvertreter und aktiver Helfer für jeden, der motorisierte Mobilität erleben möchte.

Nach der Zwangsauflösung im Dritten Reich gelang 1946 der Neubeginn in München, dem Sitz des alten und neuen ADAC. Mit 5.000 Mitgliedern startete der Club in eine neue Epoche. Im Jahr 1954 wurde unter dem Namen ADAC-Straßenwacht die Pannenhilfe des Clubs wieder ins Leben gerufen. Dies bildete – zusammen mit der einsetzenden Reisewelle und den zahlreichen touristischen Leistungen des Clubs – den Auslöser für ein starkes Wachstum der Mitgliederzahlen.

Auch die Gründung der deutschen Luftrettung geht auf den ADAC zurück. Nach einem erfolgreichen Test nahm der Automobilclub 1970 in München den ersten Rettungshubschrauber in Dienst. Über eine Million – oft Leben rettender – Einsätze flogen die „Gelben Engel aus der Luft" seit ihrer Gründung. Mit seinem Engagement leistete der ADAC einen wertvollen Beitrag für mehr Sicherheit auf Deutschlands Straßen: Trotz des wesentlich höheren Verkehrsaufkommens konnte die Zahl der Verkehrstoten von 21.332 im Jahr 1970 auf 5.020 im Jahr 2006 gesenkt werden.

1965 erreichte der Club seine damalige Traumgrenze von einer Million Mitgliedern. Für einen nachhaltigen Anstieg der Mitgliederzahlen sorgte auch die deutsche Wiedervereinigung. So konnte im Jahr 1990 die 10-Millionen-Mitgliedergrenze überschritten werden. Heute genießen fast 16 Millionen Club-Mitglieder den Schutz des ADAC.

PRODUKT

Die permanente Verbesserung und Ausweitung der Kernleistung „Hilfe" steht im Mittelpunkt der Erfolgsgeschichte des ADAC. So wurde die Pannenhilfe kontinuierlich sowohl quantitativ als auch qualitativ ausgebaut. Im vergangenen Jahr leisteten die mehr als 1.700 Gelben Engel und 1.100 Straßendienstpartner mehr als 3,7 Millionen Einsätze.

Um Mobilität auch grenzüberschreitend unterstützen und seinen Mitgliedern auch jenseits der Landesgrenzen stets zur Seite stehen zu können, hat der ADAC im Verbund mit seinen europäischen Partnerclubs von ARC Europe seine Hilfsangebote schon früh auf den europäischen Geltungsbereich ausgeweitet. Außerdem schützt der ADAC seine Mitglieder mit zahlreichen weltweit gültigen Leistungen.

Parallel zu diesem horizontalen Wachstum erfolgte ein vertikales Wachstum. Gemeinsam mit seinen Tochterfirmen ist der ADAC heute der führende Mobilitätsdienstleister Europas. Das Angebot für die Mitglieder reicht von einem umfangreichen Reiseservice über ein eigenes Vorteilsprogramm mit über 600 Partnern bis hin zu verbraucherfreundlichen Versicherungsangeboten und Finanz-Services wie beispielsweise dem ADAC-Auslands-Krankenschutz und dem ADAC-Verkehrs-Rechtsschutz sowie den ADAC-Kreditkarten und dem ADAC-Führerscheinsparen.

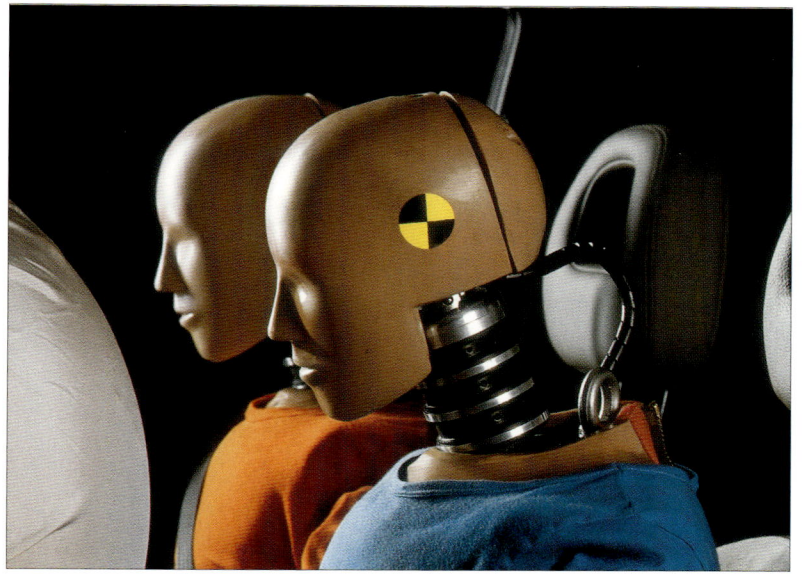

Objektive Tests mobilitätsrelevanter Angebote sowie ein umfangreiches Angebot von Veranstaltungen zum Thema Verkehrssicherheit bilden ebenso einen Schwerpunkt der Arbeit des ADAC wie das kompetente Engagement für eine sichere, umweltfreundliche und bezahlbare Mobilität.

Auch in der faszinierenden Welt des Rennsports hat der ADAC einen großen Namen. Nachhaltige Hilfe und Unterstützung lohnt auch hier und so trägt die breit gefächerte Talentförderung des ADAC reiche Früchte: Mittlerweile haben zum Beispiel schon drei ehemalige ADAC-Nachwuchspiloten den Sprung in die Formel 1 geschafft; wobei sich *Ralf Schumacher* schon mehrfach in die Siegerlisten eintragen konnte.

AKTUELLE ENTWICKLUNG

Die konsequente Weiterentwicklung der in der Satzung verankerten Aufgaben rund um das Themenfeld „Aktive Hilfe, Schutz und Rat" hat sich der ADAC zu Beginn des zweiten Jahrhunderts seines Bestehens auf die Fahnen geschrieben.

Beispielhaft sind hier die Kooperationen mit führenden Mineralölgesellschaften, die ADAC-Mitgliedern Vergünstigungen beim Tanken ermöglichen. Zwei Prozent Tank-Rabatt mit der ADAC-Kreditkarte sowie ein Cent pro Liter bei den ADAC-Partnern Shell und Agip zeigen besonders augenfällig, wie vorteilhaft eine ADAC-Mitgliedschaft ist. Die hohe Inanspruchnahme dieser Angebote zeigt, dass der Club hier auf dem richtigen Weg ist.

Auch die Aktivitäten im Bereich Verbraucherschutz werden zielgerichtet intensiviert. Die großen, teilweise europaweit angelegten Tests von Straßentunneln, Reisebussen und Raststätten bilden für viele Verbraucher eine wichtige Informationsquelle. Ebenso die Fahrzeug-, Crash- und Zubehörtests, die der ADAC in seinem hochmodernen Technikzentrum in Landsberg vornimmt. Die ADAC-Testsiegel stellen für Mitglieder wie Nicht-Mitglieder eine wertvolle Entscheidungshilfe dar und tragen nicht selten dazu bei, dass die Hersteller ihre Produkte nachbessern müssen.

Mit Schaffung von neuer Finanzdienstleistungen, wie zum Beispiel attraktiver Ansparprogramme mit Zinssätzen, die deutlich über dem Branchendurchschnitt liegen, übernimmt der ADAC einmal mehr eine Vorreiterrolle in punkto konsumentenfreundliche Bedingungen.

Einen weiteren Schwerpunkt bilden die neuen Mitgliedschaftsmodelle, mit denen der ADAC sein Leistungsspektrum noch einmal ausweitet. Um moderne Mobilität maßgeschneidert zu unterstützen, werden Angebote geschaffen, die den Bedürfnissen aller Familienmitglieder in den unterschiedlichen Lebensphasen entsprechen.

WERBUNG

Das Leistungsspektrum und die Angebotsvielfalt des Clubs spiegelt sich in der gesamten werblichen Kommunikation des ADAC wider. Das besondere Augenmerk der Kommunikationsstrategie liegt dabei auf der Ausweitung des Markenkerns und der Erweiterung der Plattform. Sowohl im TV- und Funk- als auch im Anzeigenbereich wird die Vielfalt der Angebote und Services für Mitglieder fokussiert: Wann immer es um Auto, Reisen oder Verkehr geht, steht der ADAC für Lösungen und Angebote, welche die Bedürfnisse der Mitglieder in den Mittelpunkt stellen.

Eine wichtige Rolle im Kommunikationsmix des ADAC spielen im Below-the-line-Bereich die Mailingaktivitäten. Responsequoten, die weit über dem Branchendurchschnitt liegen, tragen maßgeblich zum Erfolg des Clubs bei.

MARKENWERT

Kompetente Hilfe im umfassendsten Sinne sowie die Konzentration auf den Solidargedanken sind die zentralen Werte des ADAC. Als kompetenter Ansprechpartner steht der ADAC seinen Mitgliedern in allen Fragen individueller Mobilität zur Seite. So zeigt eine aktuelle Markenkern-Untersuchung, dass die Begriffe „Gelbe Engel", „Retter in der Not" und „Bester Freund des Autofahrers" nicht nur bei ADAC-Mitgliedern, sondern auch bei Nicht-Mitgliedern sofort abrufbar sind.

„Schnelle Hilfe" ist der am häufigsten assoziierte Wert. „Schutz", „Erreichbarkeit", „Engagement" und „Zuverlässigkeit" sind weitere Qualitäten, die aus Mitglieder-Sicht relevant sind. Nicht-Mitglieder betonen hier die Kompetenz des ADAC.

www.adac.de

Wussten Sie schon vom ADAC?

○ Die ADAC-Kreditkarten sind Deutschlands meist verbreitetes Co-Branding-Kreditkartenprogramm.

○ Der ADAC-eigene Aero-Dienst ist eine der ganz wenigen Fluggesellschaften, die alle Flughäfen der Welt anfliegen darf, um Kranke nach Hause zu holen.

○ Mit der Auszeichnung „Der Gelbe Engel" vergibt der ADAC einen der renommiertesten Preise der Automobilbranche.

○ In allen wichtigen europäischen Urlaubsländern und in den USA unterhält der ADAC eigene Notrufstationen mit Deutsch sprechenden Spezialisten.

○ Der ADAC bietet seinen Mitgliedern ein Vorteilsprogramm, das viele Millionen Mal pro Jahr in Anspruch genommen wird.

○ Bereits zum fünfte Mal in Folge wurde der Internet-Auftritt des Clubs mit dem Online-Star ausgezeichnet.

MARKT

Das Unternehmen Aral blickt mittlerweile auf über 100 Jahre Erfahrung im Kraftstoffgeschäft zurück und behauptet auch im Jahr 2007 mit circa 23 Prozent Marktanteil seine Führungsposition im wettbewerbsintensiven deutschen Tankstellenmarkt. Nach Jahren der Investitionen in das Shopgeschäft und in Umweltschutzmaßnahmen ist im heutigen Tankstellenmarkt eine zunehmende Wettbewerbsdynamik mit sich ständig ändernden Kräfte- und Angebotsstrukturen spürbar. Beim Blick in die Zukunft rücken mehr und mehr Emissionsreduzierung durch die Entwicklung umweltfreundlicher Kraftstoffalternativen in den Vordergrund.

Infolge der weiter steigenden Preissensibilität der Kunden versuchen viele Marktteilnehmer zudem durch Anreiz- und Kundenbindungsprogramme die Loyalität der Kunden dauerhaft zu gewinnen. Um deren Bedürfnisse umfangreich befriedigen und ihnen einen entscheidenden Mehrwert bei Produkten und Services vermitteln zu können, werden verstärkt „Convenience-Angebote für den mobilen Kunden" geschaffen. Bedingt durch die gestiegene Marktdynamik kommt neben den wichtigen Faktoren wie Standort und Preis insbesondere der Marke eine große Bedeutung zu – eine Entwicklung für die Aral aufgrund einer zukunftsorientierten Strategie und professionellen Markenmanagements gut gerüstet ist.

ERRUNGENSCHAFTEN UND ERFOLGE

Mit rund 2.500 Tankstellen, darunter mehr als 160 Erdgastankstellen und 600 Millionen Privatkundenkontakten jährlich, ist Aral die Nummer Eins im deutschen Tankstellenmarkt. Auch hinsichtlich der Markenbekanntheit, Vertrauenswürdigkeit und Kraftstoffqualität weist das Unternehmen eine eindrucksvolle Bilanz auf. Heute kennen mehr als 90 Prozent der deutschen Bevölkerung den Namen Aral und das Markenzeichen, den blau-weißen „Diamanten".

Zahlreiche Marktforschungen belegen, dass Aral insbesondere bei Tankstellen und Kraftstoffen einen deutlichen Imagevorsprung gegenüber dem Wettbewerb vorweisen kann. So wurde das Unternehmen 2007 erneut zur Tankstellenmarke mit dem höchsten Kundenvertrauen in Deutschland gewählt: die Leser der Zeitschrift „Reader's Digest" kürten Aral somit bereits sechs Jahre in Folge zur „Most Trusted Brand" in der Kategorie „Benzin". Auch bei der Auszeichnung „Best Brand" der Zeitschrift „auto, motor und sport" ist Aral mit 61 Prozent der Stimmen erneut zur führenden Kraftstoffmarke gewählt worden.

GESCHICHTE

Der langjährige Erfolg der Marke Aral basiert auf drei Säulen: dem hohen Qualitätsanspruch bei Produkten und Services, höchster Bekanntheit und ständigen Produktinnovationen. In seiner über 100jährigen Geschichte konnte das 1898 als Westdeutsche Benzol-Verkaufsvereinigung zur Vermarktung eines Kokerei-Nebenproduktes (Benzol) gegründete Unternehmen zum angesehenen Markt- und Qualitätsführer heranwachsen.

Mit der Entwicklung des ersten Superkraftstoffes „BV-Aral" im Jahre 1924 gelang es Aral sich als Premium-Marke deutlich vom Wettbewerb abzuheben. In den Dreißiger Jahren etablierte sich das Unternehmen insbesondere durch intensive Forschung, Entwicklung und Qualitätssicherung als Kraftstofflieferant für Automobile und Flugzeuge. Sowohl mit der Einführung der ersten elektrisch

1918 1927 1952 1971 2000 2007

betriebenen Zapfsäule Ende der Vierziger als auch des Mitte der Fünfziger Jahre vertriebenen bleifreien Superkraftstoffes war B.V.-Aral seiner Zeit einmal mehr weit voraus.

Die Siebziger brachten weitere Neuerungen: das unternehmen präsentierte sich mit innovativem „Himmel und Wolken"-Design, entwickelte ein neues Aral Erscheinungsbild und setzte Akzente durch die Erweiterung des Produkt- und Dienstleistungsangebotes an den Tankstellen. 1973 veranlassten der „Ölschock" und das gestiegene Umweltbewusstsein Aral nach Alternativen zu bisher verwendeten Kraftstoffen zu forschen, sodass im neuen Kraftstoff das Blei endgültig überflüssig wurde. Bald sollten weitere Neuerungen wie Super bleifrei und Super Plus folgen. Durch zahlreiche Innovationen bei Produkten und Services konnte Aral auch in den Neunziger Jahren die Führungsposition im deutschen Tankstellenmarkt weiter ausbauen.

Im Rahmen des Wandlungsprozesses im Tankstellengeschäft übernahm BP 2002 die operative Kontrolle, entschied sich jedoch aufgrund der

Markenstärke das Tankstellengeschäft in Deutschland unter dem Markendach Aral zu führen, was zu einer der größten Umflaggungsaktionen der deutschen Tankstellengeschichte führte. Doch auch nach der Übernahme durch die BP setzte Aral die lange Tradition neuer Produkte fort: die Einführung der Aral „ultimate"-Kraftstoffe im Jahre 2004 markiert den jüngsten Fortschritt zukunftsorientierter Kraftstoffqualitäten.

PRODUKT

Seit Jahrzehnten steht der Name Aral für ein Unternehmen, das sein Leistungsspektrum kontinuierlich an den Kundenbedürfnissen ausrichtet, umfassende Mobilitätsdienstleistungen anbietet – und das sowohl an den Tankstellen als auch für Geschäftspartner. Denn neben dem erfolgreichen Tankstellengeschäft in Deutschland und Luxemburg vertrauen auch Geschäftskunden im Autohaus- und Werkstattgeschäft, bei Fahrzeugflotten, Speditionen und Verkehrsbetrieben den Kraft- und Schmierstoffen von Aral. Beispielhaft für den internationalen Erfolg der Marke ist der Schmierstoffvertrieb in über 50 Ländern weltweit. Die Kraft des Aral Markenzeichens wirkt auch auf die jüngsten Kinder der Aral Markenfamilie. Aral „ultimate" als Premium-Kraftstoff und PetitBistro in den Tankstellen-Shops mit seinen Snacks und Getränken gegen „Hunger und Durst" unterwegs tragen zu der erfolgreichen Positionierung im harten Wettbewerbsumfeld bei.

Große Tankstellen sind inzwischen zu Waren-, Dienstleistungs- und Kommunikationszentren für mobile Menschen geworden. Von den zwei Millionen Kunden, die täglich Aral Stationen besuchen, kommen mehr als die Hälfte ausschließlich, um im Shop und PetitBistro einzukaufen.

AKTUELLE ENTWICKLUNG

Eine weitere Neuerung stellte die Ablösung der bisherigen Aral Sammel-Promotions durch PAYBACK, dem beliebtesten Bonusprogramm Deutschlands, dar. Seit dem Start im Mai 2006 konnten bereits mehr als eine Million angemeldete Aral PAYBACK Konten verzeichnet und über 1,8 Milliarden PAYBACK Punkte gesammelt werden – ein voller Erfolg.

Im Jahr 2005 begann Aral mit dem Einstieg ins Sportsponsoring und ist seitdem offizieller Kraftstofflieferant für die rund 480 PS starken Fahrzeuge der Deutschen Tourenwagen Masters (DTM). Mit einer Oktanzahl von mindestens 100 sorgt der Kraftstoff dafür, dass die Rennteams ihre hochverdichteten Motoren leistungsorientiert auslegen können – bei höchster Motorschonung und zugleich geringerer Umweltbelastung.

WERBUNG

Standen in den Werbeanfängen vor allem Printkampagnen mit wechselnden Schwerpunktthemen im Mittelpunkt – vom Reisefieber der Nachkriegszeit bis zum Wolkenmotiv der Achtziger Jahre – so war Aral seit Anfang der Neunziger Jahre verstärkt im Fernsehen mit Werbespots präsent. Zunächst standen Qualität und das jeweilige Produkt im Vordergrund.

Im Jahre 1991 kam es zu einer Neuausrichtung: Das Markenversprechen „Qualität" sollte emotional und glaubwürdig vermittelt werden. Dies gelang auf Anhieb mit einem Highlight der deutschen TV-Werbegeschichte: „Der Läufer" mit der Musik „I'm walking" gewann 1992 und 1993 mehrere Werbe- und Musikpreise. Ihm folgten ähnlich erfolgreiche Spots mit sympathischen menschlich inszenierten Short Stories, die Erlebniswelten rund um Aral zeigten. Der im Aral Sport „Headbanger" eingesetzte Wackel-Dackel fand in kürzester Zeit über die Aral Shops und das Internet reißenden Absatz. Im Mittelpunkt stehen dynamisch inszenierte Handlungen mit „Augenzwinkern", die mit aktuellen Shop- und Bistroangeboten und attraktiven PAYBACK Prämien kombiniert werden. Mit Klassik- und TV-Kampagnen, Internetauftritten und einem breiten Werbeartikel-Sortiment ist der Werbeauftritt von Aral durch eine Vielfalt an Kommunikationsinstrumenten geprägt. Grundlage der Werbestrategien ist heute wie auch in der Vergangenheit ein professionell betriebenes Brand Management.

MARKENWERT

Konsequent wurde die Markenpflege in den vergangenen Jahren auf die Werte Qualität, Service und Innovationskraft ausgerichtet. In der Geschäftstätigkeit fanden diese Markenwerte ihren konkreten Ausdruck. Auch in Zukunft wird die Marke Aral diese Werte mit großer Nähe zum Kunden, klaren und authentischen Angeboten und einer gemeinsamen integrierten Strategie verkörpern. Das Markenmanagement wird dabei als zentrales Tool der identitätsbasierten Markenführung betrieben und durch die Unternehmensleitung direkt unterstützt. Markenklarheit und Markenversprechen, Markenkern und Markenwerte und die Unternehmenskultur sind harmonisch aufeinander abgestimmt.

Eine Marke bedeutet für die Mitarbeiter und die Partner bei Aral viel mehr als nur ein Logo oder visuelle Normen: Die Marke legt fest, wer Aral ist, wie Aral handelt und welchen Eindruck Aral auf Kunden und Geschäftspartner macht. Die Marke Aral steht im Mittelpunkt unserer Geschäftsstrategie - natürlich mit dem Kunden an erster Stelle, egal ob er Tankstellenkunde oder Business-to-Business-Kunde im Großverbraucher- oder Schmierstoffgeschäft ist.

Neben Markenwerten spielt für die Marke Aral das äußere Erscheinungsbild eine große Rolle. Aral hat diese Entwicklung frühzeitig erkannt und widmet sich seit Jahren dem Corporate Design besonders intensiv. Mit dem Leistungsangebot veränderte sich somit auch der Auftritt der Marke. Die Kommunikation beruht auf einem einheitlichen „Look" mit wenigen, aber umso wichtigeren Grundsätzen. Das Aral Blau - im Wechselspiel mit der Farbe Weiß - steht im Zentrum. Durch den konsequenten Einsatz der Markenfarbe lässt sich Aral schnell und unverwechselbar identifizieren. Der Diamant mit dem Schriftzug „Alles super." bleibt das wichtigste Erkennungsmerkmal. Er ist ein visueller Anker, der zusammen mit Schrift, Flächenaufteilung und Bildauffassung die Gestaltung zusammenhält. Der Umgang mit diesen Elementen wurde in Grundsätzen definiert, die die Wiedererkennbarkeit und damit die Ausstrahlungskraft der Marke gewährleisten.

www.aral.de

Wussten Sie schon von ARAL?

- Der Name „Aral" setzt sich aus den Anfangsbuchstaben von Aromate und Aliphate zusammen.

- 1929 gelingt der der erste Ost-West-Flug über den Atlantik mit kompressionsfestem B.V.-Benzol.

- Die erste Wasserstofftankstelle der Welt wird 1984 in Betrieb genommen – durch Aral.

- 1999 eröffnet Aral am Flughafen München die weltweit erste öffentliche Tankstelle für robotergesteuerte Flüssigwasserstoffbetankung.

- 2001 bringt Aral den leisesten Diesel der Welt auf den Markt.

- Im Jahr 2004 stellt Aral mit „ultimate 100" und „ultimate Diesel" zwei neue Premiumkraftstoffe vor.

- Seit dem Jahr 2005 führt Aral mit der Marke „PetitBistro" erfolgreich das neue Shop-Konzept gegen „Hunger und Durst" ein.

MARKT

Mit rund 760 Millionen Flasche à 0,7 Liter ist der deutsche Spirituosenmarkt der größte im EU-Ländervergleich und gehört in Deutschland zu den Top 10 aller Food Warengruppen. Unter schwierigen Rahmenbedingungen konnte sich der Spirituosenmarkt in den letzten Jahren insgesamt stabilisieren, doch zeigen die einzelnen Segmente eine unterschiedliche Entwicklung. Wie so oft bricht das Mittelpreissegment weg – Billiganbieter und Premium-Produkte können zulegen. Dass man mit der richtigen Unternehmenspolitik auch in schwierigen Zeiten erfolgreich sein kann, hat die Marke Asbach in den letzten Jahren gezeigt.

Mit der Übernahme der lange Zeit geschwächten Marke im Jahr 2000 durch die Semper.Idem Underberg AG hat man erfolgreich die Kehrtwende geschafft und der Marke wieder zu altem Glanz verholfen. Das Rezept für diese „Revitalisierung": Ein eindeutiges Bekenntnis zur Marke mit einer konsequenten und glaubwürdigen Markenführung. Ziel des Relaunchs war eine klare Differenzierung und Unverwechselbarkeit, um sich von dem Trend und den Vorstellungen der Warengruppe Weinbrand, Cognac und Brandy als eigenständiges Premiumprodukt klar abzugrenzen: Asbach ist Asbach – die berühmte deutsche Spezialität aus Rüdesheim am romantischen Rhein.

ERRUNGENSCHAFTEN UND ERFOLGE

Das Geheimnis und der große Erfolg der Marke Asbach liegt in der von *Hugo Asbach* begründeten Qualitätsphilosophie, die sich bis heute bewährt hat und stetig bis hin zum einzigartigen und geheimen Asbach Reife- und Veredelungsverfahren weiter entwickelt wurde. Zur Herstellung der Asbach Spezialitäten werden derzeit fast ausschließlich Trauben bevorzugter Lagen aus dem Weinanbaugebiet Charente in Frankreich verwendet, denn nur aus den besten Trauben lässt sich beste Qualität erzielen.

Das Destillieren selbst erfolgt besonders schonend, wobei ausschließlich kleine kupferne Destillierblasen verwendet werden. Charakteristisch ist auch die zweifache Destillation, wobei in der ersten Stufe ein Rohbrand entsteht, der im zweiten Schritt zum Feinbrand veredelt wird. Die bei Asbach angewendete Methode der Destillation „auf der Hefe" ist technisch sehr anspruchsvoll und äußerst arbeitsaufwändig.

Anschließend reifen die Destillate mindestens 24 bis 46 Monate in kleinen Limousin-Eichen-Fässern, also um ein Mehrfaches länger als die vom Gesetzgeber vorgeschriebenen 12 Monate.

Seine stets gleich bleibende Qualität und den berühmten feinen Geschmack erhält Asbach schließlich durch die meisterliche Komposition der Destillate und das geheime Asbach Reife- und Veredelungsverfahren. Es ist die Kunst des Brennmeisters, mit Erfahrung und Fingerspitzengefühl aus bis zu 25 Einzel-Destillaten unterschiedlicher Jahrgänge und Herkunft eine harmonische Mischung zu komponieren. Nach dieser „Vermählung" ruhen die Asbach-Spezialitäten dann noch einmal drei bis sechs Monate in Bottichen aus Eichenholz, ehe sie schließlich in Flaschen abgefüllt werden.

GESCHICHTE

Die Geschichte des Hauses Asbach reicht zurück bis in das Jahr 1892, als Firmengründer *Hugo Asbach* seiner Wahlheimat Frankreich den Rücken kehrte und in Rüdesheim am romantischen Rhein am 11. Mai mit nur zwei Brennblasen begann und den Traum von einem eigenen Unternehmen verwirklichte. Im Gepäck hatte er das bei berühmten französischen Brennmeistern erworbene Wissen um die Kunst des Weindestillierens. Diese Kenntnisse nutzte er, um ein hochgestecktes Ziel zu verwirklichen: Ein Produkt zu kreieren, das dem französischen Cognac ebenbürtig war und gleichzeitig dem deutschen Geschmack Rechnung tragen sollte. Schon zehn Jahre später stellte er für seine Brände der damals allgemein verwendeten Bezeichnung „Cognac" deshalb den von ihm geprägten Begriff „Weinbrand" zur Seite. Eine weitsichtige Entscheidung und ein großer Vorteil im Markt, denn als den deutschen Herstellern nach 1923 die Benennung „Cognac" untersagt wurde, war „Weinbrand" bereits ein eingeführter Begriff, der 1923 auch in das deutsche Weingesetz übernommen wurde. Am 11. April 1911 ließ *Hugo Asbach* die Marke Asbach Uralt beim kaiserlichen Patentamt eintragen.

Da es in den Goldenen Zwanzigern für Damen unschicklich war, in der Öffentlichkeit Alkohol zu trinken, umhüllte *Hugo Asbach* sein Produkt mit feinherber Schokolade und erfand 1924 als Reverenz an die Damenwelt die Asbach Pralinen.

Als Vorreiter eines modernen Marketings prägte Asbach im Jahr 1937 den Slogan und Werbe-Klassiker „Im Asbach ist der Geist des Weines".

1957 trat ein vom ersten „Fernsehkoch" vorgestelltes Rezept seinen Siegeszug an: Der „Rüdesheimer Kaffee" eine Spezialität mit Asbach.

Asbach kam von Anfang an beim Verbraucher an und avancierte schnell zum beliebten Markenartikel. Dazu trug wesentlich bei, dass man schon früh die Bedeutung der Werbung erkannte und mit außergewöhnlichen Kampagnen und als Pionier der TV-Werbung ab 1959 im wahrsten Sinn des Wortes Werbegeschichte geschrieben hat.

1991 verkaufte die Familie Asbach die Weinbrennerei Asbach &Co. in Rüdesheim am Rhein an United Destillers.

Am 1. Dezember 1999 übernahmen die Semper.Idem Underberg AG und die niederländische Firma Bols Royal Destillers mit je 50 Prozent gleichberechtigt die neu gegründete Asbach GmbH von der United Destillers – Nachfolgefirma Diageo.

Im Jahre 2000 begann ein umfassender Relaunch der Marke: „Asbach zeigt Flagge" – mit neuer Positionierung, Kommunikation, Ausstattung und „integriertem" Markenauftritt.

Im März 2002 wurde die Asbach GmbH zu 100 Prozent durch die Semper.Idem Underberg AG übernommen.

Im September 2003 folgte die Einführung des innovativen Riesling-Likörs A&A – Asbach und Auslese.

2004 schaffte ein neuer Lizenzvertrag zwischen der Asbach GmbH und der Paul Reber GmbH & Co. KG die Voraussetzungen für weitere

Synergien hinsichtlich Markenauftritt und Kooperation für die Asbach Pralinen.

Ende 2005 begann die Markteinführung von Asbach Urbrand in der für die Warengruppe innovativen 0,02l Portionsflasche in Erinnerung an das erste Meisterstück des Firmengründers *Hugo Asbach*.

Der Relaunch von Asbach Privatbrand 8 Jahre und Asbach Spezialbrand 15 Jahre gereift im Herbst 2007 lässt diese beiden Spezialitäten in neuem Glanz erscheinen.

PRODUKT

Der Geist des Weines hat viele Qualitäten – sie stehen für Genuss, Vertrauen, Kompetenz und Spitzenqualität. Hier sind es vor allem die vielfältigen Asbach Brände, die den Ruf der Marke begründet haben.

Asbach Uralt gilt als die deutsche Premium-Spirituose. Erlesene Grundweine, lange Erfahrung und besondere Sorgfalt in der Herstellung prägen seinen Charakter. Resultat all dieser Anstrengungen ist ein angenehm abgerundeter Geschmack und ein harmonisches Bukett.

Asbach Urbrand ist eine Hommage an diese erste Kreation von Hugo Asbach. Asbach Urbrand ist nur in der innovativen 0,02 l Portionsflasche erhältlich.

Bei Asbach Privatbrand 8 Jahre gereift handelt es sich um eine Spezialität für Genießer und Freunde langjährig gereifter Brände. Besondere Raffinesse erhält Asbach Privatbrand durch die Verwendung von Destillaten, die mindestens acht Jahre gereift sind.

Nur besonders sorgfältig ausgewählte und mindestens 15 Jahre in Limousin-Eichen-Fässern gelagerte Destillate aus Weinen bester Lagen bilden die Grundlage für Asbach Spezialbrand 15 Jahre gereift.

Asbach Selection 21 Jahre gereift, angeboten in einer hochwertigen Bleikristall-Karaffe, ist ein absolutes Spitzenerzeugnis der Destillationskunst, für das kostbare und mindestens 21 Jahre gereifte Destillate aus großen Weinjahrgängen zu einer Cuvée vereinigt werden.

Asbach Jahrgangsbrand 1972 gilt als ein weiteres besonderes Juwel innerhalb der Produktpalette. Ausschließlich destilliert aus Weinen des Spitzenjahres 1971, stellt er für Kenner eine besondere Erfahrung dar.

Außer den klassischen Asbach Bränden gibt es aber auch noch weitere Spezialitäten unter Verwendung von Original Asbach:

Mit A&A – Asbach und Auslese, dem innovativen Riesling-Likör hat man einen völlig neuen und aufregend anderen Aperitif geschaffen. Die goldfarbene Spezialität mit nur 19 Prozent Vol. ist eine Komposition aus Riesling-Auslese und Original Asbach.

Asbach Pralinen – Köstliche Meisterwerke der Confiserie Kunst seit 1924

1924 fasste *Hugo Asbach* den Entschluss, seinen Asbach mit feinherber Edel-Chocolade zu umhüllen. Mittlerweile fasst das Asbach Pralinen Sortiment neben den klassischen Asbach Bohnen zahlreiche Varianten wie zum Beispiel Asbach Pralinen mit und ohne Zuckerkruste, Asbach Kirschen, Asbach Minis sowie saisonale Pralinenmischungen.

AKTUELLE ENTWICKLUNG

Mit der im Jahr 2000 begonnenen „Revitalisierung" der Marke Asbach schaffte man mit einer glaubwürdigen und eigenständigen Markenpolitik und innovativen neuen Ideen die Kehrtwende. Mit über 93 Prozent Markenbekanntheit hat man sich wieder an die Spitze aller Spirituosenmarken gesetzt. Im Jahre 2007 wurde die Marke zum sechsten Mal in Folge zur „Most Trusted Brand" – also zur Marke mit dem größten Konsumentenvertrauen – in der Warengruppe Spirituosen gewählt. Doch es ist vor allem die verbesserte Position am Markt, welche die wiedergewonnene Stärke der Marke eindrucksvoll belegen.

Der Marktanteil von Asbach in der Warengruppe der Premium-Weinbrände, Cognacs und Brandies konnte im letzten Jahr auf 33,7 Prozent im Lebensmitteleinzelhandel und 41,1 Prozent im Cash & Carry ausgebaut werden. Und in der Gastronomie, wo Asbach nach wie vor zu den stärksten Spirituosen zählt, liegt der Marktanteil bei 35,5 Prozent. Diese positiven Entwicklungen zeigen, dass die Marke Asbach wieder auf Erfolgskurs ist.

WERBUNG

Schon zu Zeiten des Gründers *Hugo Asbach* war das Werben um das Vertrauen der Konsumenten ein wesentlicher Bestandteil der Unternehmensaktivitäten. In den nachfolgenden Jahrzehnten schuf Asbach Klassiker der Werbung.

Mit der Übernahme im Jahr 2000 begann ein Relaunch der Ausstattung und des kommunikativen Auftritts. Mit der Positionierung als die „berühmte deutsche Spezialität aus Rüdesheim am romantischen Rhein" verstärkte man nicht nur die Aktualität und Eigenständigkeit, sondern schuf mit der Asbach Erlebniswelt ein klares und unverwechselbares inneres Bild der Marke. Entscheidend für den Erfolg der folgenden Marketingaktivitäten war die „integrierte Kommunikation" dieser Erlebniswelt auf allen Kommunikationsmittel, die in dieser Konsequenz sicher einmalig in Deutschland ist. Als Basismedium konzentrierte man sich auf TV, doch runden ergänzende Print-, PR-, und Promotion-Aktivitäten in Handel und Gastronomie den Marketingmix ab. Und als Highlight fährt die MS Asbach als aufmerksamkeitsstarker Werbeträger im romantischem Mittelrheintal – UNESCO Weltkulturerbe seit 2002 und Vorlage für die Asbach Erlebniswelt.

MARKENWERT

Der Erfolg und damit der Wert einer Marke hängt davon ab, wie glaubwürdig, eigenständig und konsequent sie geführt und somit das Markenbild verstärkt und das Markenguthaben vermehrt wird. Regelmäßige Verbraucheruntersuchungen zeigen, dass Asbach mit seiner klaren Qualitätsphilosophie, der gewählten Positionierung und einem starken Markenkern auf einem erfolgreichen Kurs liegt. Und eine weiterhin kontinuierliche Markenpflege wird sicherstellen, dass dies auch in Zukunft so bleibt.

www.asbach.de

Wussten Sie schon von Asbach?

○ Die berühmte deutsche Spezialität aus Rüdesheim am romantischen Rhein – gibt es bereits seit 115 Jahren

○ In der „Schatzkammer" von Asbach lagern in mehr als 20.000 Limousin-Eichen-Fässern mehr als 120 wertvolle und bis zu 55 Jahre alte Einzeldestillate für die Komposition der Asbach Brände.

○ Die Slogans „Im Asbach ist der Geist des Weines" oder „Wenn einem soviel Gutes widerfährt, das ist schon einen Asbach wert" sind Klassiker der Werbung

○ *Hugo Asbach* prägte zur Abgrenzung der zu seiner Zeit gebräuchlichen Bezeichnung „Cognac" den Begriff „Weinbrand", der dann 1923 für das deutsche Weingesetz übernommen wurde

MARKT

Es ist kein Geheimnis, das Automobil ist „der Deutschen liebstes Kind". Im Jahr 2006 wurden 3,99 Millionen Neuwagen in Deutschland zugelassen (Quelle: Kraftfahrt-Bundesamt 2007). Dementsprechend groß ist bei den Lesern das Interesse an allen Themen rund um Auto und Verkehr. Durchschnittlich verkaufen in Deutschland jährlich 53 IVW-geprüfte Automobiltitel (ohne die Mitglieder-Titel der Automobilclubs) eine Gesamtauflage von über 87 Millionen* Exemplaren (davon sind allein über 32 Millionen* nur AUTO BILD-Exemplare).

AUTO BILD ist in Deutschland die aktuellste Autozeitschrift, verkauft Woche für Woche 638.493 Hefte (Quelle: IVW-Jahresdurchschnitt 2006) und verfügt über eine Reichweite von 2,70 Millionen Leser (Quelle: Media-Analyse 2007/II). Damit ist AUTO BILD mit Abstand klarer Marktführer bei den Autozeitschriften (*Quelle: Informationsgemeinschaft zur Feststellung der Verbreitung von Werbeträgern (IVW) 2007).

Die Marke AUTO BILD hat sich in den vergangenen Jahren zu einer sehr erfolgreichen Markenfamilie entwickelt. Im Rahmen einer Dachmarkenstrategie wurde das Portfolio um die Spezialtitel AUTO BILD MOTORSPORT, AUTO BILD ALLRAD, AUTO BILD SPORTSCARS und AUTO BILD KLASSIK erweitert. Auch sie konnten in ihren Segmenten auf Anhieb die Marktführerschaft erobern. Außerdem ist mit AUTO TESTS, dem monatlichen Kaufberater von AUTO BILD, ein zweiter Generalist im Markt positioniert. Ergänzend zu den Zeitschriften entwickelte sich das Internetportal www.autobild.de in nur kurzer Zeit zu einer der wichtigsten Informationsquellen für automobile Themen mit vier Millionen Visits und über 66 Millionen Page Impressions und hat sich als Content-Marktführer bei Usern und Werbepartnern gleichermaßen etabliert. www.autobild.de bietet neben den redaktionellen Themen umfangreiche Vergleichstests und auch eine große Autobörse.

International gehört AUTO BILD mit 30 ausländischen Ausgaben zu den erfolgreichsten Zeitschriftenmarken. Dabei wird die Markenfamilie kontinuierlich ausgebaut und erschließt in Europa und darüber hinaus neue Märkte.

ERRUNGENSCHAFTEN UND ERFOLGE

AUTO BILD ist es gelungen, mit der ersten Ausgabe sofort die Marktführerschaft zu übernehmen, heute weist AUTO BILD allein im Einzelverkauf einen gewichteten Marktanteil von 71 Prozent auf (Quelle: IVW-Jahresdurchschnitt 2006).

AUTO BILD wurde von der Fachzeitschrift Horizont zur beliebtesten Autozeitschrift in Deutschland gewählt. Bei den sieben ermittelten Einstellungskriterien (unter anderem Bekanntheit, Werbeerinnerung, Relevant Set und Markensympathie) landete AUTO BILD in allen Fällen auf Platz eins und verwies die Konkurrenz auf die Plätze (Quelle: TNS Emnid 2003).

Die AUTO BILD-Familie vergibt selbst zahlreiche, in der Autobranche und bei den Lesern hoch angesehene Preise. Eine der bedeutendsten Auszeichnungen auf dem automobilen Sektor ist „Auto1 of Europe – the Award of AUTO BILD Group". Seit 1991 zeichnen AUTO BILD und die europäischen Schwesterblätter die besten Neuerscheinungen aus, die Sieger werden unter Einbeziehung der über 40 Millionen Leser der internationalen AUTO BILD-Zeitschriften gewählt. Bei der traditionellen Preisverleihung im Rahmen des Genfer Automobilsalons trifft sich jedes Jahr das „Who-is-Who" der Autoindustrie.

Auch die AUTO BILD-line-extensions vergeben renommierte Auszeichnungen: So verleiht AUTO BILD ALLRAD im Rahmen der Auto Mobil International (AMI) in Leipzig alljährlich die Auszeichnung für das beste „Allrad Auto des Jahres", AUTO BILD SPORTSCARS kürt im Rahmen der Essener Motorshow das „Sportscar of the year".

GESCHICHTE

Das Konzept von AUTO BILD basiert auf den Essentials der BILD-Markenfamilie. Dabei stehen Aktualität, Nutzwert und Unterhaltung gemeinsam mit einer verständlichen Sprache, klaren Optik und einem herausragenden Preis-Leistungsverhältnis im Vordergrund. AUTO BILD erschien erstmals im Februar 1986 und kostete zum Start eine Mark, die Erstausgabe wurde zum Kennenlernpreis von 30 Pfennig verkauft. Die erste Lizenzausgabe im Ausland erschien noch im gleichen Jahr in Italien. Damit wurde der Grundstein für einen umfangreichen internationalen Ausbau der Marke gelegt. Heute erscheinen weltweit 30 Ausgaben – jeder Titel ein Original mit eigenständiger Redaktion und nationalen Schwerpunkten.

Seit 2001 ergänzen die Special-Interest-Titel AUTO BILD MOTORSPORT sowie seit 2002 AUTO BILD ALLRAD und AUTO BILD SPORTSCARS die Markenfamilie. Seit 2007 ist das Portfolio um AUTO BILD KLASSIK erweitert.

Mit der Gründung des Axel Springer Auto Verlags in Schwabach, der Übernahme verschiedener Titelrechte und Neugründungen wurde die Autozeitschriften-Gruppe von Axel Springer zudem um weitere Titel wie zum Beispiel AUTO TESTS und AUTO BILD TUNING sowie zahlreiche Sonderhefte ergänzt. Der Content der gesamten Titelgruppe wird unter der Domain www.autobild.de angeboten, dem Autoportal der Axel Springer AG.

Das Print-Extrakt der Autobörse von www.autobild.de ist das Rubrikenmagazin AUTO-BILD.DE-AUTOMARKT.

PRODUKT

AUTO BILD ist aufgrund der wöchentlichen Erscheinungsweise die aktuellste Autozeitschrift in Deutschland. In einer übersichtlichen Optik und mit kompetentem Sachverstand wird über alles rund ums Auto berichtet und es werden die neuesten PKW-Modelle vorgestellt. Umfangreiche Tests bieten eine hervorragende Kaufberatung und geben einen objektiven Überblick über Stärken und Schwächen der jeweiligen Fahrzeuge. In der Rubrik „Kummerkasten" steht die Redaktion den Lesern mit Rat und Tat zur Seite. Neben allgemei-

Nachwuchsförderung mit Format:
Michael Schumacher — Heinz-Harald Frentzen — Timo Glock

nen Problemen vermittelt AUTO BILD in diesem Zusammenhang auch zwischen Autobesitzern, Händlern und Herstellern. Eine klare Struktur, verständliche Informationen und eine garantierte Unabhängigkeit zeichnen das journalistische Konzept von AUTO BILD aus und machen die Zeitschrift sowohl bei den Lesern als auch für Werbekunden und Hersteller zu einem unverzichtbaren Medium.

Die Töchterblätter berichten mit demselben Qualitätsanspruch wie das Mutterblatt über die in den vergangenen Jahren in ihrer Bedeutung gewachsenen Spezialsegmente wie Motorsport, Allrad-Fahrzeuge sowie aus der Welt der Leistungs- und Tuningfahrzeuge.

Der Internetauftritt www.autobild.de bietet für den User neben einer großen Gebrauchtwagenbörse mit über 700.000 Fahrzeugen außerdem die größte Test- und Technikdatenbank. Darüber hinaus werden umfangreiche Services und Dienstleistungen rund um das Automobil, von Finanzierungen bis hin zu Versicherungsvergleichen, angeboten. Damit ist das Portal eine ideale Ergänzung zu den Print-Titeln der Marke AUTO BILD.

AKTUELLE ENTWICKLUNGEN

Zur Philosophie der Marke AUTO BILD gehört die kontinuierliche Weiterentwicklung bei maximaler Wiedererkennbarkeit. Seit der Gründung wurde die Zeitschrift in regelmäßigen Abständen optimiert und den Bedürfnissen der Leserschaft angepasst, wobei sich die Blattstruktur deutlich, die Rubriken aber nur geringfügig veränderten. In 2006 wurde im Zuge des Chefredakteurs-Wechsels die gesamte Optik modernisiert und ein Relaunch durchgeführt.

Das Autoportal www.autobild.de verzeichnet seit der Gründung kontinuierlich steigende Zugriffszahlen. Auch 2007 kann es erneut ein Rekordplus vermelden. Anfang des Jahres wurde mit über 66 Millionen Page Impressions eine neue Rekordmarke überschritten, damit baut www.autobild.de seine Position als Qualitätsmarktführer und Premiummarke weiter aus.

Zur Internationalen Automobilausstellung (IAA) im September 2007 startete autobild.de ein eigenes Internet-TV-Format. Unter dem Namen autobild.tv gibt es seit dem auf www.autobild.de zahlreiche

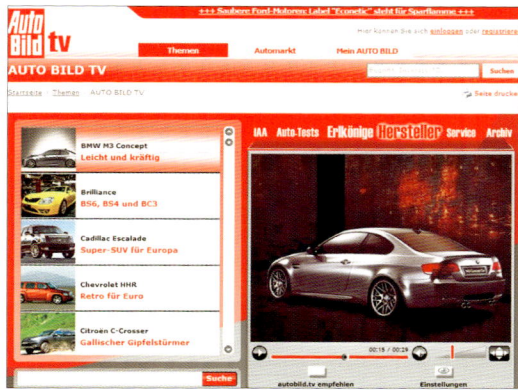

redaktionelle TV-Beiträge. Darüber hinaus gibt es ein periodisches TV-Magazin im Internet. autobild.tv produziert eigene redaktionelle Beiträge und greift aktuelle Tests und Themen der AUTO BILD-Redaktion und der Titel der gesamten AUTO BILD Gruppe auf.

Auch international ist AUTO BILD auf Erfolgskurs. Nachdem in 2006/2007 AUTO BILD-Ausgaben in Serbien und Montenegro, Dänemark, Slowenien und der Ukraine realisiert wurden, ist eine weitere internationale Expansion der Marke (zum Beispiel in China und Indien) ein erklärtes Ziel.

WERBUNG

Als Medium baut AUTO BILD auf zwei Arten von Werbung. Zum einen thematisiert Abverkaufswerbung das jeweils aktuelle Heft und soll so das Interesse potenzieller Leser wecken und möglichst viele Kaufimpulse auslösen. Dabei stehen neben dem Titelbild der Zeitschrift aktuelle Themen der jeweiligen Ausgabe im Fokus der Werbebotschaft. Auf der anderen Seite vermittelt permanente Imagewerbung die Markenwerte und thematisiert Botschaften wie Investigativität, Service und Aktualität.

Die aktuelle Werbebotschaft lautet „AUTO BILD – Freitag kommt's raus" und vermittelt die unverzichtbare Informationskompetenz der Marke. Gleichzeitig wird die Einzigartigkeit als aktuellste Autozeitschrift aufgrund der wöchentlichen Erscheinungsweise hervorgehoben.

Neben der Werbung für den Leser schaltet AUTO BILD auch umfangreiche Fachwerbekampagnen, die die Leistungswerte für Werbekunden, wie Marktführerschaft in der Auflage und attraktive Reichweiten bei speziellen Zielgruppen, heraus stellen.

MARKENWERT

Die Marke AUTO BILD ist in den Augen der Verbraucher eine Institution! Sie steht nicht nur für einmalige Aktualität und Kompetenz, sondern auch für absolute Unbestechlichkeit. Unzählige gelöste Probleme, aufgedeckte Serienmängel an Fahrzeugen, ungefärbte Testergebnisse, absolute Leserorientierung und immer die neuesten Informationen – das ist AUTO BILD. Die Marke stellt ein Synonym für verlässliche Informationen rund ums Automobil dar. Die Entwicklung von einer starken Muttermarke zur großen Markenfamilie und nicht zuletzt auch eine internationale Präsenz machen AUTO BILD zu einer der stärksten Printmarken weltweit.

www.autobild.de

AUTO BILD-Titel: weltweit in 30 Ländern

Wussten Sie schon von Auto Bild?

○ Die AUTO BILD Redaktion legte bisher über 25 Millionen Testkilometer zurück.

○ AUTO BILD erfand den Waschstraßen-Test.

○ Mit 370 km/h fand der schnellste Straßentest mit einem McLaren F1 statt.

MARKT

Bacardi Rum ist die Nummer Eins in Sachen Bekanntheit. In Deutschland ist die Marke uneingeschränkter Marktführer im Bereich weißer Rum. Fast die Hälfte der hierzulande verkauften Zuckerrohrspirituosen kommt aus dem Hause Bacardi. Auch international ist der Hersteller führend: Bacardi ist in 175 Ländern vertreten und das größte unabhängige Spirituosen-Unternehmen in Familienhand.

Bacardi steht für Lebenslust, Feierlaune und Karibikfeeling. Der weiße Rum ist Kult in Bars und Clubs und gehört zu den meist konsumierten Partygetränken in Deutschland. Vertrieben wird die Spirituose von Bacardi Deutschland, einer Tochtergesellschaft der Bacardi Ltd., die auf den Bermudas beheimatet ist. Bacardi gehört in Deutschland zu den führenden Anbietern internationaler Premium-Spirituosen. Neben Klassikern wie Bacardi Rum und Martini Vermouth sind auch Marken wie Bombay Sapphire Gin und Grey Goose Vodka Teil des Top-Premium-Portfolios.

Mit dem traditionsreichen französischen Vermouth Noilly Prat, den Aberfeldy Single Malt Whiskys und der Erweiterung der Range von Dewar's Scotch Whisky baut Bacardi Deutschland seine Kompetenz im Bereich Super Premium Spirituosen weiter aus. Wichtige Partnerschaften bestehen mit namhaften internationalen Familienunternehmen wie Molinari und Osborne.

ERRUNGENSCHAFTEN UND ERFOLGE

Bacardi Rum - die Marke mit der Fledermaus im Logo – galt jeher als besonders mild und sanft. Sehr hell und trotzdem gereift, sorgte der weiße Rum bereits 1877 auf der Weltausstellung in Spanien für eine Sensation. Dort erhielt er die erste Goldmedaille für Qualität. Von da an war der Siegeszug des weißen Rums aus der Karibik nicht mehr aufzuhalten. Eine Auszeichnung folgte der nächsten, 29 weitere Medaillen kamen im Laufe der Jahre hinzu.

GESCHICHTE

Die Geschichte von Bacardi ist Familienepos und ein Stück kubanischer Zeitgeschichte zugleich. Das Unternehmen blickt auf mehr als 145 Jahre ereignisreicher Vergangenheit zurück.

Alles begann 1862, als *Don Facundo Bacardi Maso*, 1814 in Katalonien geboren, in seiner Exilheimat Kuba das bis heute bestehende Familienunternehmen gründete. Der Rum galt damals als Getränk der einfachen kubanischen Leute. Hart und unharmonisch passte er mit seiner rauen Art und dem kratzigen Abgang eher an Deck eines Piratenschiffes als an die Theken gepflegter Bars.

Das war die Chance des *Don Facundo*, der davon überzeugt war, das scharfe Getränk seiner neuen Heimat entscheidend verbessern zu können. Der erfahrene Weinhändler kaufte 1862 für 3.500 Pesos eine alte Destillerie und verschrieb sich mit Leidenschaft und Experimentierfreude der Weiterentwicklung der Rumdestillation. Er fand die ideale Gärhefe für die Zuckerrohrmaische, nutzte die Milde der Fassreifung und gab dem Destillat mit Hilfe einer aufwändigen Filterung Klarheit und Reinheit. Der Bacardi-Rum war geboren: Weich und mild durch das aufwändige Holzkohle-Filterverfahren und trotzdem mit einer sanften Note aus der Reife des Holzfasses.

1877 übergab *Don Facundo* die – bis heute streng gehütete – geheime Rezeptur an seine Söhne. Mit dem gleichen Mut zur Innovation wie ihr Vater forcierten sie die internationale Expansion. Und so wurde Bacardi bereits Anfang des 20. Jahrhunderts das erste multinational operierende Unternehmen Kubas.

Der ganz große Siegeszug begann schließlich in den Roaring Twenties. Bacardi startete eine Anzeigenkampagne in den USA – für damalige Verhältnisse ein absolutes Novum. Die Prohibition und der Kultstatus Havannas als Metropole der Stars und Lebenskünstler, der Schönen und der Reichen, ließen Bacardi Cocktails zum Inbegriff des luxuriösen Lebens werden.

Und selbst als die Familie 1960 nach der kubanischen Revolution vertrieben wurde, größtenteils nach Amerika emigrierte und nur die Original-Hefekulturen retten konnte, ließ man sich nicht entmutigen und fing von neuem an. Heute ist Bacardi weltweit das größte Familienunternehmen der Spirituosenbranche.

PRODUKT

Heiße Rhythmen und karibische Leichtigkeit – das ist typisch für Bacardi Superior. Kein Wunder: Der erste weiße Rum der Welt mit den kubanischen Wurzeln symbolisiert wie kein anderes Getränk das ausgelassene und lebenslustige Flair der Karibik. Für den besonders harmonischen Charakter sorgen die weichen Aromen von Mandel und Vanille sowie die dezenten Fruchtnoten der Aprikose. Eine Symbiose, die Kenner und Genießer rund um den Globus schätzen – ganz gleich ob als moderner Longdrink oder edler Cocktailklassiker.

Bacardi schreibt Cocktailgeschichte

Die Entstehungsgeschichte berühmter Cocktails ist untrennbar mit Bacardi Superior verbunden. Der weiße Rum sorgte zu Beginn des vergangenen Jahrhunderts für einen wahren Boom der Cocktail-Kultur. So kam auch für den minzig-frischen Mojito der Durchbruch: Der bereits im 16. Jahrhundert erfundene Drink wurde zunächst mit ungereiftem und sehr kräftigem Rum gemixt. Erst mit der Einführung des Bacardi Superior 1862 erhielt er seine Originalrezeptur: die frischen Aprikosen-Noten des weißen Rums harmonieren perfekt mit der Minze und den fein-säuerlichen Limetten, während die warmen Vanille- und Mandelnoten einen angenehmen Kontrast dazu bilden. Bis heute ist der Erfolg des Drinks ungebrochen: In den angesagtesten Bars in Miami und Los Angeles hat der edle Minz-Cocktail bisherige Top-Seller wie den Margarita abgelöst.

Zeitgleich mit der Erfindung des Bacardi Mojito verbreitete sich auch die Nachricht von einem neuen, sehr spritzigen Longdrink, den amerikanische Soldaten während des Unabhängigkeitskampfes auf Kuba tranken: Bacardi & Coke, der original Cuba Libre. Der Mix aus Cola und Rum kombiniert mit frischen Limettenspalten entwickelte sich rasch über die Karibik hinaus zu einem der beliebtesten Drinks weltweit. Nur wenige Jahre später begann der amerikanische Ingenieur *Jennings S. Cox*, der in einer Mine nahe der kubanischen

Stadt Daiquiri arbeitete, Drinks mit Bacardi Superior zu mixen. Angeregt durch die fruchtige Aprikosennote des weißen Rums kreierte Cox schließlich einen Cocktail, der heute noch als Inbegriff karibischer Bar-Kultur weltweit berühmt ist: den Daiquiri.

Vom weißen Klassiker zur erfolgreichen Bacardi Marken-Familie

Bacardi Superior ist bis heute das Synonym für die Marke Bacardi. Inzwischen haben sich unter dem Fledermaus-Logo weitere Rum-Spezialitäten erfolgreich etabliert. So zum Beispiel Bacardi Oro oder Bacardi Black, die heute schon selbst den Status eines Klassikers genießen. Der goldfarbene Bacardi Oro eignet sich besonders zum Mixen eines Banana oder Strawberry Daiquiri. Ganz anders hingegen Bacardi Black: Der dunkle Rum ist ausdrucksstark und daher wie gemacht für einen fruchtigen Cocktail wie den Planter's Punch oder einen Rum Sour. Pur-Genießer und Liebhaber edler Cocktails wie dem Mojito Royal schätzen hingegen Bacardi 8 Años. Speziell für die Gastronomie gibt es Bacardi 151° mit einem Alkoholgehalt von 75,5 Vol.-Prozent. Der hochprozentige Rum ist die erste Wahl für aromatische Cocktails wie den Mai Tai. Jüngster Shootingstar in der Bacardi-Familie ist Bacardi Razz. Die flavoured Variante mit dem fruchtig-frischen Himbeergeschmack schmeckt besonders gut im Longdrink mit Sprite oder als Razz Mojito.

AKTUELLE ENTWICKLUNG

Bacardi steht für Innovationen und Produktneuheiten, die den Puls der Zeit spüren.

Mit der Einführung von Bacardi Razz reagierte Bacardi auf die Vorlieben seines Publikums für fruchtigen Geschmack. Der klare Mix aus Bacardi Rum und Himbeeren begeisterte nicht nur die Barkeeper. Innerhalb eines Jahres avancierte Bacardi Razz zur meist verkauften Spirituose der Gastronomie. Bei der Echo-Verleihung war der Bacardi Razz Mojito einer der begehrtesten Drinks der prominenten Gäste.

WERBUNG

Vor allem die Fernseh- und Kinowerbung machte die Marke Bacardi bekannt. Seit den Siebziger Jahren bringt Bacardi mit karibischen Partyspots den Sommer ins Wohnzimmer. Der Bacardi-Song „Summer Dreaming (Bacardi Feeling)" von *Kate Yanai*, wurde zum Inbegriff für Freiheit und gute Laune. Seit Mai diesen Jahres komplettiert der Fernseh-Spot „Muddle it" das aktuelle Kommunikationsprogramm rund um den Fokusdrink Bacardi Mojito.

Event-Reihe Bacardi B-Live: Von Miami bis Sylt Bacardi-Feeling live erleben

Heute steht das Fledermaus-Symbol nicht nur für unverwechselbaren Cocktailgenuss, sondern auch für eine internationale Eventreihe, die von Miami bis Sylt tausende Partygäste in ihren Bann zieht: Im Mai 2006 ging Bacardi B-Live an den Start und löste die bekannten Ritmo de Bacardi-Partys ab. B-Live setzt auf das Zusammenspiel von Musikern, Tänzern und VJs, einen ungewöhnlichen Mix verschiedener Musikgenres, kreative Outfits und große Projektionsflächen für das richtige Party-Ambiente. So werden Live-Percussions und DJ-Sets mit Violinenklängen kombiniert und Künstler sorgen für überraschende visuelle Effekte. Flairbartender lassen zu den heißen Rhythmen angesagter Top-DJs die Flaschen fliegen. Dabei gilt: Die Gäste werden aktiv miteinbezogen. Egal ob in der chilligen Mojito-Lounge oder im Partybereich: Bacardi fordert die Feiernden auf, nicht nur dabei, sondern Teil der Party zu sein.

MARKENWERT

Der karibische Mythos umweht Bacardi seit seiner Gründung. Auch heute noch steht das Unternehmen für Unkonventionalität, Lebenslust und Optimismus, aber auch für gesellschaftliche Verantwortung. Die Premium-Produkte werden noch heute nach ursprünglichen Rezepten in natürlichen Verfahren hergestellt, sind leicht und weich im Geschmack und zeitlos im Design.

Bacardi Deutschland übernimmt Verantwortung – in Theorie und Praxis

Wie kann ein Spirituosenhersteller verantwortungsvolles Handeln stärker und sichtbarer im Unternehmen verankern und von allen seinen Anspruchsgruppen als glaubwürdiger Dialogpartner zum Thema Alkohol und Verantwortung wahrgenommen werden? Mit diesen Fragen beschäftigt sich Bacardi Deutschland intensiv. Als ein führender Anbieter internationaler Premium-Spirituosen ist sich das Unternehmen seiner besonderen Verantwortung gegenüber Konsumenten, Kunden, Geschäftspartnern und dem gesellschaftlichen Umfeld bewusst. Bacardi Deutschland stellt sich dieser Verantwortung auf vielfältige Weise. So hat das Unternehmen einen umfassenden Verhaltenskodex umgesetzt, der die verantwortungsvolle Vermarktung von Spirituosen in allen Bereichen seines Handelns in den Mittelpunkt stellt. Mit dieser Selbstverpflichtung geht Bacardi nicht nur über die gesetzlichen Regelungen und den Empfehlungen des Deutschen Werberats hinaus, sondern bezieht auch eine eindeutige Position innerhalb

der Branche. Doch freiwillige Selbstverpflichtung ist nicht alles. Mit konkreten Maßnahmen unterstützt Bacardi den verantwortungsvollen Umgang mit seinen Produkten und stößt damit auf positive Resonanz bei Konsumenten, Medien und Politik. Im Fokus der eigenen Präventionskampagne Driver's Corner® steht das Thema Punktnüchternheit im Straßenverkehr. Rund 7.500 Autofahrer konnten bisher mit diesem Programm erreicht werden. Die EU-Kommission würdigte 2006 anlässlich der Unterzeichnung der Europäischen Charta für Straßenverkehrssicherheit durch Bacardi die Driver's Corner® als wichtigen Beitrag zur Verringerung von Unfällen im Straßenverkehr. Das Unternehmen wird seine gesellschaftsorientierte Unternehmenspolitik weiterentwickeln. Ziel ist, eine treibende Kraft für den verantwortungsvollen Genuss alkoholischer Getränke zu werden.

www.bacardi.de

Wussten Sie schon von BACARDI?

○ Die Fledermaus steht seit Firmengründung als Markensymbol für Bacardi-Rum. Ihren Ruhm verdankt sie *Don Facundos* Ehefrau. *Amalia Bacardi Moreau* entdeckte 1863 eine Fledermauskolonie unter dem Dach der Destillerie. Sie wusste: die Fledermaus bringt Gesundheit und Harmonie ins Haus und gilt in Katalonien, der Heimat der Facundos, als Glücksbringer. In einer Zeit, in der kaum jemand lesen und schreiben konnte, bot sie einen besonders hohen Wiedererkennungswert. Amalia überzeugte ihren Mann, dass die Fledermaus das perfekte Markenzeichen für den Rum sei. Und tatsächlich: das Unternehmen florierte und die „Bacardi Bat" wurde zum Symbol für den bekanntesten Rum der Welt.

○ *Don Facundo Bacardi* war einer der gefragtesten Weinexperten Kubas. Der gebürtige Spanier stammte aus der Region Penendés südwestlich von Barcelona. Hier stellte man vor allem leichte frische Weißweine her, aus denen häufig Cava-Sekt erzeugt wurde. Viele der Verfahren, mit denen *Don Facundo* später seinen weltberühmten Rum entwickelte, haben im Penendés ihre Wurzeln.

○ Rohrzucker ist der Basisstoff aller Rumsorten. Das ausgereifte Zuckerrohr wird frisch geschlagen in den Zuckermühlen ausgepresst. Der entstandene süße Saft wird verdünnt und erhitzt. Zentrifugen trennen den kristallisierten Teil des Zuckers ab. Der verbleibende dunkelbraune Sirup trägt bereits das rumtypische Aroma und ist Grundlage für den Bacardi Superior. Zur Herstellung von einem Liter 50prozentigem Rum benötigt man etwa zehn Kilogramm Zuckerrohr.

BARMER
Deutschlands größte Krankenkasse

MARKT

Das Gesundheitswesen ist eine der innovativsten Branchen schlechthin, inzwischen einer der wichtigsten Wirtschaftszweige in Deutschland.

Mit 240 Milliarden Euro erzielt die Branche dreimal mehr Umsatz als die Bau-Industrie und erwirtschaftet doppelt soviel wie die IT- und Elektronik-Sparte. Bereits heute werden fünfmal mehr Menschen als in der Automobilindustrie beschäftigt.

Eine ganz besonders große Bedeutung kommt den Krankenkassen zu. Als Vertreter von Millionen Versicherten haben sie eine Multitaskingfunktion, insbesondere Beratung und Versorgung ihrer Mitglieder inklusive Entwicklung attraktiver Programme. Darüber hinaus natürlich vor allem die Abstimmung mit den Leistungserbringern wie Ärzten, Apothekern und Krankenhäusern und vieles andere mehr.

Rund 300 Krankenkassen gibt es derzeit in Deutschland, davon 241 gesetzliche Krankenkassen. Marktführer ist die BARMER – übrigens auch die größte Krankenversicherung Europas.

18,5 Milliarden EURO investiert Deutschlands größte Krankenkasse jährlich in die Gesundheit ihrer Mitglieder. Mehr als 15.000 BARMER Gesundheitsmanager stehen als Ansprechpartner in bundesweit rund 1.000 Geschäftsstellen den Kunden mit Rat und Tat zur Seite.

Einige Zahlen, die die Leistungsstärke deutlich machen: 70 Millionen ärztliche Behandlungsfälle, 67 Millionen Arzneimittelverordnungen, 9,6 Millionen zahnärztliche Behandlungsfälle, 1,6 Millionen stationäre Behandlungen und – darüber freut sich Deutschlands größte Krankenkasse ganz besonders – 54.000 Entbindungen.

Die BARMER setzt auf hohe Beratungsqualität und Erfahrung durch persönliche Ansprechpartnerinnen und -partner vor Ort. Neben der Hauptverwaltung in Wuppertal kümmern sich noch zehn Landesgeschäftsstellen, 78 Regionalgeschäftsstellen, 144 Kundencenter und über 760 Bezirksgeschäftsstellen um alles, was Gesundheit, Krankheit, Pflege und Vorsorge angeht.

Die BARMER versteht sich sowohl als zuverlässiger Partner für Gesundheit (alles aus einer Hand) und innovativer Versorgungsspezialist, als auch als gesundheitspolitische Kraft.

ERRUNGENSCHAFTEN UND ERFOLGE

Deutschlands größte Krankenkasse geworden zu sein und dies seit Jahrzehnten im hart umkämpften Markt der gesetzlichen und privaten Krankenkassen zu bleiben, ist der größte Erfolg! Sieben Millionen Versicherte vertrauen der BARMER, davon viele seit Beginn ihres Berufslebens und oft seit Generationen.

Die Zufriedenheit der eigenen Mitglieder hat oberste Priorität. Stolz ist die Kasse deshalb auf die Ergebnisse im jährlichen Kundenmonitor: 1,91 für die Wiederwahl und 2,1 für die Weiterempfehlung.

Als Erfolg darf auch gewertet werden, zu allen Leistungserbringern im Gesundheitsbereich, das heißt Ärzten, Apothekern, Krankenhäusern, Kur- und Heilbädern gute Beziehungen zu pflegen und bei gemeinsamen Programmen auf vielfältigste Weise zu kooperieren.

Die BARMER ist im wahrsten Sinne des Wortes „ausgezeichnet", zum Beispiel erhielt die BARMER bei ÖKO-Test die Note „sehr gut" im

Geschäftsstellenvergleich, wurde prämiert im Rahmen der Initiative „Land der Ideen", gemeinsam mit der Partnerregion Oberstdorf, Deutschlands Tourismuspreisträger. Die BARMER Website ist zu den besten Internet-Angeboten Deutschlands gewählt worden, prämiert auch beim New York Festival-Award. Stolz ist die BARMER auch auf den „Pro-Ehrenamt"-Preis des Deutschen Sportbundes sowie für die „lebendige Unternehmenskultur". Erwähnenswert ist ferner der Total E-Quality Award 2005 für vorbildliche Aktivitäten im Bereich Chancengleichheit sowie die Anerkennung für überzeugende Wirtschaftskommunikation. In der Kategorie Errungenschaften und Erfolge zählen – mehr als Medaillen und Pokale – vor allem Facts: Deutschlands größte Krankenkasse kennen nahezu 90 Prozent. Die Sympathie- und Kundenzufriedenheitswerte steigen, liegen über dem Durchschnitt der gesetzlichen Krankenkassen.

Last but not least: Als einzige Krankenkasse gehört die BARMER zu den Top-100-Marken des Jahrhunderts.

GESCHICHTE

In zwei Jahren kann die BARMER auf ihr 125jähriges Bestehen blicken.

Der „Verein junger Kaufleute" in Görlitz gründet 1884 eine Krankenkasse und fusionierte 1912 mit der Krankenkasse zu BARMEN. Bereits 1931 wurde sie zur mitgliederstärksten Krankenkasse in Deutschland. Diese Position behält sie bis heute.

1951 wurde die Selbstverwaltung (wieder) eingeführt und 1955 der Zahnersatz in den Leistungskatalog aufgenommen.

1970 begannen die Vorsorgeuntersuchungen zur Früherkennung von Krebs.

Seit 1976 ist Deutschlands größte Krankenkasse Partner der „Trimm Dich"-Bewegung.

1991 wurde die BARMER in den neuen Bundesländern aktiv – mit Erfolg, denn am Jahresende wurden 1,42 Millionen neue Mitglieder gezählt.

1995 entstand mit der Pflegeversicherung eine weitere Säule in unserem Sozialsystem. Die BARMER baute ihre selbst verwaltete Pflegekasse auf.

2002 wurde das Mehrwertprogramm für die Versicherten eingeführt.

2003 gründeten BARMER, ZDF und BILD am SONNTAG die Gesundheitsinitiative „Deutschland bewegt sich!".

Mit Innovationen wie einem Bonusprogramm, dem Hausarzt- und Hausapothekenmodell, Disease-Management-Programmen für chronisch Kranke oder Beitragsmodellen mit Selbstbehalt stellte seit 2004 die BARMER ihre zukunftsorientierte Ausrichtung unter Beweis.

2005 wird das Bundesministerium für Ernährung, Landwirtschaft und Verbraucherschutz (BMELV) Partner der Initiative. Das Programm "mehr Bewegung" wurde um „gesündere Ernährung" ergänzt.

2007 startete das neue Lebensphasen-Modell: just in time – Beratungs- und Leistungsangebote.

Deutschlands größte Krankenkasse tritt jetzt und in Zukunft für soziale Gerechtigkeit ein. Das Solidarprinzip und die Verpflichtung „alles im Dienste der Versicherten und keine Gewinnorientierung" gelten nach wie vor und sind als Herausforderung aktueller denn je.

PRODUKT

Die BARMER, Deutschlands größte Krankenkasse, setzt sich mit (fast) allem auseinander, was mit „gesund bleiben" und „gesund werden" zu tun hat. Und weil jede(r) bekanntlich unterschiedliche Interessen/Wünsche hat und es dabei dennoch viele identische Bedürfnisse gibt, hat die BARMER das „Lebensphasenmodell" entwickelt: für Kinder, Jugendliche, Berufstätige, Familien, Best Ager und Senioren maßgeschneiderte Programme!

Leadership verpflichtet

Die BARMER ist innovativ, hat sich zum Beispiel als erste für die Einführung von Bonusprogrammen engagiert, auch mit dem „Bonusprogramm für Gesundheitsbewusste" wurde die Vorreiterrolle bewiesen. Als einzige Krankenkasse können bei der BARMER Kinder und Jugendliche in einem speziellen Programm Punkte sammeln, wenn sie sich gesundheitsbewusst verhalten.

„Mit gutem Beispiel voran" trifft auch auf den Hausarzt- und Hausapothekenvertrag zu; hier geht es um koordinierte Betreuung/Beratung, größere Arzneimittelsicherheit und Einsparung bei der Praxisgebühr.

Beispielhaft waren und sind auch die Integrierte Versorgung, Disease-Management-Programme sowie die Zusatzversicherungen mit dem Partner HUK-COBURG, übrigens von der Stiftung Warentest mit dem Prädikat „hervorragend" ausgezeichnet. Als erste Krankenkasse unterbreitete die BARMER auch ein spezielles Angebot für die Zielgruppe 55 plus.

Mut zu Neuem hat die Nummer Eins zu Genüge, zum Beispiel mit dem Asthma-Management per Mausklick, ein attraktives Schulungsangebot für asthmakranke Kinder; darüber hinaus gibt es die Schlafschule, Antistress-Seminare, Förderung von Aqua-Walking, Yoga, Tai Chi Kursen. Auch zu innovativen Behandlungsmethoden – zum Beispiel Akupunktur – sagt die BARMER ja.

Zum „Produkt BARMER" gehört natürlich auch ein 100prozentiger Service: Die BARMER ist quasi jederzeit erreichbar – über Internet oder die Greenline – das BARMER Service- und Gesundheitstelefon zum günstigen Telefontarif via Voice over IP und nicht zuletzt in den 1.000 Geschäftsstellen.

AKTUELLE ENTWICKLUNG

Das Gesetz zur Förderung des Wettbewerbs im Gesundheitswesen bietet (endlich) mehr Gestaltungsfreiheit. Die BARMER nutzt dies für eine zeitgemäße Neuausrichtung: Kundenorientierung auf der einen, aber auch die Förderung von Selbstverantwortung ihrer Versicherten auf der anderen Seite. Damit ist die BARMER wieder einmal Vorreiter.

„Aktiv & Gesund" wird künftig einen noch größeren Stellenwert einnehmen.

Dass sich Innovation auszahlt, zeigen die jüngsten Entwicklungen: Gesetzliche Krankenkassen werden (wieder) geschätzt, Billig-Krankenkassen sind – vor allem wenn es darauf ankommt – keinesfalls die bessere Alternative. „Geiz ist geil" ist im Gesundheitsbereich nicht angesagt. Millionen Euro geben die Deutschen zurzeit bereits zusätzlich für Wellness und Fitness aus. Der zweite Gesundheitsmarkt boomt.

Die BARMER profitiert zwangsläufig von dieser gesunden Einstellung und Entwicklung, vor allem aber durch die eigene Leistungsstärke. Die Folge: Sympathiewerte haben sich verbessert, das Kundenbarometer attestiert ebenfalls gute Werte und die Mitgliederentwicklung stabilisiert sich.

WERBUNG

Deutschlands größte Krankenkasse geht in der Kommunikation eigene Wege, setzt dabei auf Cross Communications, das heißt, nutzt und vernetzt unterschiedlichste Kommunikationsinstrumente. Zum heutigen Markenbild und vor allem dem Anspruch, federführend im Bereich Prävention zu sein, hat die breit angelegte Kampagne „Deutschland bewegt sich!" beigetragen.

Letztere hat in gut zwei Jahren bereits 25 Millionen Menschen zu mehr Bewegung und gesünderer Ernährung animiert. Gemeinsam mit den Medienpartnern ZDF und BILD am SONNTAG wurden über 1000 Einzelaktivitäten realisiert, unter anderem „Deutschland bewegt sich! On tour", eine Städtetournee, ein neuartiger Fitnesstest und vor allem Kooperationen mit Ministerien, Organisationen, Sportfachverbänden, Volkshochschulen (150.000 Kurse p.a.), Ärzten, Apotheken und so weiter. Rund vier Milliarden Kontakte können die Initiatoren vermelden. 68 Prozent Bekanntheitsgrad und über 90 Prozent Akzeptanz sind mehr als eine tolle Zwischenbilanz.

In der Information, Aufklärung und Aktivierung setzt die BARMER außerdem stark auf Direktkontakte, das heißt gezielte Ansprache ihrer Mitglieder. Einige Beispiele: 2,5 Millionen Mailings pro Jahr, über 11,5 Millionen Internetzugriffe mit eigenem Portal, rund 150.000 Nutzer der Greenline – des Gesundheitstelefons, eine Vielzahl von Broschüren zu aktuellen Themen im Bereich Gesundheit und last but not least die Mitgliederzeitschrift, eine der weitestverbreiteten Publikationen in Deutschland!

MARKENWERT

Als Körperschaft des öffentlichen Rechts und soziale, solidarische Krankenversicherung unterliegt die BARMER strengen Vorgaben beim Verwaltungskostenbudget. Dies bringt mit sich, dass auch die Werbeausgaben limitiert sind. Umso bemerkenswerter ist es, dass die BARMER einen so hohen Stellenwert in der Markenlandschaft hat.

Dr. Johannes Vöcking, Vorstandsvorsitzender der BARMER, freut sich für seine Mitglieder aber auch Mitarbeiter/-innen und sieht die aktuelle Neuorientierung bestätigt: „Als einzige gesetzliche Krankenversicherung zu den Top 100 Marken zu gehören, ist Bestätigung und Ansporn. Aus 10.000 Marken zu den Besten ausgewählt zu werden, macht uns stolz und zeigt, dass auch eine Körperschaft des öffentlichen Rechts wettbewerbsfähig ist und – obwohl sie keinen Gewinn machen darf – durchaus mit renommierten Markenartiklern mithalten kann.

Besonders freut uns, dass unsere Veränderungsbereitschaft, der Mut, das Infragestellen, Neues zu wagen mit der Superbrand-Auszeichnung honoriert wird."

www.barmer.de

Wussten Sie schon von der BARMER?

- Die BARMER ist seit 1931 die mitgliederstärkste Krankenkasse Deutschlands
- Die BARMER entwickelt immer wieder krankenkassenspezifische Innovationen, wie das Bonusprogramm, den Hausarzt-/Hausapothekenvertrag und bietet mit dem BARMER AktivGuthaben die Möglichkeit, den Beitragssatz zu entlasten.
- Deutschland bewegt sich!, die Gesundheitsinitiative der BARMER, BILD am SONNTAG und ZDF, ist zur größten Bewegungs-Bewegung Deutschlands geworden.
- 15.000 Mitarbeiter in 1.000 Geschäftsstellen stehen mehr als sieben Millionen Versicherten mit Rat und Tat zur Seite.
- Die neuen Markenwerte: ERSTKLASSIG – SORGENFREI – AKTIV & GESUND, EFFIZIENT & FLEXIBEL – SERVICESTARK: Grün ist in!

MARKT

Bayern ist eine der Top-Reisedestinationen in Europa. Mit seiner extrem hohen Bekanntheit und positiven Anziehungskraft profitiert die weiß-blaue Ferienregion seit vielen Jahren von jährlich überdurchschnittlichen Wachstumsraten. Dass Bayern in der Liga der attraktivsten europäischen Reiseziele eine Spitzenposition besetzt, beweist der Blick zum Nachbarn Österreich. Das gesamte Land hat annähernd so viele Übernachtungen wie Bayern alleine.

Auch im Inland ist Bayern mit großem Abstand das beliebteste Urlaubsland. Der Freistaat steht mit 18,5 Prozent Anteil an der touristischen Wertschöpfung im deutschen Ländervergleich an erster Stelle. Im letzten Jahr verbuchte Bayern sogar einen neuen Rekord von insgesamt 25 Millionen Ankünften und generierte einen Anteil von über 80 Prozent am Übernachtungsaufkommen inländischer Besucher. Mit zielgruppengerechten Angeboten, qualitativ hochwertigen Leistungen, einem attraktiven Preis-Leistungsverhältnis und entsprechenden Marketingmaßnahmen baut die BAYERN TOURISMUS Marketing GmbH die starke Position Bayerns auf dem deutschen Markt weiter aus.

Auch auf den weltweiten Märkten gewinnt Bayern als Global Player der Reiseindustrie immer mehr an Bedeutung. Jeder vierte Deutschlandbesucher aus dem Ausland kommt nach Bayern. Um sich langfristig als führende Tourismusdestination auf dem internationalen Parkett zu profilieren, bearbeitet die BAYERN TOURISMUS Marketing GmbH konsequent die traditionellen Schwerpunktmärkte in Europa und Übersee. Ebenso zielstrebig forciert Bayern die kontinuierliche Erweiterung der Zukunftsmärkte China und ausgewählte Staaten Osteuropas.

Der Wirtschaftsmotor Tourismus läuft auf Hochtouren. Allein der Bruttoumsatz von über 24 Milliarden Euro pro Jahr sichert das Einkommen von mehr als 560.000 Einwohnern in Bayern. Mehr noch: durch seine vielfältigen Verflechtungen mit anderen Wirtschaftszweigen fließt die Wertschöpfung der Leitökonomie Tourismus in unterschiedliche Segmente und kommt sowohl der Region als auch dem Handel zugute.

ERRUNGENSCHAFTEN UND ERFOLGE

Bayerns Erfolgsrezept in der Vermarktung beruht auf den innovativen Tourismuskonzepten der BAYERN TOURISMUS Marketing GmbH. Kernstück ist der strategische Aufbau der Wortbild-Marke Bayern®, die durchgängig auf allen Ebenen eingesetzt wird. Damit profitieren die Partner vom hohen Bekanntheitsgrad und der großen Sympathiewirkung des Urlaubslandes Bayern und steigern gleichzeitig die Aufmerksamkeit und Wiedererkennung der eigenen Werbemaßnahmen.

Klar definierte Zielgruppen und deutliche Marktsegmentierungen bieten sowohl den Gästen als auch den Partnern eine bequeme Orientierungshilfe und immer wieder neue Benchmarks. Mittlerweile haben sich vier bayerische Marken und fünf Produktlinien etabliert. Denn nur wer den Qualitätscheck besteht – das können ganze Ortschaften, einzelne Hotels, Freizeitunternehmen und Kulturveranstalter sein – wird als Partner unter dem starken Dach der BAYERN TOURISMUS Marketing GmbH registriert und vermarktet.

GESCHICHTE

Mit der Gründung der BAYERN TOURISMUS Marketing GmbH setzte der Freistaat einen Meilenstein im Tourismusmarketing. Auf Initiative des Bayerischen Staatsministeriums für Wirtschaft, Infrastruktur, Verkehr und Technologie wurde sie im Jahre 1999 ins Leben gerufen, um im weltweiten sehr dynamischen Verdrängungswettbewerb der Destinationen professionell und marktorientiert für Bayern agieren zu können. Am 1. Januar 2000 löste sie den Tourismusverband Bayern e.V. ab.

Neben den Gesellschaftern flankieren der Aufsichtsrat, der Beirat und der Marketingausschuss die Arbeit der BAYERN TOURISMUS Marketing GmbH. Die Gesellschafter untergliedern sich in sechs Hauptgesellschafter und 20 weitere. Zum größten Teil stammen diese aus dem touristischen Bereich. Auch Handel und Wirtschaft sind vertreten, darunter bayerische Flughäfen und Messegesellschaften sowie Branchenverbände. Ihnen gemeinsam ist das große Interesse an der positiven Entwicklung der Tourismus- und Freizeitwirtschaft in Bayern, die neun Prozent des Bruttoinlandsproduktes generiert.

PRODUKT

Kein Bundesland emotionalisiert weltweit Millionen von Touristen so sehr wie Bayern. Die einzigartige und abwechslungsreiche Kulturlandschaft reicht vom Alpenraum im Süden bis zu den mittelalterlichen Stadtkernen im Norden. Dazwischen finden sich die bekannten Fluss- und Seenlandschaften, die Mittelgebirge sowie die teils weltberühmten Schlösser des Märchenkönigs *Ludwig II*. Zahlreiche Burgen und Sehenswürdigkeiten unterschiedlichster Art runden das Bild ab. Nicht zuletzt ist es das besondere bayerische Lebensgefühl mit seiner ureigenen profilierten Tradition und Kultur, das von so vielen Gästen aus dem In- und Ausland geschätzt wird. All das bündelt sich unter der Dachmarke Bayern.

Mit professioneller Markenführung und klarer Markenarchitektur legt die BAYERN TOURISMUS Marketing GmbH strategische Grundlagen für eine Fülle attraktiver Angebote, die allen Urlaubssehnsüchten gerecht werden. Zielgruppen-Clustering garantieren die Urlaubsmarken WellVital in Bayern®,

Kinderland Bayern®, die Hotelmarke Sightsleeping® und die Businessmarke Gipfeltreffen® und verschiedene Produktlinien wie „Genießerland Bayern", „Lust auf Natur" oder „WinterErlebnis Bayern".

Die Marke WellVital in Bayern® kombiniert die Gesundheitskompetenz Bayerns mit dem positiven Image des Freistaates. Bisher qualifizierten sich 130 Hotels überwiegend im vier- und fünf-Sterne-Bereich und 35 Orte.

Kinderland Bayern® verknüpft Familienübernachtungen und -erlebnisse. Zu den 334 Kinderland-Partnern gehören Anbieter von Beherbergungsleistungen, Museen, Seilbahnen, Skischulen und Freizeitparks.

Die Businessmarke Gipfeltreffen® unterstreicht die Stärke Bayerns als Tagungsland. Derzeit bieten 90 Partner im Bereich Meetings, Kongresse, Incentives und Events eine transparente Plattform für Geschäftsreisende.

Unter dem neuesten Dach Sightsleeping® finden sich bisher 11 Schloss-, Burg- und Design-Hotels. Damit setzt die BAYERN TOURISMUS Marketing GmbH einen besonderen Akzent auf den Trend der Kunst- und Kulturreisen.

© Roucka, München

AKTUELLE ENTWICKLUNG

In den letzten fünf Jahren entwickelte die BAYERN TOURISMUS Marketing GmbH das Land Bayern zu einem echten Markenzeichen. Dabei war der Aufbau einer Markenfamilie alles andere als einfach. Denn es galt nicht einzelne, geographische Einheiten, sondern das gesamte touristische Angebot Bayerns in einer Struktur zu vereinen. Mit dieser Markenarchitektur leistete Bayern echte Pionierarbeit. Heute verfügt die BAYERN TOURISMUS Marketing GmbH über die größte und erfolgreichste Marketingkooperationsplattform in Deutschland.

Um seinem Ruf als Trendsetter im deutschen Tourismus-Marketing weiterhin gerecht zu werden, arbeitet die BAYERN TOURISMUS Marketing GmbH intensiv mit den Partnern der Tourismus- und Freizeitindustrie zusammen. Um das Ohr am Puls der Zeit zu haben, werden regelmäßige Markt-Analysen erstellt. Zum Beispiel ist die jüngste und jetzt schon sehr erfolgreiche Marke Sightsleeping® – dazu gehören auch Design-Hotels – die Antwort auf den wachsenden Markt der kulturmotivierten Kurzreisenden.

Alle Zeichen stehen auf Wachstum – auch bei den Auslandsmärkten. Die Zuwachsraten von rund acht Prozent zeigen: Noch nie waren mehr ausländische Gäste in Bayern. Seine guten Chancen im weltweiten Wettbewerb nutzt Bayern mit einer großen Auslandsoffensive, um internationalen Reiseveranstaltern und Journalisten das „Produkt Bayern" näher zu bringen. Die definierten Kernmärkte werden nach strategischen und nachhaltigen Gesichtspunkten bearbeitet. Partner werden in das bayerische Netzwerk integriert. Workshops und Sales-Veranstaltungen runden die Maßnahmen ebenso ab wie Print-Kooperationen und Presseveranstaltungen. Mit eigenen Sales Offices in New York und Peking werden die Bedürfnisse vor Ort direkt abgedeckt.

Menschen auf der ganzen Welt können das Urlaubsland Bayern mit einem Klick ins Internet kennen lernen. Unter www.bayern.by finden Besucher alles Wissenswerte sowie umfangreiche Informationen über die einzelnen Produktgruppen und aktuelle Angebote – ganz ohne Einschränkung. Denn die barrierefreie Website ist für jeden Benutzer in fünf Sprachen (deutsch, englisch, italienisch, russisch und chinesisch) lesbar und bedienbar. Die Optimierung von Angebotsdatenbank, Angebotsschnellsuche und Metasuche ermöglicht, Bayern flächendeckend in deutsch und englisch online zu buchen. Ein Konzept, das ankommt. Aktuelle Zugriffszahlen im Spitzenmonat Juli 2007: 98.141 Visits und 455.835 Page Impressions. Auch was die rasante Weiterentwicklung des Internets angeht, gilt die BAYERN TOURISMUS Marketing GmbH als zukunftsweisend. Die Online-Experten bauen derzeit eine Plattform im Bereich Web 2.0 auf.

Erfolgreiche Entwicklungen und professionelle Dienstleistungen stärken die BAYERN TOURISMUS Marketing GmbH. Inzwischen arbeiten weit über 1.000 bayerische Partner mit der Landesmarketinggesellschaft zusammen. Trotz immer knapper werdender Marketing-Budgets investieren sie jedes Jahr rund 20 Prozent mehr in die Marketingaktivitäten. Ein klarer Vertrauensbeweis.

WERBUNG

Keine Frage: Bayern wird in Deutschland wie kein anderes Bundesland wahrgenommen. Auch in den Weltmärkten hat der Freistaat mit seinem ausgeprägten Profil einen sehr hohen Bekanntheitsgrad. Aber weder auf globalem noch auf regionalem Niveau ist das Geschäft in der Tourismus- und Freizeitwirtschaft ein Selbstläufer. Trotz einer beachtlichen Erfolgsbilanz ist die BAYERN TOURISMUS Marketing GmbH mit all ihren touristischen Partnern im Rahmen ihrer Möglichkeiten gefordert, Märkte zu sichern, neue Segmente zu erschließen und ihre Potentiale auszuschöpfen.

Um passgenaue Kampagnen in den internationalen Märkten erfolgreich zu platzieren, helfen die systematisch thematisch aufgebauten Urlaubsmarken und Produktlinien. So wurde zum Beispiel in Japan und China bei so genannten „Technical Visits" Bayern mit der Markeninitiative Gipfeltreffen® als Top-Standort für die Tagungs- und Kongresswirtschaft erfolgreich positioniert.

Wie effizient und reizvoll das Dach der Marken und Produktlinien ist, beweisen auch die vielen Präsentationsmöglichkeiten. WellVital-Partner sind unter anderem auf einer eigenen Internet-Plattform und in der Angebotsbroschüre mit einer Auflage von 1,2 Millionen vertreten. Konkret ist das Beispiel Kinderland Bayern®. Es generierte für einen eingesetzten Marketing-Euro durchschnittlich mehr als 2.300 Medienkontakte. Selbst bei der erst seit Anfang 2007 lancierten Sightsleeping bekamen die Partner für jeden Marketing-Euro bereits über 870 Medienkontakte. Effektiver können Marketingbudgets nicht eingesetzt werden.

MARKENWERT

Die Attraktivität der geschützten Wortbild-Marke Bayern® ist unbestritten. Und das Gute daran: jeder touristische Leistungsträger in Bayern kann sie nutzen. Lizenz- beziehungsweise Markenpartnerschaftsverträge werden mit der BAYERN TOURISMUS Marketing GmbH abgeschlossen. Allerdings müssen sich die Partner einer strengen, regelmäßigen Qualitäts-Kontrolle unterziehen.

Zunehmend wird die positive Ausstrahlung der Marke Bayern auch von Unternehmen aus der Wirtschaft und Industrie wahrgenommen. Ein Grund für die BAYERN TOURISMUS Marketing GmbH – sofern strategisch sinnvoll – die Marke sogar für das klassische Lizenzgeschäft zur Verfügung zu stellen. Frankenbrunnen und e.on beispielsweise nutzen die stetig steigende Markenbekanntheit ebenso erfolgreich für Cross Marketing wie Disney, Haribo und Kellogg's im Bereich Kinderland Bayern®.

Wahrzeichen und Klischees sind also nicht nur in der touristischen Vermarktung Bayerns von großer Bedeutung. Sie bieten der reiz- und werbeüberfluteten Gesellschaft Wiedererkennung und Orientierung. Die BAYERN TOURISMUS Marketing GmbH nutzt diese Aufmerksamkeit, um weitere Inhalte zu vermitteln und auch unbekannte Größen ins Bild zu bringen. Bayern – ein Lebens- und Urlaubsgefühl als Marke.

www.bayern.by

Wussten Sie schon von Bayern?

○ Mit 24,3 Milliarden Euro Bruttoumsatz, 572.000 Gästebetten und 74,8 Millionen Übernachtungen (inklusive Camping) sichert die Leitökonomie Tourismus das Einkommen von mehr als 560.000 Einwohnern im Freistaat.

○ Die BAYERN TOURISMUS Marketing GmbH bietet die größte Marketingkooperation im deutschsprachigen Raum.

○ Nach der erfolgreichen Unterstützung internationaler Medienschaffender im Fußball- und Papst-Jahr, etabliert sich die unternehmenseigene MEDIA WELCOME SERVICES & EVENTS nun als Dienstleister für die Journalistenbetreuung bei Großevents und als Locationsscout bei Filmproduktionen.

MARKT

Große Erfindungen verändern unsere Welt. In der Welt der Kinder ist das BIG-BOBBY-CAR solch ein Meilenstein. Auch heute noch ist das BIG-BOBBY-CAR ein Klassiker.

Generationen von Jungen und Mädchen – viele heute selbst Eltern – haben auf dem großen Champion erstmals mit eigener Muskelkraft ihre kleine Welt erfahren. Mit mehr als 16 Millionen Exemplaren ist das BIG-BOBBY-CAR heute das meistgekaufte Kinderfahrzeug der Welt. Das Wort „Bobby Car" wurde zum Gattungsbegriff für Rutscherfahrzeuge.

Der BOBBY-CAR-Hersteller BIG gehört zu den bedeutendsten Spielwarenproduzenten der Bundesrepublik Deutschland und zählt weltweit zu den führenden Herstellern von Kinderfahrzeugen aus Kunststoff. Das BIG-BOBBY-CAR ist wie fast alle Produkte von BIG „Made in Germany". Das Unternehmen beschäftigt heute circa 170 Mitarbeiter, in der Verwaltung in Fürth wie auch im eigenen Produktionsbetrieb im fränkischen Burghaslach.

Mehr als 50 Jahre Markterfahrung bürgen im Kinderfahrzeugbau für Fachkompetenz und Branchenkenntnis. Zahlreiche Auszeichnungen und Preise, die BIG-Produkten im In- und Ausland verliehen wurden, sind der Beweis dafür.

ERRUNGENSCHAFTEN UND ERFOLGE

1972 schlug die Geburtsstunde des heute meistgekauften und erfolgreichsten Kinderrutschfahrzeugs der Welt: Das BIG-BOBBY-CAR wurde auf der Internationalen Spielwarenmesse in Nürnberg der Öffentlichkeit vorgestellt. Innerhalb weniger Monate wurde der Traumwagen aller Kinder zu einem internationalen Verkaufsschlager.

Die Marke BIG steht für ergonomisches Design, herausragende Qualität, geprüfte Sicherheit und kontinuierliche Innovationen. Bei den strengen Tests der Stiftung Warentest wurde der Rutscher schon vor vielen Jahren mit einem „Gut" ausgezeichnet. Ende 2003 nahmen die Prüfer von Ökotest ein BIG-BOBBY-CAR unter die Lupe und verliehen ihm mit einem „sehr gut" die höchstmögliche Auszeichnung.

Eine besondere, persönliche Anerkennung erhielt auch der BIG-BOBBY-CAR Erfinder *Dipl.-Ing. Ernst A. Bettag*. Die besonderen Verdienste als Pionier bei der Entwicklung und rationellen Herstellung thermoplastischer Kunststoffe wurden 1962 mit dem „Erfinder-Oscar", der Rudolf Diesel Medaille geehrt.

GESCHICHTE

Der Weg von BIG zur Weltmarke ist eng verknüpft mit dem Firmengründer. Im Jahre 1954 übernahm *Dipl.-Ing. Ernst A. Bettag* mit 24 Jahren die Geschäftsführung der Firma Johann Höfler. Im selben Jahr platzierte er mit der Blechauto-Serie „Racing-Car" einen Millionen-Seller im Markt.

Der Jungunternehmer erkannte bereits damals das Ende der Blechspielzeug-Ära und den Beginn des Kunststoff-Zeitalters.

Trotz des damit verbundenen unternehmerischen Wagnisses durch die Erschließung eines neuen Marktes wurde in einem Kraftakt die Produktion innerhalb weniger Jahre von Blech auf Kunststoff-Produkte umgestellt.

Bereits nach kurzer Zeit machte sich der Mut zur Eroberung neuer Märkte durch hohe Auftragsvolumen bezahlt.

In den goldenen Sechziger Jahren änderte die Firma Gesicht und Namen. Dem Fürther Kleeblatt als Markenzeichen folgte 1959 eine stilisierte Weltkugel. Ab dem Jahr 1962 war dann alles „BIG". Vier Jahre später, 1966, erblickte das mittlerweile weltbekannte „Wappentier" der Marke, der berühmte BIG-Büffel das Licht der Welt: Entworfen hat das BIG-Büffel-Logo der bekannte Nürnberger Grafiker *Professor Heinz Schillinger*. Von *Ernst A. Bettag* hatte er klare Vorgaben: Kraft sollte das neue Markenzeichen ausstrahlen, Sinnbild für Robustheit, Unverwüstlichkeit und Langlebigkeit sein – Charaktereigenschaften und ein Image, die die Marke mit dem Büffel bis heute prägen.

Auf der Nürnberger Spielwarenmesse rollte 1972 das BIG-BOBBY-CAR erstmals in das Scheinwerferlicht der Öffentlichkeit. Generationen von Kindern lieben ihren ersten fahrbaren Untersatz. Der Flitzer mit dem BIG-Büffel auf dem Kühlergrill war sogar Forschungsprojekt für Wissenschaftler, die ihm eine medizinisch positive Wirkung auf das Wachstum von Kindern bescheinigten. Auch im Nürnberger Spielzeugmuseum hat das Kinderauto inzwischen einen Ehrenplatz erhalten. Mittlerweile rollt der Superstar in den verschiedensten Versionen vom Band: als BIG-FIRE-BOBBY-CAR, im Polizei-Look oder als BIG-BOBBY-CAR-AMBULANCE.

Ein großes Unglück geschah im April 1998. Das BIG-Werk in Fürth-Stadeln wurde innerhalb weniger Stunden ein Raub der Flammen. Das Feuer vernichtete den gesamten Maschinenpark, die Fertigungsstraßen, einen Großteil der wertvollen Formen, den BIG-Showroom und auch die BIG-Brauerei. Die Folgen des Brandes hätten schlimmer kaum sein können.

Improvisationsgeschick, das Engagement der Mitarbeiter sowie unkonventionelle Unternehmensentscheidungen haben das Wunder bei BIG möglich gemacht.

Innerhalb weniger Wochen wurde im alten Zweigwerk im mittelfränkischen Burghaslach eine provisorische Produktion aufgebaut – mit neuen hochmodernen Blasformmaschinen und teilweise vollautomatischen Montagestraßen. Durch den Einsatz modernster Produktionstechnik lagen die Fertigungskapazitäten bei BIG zur Jahrtausendwende – trotz beengter Verhältnisse an allen Fertigungsstandorten – um 30 Prozent über den Kapazitäten des alten Stammwerks.

BIG erwachte zu neuem Leben. In nur 16 Monaten entstand anschließend im Herzen Europas auf einer Fläche von mehr als 320.000 Quadratmetern eine der modernsten Spielwarenfabriken der Welt: die neue Produktionszentrale von BIG. Ein vollautomatisches Logistikzentrum garantiert seitdem einen Just-in-time-Lieferservice.

Eingebettet in eine parkähnliche, von Biotopen durchzogene Landschaft ist das neue Werk ein Meilenstein in der Geschichte der BIG-SPIELWARENFABRIK.

Die markante Büffelfassade hoch über den Dächern Burghaslachs in Mittelfranken ist von der Autobahn Frankfurt-Nürnberg bereits kilometerweit zu sehen.

Im Alter von 74 Jahren starb am 21. April 2003 der Firmengründer und langjährige Alleininhaber der BIG-SPIELWARENFABRIK *Dipl.-Ing. Ernst A. Bettag*.

Stärke, Spontanität und Dynamik charakterisierten den cleveren Kaufmann, der einerseits harter Manager war, zugleich aber auch Kinderfreund und sozial engagierter Bürger seiner Heimatstadt Fürth. Mit seiner voraus denkenden Unternehmerphilosophie, seinen Visionen und dem unglaublichen Mut, auch gerade in wirtschaftlich schweren Zeiten neue Wege zu gehen, hat *Ernst A. Bettag* BIG als ein international anerkanntes Unternehmen etabliert.

2004 übernahm die weltweit erfolgreiche SIMBA DICKIE GROUP aus Fürth BIG. 1982 von *Fritz Sieber* zusammen mit seinem Sohn *Michael* gegründet, gehört sie heute mit 900 Mitarbeitern und einem Umsatz von 340 Millionen Euro zu den Top Five im Spielwarenmarkt. Als Mann seines Vertrauens hat Inhaber *Michael Sieber* den kompetenten und in der Spielwarenbranche bestens bekannten Manager *Heinrich Sieber* mit der Geschäftsführung der BIG-SPIELWARENFABRIK betraut.

Symbolisch wechselte im Mai 2006 der Zündschlüssel eines der bekanntesten Kinderfahrzeuge den Besitzer. *Heinrich Sieber* übergab das Steuer des BIG-BOBBY-CAR an *Julius Grimm*, den neuen Geschäftsführer der BIG-SPIELWARENFABRIK.

PRODUKT

Das 60 Zentimeter lange, rote BIG-BOBBY-CAR mit dem großen weißen Lenkrad ist längst mehr als nur ein Spielzeug. Es ist Kindertraum, Kultobjekt und Klassiker zugleich. Ob Prinzessin oder Feuerwehrmann, Sammler oder Rennsportler: Das BIG-BOBBY-CAR fasziniert große und kleine Menschen in vielen Ländern der ganzen Welt. Seit 35 Jahren ist das BIG-BOBBY-CAR seiner Linie treu geblieben, und der Erfolg gibt ihm recht.

Das Erfolgsrezept: Aus nur 1500 Gramm witterungsbeständigem, knallrotem Kunststoff-Granulat entstand ein Kinderflitzer, der bis heute seinesgleichen sucht. Sogar Wissenschaftler bescheinigten: Seine ergonomische Form hilft Kindern bei der Ausbildung der richtigen Körperhaltung und beeinflusst ihr Wachstum positiv. Seit 35 Jahren hat das BIG-BOBBY-CAR nichts von seinem Charme verloren; es ist mit der Zeit gegangen. Bei Produktionsbeginn ahnte noch niemand den großen Erfolg des Rutschautos. Doch das BIG-BOBBY-CAR hat sich an der Spitze der Rutschfahrzeuge etabliert. „Diesen Anspruch werden wir auch zukünftig weiter untermauern", bekräftigt *Julius Grimm*, Geschäftsführer BIG-Spielwarenfabrik. „Nach 35 Jahren können wir sagen: Jeder kennt das BIG-BOBBY-CAR. Darauf sind wir stolz. Auch in Zukunft soll es der Spielzeugfavorit für Groß und Klein bleiben!"

Das klassische Modell ist nach wie vor der Favorit der BIG-BOBBY-CAR Fans. Kein Wunder, denn die Generation der Eltern von heute düste früher selbst schon damit umher. Im Laufe der Jahre ist die Fangemeinde des roten Flitzers stetig gewachsen. Von dem Kultauto gibt es inzwischen auch Sondereditionen; sogar Künstler haben Einzelmodelle gestaltet. Auch BIG-BOBBY-CAR-Rennen, eine Weltmeisterschaft, Profi-Tuner für die „Formel Bobby Car" sowie kleine Sammlermodelle haben ihren festen Platz in der Welt von BIG.

AKTUELLE ENTWICKLUNG

Mit dem NEW BIG-BOBBY-CAR eröffnet BIG in Zusammenarbeit mit einem jungen Designerteam eine neue Generation der Kinderrutscher: Perfekte Ergonomie, unvergleichliches Design und eine auf die kindlichen Bedürfnisse abgestimmte Karosserie, die dem Automobildesign des 21. Jahrhunderts entspricht. Dabei wurden alle wesentlichen Merkmale des Klassikers, wie die gesundheitsfördernde Form, die Beinauflage und die Kniemulde für größere Kinder beibehalten und verbessert. Das NEW BIG-BOBBY-CAR verfügt serienmäßig über ein ergonomisches Sicherheitslenkrad mit breiter Grifffläche und hochwertige Flüsterreifen, die für eine gute Straßenlage und leise Fahrgeräusche sorgen. Hinter dem Tacho verbirgt sich ein Geheimfach zum Verstauen kleiner Kostbarkeiten. Innovative Felgen und Radblenden sowie ein moderner Schriftzug runden das Design ab. Verpackt in einer neuen, frischen Kartonage ist das NEW BIG-BOBBY-CAR das Highlight für jedes Kind.

Rund um den beliebten Rutscher ist eine große BIG-BOBBY Familie entstanden. Für Nachwuchsbiker gibt es das BIG-BOBBY-BIKE oder das topaktuelle Laufrad BIG-BOBBY-RUNNER. „Das Bobby Car auf Kufen" heißt BIG-BOBBY-BOB und verspricht viel Spaß im Schnee. Fürs Wasser wurde das BIG-BOBBY-BOAT kreiert und dies hat auf der Spielwarenmesse 2006 sogar den TOY INNOVATION Award ergattert.

WERBUNG

Knallrot ist die Farbe des klassischen BIG-BOBBY-CAR und die Firmenfarbe des Fürther Unternehmens. Sie hat Symbolkraft, strahlt Dynamik und Aktivität aus und zeigt, dass bei BIG gerade heute die gesunde Bewegung und Entwicklung von Kindern im Vordergrund stehen.

Die Farbe Rot und das Lebensgefühl „FEEL BIG" durchziehen die Werbekampagnen von BIG. Es ist wiedererkennbar bei der Verpackungsgestaltung, auf Plakaten, in Anzeigen und nicht zuletzt im Eventmarketing, das von Kinderfesten mit Geschicklichkeitsparcours und Verkehrserziehung bis zum BIG-BOBBY-CAR Rennen reicht.

MARKENWERT

Der internationale Erfolg der BIG-SPIELWARENFABRIK basiert auf der Treue zu den Grundsätzen ihrer Unternehmensphilosophie: Alle BIG-Produkte besitzen einen hohen Spielwert, eine herausragende Verarbeitungsqualität und ein beispielhaftes Design. Für die im Zeichen des Büffels produzierten BIG-Produkte werden ausschließlich physiologisch einwandfreie Materialien verwendet. Durch den Einsatz modernster Fertigungstechniken verbunden mit innovativem Design gewährleistet BIG ein Höchstmaß an Stabilität und Sicherheit, das Zeichen setzt. Die büffelstarken BIG-Spielwaren sind aus hochwertigen und umweltfreundlichen Kunststoffmaterialien hergestellt und tragen das Qualitätssiegel des TÜV oder der LGA. Zusätzlich gewährt BIG auf alle Produkte mindestens drei Jahre Garantie.

Im Markenmonitor erreicht das BIG-BOBBY-CAR Spitzenwerte. Die Markenbekanntheit des BobbyCar liegt bei 98 Prozent. Der Konsument empfindet eine hohe Sympathie für die Marke und verbindet mit dem Namen BIG Spielzeug, das sich durch hohe Qualität auszeichnet, die Entwicklung fördert, hohe Sicherheit bietet und Kindern Spaß macht.

www.big.de

Wussten Sie schon von BIG-BOBBY-CAR?

○ Das BIG-BOBBY-CAR wurde 1972 erstmals auf der Internationalen Spielwarenmesse in Nürnberg der Öffentlichkeit vorgestellt.

○ Das Markenlogo von BIG zeigt einen Büffel. Er ist Sinnbild für die Robustheit - die büffelstarke Qualität – aller BIG Spielwaren.

○ Das größte BIG-BOBBY- CAR der Welt ist 8 Meter lang, 4 Meter hoch und 2,80 Meter breit. Ein Rad hat einen Durchmesser von 2,10 Meter. Es steht vor dem BIG-Werk in Burghaslach direkt an der A3 zwischen Nürnberg und Würzburg und ist aus Pappmaché von einem Künstler angefertigt worden.

○ Alle BIG-BOBBY-CAR Räder sind aus Recyclingmaterial herstellt. Das schont Umwelt und Ressourcen.

○ Der Geschwindigkeitsrekord eines getunten BIG-BOBBY-CAR wurde 2003 mit 108, 2 Stundenkilometern gemessen.

○ Viele Automobile wie Porsche oder Mercedes gibt es bei BIG auch als Rutscherfahrzeug für den Nachwuchs.

○ Der beliebte Kindersong von BIG ist „Bi, Ba, Bobbycar"

○ Seit 2004 ist BIG Mitglied der international agierenden SIMBA DICKIE GROUP, unter deren Dach auch andere Marken wie Schuco, Eichhorn oder Goldsieber beheimatet sind.

BOSE®
Better sound through research®

MARKT

BOSE ist heute einer der weltweit führenden Hersteller von Audio-Produkten in allen Anwendungsbereichen. Wo immer guter Klang entscheidet, BOSE ist da: zu Hause im Wohnbereich genau so wie an öffentlichen und kommerziellen Plätzen, in den Luxus- und Sportwagen vieler führenden Automobilhersteller, in Flugzeugen und sogar im Space Shuttle der NASA.

BOSE hat eine Vielzahl eigener Vertriebs- und Servicegesellschaften in allen wichtigen Märkten rund um den Globus. Im Bereich Home Audio ist BOSE heute Marktführer in der Mehrzahl dieser Märkte.

Nach den USA ist Europa der bedeutendste Markt für das amerikanische Unternehmen mit Hauptsitz in Framingham bei Boston.

Mit Einführung des selektiven Partner 2000-Vertriebskonzepts im Jahre 1996 hat BOSE die Standards für den konsequenten, markengerechten Qualitätsvertrieb neu definiert und seine Marktposition weiter ausgebaut. Das BOSE-Vertriebskonzept gilt heute als beispielhaft in den europäischen Märkten.

Neben dem fachhandelsorientierten Qualitätsvertrieb verkauft BOSE in vielen Ländern ein spezielles Produktportfolio sehr erfolgreich direkt an Konsumenten.

Nach einer Wickert-Untersuchung bewerten 89 Prozent der Konsumenten, die BOSE kennen, die Marke mit „gut oder sehr gut".

ERRUNGENSCHAFTEN UND ERFOLGE

Über vier Jahrzehnte haben innovative BOSE-Technologien nicht nur die Audio-Welt häufig auf den Kopf gestellt. BOSE-Produkte wurden immer wieder mit international bedeutenden Preisen, wie zum Beispiel dem red dot Design Award „best of the best" ausgezeichnet.

Kern des Unternehmens ist die Forschungsabteilung, die zu den größten der Audio-Industrie zählt. Kopf und Motor des Unternehmens ist nach wie vor der Gründer und Eigner *Professor Dr. Amar G. Bose*, der bis vor wenigen Jahren den Lehrstuhl für Electrical Science am weltweit renommierten Massachusetts Institute of Technology (MIT) innehatte.

BOSE hält heute eine Vielzahl von Patenten, die über die Welt des guten Klangs hinaus in vielen HiTech-Bereichen des modernen Lebens unverzichtbar geworden sind.

Dr. Amar G. Bose

GESCHICHTE

1964 gründete Professor *Dr. Amar G. Bose* am Massachusetts Institute of Technology (MIT) die Bose Corporation. Seitdem haben in über 40 Jahren BOSE-Produkte die Audio-Welt auf den Kopf gestellt.

1968 präsentierte BOSE den ersten Direct/Reflecting-Lautsprecher der Welt, die BOSE 901. Als Ergebnis jahrzehntelanger Grundlagenforschung strahlt dieser revolutionäre Lautsprecher 89 Prozent der Schallenergie indirekt nach hinten ab, nur 11 Prozent des Schalls erreichen den Hörer direkt. So bietet BOSE zum ersten Mal das konzertsaalgleiche, lebendige Stereo-Erlebnis an jedem Hörplatz im Wohnzimmer.

1987 brachte BOSE mit dem dreiteiligen ACOUSTIMASS-System, einem praktisch unsichtbar platzierbaren Direct/Reflecting-Lautsprecher, eine neue Produktkategorie auf den Markt. Schon nach kurzer Zeit wurde diese BOSE-Innovation zum meistverkauften HiFi-Lautsprecher weltweit.

1990 gelang BOSE-Ingenieuren mit den LIFESTYLE-Systems die „Quadratur des Kreises": Mit einem intelligenten Systemdesign auf der Basis patentierter BOSE-Technologien bot BOSE zum ersten Mal die „unmögliche" Kombination von Spitzenklang, Eleganz, einfachster Bedienung und einfachster Installation. Heute dominiert ein breites Produkt-Portfolio von LIFESTYLE Systems für Musik und Home Cinema den Weltmarkt kompletter Home Audio Systems.

2002 ermöglichten BOSE 3·2·1 Home Entertainment Systems zum ersten Mal die Wiedergabe von Home Cinema Surround Sound mit nur

BOSE WAVE Systems bieten unglaublichen Konzertsaalklang an jedem Platz im Wohnbereich aus extrem kompakten, vielseitigen „All-in-One"-Systems.

AKTUELLE ENTWICKLUNG

Mit neuen Technologien macht BOSE auch zukünftig den Musik- und Home Cinema-Genuss noch vielseitiger, noch einfacher und für jeden Konsumenten erreichbar.

In den Top-LIFESTYLE- und 3·2·1-Systems der neuesten Generation ermöglicht beispielsweise die uMusic-Technologie das Speichern vieler Stunden Musik. Diese Musik wird automatisch organisiert. Die Systeme sind lernfähig und spielen dann nach individuellen Nutzerprofilen ebenso automatisch das Wunschprogramm des jeweiligen Hörers.

WERBUNG

Verkauft wird bei den Handelspartnern – deshalb konzentriert BOSE einen großen Anteil seiner werblichen Maßnahmen auf den Point of Sale.

Produkte mit dem BOSE-Logo sind schon auf den ersten Blick klar unterscheidbar. Sie bieten einzigartige Nutzenvorteile, deren überzeugende Vorführung im Verkaufsraum der Schlüssel zum Verkaufserfolg ist. Der BOSE-Auftritt bei den ausgesuchten Partner 2000-Fachhändlern unterstützt die markengerechte Präsentation und sorgt für optimale Vorführbedingungen.

Die überregionale Werbung fokussiert ebenso auf die entscheidenden Unterschiede und einzigartigen Vorteile der BOSE-Produkte.

zwei kleinen Lautsprechern. Damit setzte BOSE entscheidende Impulse im Wachstumsmarkt Home Cinema.

PRODUKT

BOSE bietet ein breites Angebot von HiFi- und Home Cinema-Lautsprechern und komplette Home Entertainment Systems für die kino- und konzertsaalgleiche Klangwiedergabe im Wohnbereich.

Im professionellen Bereich setzen BOSE-Systeme die gültigen Standards bei der Beschallung öffentlicher und kommerzieller Plätze jeder Art und jeder Dimension.

Maßgeschneiderte Soundsysteme sorgen für den Konzertsaalklang in den Fahrzeugen vieler weltweit führender Hersteller.

Piloten und Passagiere schätzen die exzellente Klangwiedergabe und die aktive Lärmreduzierung der komfortablen BOSE Headphones.

Diese Produkte als Portfolio der innovativsten Köpfe der Audio-Industrie stehen im Mittelpunkt, jede Werbung unterstreicht den BOSE-Anspruch „Better sound through research".

MARKENWERT

BOSE steht heute weltweit als der Name für exzellenten Klang in einer Vielzahl von Einsatzbereichen. Die Marke hat weltweit einen sehr hohen Bekanntheitsgrad und repräsentiert weit über den Audio-Markt hinaus die außergewöhnliche Innovationskraft eines forschungsgetriebenen Unternehmens.

BOSE zeigt heute mit einem breiten Produkt-Angebot die Spitzenklasse in praktisch allen populären Preisklassen. Audio-Produkte mit dem Markennamen Bose stehen heute weltweit für Spitzenklang, Eleganz und einfachste Bedienung.

Das Unternehmen gilt als eine der innovativsten "Denkfabriken" der Consumer Electronics und als einer der Orte, wo Zukunft gemacht wird.

www.bose.de

Wussten Sie schon von BOSE?

○ BOSE Acoustic Noise Cancelling Headphones ermöglichten 1986 den Non-Stop-Weltrekordflug der „Voyager" rund um den Globus. Sie erlaubten während des neuntägigen Fluges über mehr als 42.000 Kilometer die klare Kommunikation im extrem lauten Cockpit des Flugzeugs und bewahrten die Piloten *Dick Rutan* und *Jeana Yeager* vor dauerhaften Hörschäden.

○ BOSE sorgt auch im Petersdom in Rom für den guten Klang.

○ Die NASA wählte BOSE als Ausrüster für die Audiosysteme im Space Shuttle.

○ Die Winterolympiaden in Calgary und Albertville wurden ebenso von BOSE beschallt wie viele Wettkampfstätten bei den olympischen Sommerspielen in Barcelona und Athen.

BRIDGESTONE
PASSION for EXCELLENCE

MARKT

Die Marke Bridgestone ist heute im deutschen Reifenmarkt fest etabliert und befindet sich weiterhin auf starkem Wachstumskurs. Im Auto-affinen Deutschland ist es für die weltweite Nummer Eins der Reifenindustrie eine besondere Herausforderung, den Bedürfnissen von Verbrauchern und Hande gerecht zu werden und Produkte und Dienstleistungen anzubieten, die dem sehr hohen deutschen Standard genau entsprechen. Der Bridgestone Corporation – als größtem Hersteller von Gummiprodukten weltweit – ist dies mit Hilfe der größten europäischen Vertriebsgesellschaft in Deutschland gelungen. Maßgeschneiderte Produkte und Dienstleistungen, erhebliche Investitionen und eine Verlagerung der Produktion in mehrere europäische Produktionsstandorte waren die Prioritäten von Bridgestone zu Beginn des 21. Jahrhunderts. In Deutschland wirken diese nvestitionen nachhaltig und resultieren in höchster Markenbekanntheit und Akzeptanz.

Durch intensive Zusammenarbeit mit der Industrie gelingt es, die Marktanteile in der Erstausrüstung immer weiter auszubauen. Im Geschäft mit Ersatzreifen arbeitet Bridgestone Deutschland mit dem Fachhandel sowie weiteren Vertriebskanälen (zum Beispiel Autohäuser) eng zusammen. High Qua ity Produkte sowie an den Bedürfnissen der Kunden orientierte Services lassen das Unternehmen Stück für Stück wachsen – angesichts des besonders harten Wettbewerbs im deutschen Reifengeschäft ein hoch einzuschätzender Erfolg, den Bridgestone Deutschland für die weitere Expansion nutzen wird.

ERRUNGENSCHAFTEN UND ERFOLGE

Die weltweiten und die Erfolge in Deutschland sind bei Bridgestone nicht voneinander zu trennen. *Michael Schumacher* und *Mika Häkkinen* fuhren zwischen 1998 und 2004 insgesamt sieben Weltmeistertitel in der Formel 1 auf Reifen von Bridgestone ein – Abermillionen von Zuschauern wurden Zeuge dieser einmaligen Leistung. In der MotoGP hat *Casey Stoner* mit dem Team Ducati 2007 erstmals der Weltmeistertitel auf Bridgestone Reifen errungen. In vielen weiteren Motorsportklassen von Kart über Motocross bis hin zur GP2 ist Bridgestone engagiert und erfolgreich. Auch der Motorsport-Nachwuchs wird aktiv gefördert.

Wie im Motorsport, so auch bei den Reifen für den täglichen Gebrauch, liegt Bridgestone vorn, wie unabhängige Sommer- und Winterreifentests des ADAC, der Stiftung Warentest, der Zeitschriften „auto, motor und sport", Sport-Auto und weiterer Titel alljährlich immer wieder beweisen, die den Produkten des Unternehmens Bestnoten geben. Dies gilt nicht nur im Pkw-Bereich, sondern auch für Motorradreifen, die von den Fahrern noch wesentlich kritischer ausgewählt werden als Pkw-Reifen. Auf zwei Rädern ist Bridgestone in Deutschland besonders gut unterwegs, im Bereich Motorrad sogar Marktführer, die meisten der deutschen Biker setzen auf Bridgestone und keine andere Marke.

Internationaler Ruhm wurde Bridgestone auch mit etlichen Preisen zuteil. General Motors zeichnete Bridgestone insgesamt zwölfmal als „Supplier of the year" aus, nicht nur für hervorragende Produkte, sondern auch für zuverlässige, pünktliche Lieferung und zielgenaue Logistik. Als erstes Unternehmen hat die Bridgestone Corporation den von der Fédération Internationale de l'Automobile (FIA) vergebenen „Weltpreis für Straßenverkehrssicherheit, Umwelt und Mobilität" erhalten. Ferrari verlieh Bridgestone zudem den „Preis des Präsidenten" für Innovation.

GESCHICHTE

Die Bridgestone Corporation wurde 1931 in der japanischen Hauptstadt Tokio von *Shojiro Ishibashi* gegründet. Reifen sowie weitere Gummiprodukte in bester Qualität wurden hier produziert. In der intensiven japanischen Industrialisierungsphase nach dem Krieg konnte sich das Unternehmen eine Vorrangstellung im asiatischen Markt erobern. Bereits 30 Jahre zuvor dachte sich *Harvey S. Firestone*, der zunächst als Handelsvertreter Einspänner verkaufte, dass Gummireifen viel komfortabler als Reifen aus Metall wären und gründete im Jahr 1900 die Firestone Tire & Rubber Company in Akron, Ohio. Zu seinen besten Freunden und Kunden zählte *Henry Ford*, der 1906 sage und schreibe 2.000 Reifensätze bestellte.

Als das Jahrhundert der beschleunigten Geschwindigkeiten sich dem Ende zuneigte, suchten und fanden zwei international operierende Reifenhersteller zueinander, um sich im globalen Wettbewerb gegenseitig zu ergänzen: Im Jahr 1988 übernahm die japanische Bridgestone Corporation die amerikanische Firestone Tire & Rubber Company, es war die bis dahin größte Investition eines japanischen Unternehmens in der amerikanischen Wirtschaft.

In Deutschland startete nun Bridgestone 1976 mit Zentralsitz in Hamburg. Sukzessive wurden europäische Produktionsstätten aufgebaut, heute sind es sechs an der Zahl. 1995 wurde die Fusion mit Firestone auch in Deutschland umgesetzt, die 1995 gegründete Bridgestone/Firestone Deutschland GmbH wählte als neuen, zentral gelegenen Firmensitz Bad Homburg v.d.H. Kurz danach begann die steile Karriere der Bridgestone Potenza Reifen in der Königsklasse im Motorsport, der Formel 1. 2003 firmierte das Unternehmen nochmals um. Die Bridgestone Deutschland GmbH setzt im Firmennamen seitdem den Schwerpunkt auf ihre Premium-Pkw-Marke.

PRODUKTE

Die große Palette der Produkte, die von Bridgestone produziert werden, umfasst vornehmlich Reifen für Pkw, Sport Utility Vehicles (SUV), Offroad-Fahrzeuge, Transporter, Nutzfahrzeuge, Motorräder, Landwirtschafts- und Baumaschinen. Mit Premiumqualität und Innovationsstärke ist es Bridgestone gelungen, in Deutschland in die Spitze der führenden Unternehmen der Reifenindustrie vorzustoßen. Die hervorragende Haftung und die guten Fahreigenschaften von Bridgestone sind sprichwörtlich, stetig werden neue Technologien entwickelt, die die Reifen weiter optimieren.

Besonders hervorzuheben ist die Entwicklung von Reifen mit Notlaufeigenschaften, die es dem Fahrer ermöglichen, auch bei einer Panne sicher und bequem bis zur nächsten Werkstatt zu gelangen. Die Run Flat Technologie von Bridgestone wird in neuen Modellen von BMW serienmäßig verbaut und zeigt, wie wichtig für Bridgestone das Thema Sicherheit im Straßenverkehr ist. Im neuen Jahrtausend konnte mit dem Greatec Mega Drive ein Superbreitreifen für Lkw entwickelt werden, der auf der Antriebsachse die Zwillingsbereifung ersetzt. Dieser wurde 2003 ebenfalls mit einem Notlaufsystem („Aircept") ausgestattet – ein weiterer Meilenstein in puncto Sicherheit speziell im Schwerlastverkehr.

Doch die Welt der Bridgestone Produkte umfasst mehr als nur Reifen. Bridgestone ist auch Hersteller chemischer Erzeugnisse und Gummiprodukte für die Schifffahrts-, Bau- und Sportartikelindustrie. Beispielsweise gehören Schwingungsdämpfer für Hochhäuser, Förderbänder und Golfausrüstungen zur umfassenden Produktpalette von Bridgestone. Ganz aktuell entwickelt Bridgestone flexible Farbdisplays, die zur Werbung und Informationsverbreitung dienen.

AKTUELLE ENTWICKLUNG

Ziel von Bridgestone in Deutschland ist es, der führende Hersteller unter den Reifenlieferanten zu werden. Weltweit ist dieses Ziel seit mehreren Jahren erreicht. Im Segment Baumaschinenreifen liegt Bridgestone in Produktion und Absatz schon lange unangefochten an der Spitze. In Deutschland hat Bridgestone sowohl in der Erstausrüstung von Pkw, Lkw, Bau- und landwirtschaftlichen Maschinen als auch im Ersatzgeschäft über die Vertriebskanäle Reifenfachhandel und Autohaus beträchtlich zugelegt.

In den vergangenen Jahren wurden zudem Konzepte und Kooperationen geschaffen, die Bridgestone Deutschland noch näher an die Endverbraucher heranbringen. Die 100prozentige Tochtergesellschaft First Stop vertreibt als Fachhändler direkt an den Endverbraucher. In den Initiativen Biker's Profi, Truck Point und Agri Point sind qualifizierte Händler zusammengeschlossen, die bereit sind, in modernes Equipment, Weiterbildung der Mitarbeiter, besten Service sowie einen professionellen Außenauftritt zu investieren und die Produkte von Bridgestone vorzuhalten.

Neben Premium Quality und Premium Service sind zwei weitere Themen für Bridgestone in den vergangenen Jahren immer wichtiger geworden: Sicherheit und soziale Verantwortung. Bridgestone engagiert sich seit 2005 in einer weltweiten Verkehrssicherheitsinitiative, in der Endverbraucher über die wichtigsten Sicherheitsvorkehrungen beim Autofahren aufgeklärt werden. Maskottchen der Initiative „Safety at heART" ist ein Crash Test Dummy, der bei Veranstaltungen, aber auch auf Baumarkt-Parkplätzen und Messen aktiv ist. Von praktischer Hilfe wie Reifenchecks bis hin zu „move it"-Boxen für Kindergärten, mit Hilfe derer die Beweglichkeit und Konzentration der Kinder gefördert wird – die Sicherheit der Verkehrsteilnehmer ist Bridgestone ein wichtiges Anliegen. Im Kindermalwettbewerb „Dreams at heART", sind Kinder darüber hinaus dazu aufgefordert, ihre Visionen vom Verkehr der Zukunft zu zeichnen.

WERBUNG

Seit dem Einstieg von Bridgestone 1997 in die Königsklasse des Motorsports, die Formel 1, setzt das Unternehmen im Marketing auf hochklassigen Rennsport. Der Slogan „Passion for Excellence" steht sowohl für hervorragende Leistung der Entwicklungsingenieure als auch für das Credo der Firmenleitung insgesamt.

Sieben Mal in Folge gewannen *Mika Häkkinen* sowie *Michael Schumacher* in der Formel 1 auf Bridgestone Reifen – was in Anzeigenkampagnen der Automobil-, Fach-, Tages und Special Interest-Presse entsprechenden Niederschlag fand. Lkw-Reifen von Bridgestone werden unter dem Motto „Mit Sicherheit mobil" vermarktet.

Auch am Point of Sale – im Reifenfachhandel – ist Bridgestone mit Sommer- und Winterreifenkampagnen, Gewinnspielen, Aktionen et cetera vor Ort vertreten.

MARKENWERT

Bridgestone hat sich kontinuierlich zur bekanntesten Reifenmarke in Deutschland (ADAC Reifenmonitor 2007) entwickelt und gilt zudem auch als sportlichste unter den führenden Marken. Seit jeher ist Bridgestone die Premium-Marke des Konzerns. Hier werden sämtliche Neuerungen im Entwicklungsbereich direkt umgesetzt, hier wird intensiv getestet, investiert und geworben. Die Strategie des Unternehmens in den letzten Jahren zielte erfolgreich darauf ab, Bridgestone als Marke nochmals aufzuwerten und dort fest zu etablieren, wo sie durch ihr Image, ihre Angebotsbreite und ihre Akzeptanz am Markt bereits eine feste Größe darstellte.

Neue Technologien wie die Run Flat Technologie (RFT) im Pkw-Bereich oder Greatec Aircept im Lkw-Segment geben dem Markt neue Impulse wie auch konkreten Zusatznutzen und belegen die Innovationskraft des Unternehmens wie auch der Marke Bridgestone. Mit seiner Markenstrategie bietet Bridgestone eine definierte Palette von Reifen, die verschiedenste Bedürfnisse von sportlichem Fahren bis zur komfortablen und sicheren Familienfahrt abdeckt. Immer bessere und sicherere Reifen zum Nutzen der Verbraucher werden so entwickelt.

www.bridgestone.de

Wussten Sie schon von BRIDGESTONE?

○ Sieben Formel-1-Siege in Folge wurden zwischen 1999 und 2005 auf Bridgestone Reifen errungen.

○ Auch der neue Airbus A380 rollt auf Reifen von Bridgestone.

○ Neben Reifen höchster Qualität steht die Marke Bridgestone auch für Schwingungsdämpfer in Hochhäusern, Golfbälle, Fahrräder sowie elektronische Farbdisplays.

○ Bridgestone entwickelte gemeinsam das erste Notlaufsystem im Nutzfahrzeugsektor (GMD/Aircept), das im Pannenfall eine Weiterfahrt zur Werkstatt ermöglicht.

○ Der Delfin Fuji schwimmt und springt seit 2004 mit einer künstlichen Schwanzflosse, die von Bridgestone entwickelt wurde.

BRITISH AIRWAYS

MARKT

Mit einem internationalen Streckennetz von mehr als 600 Zielen ist British Airways die größte Fluggesellschaft Großbritanniens und eine der erfolgreichsten Fluggesellschaften der Welt. British Airways ist seit langem im deutschen Markt präsent und bedient sieben deutsche Flughäfen: Berlin Tegel, Hamburg, Dresden, Düsseldorf, Frankfurt, Stuttgart und München. Hauptsitz der deutschen Niederlassung ist Frankfurt Niederrad. Mit rund 250 Flügen pro Woche zwischen Deutschland und London bietet die Airline deutschen Reisenden zahlreiche Anbindungen an das weltweite Streckennetz.

ERRUNGENSCHAFTEN UND ERFOLGE

2006 wurde British Airways erneut zur „Airline des Jahres" gewählt. Die Fluggesellschaft erhielt bereits zum fünften Mal den begehrten OAG Award, der seit 25 Jahren vom Official Airline Guide (OAG), einem auf Reiseinformationen und Datenlösungen spezialisierten Unternehmen, verliehen wird. Auch in den Kategorien „Best Europe-Asia / Australasia Airline", „Best Transatlantic Airline" und „Best Airline Based in Western Europe" belegte British Airways den ersten Platz. Die OAG Awards basieren auf einer Umfrage unter Vielfliegern und zählen zu den angesehensten Auszeichnungen in der Flugindustrie.

Nicht zuletzt die Liebe zum Detail beschert British Airways immer wieder Bestnoten. Für die besonders effiziente Ying-Yang-förmige Anordnung der Sitze in der neuen Business Class wurde die britische Fluggesellschaft preisgekrönt. In Zusammenarbeit mit den international renommierten Designberatern von Tangerine entwickelte British Airways den neuen Club World Sitz, der bei gleicher Sitzgröße eine um 25 Prozent breitere Sitz- und Liegefläche bietet. Beim Zurückstellen der Rückenlehne senken sich die Armlehnen automatisch ab, bis sie eine Ebene mit dem Bett bilden. Eine Membran in der Matratze macht den Club World Sitz noch weicher. Elektronisch steuerbare Sichtblenden aus dem erstmals in der Luftfahrt eingesetzten Material Lumisty sorgen für Privatsphäre: während die Scheibe für sich gegenüber sitzende Passagiere blickdicht erscheint, ist die Sichtblende aus Sicht des Kabinenpersonals durchsichtig.

GESCHICHTE

Mehr als 60 Jahre geht die Geschichte von British Airways in Deutschland zurück. Seit 1946 fliegt British Airways, eine der größten und ältesten Airlines der Welt, von Deutschland nach Europa und in die Welt. Ihre Vorgängerin BEA, British European Airways, bot zunächst Flüge von London über Hamburg nach Berlin an und übernahm später im Rahmen der Luftbrücke die Koordination der alliierten Hilfsflüge nach Berlin.

Nach der Wiedervereinigung Deutschlands verlor der Berlin-Verkehr seine Sonderstellung. Die „Internal German Services" wurden nach und nach reduziert und schließlich ganz eingestellt. Heute gehört British Airways zu den meist genutzten Fluggesellschaften im deutschsprachigen Raum.

PRODUKT

Vier verschiedene Reiseklassen bieten den Fluggästen auf Langstreckenflügen eine besonders große Auswahl. World Traveller, World Traveller Plus, Club World und FIRST: für jeden Geschmack und Geldbeutel hat British Airways das passende Produkt.

World Traveller: In der Economy Class von British Airways passen sich ergonomische Sitze mit verstellbaren „Ohren" und Wirbelsäulenstützen dem Körper individuell an. Mehr Beinfreiheit und eine Fußstütze sorgen für zusätzlichen Komfort. Ein eigener Bildschirm in jedem Sitz bietet Unterhaltung für Groß und Klein auf zwölf Programmen. Ein Disney Spieleset für Kinder lässt keine Langeweile aufkommen.

World Traveller Plus: Zwischen Economy und Business Class befindet sich die World Traveller Plus, die sowohl Entspannung als auch Möglichkeiten zum konzentrierten Arbeiten bietet. Kundenbefragungen zeigten den Wunsch nach einer Klasse mit mehr Komfort zu einem attraktiven Preis. Heute genießen viele Geschäftsreisende aus kleinen oder mittelständischen Unternehmen sowie Privatreisende mit hohen Ansprüchen die Vorzüge von World Traveller Plus. Die Sitze bieten 17,5 Zentimeter mehr Beinfreiheit als World Traveller und verbessern den Sitzkomfort durch flexible Kopf-, Bein- und Fußstützen und eine vierfach einstellbare Lendenwirbelstütze.

Club World: Rund 100 Millionen Pfund hat British Airways in die neue Generation ihrer Business Class investiert. Mehr Privatsphäre, höherer Komfort und mehr Bewegungsfreiheit zeichnen die neue Club World aus. British Airways setzt mit seinen 180 Grad flachen Betten Standards in der Business Class. Auch die Verpflegung an Bord lässt keine Wünsche offen. Alle Gerichte werden in Zusammenarbeit mit dem „Culinary Council" entwickelt, einem Zusammenschluss renommierter Küchenchefs und namhafter Gastronomieexperten. Zwischen den Mahlzeiten können sich Passagiere zudem in der Club Kitchen an einer Auswahl warmer und kalter Speisen und Getränke bedienen. In den Abfluglounges ausgewählter Flughäfen besteht die Möglichkeit, vor dem Abflug zu dinieren. Um der wachsenden Nachfrage nach dem Business Class Produkt gerecht zu werden, vergrößert British Airways bis zum Jahr 2008 die Kapazität der Club World in der Flotte um acht Prozent.

FIRST: Im Jahr 2000 gestaltete die britische Innenarchitektin Kelly Hoppen die British Airways FIRST um und verlieh dem luxuriösen Reisen damit eine neue Erlebnisqualität. Die Gäste erwartet ein exklusiver, diskreter und zuvorkommender Service in einem Ambiente aus Conolly-Leder, Nussbaum-Struktureffekten und Kaschmir- und Samtstoffen in einer Farbpalette aus Blau- und Taupetönen. Jedes Gericht auf der Speisekarte kann zu einem beliebigen Zeitpunkt bestellt werden. Eine erweiterte Menüauswahl mit täglich frisch gefangenem Fisch, einer leichten Alternative („Lighter Option") und einem English Afternoon Tea sorgen für das kulinarische Wohl der Gäste. Jede Kabine verfügt über einen Besuchersitz, einen Bildschirm für Bordunterhaltung und einen völlig ebenen Liegesitz. Vor und nach dem Abflug runden an ausgewählten Flughäfen die FIRST Lounges und das Travel Spa das luxuriöse Flugerlebnis ab.

AKTUELLE ENTWICKLUNG

Mit dem Innovationsprogramm „21st Century Air Travel" definierte die britische Fluggesellschaft im Jahr 2000 das Fliegen neu. Als erste der großen Airlines bot British Airways eine vierte Reiseklasse an. Die Einführung von World Traveller Plus war eines der Bestandteile des größten Innovationsprogramms, das British Airways je aufgelegt hat. World Traveller Plus ist zwischen Club World, der Business Class auf Langstrecken und der World Traveller Kabine angeordnet und bietet mehr Bewegungsfreiraum für die Passagiere und eine bessere technische Ausstattung.

Um die Marke und den Service für die junge Zielgruppe konsequent weiter zu entwickeln, lässt British Airways auch die kleinen Passagiere zu Wort kommen. Mit der in der Luftfahrt einzigartigen Initiative eines Kinderbeirates haben junge Reisende zwischen acht und 14 Jahren seit 2007 die Chance, ihre Ideen beizusteuern, um das Fliegen für Kinder und Familien noch angenehmer zu gestalten.

Allein im Jahr 2006 reisten über 1,6 Millionen Kinder und rund 300.000 Babys mit British Airways. Um das Fliegen zu einem stressfreien und vergnüglichen Erlebnis für Familien und Kinder zu machen, hat British Airways das Servicepaket Skyflyers ins Leben gerufen. Damit genießen Familien beim Einsteigen Vorrang, dürfen größere und schwerere Gepäckstücke transportieren und profitieren von den Kinderunterhaltungsprogrammen an Bord. Spezielle Mahlzeiten für Kinder machen nicht nur satt, sondern auch Spaß. Mit Skyflyers Solo bietet British Airways zudem einen Service für allein reisende Kinder, den im Jahr 2006 mehr als 40.000 kleine Passagiere genutzt haben.

WERBUNG

Die Farben rot, blau und weiß beherrschen die Kommunikation von British Airways, ob bei der Gestaltung von Seitenleitwerken der British Airways-Flotte oder in der Farbgebung von Unterlagen und Werbematerialien. Die britische Fluggesellschaft setzt insbesondere auf eine enge Kundenbindung durch direkte Kontakte an Bord oder Direktmarketingaktionen. Zahlreiche Bonusprogramme für Fluggäste sorgen für eine lang anhaltende Beziehung zwischen Airline und Fluggästen. Mit On Business hat British Airways ein Vielfliegerprogramm aufgesetzt, das sich speziell an den Bedürfnissen kleiner und mittelständischer Unternehmen orientiert. Das Bordmagazin von British Airways bietet allen Passagieren abwechslungsreiche Berichterstattung während des Fluges.

Durch den Zusammenschluss mit anderen starken Fluggesellschaften zur Allianz oneworld unterstreicht British Airways seinen internationalen Charakter. An Bord von American Airlines, Cathay Pacific, Finnair, Iberia, Japan Airlines, Lan, Malev, Qantas und Royal Jordanian können Fluggäste Statuspunkte und Meilen sammeln. Auch dies zielt auf eine langfristige Kundenbindung ab.

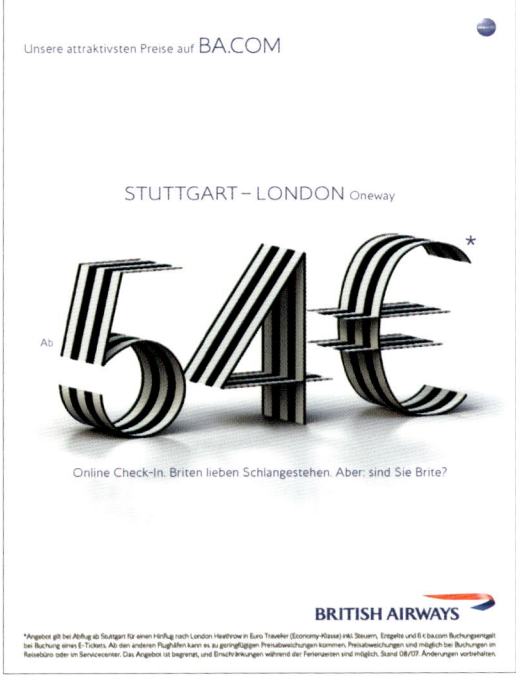

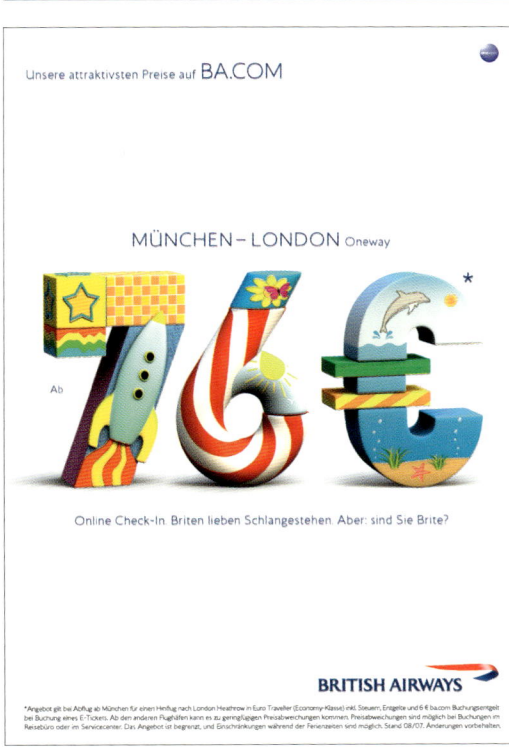

MARKENWERT

Als eine der erfolgreichsten Fluggesellschaften der Welt betreibt British Airways ein sehr breites weltweites Streckennetz. Kundenzufriedenheit wird groß geschrieben. So setzt das Unternehmen nicht nur auf Komfort und Bequemlichkeit innerhalb der Flugzeuge, sondern verwöhnt seine Fluggäste auch vor und nach dem Flug in speziellen Lounges und nimmt sich mit vielfältigen Angeboten den Bedürfnissen der Reisenden an. Von besonders leckerem oder ausgewogenem Essen über kosmetische Anwendungen oder Kinderbetreuung legt British Airways großen Wert auf Wohlbehagen und Genuss. Dies unterstreicht das Wesen der Marke als qualitativ hochwertig, zuverlässig und vertrauenswürdig.

www.ba.com

Wussten Sie schon von BRITISH AIRWAYS?

○ Als erste Airline führte British Airways 2000 die „fliegenden Betten" in der Business Class auf Langstrecken ein. Seither gibt es in der Club World elektronisch gesteuerte Sitze, die sich in fast zwei Meter lange, völlig ebene Betten verwandeln lassen. Die „Z"-Position des Sitzes unterstützt Rücken und Knie und entspricht der ergonomischen Haltung, die der menschliche Körper natürlicherweise in der Schwerelosigkeit annimmt.

○ Die FIRST Lounge im Terminal 1 am Flughafen London Heathrow beherbergt die erste British Airways Champagne Bar. In edlem Ambiente werden hier Champagner-Cocktails für die Fluggäste gemixt.

○ Elemis, führender britischer Spa-Anbieter und Luxus-Hautpflegemarke, übernimmt seit Oktober 2007 die Spas der British Airways Lounges an den Flughäfen London Heathrow und New York JFK. Ab März 2008 kommen British Airwas Passagiere auch in der Flagship-Lounge im Terminal 5, dem neuen Zuhause von British Airways in London Heathrow, in den Genuss der exklusiven Elemis-Anwendungen. An Bord profitieren Reisende künftig von hochwertigen Elemis-Produkten in den „Wohlfühltaschen" der Club World, der Business Class auf Langstrecken von British Airways. Die Kooperation zwischen den beiden britischen Marken ist auf fünf Jahre angelegt.

○ Am 27. März 2008 zieht British Airways in das neue Terminal 5 in London Heathrow ein. Das Hauptgebäude des Terminals wird das größte freistehende Bauwerk Großbritanniens werden. Mit 43 Meter Höhe, 400 Meter Länge und 176 Meter Breite erstreckt sich das Gebäude auf fünf Ebenen, die jeweils eine Fläche von zehn Fußballfeldern haben werden. Das 18 Kilometer lange Gepäckbeförderungssystem, das pro Stunde bis zu 12.000 Gepäckstücke transportieren kann, wird das größte Transportsystem eines Einzelterminals in Europa sein.

MARKT

Die Lebensmittelmarke Chiquita steht für Früchte und Gemüse im Premiumsegment. Wichtigstes Produkt der Marke sind Bananen. Bereits seit 1899 vertreibt das Unternehmen Bananen. Hauptzielgruppe von Chiquita sind Frauen mit kleinen Kindern im Alter bis 12 Jahre.

2005 wurden in Deutschland 138 Millionen Kartons Bananen abgesetzt. Damit macht der Handel mit Chiquita Bananen 90 Prozent des Gesamtumsatzes des Unternehmens aus. Neueste Produktentwicklungen sind frische Convenience-Produkte wie Obstsalate und Smoothies.

ERRUNGENSCHAFTEN UND ERFOLGE

Die Chiquita Produkte sind in Obst- und Gemüseabteilungen in über 60 Ländern zu finden. Chiquita gehört zu den bekanntesten Marken der Welt. In den Ländern, in denen die Chiquita-Produkte erhältlich sind, kennen über 90 Prozent der Bevölkerung Chiquita – in Deutschland sind es sogar 98 Prozent!

Chiquita ist aber weit mehr als nur Vermarkter und Distribuent von frischen und verarbeiteten Obst- und Gemüseprodukten. Chiquita setzt sich für verantwortungsvolle Landwirtschaft sowie umwelt- und sozialgerechte Lebensbedingungen auf den Bananenplantagen ein. Chiquita arbeitet seit 1992 mit den Zertifizierungsstandards der Rainforest Alliance und stellte die Arbeits- und Lebensbedingungen auf den Plantagen vollständig nach den Kriterien der Umweltschutzorganisation um: Im Jahr 2000 – nach acht Jahren harter Arbeit und Investitionen von über 20 Millionen Dollar in bauliche und technische Verbesserungen – konnten alle Chiquita eigenen Bananenplantagen zertifiziert werden. Nachdem Chiquita fünf Jahre hintereinander diese Zertifizierung aufrechterhalten konnte, wurde die Zertifizierung auch auf der Chiquita Banane sichtbar gemacht – durch das Siegel der Rainforest Alliance. Die Plantagen werden jedes Jahr in angemeldeten wie auch unangemeldeten Untersuchungen auf die Einhaltung der Standards geprüft. Nur bei Einhaltung und Verbesserung der Standards wird die Plantage mit dem Siegel der Rainforest Alliance ausgezeichnet – und das ist seit je der Fall.

Darüber hinaus besuchen jedes Jahr zahlreiche regierungsunabhängige Organisationen (NGOs), Wissenschaftler, Journalisten und Einzelhändler die Chiquita Farmen und können sich über die praktische Umsetzung der Standards und den Stand der Entwicklungen umfassend informieren.

Chiquita möchte einen Beitrag zum Schutz der einzigartigen Pflanzen- und Artenvielfalt Zentralamerikas leisten: In Zusammenarbeit mit Partnern hat das Unternehmen daher das „Nature & Community Project" ins Leben gerufen. Mit der Schweizer Einzelhandelskette Migros gründete Chiquita im Jahr 2004 im Rahmen dieses Projektes das Nogal-Regenwaldreservat. Das Reservat umfasst mehr als 100 Hektar tropischen Regenwalds entlang des Río Sucio in der Sarapiquí-Region Costa Ricas und beheimatet eine Vielzahl an unterschiedlichen Pflanzen- und Tierarten.

Neben dem Schutz des Regenwaldes möchten die Partner dieses Projektes der lokalen Bevölkerung neue Einkommensmöglichkeiten verschaffen. Im Fokus des Projektes stehen daher folgende Aktivitäten:
- Langfristige Erhaltung biologischer Vielfalt
- Entwicklung und Aufbau von Kleinbetrieben zur Erschließung neuer Einkommensmöglichkeiten
- Umwelterziehung

Seit 2005 wird das Projekt auch von der deutschen Gesellschaft für technische Zusammenarbeit (GTZ) GmbH unterstützt.

Neben der aktiven Zusammenarbeit aller Partner ist für einen wirksamen Naturschutz vor allem die Unterstützung, Beratung und Beteiligung anderer wichtig: die der lokalen Bevölkerung, von Schulen, Studenten und Wissenschaftlern, costaricanischen Behörden, Chiquita Mitarbeitern usw.

GESCHICHTE

Die Geschichte von Chiquita und der Chiquita Premiumbanane führt zurück in die Siebziger Jahre des 18. Jahrhunderts, als zwei Industrielle die geschäftlichen Möglichkeiten witterten, die in der köstlichen gelben Frucht steckten. 1870 kaufte *Captain Lorenzo Dow Baker* in Jamaika rund 160 Bananenstauden und verschiffte sie nach Jersey City in New Jersey, wo er sie mit Gewinn verkaufte. 1895 gründete *Baker* dazu die Boston Fruit Company.

1871 wurde *Minor C. Keith* vom Staat Costa Rica mit dem Bau einer staatlichen Eisenbahnstrecke beauftragt. Um Einnahmen durch Fracht und Fahrgäste für die Eisenbahn sicherzustellen und die Kapazitäten der Bahn auf der Fahrt ins Landesinnere wie auch auf der Fahrt zurück an die Küste auszunutzen, pflanzte er Bananen entlang der Bahnstrecke. Am 30. März 1899 fusionierte Keiths Eisenbahngesellschaft mit der Boston Fruit Company. So entstand die United Fruit Company. Diese Fusion war der Anfang des Unternehmens, das heute unter dem Namen Chiquita Brands International bekannt ist.

Die Geschichte der Marke Chiquita beginnt in den Vierziger Jahren des 19. Jahrhunderts. Um dem Bananengeschäft neuen Auftrieb zu geben, führte Chiquita 1944 die inzwischen legendäre Figur „Miss Chiquita" ein, begleitet von einem munteren Jingle.

1963 begann das Unternehmen, seine Bananen mit dem blauen Chiquita Label zu versehen. Miss Chiquita, der Chiquita Jingle und das Chiquita Label wurden die am stärksten wiedererkennbaren Elemente der Marke Chiquita und sind Generationen von Verbrauchern vertraut.

Miss Chiquita.

Als eine der berühmtesten Markenfiguren aller Zeiten erlebte Miss Chiquita ihr Debüt als animierte Bananenfigur in der Kinowerbung der Vierziger Jahre. Sie nahm mit der Zeit viele verschiedene Formen an. Die Originalfigur war eine animierte Banane, erst 1986 bekam sie eine menschliche Form. Ihr Kostüm wandelte sich mit der Zeit, doch ihr unverwechselbarer Hut in Form einer Obstschale blieb stets derselbe. Models und Prominente wurden engagiert, um die „First Lady der Früchte" zum Leben zu erwecken. *Patty Clayton* verkörperte 1944 als Erste die Miss Chiquita. Obwohl Miss Chiquita 2004 ihren 60. Geburts-

Bei uns sind Natur und Ökonomie im Gleichgewicht.

Wie baut man eine Banane an, die nicht nur gut für den Regenwald und seine Bewohner, sondern auch für den Konsumenten ist? Zum Beispiel, indem man mit der Rainforest Alliance zusammenarbeitet, die für Chiquita einen realistischen, aber ehrgeizigen Plan für eine möglichst umwelt- und sozialverträgliche Bananenproduktion erstellt. Nach 12 Jahren konsequenten Einsatzes erfüllen nun alle unsere Chiquita Plantagen die strengen und langfristig einzuhaltenden Standards unseres Partners. Deshalb kann jede Chiquita Banane mit dem Siegel der Rainforest Alliance versehen werden. Und das verkünden wir mit dem Frosch der Rainforest Alliance.

Zertifiziert von der Rainforest Alliance.
Chiquita. Mehr Banane geht nicht.
www.rainforest-alliance.org

---

tag feierte, ist sie immer noch eine der beliebtesten Figuren Amerikas. Seit 1963 ziert sie dann auch das Label der Premiummarke und kennzeichnet neben den Chiquita Bananen zahlreiche andere Produkte.

Chiquita Jingle.
Mit diesem lustigen, lebhaften und unterhaltsamen Jingle wurde Miss Chiquita der Welt vorgestellt. Die erste Zeile lautete „I'm Chiquita banana und I've come to say", und inhaltlich informierte er die Verbraucher über die besonderen Reifeanforderungen von Bananen und den Wert der Banane für eine ausgewogene Ernährung. Der 1944 von *Len Mackenzie* und *Garth Montgomery* komponierte Jingle entwickelte sehr bald ein Eigenleben und wurde ein fester Bestandteil der amerikanischen Kultur. Auf der Höhe seiner Popularität im Jahre 1945 wurde der Jingle 376 Mal am Tag im Radio gespielt, was das Time Magazine dazu veranlasste, die folgenden Sätze abzudrucken:

„Die meisten Werbespots sind entweder abscheulich oder fad. Chiquita Banana, gesungen zu einer eingängigen Melodie im Stil des Calypso, ist so anders, dass die Zuhörer ihn tatsächlich gerne hören. Letzte Woche, nach über acht Monaten auf Sendung, wurde der Jingle die unbestrittene Nummer Eins der Jingle-Jangle-Hitparade …"

Chiquita Label.
Früher wurden Bananen am Strunk verschifft, sodass es unmöglich war, Aufkleber anzubringen. Seit 1963 werden Bananen in Pappkartons in einzelnen „Händen" versendet. Zu dieser Zeit führte Chiquita das inzwischen berühmt gewordene blaue Label ein. Seit November 2005 trägt die Premiumbanane zusätzlich auch das Siegel der Rainforest Alliance für umweltschonenden und sozialgerechten Bananenanbau. Dieses Siegel zeigt den Verbrauchern, dass alle Chiquita Bananen-

plantagen durch die internationale, unabhängige Umweltschutzorganisation ausgezeichnet sind.

PRODUKT
Die Banane ist nicht nur die beliebteste Frucht bei Alt und Jung, sie ist auch ein wertvoller Bestandteil der ausgewogenen Ernährung. Sie liefert alle wichtigen Nährstoffe, die der menschliche Körper benötigt: Kohlenhydrate, Mineralien, Vitamine, Ballaststoffe, Wasser und Fette.

Doch was macht Chiquita Bananen so beliebt? Chiquita verpflichtete sich von Anfang an zu bester Qualität, bedingt durch die Frische, die Farbe und den guten Geschmack. Diesen Qualitätsanspruch hat Chiquita auch auf Umwelt- und Sozialaspekte gelegt – sichtbar durch das neue Chiquita Label, ausgezeichnet mit dem Siegel der Rainforest Alliance.

AKTUELLE ENTWICKLUNG
Im Laufe des vergangenen Jahrzehnts hat das Unternehmen weltweit Programme eingeführt, die Kindern die Vorteile eines gesunden Lebensstils bewusst machen und zum Umweltweltschutz beitragen sollen – durch Beiträge im Internet, an Schulen durchgeführte Bildungsprogramme und Verkaufsförderungsprogramme mit Informationscharakter. In Deutschland stellte Chiquita Grundschulen beispielsweise das Brettspiel „Frische Früchtchen auf Tropen-Tour" zur Verfügung. Das kostenlose Infotainmentpaket beschäftigt sich spielerisch mit den Themen „gesunde Ernährung" und „Umweltschutz". Darüber hinaus veranstaltet Chiquita jährlich einen Wettbewerb, der das Thema „Umweltschutz" in den Mittelpunkt stellt. Auch der Chiquita Bus tourt durch Deutschland und informiert die Verbraucher über die Banane und das Chiquita Engagement für Mensch und Natur.

WERBUNG
Seit der Einführung von Miss Chiquita ist Chiquita bestrebt, innovative, unterhaltsame und wirksame Werbe- und Verkaufsförderungsmethoden zu entwickeln. Chiquita war die erste Agrarerzeugnismarke überhaupt, die Verbraucherwerbung umsetzte.

Die erste Chiquita Werbung kam in Form von 80 Sekunden langen Kinowerbespots, die als Zeichentrickkurzfilme vor dem Hauptfilm gezeigt wurden. Außerdem hat Chiquita Verkaufsförderungsmaßnahmen für seine Partner im Lebensmitteleinzelhandel entwickelt. Diese Verkaufsförderungsaktionen hinterlassen millionenfache Eindrücke beim Verbraucher und stoßen auf sehr viel Resonanz. Noch wichtiger ist aber, dass diese Verkaufsförderungsmaßnahmen zu signifikanten Umsatzsteigerungen für die Einzelhändler führen.

MARKENWERT
Chiquita steht für beste Frische, Qualität und Geschmack. 1999 feierte Chiquita sein 100-jähriges Jubiläum und kann somit von sich behaupten, die Verbraucher seit über einem Jahrhundert in ihrem ausgewogenen Lebensstil zu unterstützen.

www.chiquita.de

Wussten Sie schon von Chiquita?

- Bananenstauden sind die größten Pflanzen der Erde ohne holzigen Stamm und sind somit auch keine Bäume. Es sind krautartige Pflanzen, die mit der Familie der Orchideen-, Lilien- und Palmengewächse verwandt sind. Die gewaltigen Blätter der Bananenpflanze erreichen eine Höhe von 914 Zentimetern.

- Bananen enthalten Tryptophan. Aus diesem Stoff bildet unser Körper das Glückshormon Serotonin.

- Die Spieler und Helfer des Wimbledon Tennis Championship 2002 haben angeblich über 35.000 Bananen gegessen.

- Auch *Bugs Bunny* hat einmal den berühmten Chiquita Jingle gesungen.

- „Häger, der Schreckliche" und das Original von Miss Chiquita sind verwandt. Denn beide entstammen der Feder von *Dik Browne*.

C&A

MARKT

Der Kunde im Jahre 2007: Er bleibt weiterhin König. Aber die Textilbranche muss zusätzlich verstärkt einer Kauferwartung gerecht werden: gute Qualität zu noch günstigeren Preisen. Denn der Kunde muss sparen: Steigende Strom- und Benzinpreise zehren am Geldbeutel, deshalb wird sparsamer in Kleidung investiert. Topqualität für wenig Geld versprechen viele Anbieter im Modesektor, aber nur die wenigsten sind dem Druck des Marktes gewachsen und können den Anspruch auch erfüllen. Erfolgreich ist nur, wer tatsächlich ein überzeugendes Preis-Leistungs-Verhältnis anbietet. So wie es C&A von jeher macht. Die Kunden danken es mit ungebrochenem Vertrauen in die Marke. Dadurch steigerte C&A in den vergangenen Jahren kontinuierlich seinen Marktanteil in Europa und im Kernmarkt Deutschland.

Eines der Erfolgsrezepte von C&A als führendem Bekleidungsgeschäft für die ganze Familie ist das engmaschige Filialnetz – so ist C&A mit seinen Geschäften in unmittelbarer Nähe der Kunden. Um auch zukünftig mit dieser Kundennähe erfolgreich zu sein, werden zahlreiche weitere Geschäfte eröffnet. C&A wird Ende 2007 in Deutschland über 400 Filialen und in ganz Europa rund 1.200 Filialen betreiben.

ERRUNGENSCHAFTEN UND ERFOLGE

C&A setzt auf Innovation. Heute wie schon zur Zeit der Gründung des Unternehmens durch *Clemens und August Brenninkmeyer*. Mit ihren Pionierleistungen setzen sie im 19. und frühen 20. Jahrhundert neue Maßstäbe im Modeeinzelhandel. Die Einführung der Konfektionsbekleidung und einheitlicher Standardgrößen sowie einer kundenfreundlichen Umtauschmöglichkeit gelten damals als revolutionäre Neuerungen. Zudem bieten die C&A-Gründungsväter erstmals modische Bekleidung in bester Qualität und zu Preisen an, die für eine breite Bevölkerungsschicht erschwinglich ist. Bis heute die Quelle des Erfolges von C&A.

GESCHICHTE

Im 19. Jahrhundert waren *Clemens und August Brenninkmeyer*, die Gründer von C&A, als reisende Kaufleute mit Leinenstoffen auf Wanderschaft. Als Nachfahren einfacher Bauern aus dem westfälischen Mettingen besserten sie so ihre geringen Einnahmen aus der Landwirtschaft auf. Solche Händler, auch „Tödden" genannt, waren in ganz Europa seit Mitte des 17. Jahrhunderts mit viel Erfolg unterwegs und sie gründeten an wichtigen Standorten Lagerhäuser, um ihre Geschäfte weiter auszubauen.

Clemens und August Brenninkmeyer waren geschäftlich vorwiegend im nahe gelegenen Holland aktiv, wo sie im Städtchen Sneek 1841 die Firma C&A Brenninkmeyer gründeten. 20 Jahre später eröffnete hier die erste C&A-Filiale – die eigentliche Erfolgsgeschichte von C&A begann. Zu dieser Zeit entstand auch das bekannte C&A-Logo, das die Anfangsbuchstaben der Vornamen von *Clemens und August* trug und schon bald zum bekannten Markenzeichen wurde. Im Laufe der Jahrzehnte wurde es immer weiterentwickelt, bis es schließlich seine jetzige Form erhielt.

C&A wird Ende 2007 in 16 europäischen Ländern mit rund 1.200 Geschäften und über 32.000 Mitarbeitern vertreten sein. Und immer noch ist C&A ein Familienunternehmen.

PRODUKT

C&A ist beliebt und vertrauenswürdig, wie die hohen Imagewerte zeigen. Die Marke hat einen großen Bekanntheitsgrad und steht für Produkte mit hervorragender Qualität. Auf die Frage nach dem bevorzugten Bekleidungsgeschäft setzten die Kunden in einem Ranking C&A mit deutlichem Vorsprung vor der Konkurrenz auf Platz eins. Zudem wird C&A als Modemarke angesehen, die genau den persönlichen Geschmack von vielen trifft (Quelle: Research International Track-Report 2006).

cherungs- und Bankdienstleistungen, die unter dem Namen C&A Money vorerst nur in Deutschland angeboten werden.

Die geschäftliche Zusammenarbeit zwischen C&A und seinen internationalen Partnern basiert auf dem C&A Code of Conduct. Er regelt die Arbeits- und Produktionsbedingungen für jene Betriebe, mit denen C&A weltweit zusammenarbeitet. So ist beispielsweise Kinderarbeit für C&A absolut inakzeptabel. Die Organisation SOCAM überprüft mit unangemeldeten Kontrollen, ob der Verhaltenskodex eingehalten wird. Wer nach Verstößen nicht nachbessert, dem droht Vertragskündigung.

AKTUELLE ENTWICKLUNG

C&A expandiert 2007 weiter und erschließt neue Märkte: In Europa eröffnen erstmals C&A-Filialen in Slowenien, der Slowakei und der Türkei. Als erstes deutsches Modeunternehmen gründet C&A im Frühjahr 2007 zudem eine eigene Bank. Unter dem Namen C&A Money bietet das eigenständige Tochterunternehmen der C&A Mode KG seit Herbst 2006 eine Autoversicherung sowie ab Frühjahr 2007 Ratenkredite zu Topkonditionen an. Dabei profitiert C&A vom großen Kundenvertrauen und von dem engmaschigen Netz an Filialen, die in Deutschland täglich von über einer Million Kunden besucht werden. Die Kosten für Verwaltung und Vertrieb bleiben gering, die Einsparungen werden direkt an die Kunden weitergegeben. Diese erhalten ganz nach dem C&A-Leitmotiv „value for money" ein Qualitätsprodukt zu besonders günstigen Preisen.

Dafür sorgen die zehn Eigenmarken der Damen-, Herren- und Kindermode, die von hip und trendy bis klassisch-elegant das Passende bieten.

Das positive Markenimage nutzt C&A im Herbst 2006 für die Einführung von neuen Versi-

WERBUNG

Eine auf das Wesentliche reduzierte Produktaussage, Glaubwürdigkeit und eine frech-frische Bildästhetik: Das ist das unverwechselbare Erscheinungsbild des gesamten Werbeauftritts von C&A – von TV-Spots und Anzeigen über Cityplakate und Broschüren bis zum Schaufenster und Point of Sale. Seit Jahren steht die Werbebotschaft „value for money" unverändert im Vordergrund. Diese Kontinuität schafft großes Vertrauen bei den Kunden. C&A ist aber auch jederzeit für eine Überraschung gut und präsentiert seinen Kunden regelmäßig außergewöhnliche Werbekampagnen.

MARKENWERT

C&A – aber natürlich kenne ich diese Marke! Genauso geht es heute über 98 Prozent der Deutschen. Und C&A ist Deutschlands vertrauenswürdigste Bekleidungsmarke. Zum vierten Mal in Folge haben die Kunden dem Modeunternehmen diesen Titel in einer großen Leserumfrage verliehen (Quelle: Reader's Digest 2007)!

www.cunda.de

Wussten Sie schon von C&A?

❍ Die erste C&A-Filiale in Europa wurde 1861 im niederländischen Städtchen Sneek, die erste Filiale in Deutschland 1911 in Berlin eröffnet.

❍ Ende 2007 gibt es in Deutschland über 400 und in ganz Europa rund 1.200 C&A-Filialen.

❍ Über zwei Millionen Kunden besuchen täglich die C&A-Filialen in ganz Europa.

❍ C&A hat die preiswerte Mode von der Stange, also die Konfektionsbekleidung, „erfunden" und so modische Bekleidung erschwinglich gemacht.

❍ C&A ist das erste Modeunternehmen, das eine eigene Bank gegründet hat.

❍ C&A engagiert sich seit Jahren für soziale und gemeinnützige Projekte im In- und Ausland. Dabei werden unter anderem Organisationen wie terre des hommes oder Ein Herz für Kinder unterstützt.

CosmosDirekt.

MARKT

CosmosDirekt ist Deutschlands größter Direktversicherer. Vom Standort Saarbrücken aus agiert das Unternehmen seit Jahren äußerst erfolgreich ausschließlich im Direktvertrieb. Die klare Strategie hebt CosmosDirekt deutlich von den klassischen Versicherern ab. Durch den konsequenten Verzicht auf Außendienst, Geschäftsstellen, Maklerverbindungen und auch auf sonst alles, was eine Versicherung teurer macht, profitieren alle Kunden von attraktiven Kostenvorteilen. Die niedrigen Abschlusskosten, die in der Lebensversicherung deutlich unter dem branchenüblichen Wert liegen, führen – in Verbindung mit geringen Verwaltungskosten – zu niedrigen Versicherungsprämien sowie im kapitalbildenden Bereich zu hohen garantierten Leistungen. Auf diese Kostenvorteile – gekoppelt mit einer strengen Kostendisziplin im gesamten Unternehmen – können sich die Kunden von CosmosDirekt verlassen. Vorteile, die sich bei zunehmender Preissensibilität der Verbraucher auszeichnen. Die Affinität für günstige und gleichzeitig hochwertige Produkte wird immer stärker.

ERRUNGENSCHAFTEN UND ERFOLGE

Zunächst hat sich das Unternehmen in einer Marktnische etabliert: der Risiko-Lebensversicherung. Durch rasches Wachstum entstand Deutschlands größter Risiko-Lebensversicherer mit einem Marktanteil von 18 Prozent in 2006 (nach laufenden Beiträgen). Mittlerweile führt CosmosDirekt unter allen Direktversicherern den Lebensversicherungsbereich mit einem Marktanteil von 35 Prozent im Jahr 2006 (nach gebuchten Bruttobeiträgen) an. CosmosDirekt zählt – gemessen an der Versicherungssumme – zu den vier größten Lebensversicherern in Deutschland.

Der Direktversicherer bietet eine breit gefächerte Produktpalette von klassischen Versicherungen über Altersvorsorge bis hin zu attraktiven Bankprodukten aus einer Hand an. Nicht nur die Produkte, auch das Unternehmen selbst und dessen Solidität werden seit Jahrzehnten in objektiven Produkt- und Unternehmensvergleichen unabhängiger Rating-Agenturen immer wieder ausgezeichnet.

Dass bei CosmosDirekt neben den günstigen Beiträgen auch die Qualität der Versicherungsprodukte überzeugt, wird immer wieder in unabhängigen Tests der Fach- und Wirtschaftspresse, speziell auch von Stiftung Warentest, bestätigt. Von den drei großen internationalen Ratingagenturen wird die Finanzkraft von CosmosDirekt als hervorragend angesehen. So bewertet Standard & Poor's CosmosDirekt mit „AA" (=ausgezeichnet), Fitch Rating kommt zu dem Ergebnis „AA" (=sehr stark) und Moody's bewertet das Unternehmen mit der Note „Aa3" (= ausgezeichnete finanzielle Sicherheit). Desweiteren ist die Cosmos Lebensversicherungs-AG derzeit die einzige Lebensversicherung mit den fünf Top-Ratings von map-report (Bestnote „mmm"), Morgen&Morgen (Bestnote „*****"), Prof. Finsinger (Bestnote „*****"), ASSEKURATA (Bestnote „A++") und Standard & Poor's („AA").

CosmosDirekt ist stolz auf die zahlreichen ersten Plätze und Bestnoten. Diese Spitzenbewertungen sind Anspruch und Ansporn zugleich. CosmosDirekt-Kunden sind deshalb bei Deutschlands größtem Direktversicherer bestens versichert.

GESCHICHTE

Der zündende Gedanke kam Anfang der Achtziger Jahre: CosmosDirekt wandelte sich vom klassischen Versicherer mit Außendienststruktur zum „lupenreinen Direktversicherer" – der Beginn einer beispiellosen Erfolgsstory. Der Direktvertrieb steckte damals noch in den Kinderschuhen und niemand konnte ahnen, welchen Erfolg das Saarbrücker Unternehmen mit seinem besonderen Vertriebskonzept erzielen würde.

1982, im Startjahr des Direktvertriebs, zählte das Unternehmen gerade einmal 60 Mitarbeiterinnen und Mitarbeiter. In jenem Jahr konnten 469 Verträge mit 46 Millionen DM Versicherungssumme neu abgeschlossen werden. Heute arbeiten über 1.100 Mitarbeiterinnen und Mitarbeiter bei CosmosDirekt. Zudem hat sich das Unternehmen nach mehr als 20 Jahren ununterbrochenen Wachstums mit rund 100.042 Milliarden Euro Versicherungssumme und über 1,2 Milliarden Euro Beitragseinnahmen zum größten deutschen Direktversicherer und einem der führenden Internetversicherer entwickelt. Die visionäre Entscheidung von damals ist also bis heute extrem erfolgreich.

Die erreichten Bestandssummen, der Marktanteil und die konservative, aber solide Anlagepolitik des Unternehmens versprechen zudem hohe Solidität und Sicherheit für die Zukunft. Zu den Stärken von CosmosDirekt zählt seit Beginn der Internet-Ära auch die sinnvolle Vernetzung aller Kommunikations- und Transaktionswege – offline (Telefon, Brief, Fax) und online (Internet, E-Mail). Mit dieser Multikanalstrategie entspricht der Direktversicherer den wachsenden Kundenansprüchen hinsichtlich Service- und Kommunikationsmöglichkeiten. CosmosDirekt ist nur noch einen Mausklick entfernt und versichern ist so einfach wie noch nie: Die Internetseite informiert über die bedarfsgerechte Absicherung in allen

Lebensphasen. Services wie Tarifrechner, Rentenlückenrechner, tagesaktuelle Finanzierungskonditionen und vieles mehr helfen bei der Entscheidung. Vorausgefüllte Sofortanträge stehen im pdf-Format zu Verfügung und wer es ganz eilig hat, nutzt einen der Online-Anträge. Die Police kommt postwendend.

PRODUKT

Ob für Familien oder Singles, Berufseinsteiger oder Vermögende, Berufstätige oder Hausfrauen – CosmosDirekt hält für alle eine breite Palette individueller Lösungen bereit, die die unterschiedlichen Bedürfnisse jeder Lebensphase optimal abdecken. Den Kunden steht ein übergreifendes Angebot von Versicherungs-, Investment- und klassischen Bankprodukten zur Verfügung. Alle diese Finanzdienstleistungen können bei CosmosDirekt aus einer Hand und stets zum besten Preis-Leistungs-Verhältnis bezogen werden. Sämtliche Produkte sind als schlüssige Problemlösungen ausgestaltet. Sie sind transparente und flexible Bausteine, die gewechselt und ganz nach der persönlichen Lebenssituation kombiniert werden können.

AKTUELLE ENTWICKLUNG

Die fehlende gesetzliche Berufsunfähigkeitsrente und der zunehmende Rückzug des Staates aus der Altersversorgung zwingen die Bundesbürger dazu, immer stärker privat vorzusorgen. CosmosDirekt hat sich in kurzer Zeit – nicht zuletzt auch durch die im wahrsten Sinne des Wortes mehrfach ausgezeichnete Produktqualität – zu einem der größten Berufsunfähigkeitsversicherer in Deutschland entwickelt. Qualität, Preis, Beratung, Kompetenz und Leistung stimmen einfach.

Mit dem neuen Alterseinkünfte-Gesetz hat der Gesetzgeber die Vorsorgevarianten der Altersvorsorge in drei Schichten, die in unterschiedlichen Maßen steuerlich gefördert werden, aufgeteilt. CosmosDirekt hat für alle drei Schichten die passenden Produkte entwickelt. Mit Basisrente, Riester-Rente und privater Rente kann jeder seinen Lebensstandard im Alter sichern. Nicht von ungefähr hat sich Deutschlands größter Direktversicherer mittelfristig ein ambitioniertes Ziel gesetzt: Die Positionierung als renditestarker und zuverlässiger Altersvorsorgeversicherer im deutschen Versicherungsmarkt. CosmosDirekt ist auf dem besten Weg dorthin. Die ausgefeilte Produktstrategie, die Unternehmenssolidität und ein klar konturiertes Markenbild sind das tragfähige Fundament für den künftigen Unternehmenserfolg.

WERBUNG

Bereits im vergangenen Jahr hatte CosmosDirekt mit ihrer Werbung einen Perspektivwechsel vollzogen und nicht mehr das Unternehmen selbst, sondern den Kunden in den Mittelpunkt der Kommunikation gestellt. Die Kampagne um *Familie Heller* ist die konsequente Weiterentwicklung dieser Strategie und stellt nun die konkrete Leistung einzelner Produkte in den Vordergrund – immer auf die tatsächliche Lebenswelt der Verbraucher gemünzt. Die Testsiege sind im neuen Konzept nicht mehr Mittelpunkt der Dramaturgie, sondern eher die Bestätigung für die Kunden, mit CosmosDirekt die beste Versicherungsleistung für wenig Geld einzukaufen.

Familie Heller ist direkt: In kurzen, pointierten Dialogen wird Alltägliches, aber auch Ernstes angesprochen. Schäden in Nachbars Garten, Unfälle mit dem Auto, der beschauliche Lebensabend und der Tod werden mit einem Augenzwinkern aufgegriffen. Die Dialoge machen deutlich, dass *Familie Heller* allen Ereignissen gelassen entgegenblicken kann – dank der Absicherung bei CosmosDirekt.

Familie Heller repräsentiert in idealer Weise die verschiedenen Kundensegmente des Direktversicherers. Mit ihrer Lebenswelt können sich die einzelnen Zielgruppen von CosmosDirekt leicht identifizieren: jung, gebildet und so souverän, dass sie ernste Themen auch mit Humor aufgreifen können. Gut situiert und modern stehen sie für beste Absicherung zum günstigsten Preis. *Familie Hellers* Geschichten werden über TV, aber auch Print und Online sowie den verschiedenen Dialog-Marketing-Instrumenten an die Verbraucher kommuniziert und transportieren das Motto: Sei heller mit CosmosDirekt!

MARKENWERT

Seit dem Relaunch der Marke im Herbst 2004 steht ein neues Corporate Design für das neue Selbstverständnis von Deutschlands größtem Direktversicherer: Das neue Erscheinungsbild der Marke beinhaltet neue Farben, eine veränderten frischen Look und vor allem ein moderneres Logo. Die Label-Optik des Logos vermittelt sowohl Prägnanz als auch Präsenz. Durch das neue Corporate Design soll die Positionierung von CosmosDirekt im deutschen Versicherungsmarkt weiter geschärft werden.

Die Marke steht für beste Leistung für wenig Geld. Die objektive Bestätigung für beste Produkte und Leistung zum besten Preis bilden dabei die zahlreichen Testsiege, die CosmosDirekt erhält: Allein in 2006 wurden Unternehmen und Produkte mit über 50 Testsiegen und Spitzenbewertungen ausgezeichnet. Zusammengefasst transportiert die Marke, dass man bei CosmosDirekt für wenig Geld bestens versichert ist.

Die Kenngrößen der Markenpositionierung werden fortlaufend kontrolliert. Schließlich umfasst der Begriff „Marke" weit mehr als die Übersetzung einer Markenpositionierung in Werbung und übrige Kommunikationsmittel. Für CosmosDirekt ist die Marke vielmehr ein zentrales Steuerungselement zur strategischen Unternehmensführung.

www.cosmosdirekt.de

Wussten Sie schon von CosmosDirekt?

○ CosmosDirekt ist Deutschlands größter Direktversicherer

○ CosmosDirekt ist Marktführer im Segment der Risiko-Lebensversicherer (nach laufenden Beiträgen)

○ CosmosDirekt hat allein in 2006 über 50 Testsiege und Spitzenbewertungen erhalten

DB Mobility Networks Logistics

MARKT

Die Deutsche Bahn gehört zu den weltweit führenden Anbietern von Mobilitäts- und Logistikdienstleistungen. Die steigenden Anforderungen in den Märkten für Mobilität und Logistik erfordern mehr und mehr ein Denken in Reise- und Logistikketten, ermöglicht durch verkehrsträgerübergreifende Verknüpfung und reibungslosen Betrieb hochkomplexer Verkehrsnetzwerke. Deshalb hat die Deutsche Bahn ihre Kompetenzen konsequent ausgebaut. Sie leistet heute mehr als Transport auf der Schiene, obwohl die Deutsche Bahn von der weiter wachsenden Bedeutung gerade dieses Verkehrsträgers überzeugt ist. Denn der Ausbau der weltweiten Verkehrsnetze und damit die Weiterentwicklung von Mobilität und Logistik kann effizient, umweltverträglich und nachhaltig nur mit der Schiene und durch bessere Verknüpfung mit anderen Verkehrsträgern erreicht werden.

Die weltweiten Verkehrsmärkte entwickeln sich rasant weiter. Sie werden von Megatrends beeinflusst, die tiefgreifende und nachhaltige gesellschaftliche und technologische Veränderungen mit sich bringen.

Die Deutsche Bahn ist auf die kommenden Veränderungen in den Verkehrsmärkten gut vorbereitet. So sieht sie in der fortschreitenden Globalisierung, Deregulierung der Verkehrsmärkte, im Klimawandel und der Ressourcenverknappung sowie in der demografischen Entwicklung mehr Chancen als Risiken.

ERRUNGENSCHAFTEN UND ERFOLGE

Die Deutsche Bahn hat sich seit der Bahnreform im Jahre 1994 von einer defizitären, nationalen Eisenbahngesellschaft zu einem kundenorientierten und international erfolgreichen Verkehrsunternehmen gewandelt. Durch einen straffen Sanierungs- und Modernisierungskurs wurde aus den ehemaligen Staatsunternehmen Deutsche Bundesbahn und Deutsche Reichsbahn (in der ehemaligen DDR) nach marktwirtschaftlichen Regeln, ein wettbewerbsorientiertes und wirtschaftlich gesundes Unternehmen geschaffen.

Die Produktivität der Deutschen Bahn, die nach wie vor zu 100 Prozent im Eigentum des Bundes steht, hat sich im Zeitraum von 1994 bis 2006 verdreifacht und seit einigen Jahren schreibt das Unternehmen schwarze Zahlen. 2006 war mit einem Gewinn von 2,5 Milliarden Euro das bisher erfolgreichste Jahr der Deutschen Bahn. Seit 2002 ist der Umsatz von 18,7 Milliarden Euro um 61 Prozent auf 30,1 Milliarden Euro im Jahr 2006 gewachsen. Das sind Ergebnisse, auf die alle 229.000 Mitarbeiter des Unternehmens sehr stolz sein dürfen. Und sie zeigen, dass die Deutsche Bahn die öffentlich bereitgestellten Mittel äußerst verantwortungsvoll, betriebs- und volkswirtschaftlich effizient verwendet hat.

GESCHICHTE

Die Wurzeln des DB-Konzerns reichen bis ins Jahr 1835 zurück, als die erste deutsche Eisenbahnverbindung über sechs Kilometer zwischen Nürnberg und Fürth eröffnet wurde. Damit war der Grundstein gelegt für eine über 170-jährige Entwicklung zum heute weltweit größten und dichtesten Schienennetz und einem unverzichtbaren Transportmittel unserer Zeit.

Die Deutsche Bahn AG wurde 1994 gegründet, als Zusammenschluss aus Deutsche Reichsbahn und Deutsche Bundesbahn.

Die ersten Jahre des jungen Unternehmens standen ganz im Zeichen der Sanierung und Überwindung überkommener Strukturen. Dann folgten etliche Jahre der Erneuerung und Modernisierung.

Zum eindrucksvollsten Zeichen dafür wird der ICE, der 1991 als erster Hochgeschwindigkeitszug in Deutschland eine neue Epoche der Eisenbahngeschichte einleitete und heute in der dritten Generation und mit einer Flotte von 236 Triebzügen eine echte Alternative zum Auto und Flugzeug ist.

Parallel dazu begann die Deutsche Bahn ihre Leistungsfähigkeit im europäischen und weltweiten Güterverkehr verkehrsträgerübergreifend auszubauen. 2001 startete die Deutsche Bahn mit dem Joint Venture Railion die Neuausrichtung im europäischen Schienengüterverkehr.

Ein Jahr später erfolgte durch die Übernahme von Stinnes und der dazugehörigen Schenker-Gruppe der Einstieg in den weltweiten Transport- und Logistikmarkt. Dadurch hat die Deutsche Bahn ihre Position und Leistungsfähigkeit im weltweiten Güterverkehr entscheidend verbessert und ist nun in Lage über alle Verkehrsträger (Schiene, Straße, Luft- und Wasserwege) komplette Logistikketten anzubieten.

PRODUKT

Mit ihren Produkten und Services schafft die Deutsche Bahn mehr Mobilität für die Menschen in Deutschland und Europa, ein komplettes Logistikangebot weltweit und verfügt über das Fundament dafür, einem sehr leistungsfähigen und zuverlässigen Netzwerk für Infrastruktur und Betrieb.

Mobilität für die Menschen erschöpft sich für die Deutsche Bahn nicht in der Reise mit dem Zug, auch wenn diese natürlich im Mittelpunkt des Angebots steht. Sie denkt in Reiseketten und schafft unter der Marke DB BAHN komfortable Mobilität von Haustür zu Haustür. So bietet die Deutsche Bahn neben sehr bekannten Produkten wie ICE, IC, Regio und S-Bahn auch Busse und ganz neue Produkte wie Carsharing und Call a bike. Außerdem wird die Mobilität der Fahrgäste durch verbesserte Reiseinformation, vereinfachte Buchungs- und Fahrscheinkaufverfahren, sei es Online, am Automaten oder übers Handy erhöht. Im Ergebnis hat sich die Kundenzufriedenheit stetig verbessert.

Den weltweiten Logistikmarkt bedient die Deutsche Bahn mit der Marke DB SCHENKER. In diesem stark wachsenden Markt konnte die Deutsche Bahn, trotz scharfem Wettbewerb mit anderen Global Playern, ihre Position ausbauen. Mit einem kompletten Logistikangebot über alle Verkehrsträger aus einer Hand, weltweiter Präsenz an 1.500 Standorten in 150 Ländern und hoher Flexibilität ist DB Schenker ein wahrer Supply Chain Manager für seine Kunden geworden.

Mobilität und Logistik braucht eine leistungsfähige und zuverlässige Infrastruktur und Dienstleistungen, die über die reine Transportleistung hinausgehen.

Dienstleistungen für Infrastruktur und Netzbetrieb bietet die Deutsche Bahn unter der Marke DB NETZE an. Ob an Personenbahnhöfen, dem

---

Freie Straßen brauchen vor allem eins: Die Deutsche Bahn.

Zukunft bewegen. Deutsche Bahn.

Schienennetz, der Energieversorgung oder in Servicebereichen wie Facility-Management, Fuhrpark und Fahrzeuginstandhaltung, IT und Telematik – Mitarbeiter der Deutschen Bahn arbeiten jeden Tag daran, dass ihre eigenen und die Mobilitäts- und Logistikdienstleistungen anderer Unternehmen die Kundenbedürfnisse zufrieden stellend erfüllen können.

Erst durch gelungene Verknüpfungen in hochkomplexen Verkehrsnetzen wird ein umfassendes Angebot entlang ganzer Reise- und Logistikketten möglich. Das bei der Deutschen Bahn eng verzahnte Know-how für Bau und Betrieb von Schieneninfrastruktur ist nicht nur hierzulande sondern weltweit sehr gefragt.

AKTUELLE ENTWICKLUNG

2006 war ein Rekordjahr für die Deutsche Bahn. Noch nie wurden so viele Menschen und Güter auf der Schiene transportiert und noch nie stand das Unternehmen wirtschaftlich besser da. Damit wurden günstige Voraussetzungen für die geplante Teilprivatisierung bis 2009 geschaffen, die darauf abzielt, die Position des Unternehmens im internationalen Wettbewerb der Verkehrsunternehmen weiter auszubauen.

Erreicht wurden diese positiven Ergebnisse durch ein anhaltendes Wachstum des gesamten Verkehrssektors und insbesondere einer Verlagerung von Personen- und Güterverkehr auf die Schiene. Dazu haben ganz wesentlich der Ausbau des Schienennetzes und die Verkürzungen der Fahrzeiten beitragen.

Die nachfolgenden Beispiele zeigen wie erfolgreich die Deutsche Bahn in ihren Märkten ist:
- Der ICE fährt jetzt in vier Stunden elf Minuten von Frankfurt bis nach Paris und erreicht dabei Spitzengeschwindigkeiten von 320 km/h. Ein Vorzeigeprojekt auch für andere Märkte, die vom Know-how der Deutsche Bahn im Hochgeschwindigkeitsverkehr profitieren möchten.
- Weltweit sorgt die Deutsche Bahn dafür, dass Teile, Zubehör und Fahrzeuge von BMW, Mercedes oder Porsche zum richtigen Zeitpunkt am richtigen Ort ankommen. In jedem zweiten Auto, das in Deutschland hergestellt wird, steckt Logistik der Deutschen Bahn.
- Die Ingenieure der Deutschen Bahn planen derzeit in den Vereinigten Arabischen Emiraten das Schienennetz-Konzept für die Stadt Al Raha Beach, in der Nähe der Hauptstadt Abu Dhabi.

WERBUNG

„Zukunft bewegen" ist das Leistungsversprechen und so heißt die im März 2007 in Deutschland gestartete Werbe- und Medienkampagne der Deutschen Bahn. Mit dieser Kampagne wird der Öffentlichkeit der Wandel des Unternehmens von einer nationalen Eisenbahngesellschaft hin zu einem international führenden Verkehrsunternehmen in Verbindung mit einer verantwortungsvollen Unternehmenspolitik vermittelt. Das integrierte Kommunikationsprogramm besteht aus Zeitungsanzeigen, TV-Spots und vielfältigen PR-Maßnahmen. Die abgebildeten Anzeigenmotive verdeutlichen prominent den Anspruch, die Leistungsfähigkeit sowie die gesamtwirtschaftliche Verantwortung und Bedeutung der Deutschen Bahn.

MARKENWERT

Die Deutsche Bahn wird ihre Spitzenposition weiter ausbauen, um als Verkehrsunternehmen weltweit die Nummer Eins zu werden. Sie hat durch Ihre Größe und Erfahrung das Potenzial, die Verkehrsnetze der Zukunft so zu gestalten, dass sie zukünftigen Anforderungen gerecht werden.

Schon heute kann die Deutsche Bahn die komplette Logistikkette rund um den Globus aus einer Hand und über alle Verkehrsträger steuern. Sie investiert jedes Jahr Milliardenbeträge in den deutschen Schienenverkehr für schnellere Verbindungen, bessere Vertaktung von Nah- und Fernverkehr, Erhalt und Modernisierung der Infrastruktur und zur Verbesserung ihrer Serviceleistungen.

Die Deutsche Bahn leistet durch ihre niedrigen CO_2-Emissionen und einen effizienten Energieeinsatz täglich einen wichtigen Beitrag zum Klimaschutz. Und es gelingt ihr, immer mehr Verkehr auf die Schienen zu verlagern.

In Deutschland gehört die Deutsche Bahn zu den größten Arbeitgebern und Ausbildern und ihre Erfolge im internationalen Geschäft kommen ganz besonders dem Heimatmarkt zugute. Das Unternehmen hat sich wie nur wenige andere in den letzten Jahren verändert und die Marke DB gestärkt. Diese Faszination für Veränderung, die Vision Zukunft bewegen zu wollen, ist Antrieb und die Leidenschaft, die alle Mitarbeiter der Deutschen Bahn verbindet.

www.db.de/zukunftbewegen

Wussten Sie schon von der Deutschen Bahn?

- Das Unternehmen befördert in Deutschland täglich über sieben Millionen Fahrgäste.
- Rund eine Million Seefrachtcontainer und 4,5 Millionen Luftfrachtsendungen werden pro Jahr verschickt.
- Die Infrastruktur umfasst 34.121 Kilometer Schienennetz, 27.887 Brücken, 798 Tunnel und rund 5.700 Bahnhöfen bzw. Haltepunkten.
- Sie ist Europas größtes Eisenbahnunternehmen.
- Der ICE ist auf der 600 km langen Strecke Frankfurt - Paris bei CO_2-Emissionen viermal besser als ein Auto und sogar fünfmal besser als ein Flugzeug und braucht dafür ab Dezember 2007 nur noch 3 Stunden 49 Minuten.
- Bereits 160 Busse der Deutschen Bahn fahren mit Erdgas.
- Aktuell wird 8.200 Auszubildenden ein Einstieg ins Berufsleben ermöglicht.
- Rund 3,7 Millionen Kunden der Deutschen Bahn sind im Besitz einer BahnCard.

A Passion to Perform.

Deutsche Bank

**Leistung aus Leidenschaft:
Den roten Teppich gibt es bei uns
nicht nur für Stars.**

Leistung aus Leidenschaft. Deutsche Bank

Leidenschaft: Made in Germany.
Leistung: Ihr Zugang zu den wichtigsten
Märkten der Welt.

Leistung aus Leidenschaft. Deutsche Bank

MARKT

Ziel der Deutschen Bank ist es, der weltweit führende Anbieter von Finanzlösungen für anspruchsvolle Kunden zu sein und damit nachhaltig Mehrwert für Aktionäre und Mitarbeiter zu schaffen.

Die Deutsche Bank hat aus ihrem Heimatmarkt Deutschland heraus den Weg der Globalisierung konsequent und erfolgreich beschritten und die damit verbundenen Wachstumschancen aktiv genutzt. Sie zählt heute zu den globalsten Banken der Welt: Die Mehrheit der Mitarbeiter arbeiten bereits jenseits der Grenzen ihres Heimatmarktes Deutschland, und sie generiert etwa drei Viertel ihrer Erträge im Ausland.

Fast 69.000 Mitarbeiter aus über 130 Nationen bieten anspruchsvollen Kunden in 73 Ländern einen umfassenden Service. Diese Vielfalt ist Inspiration und Erfolgsfaktor zugleich, um den hohen Erwartungen der Kunden, Aktionäre und der Öffentlichkeit gerecht zu werden.

ERRUNGENSCHAFTEN UND ERFOLGE

Als Innovationsführer, der sich gerade im Bereich komplexer Finanzderivate eindrucksvoll gegen Wettbewerber behauptet, erhält die Deutsche Bank in den unterschiedlichsten Märkten und Produktkategorien jedes Jahr Auszeichnungen für herausragende Leistungen. Im Jahr 2005 wurde sie von der renommierten Finanzzeitschrift International Financing Review (IFR) zum zweiten Mal innerhalb von nur drei Jahren zur „Bank of the Year" gekürt.

Seit jeher steht die Deutsche Bank auch für wegweisendes gesellschaftliches Engagement, das im Kern auf die Förderung individueller Talente und die Stärkung des Potentials des Individuums setzt. Es ist integraler Bestandteil ihres Selbstverständnisses und Ausdruck der übergeordneten Werthaltung, die das Handeln der Deutschen Bank bestimmt. Für ihre Corporate Social Responsibility- und Diversity-Programme erhielt die Deutsche Bank ebenfalls bereits zahlreiche internationale Auszeichnungen.

Aber nicht nur die Deutsche Bank selbst, sondern auch ihre Tochterunternehmen zählen zu den Besten ihrer Branche und stehen für Spitzenleistungen im globalen Wettbewerb. So wurde im Jahr 2007 die Fondsgesellschaft DWS mit Sitz in Frankfurt zum 13. Mal in Folge zur „Besten Fondsgesellschaft" Deutschlands gewählt und verfolgt einen erfolgreichen Expansionskurs in den USA und den asiatischen Wachstumsmärkten.

GESCHICHTE

Die Deutsche Bank, 1870 in Berlin gegründet, um die Internationalisierung der Wirtschaft zu begleiten, gehört heute zu den führenden internationalen Finanzdienstleistern. Der Eröffnung der ersten Filialen in Bremen und Hamburg folgten bereits Anfang der 1870-er Jahre ausländische Repräsentanzen in Yokohama, Shanghai und London sowie Investitionen in Nord- & Südamerika. Im Jahr 1917 startete die Deutsche Bank das Fusionsgeschäft, das im Jahr 1926 seinen ersten Höhepunkt mit dem Zusammenschluß der deutschen Automobilhersteller Daimler und Benz erreichte.

Anfang der Siebziger Jahre des 20. Jahrhunderts trieb die Deutsche Bank die Globalisierung ihrer Geschäfte weiter voran, gründete die heutige Deutsche Bank Luxemburg S.A. und eröffnete neue internationale Repräsentanzen, zum Beispiel in Moskau, Tokyo, Paris und New York.

Highlight zu Beginn dieses Jahrtausends war das Listing an der New York Stock Exchange am 3. Oktober 2001.

Die starke Stellung im deutschen Heimatmarkt, die sie im Jahr 2006 durch den Erwerb der Berliner Bank sowie der norisbank weiter untermauerte, ist für die Deutsche Bank die entscheidende Grundlage ihres Erfolgs im globalen Wettbewerb. Im Bereich Private & Business Clients baut die Deutsche Bank ihre Präsenz im europäischen Markt kontinuierlich weiter aus und verfolgt engagierte Wachstumsziele in Asien. So wurde in Mumbai im Oktober 2005 die erste von zunächst acht indischen Filialen eröffnet, der Markteintritt in China erfolgte 2006.

Die Deutsche Bank versteht sich auch als starker Partner für den Mittelstand, das Rückgrat der deutschen Wirtschaft und setzt sich – sowohl im Inland als auch bei der Begleitung internationaler Geschäfte – mit Erfahrung und Expertise für mittelständische Kunden ein.

Das internationale Investmentbanking-Geschäft konnte die Deutsche Bank in den letzten Jahren insbesondere in den amerikanischen und asiatischen Wachstumsmärkten deutlich stärken.

PRODUKT

Die Deutsche Bank ist eine weltweit führende Investmentbank mit einem starken und erfolgreichen Privatkundengeschäft. Ihren privaten und institutionellen Kunden bietet sie eine breite Palette hochwertiger Bankdienstleistungen:

Privaten Kunden steht sie mit einer Rundumbetreuung von Kontoführung und Finanzierungen über die Beratung bei der Geld- und Wertpapieranlage bis hin zur Vermögensverwaltung und Vorsorgeplanung zur Verfügung.

Firmen- und institutionellen Kunden bietet sie das ganze Spektrum einer internationalen Firmenkunden- und Investmentbank – von der Zahlungsverkehrsabwicklung über Unternehmensfinanzierung bis hin zur Begleitung von Börsengängen und der Beratung bei Übernahmen und Fusionen. Darüber hinaus nimmt die Deutsche Bank eine führende Stellung im Bereich des internationalen Derivategeschäfts sowie im Devisen-, Anleihe- und Aktienhandel ein.

AKTUELLE ENTWICKLUNG

Die Deutsche Bank hat in den letzten Jahren eine fokussierte Strategie mit eindeutig definierten Zielen verfolgt, um sich nachhaltig – aus Deutschland heraus – als eine der Top-Banken der Welt zu etablieren.

Sie hat ihre Transformation konsequent vorangetrieben und den Wandel aktiv gestaltet. Seit 2002 hat sie ihre Effizienz gesteigert und ihre Position in den Kerngeschäftsfeldern weiter gefestigt. Ihre Struktur hat sie dabei erfolgreich den sich verändernden Marktbedingungen angepasst: Sie hat das regionale Management gestärkt, Erträge und Eigenkapitalrendite erhöht und ihr Risikoprofil deutlich verbessert.

Aus dieser Position der Stärke heraus wird sie in den nächsten Jahren das Potenzial ihrer globalen Präsenz weiter ausschöpfen und den Wachstumskurs fortsetzen.

WERBUNG

Die Markenkampagne der Deutschen Bank stellt seit März 2005 das Logo – die aufstrebende Diagonale im Quadrat – als zentrales Element und als dreidimensionalen Körper in den Mittelpunkt. Ob als marktübergreifende Plattform für überlegene Lösungen, als Sinnbild für die Leistungsfähigkeit der Deutschen Bank, oder als fester Bestandteil der Welt der Kunden – das Logo inszeniert die Haltung und das Selbstverständnis der Bank und den Mehrwert, den sie anspruchsvollen Kunden bietet. Es trägt die Markenbotschaften der Bank um die Welt und wird so zum globalen Symbol für „Leistung aus Leidenschaft".

Die Kampagne der Deutschen Bank untermauert die Bedeutung der weltweit bekannten Premium-Marke als wesentlicher Treiber des Geschäftserfolgs. Sowohl im Privatkunden- als auch im institutionellen Geschäft richtet sich der Auftritt an moderne, aufgeschlossene und leistungsmotivierte Menschen, die bereit sind, neue Wege zu gehen, um ehrgeizige Ziele zu erreichen.

Die globale Kampagne wird in den einzelnen Märkten, in denen die Deutsche Bank präsent ist, jeweils durch marktspezifische Maßnahmen ergänzt. So hat zum Beispiel die deutsche Privat- & Geschäftskundenkampagne zum Ziel, die Deutsche Bank auch emotional als richtige Wahl für den modernen Kunden zu etablieren. Um das Leistungsversprechen der Bank im Markt zu verankern, inszeniert sie entscheidende Momente im Leben der Kunden – Momente, in denen Träume sichtbar, Leidenschaften spürbar und Entscheidungen getroffen werden. Und auch hier ist das Logo als integraler Bestandteil der gezeigten Lebenssituation immer mit dabei.

MARKENWERT

Die Deutsche Bank ist ein europäischer Finanzdienstleister mit globalem Anspruch. Ihr Ziel ist es, Herausragendes zu leisten und Herkömmliches zu hinterfragen, um ihren Kunden überlegene Lösungen zu bieten.

Dieses Selbstverständnis der Deutschen Bank stützt sich auf vier Grundpfeiler: Spitzenleistungen sind unser Maßstab, Vielfalt ist unsere Stärke, Innovation ist unser Antrieb und langfristige Partnerschaften sind unser Ziel.

„A Passion to Perform" – auf Deutsch: „Leistung aus Leidenschaft" – ist weit mehr als nur ein Slogan. Es steht für die Art, wie die Menschen in der Deutschen Bank handeln und wird damit zum Maßstab für alles, was im Namen der Deutschen Bank geschieht.

www.deutsche-bank.de

Wussten Sie schon von der Deutschen Bank?

- Die Deutsche Bank wurde 1870 gegründet und eröffnete bereits 1872 ihre ersten Auslandsfilialen in Shanghai, Yokohama und London. Im gleichen Jahr nahm sie auch erste Geschäftsverbindungen mit Amerika auf.

- Die Deutsche Bank zählt zu den globalsten Banken der Welt: Durch ihr international besetztes Top-Management, die Vielfalt ihrer Mitarbeiter aus über 130 Nationen, ihre Präsenz in 73 Ländern, ihre international geprägte Ertragsstruktur unterscheidet sie sich maßgeblich von ihren wichtigsten internationalen Wettbewerbern.

- Die Aktie der Deutschen Bank ist seit dem 3. Oktober 2001 an der New Yorker Börse gelistet.

- Die Deutsche Bank und ihre Stiftungen engagierten sich im Jahr 2006 weltweit mit über € 85 Millionen für Kultur und Gesellschaft.

- Das Logo der Deutschen Bank wurde 1974 von *Anton Stankowski* entworfen und ist eines der bekanntesten Markenzeichen der internationalen Finanzwelt.

Deutsche Post

MARKT

Die Deutsche Post ist das größte und leistungsfähigste Unternehmen auf dem Deutschen Briefmarkt und mit großem Abstand Marktführer. 2006 belief sich der nationale Markt auf rund 6,7 Milliarden Euro. Der Marktanteil der Deutschen Post lag bei etwa 90 Prozent. Rund die Hälfte des Briefmarktes steht im Wettbewerb, der Rest ist noch bis Ende 2007 reguliert.

Im 20,5 Milliarden Euro schweren Markt für Dialogmarketing im engeren Sinne – das heißt Werbepost, Telefon- und E-Mail-Marketing – hat die Deutsche Post einen Marktanteil von rund 14 Prozent. Im Bereich Pressepost befördert die Deutsche Post 2006 rund 11,4 Prozent des deutschen Marktvolumens von über 18,2 Milliarden Sendungen.

Der Umsatz des Unternehmensbereichs BRIEF im Konzern Deutsche Post World Net wuchs im Jahr 2006 um rund drei Prozent auf 13,3 Milliarden Euro. Das entspricht einem Anteil von 19,2 Prozent am gesamten Konzernumsatz. Das operative Ergebnis lag mit zwei Milliarden Euro auf Vorjahresniveau.

GESCHICHTE

Die Deutsche Post ist eine der ältesten Dienstleistungsmarken in Europa, wahrscheinlich sogar weltweit. Die Markengeschichte beginnt im Jahr 1490: *Franz von Taxis* und seine Nachfolger richteten im Auftrag der Habsburger Kaiser ein europäisches Kuriernetz ein. Mit Signalen aus dem Horn kündigten sich die reitenden Postboten vor Grenzen und an Fähren an. Aus dieser Praxis entstand das erste deutsche Markenzeichen, das Posthorn. Es ist bis heute Bestandteil des Logos der Deutschen Post.

1995 wurde die Behörde „Deutsche Bundespost" in drei Unternehmen aufgeteilt, die später in eigenständige Aktiengesellschaften umgewandelt wurden. Die Deutsche Post AG ist seit dem Jahr 2000 an der Börse notiert. Bis 2003 stand die Marke Deutsche Post im Zuge der rasanten Erweiterung des Unternehmens auch für Kurier-, Express- und Paketdienste. Nach der Integration des internationalen Expressdienstleisters DHL bündelte der Postkonzern seine Express- und Logistikangebote unter dem Markennamen DHL. Seitdem konzentriert sich die Marke Deutsche Post wieder konsequent auf ihre Wurzeln und ihr Kerngeschäft: die Übermittlung von Nachrichten per Brief.

Seit 1998 wird der reservierte Markt für Briefdienstleistungen schrittweise für den Wettbewerb geöffnet. Im Jahr 2007 stehen rund 50 Prozent des Marktvolumens im Wettbewerb, die komplette Liberalisierung ist für 2008 avisiert.

AKTUELLE ENTWICKLUNG

2006 übernahm die Deutsche Post die Mehrheit am internationalen Brief- und Dokumentendienstleister Williams Lea (London). Williams Lea bietet Brief- und dokumentenbezogene Mehrwertleistungen, insbesondere in den Bereichen Druck-, Poststellen- und Dokumentenmanagement sowie Dialogmarketing. Zu den Kunden zählen internationale Großunternehmen aus den Bereichen Investmentbanking, Finanzdienstleistungen, Rechts- und Unternehmensberatung und Einzelhandel sowie Automobil- und Pharmaindustrie.

Im Zuge der Schärfung ihres strategischen Profils hat die Deutsche Post Anfang 2006 ihre 850 größten Filialen in die Verantwortung der Postbank übergeben. Ab Herbst 2007 wird die Deutsche Post in ganz Deutschland rund 600 neue Filialen eröffnen und damit das Netz ihrer Standorte auf mehr als 13.000 erhöhen. Die neuen Postpoints werden im Einzelhandel eingerichtet und decken den alltäglichen Bedarf der Privathaushalte ab

Seit Mai 2007 ist die Deutsche Post in der 3D-Onlinewelt Second Life präsent. Im virtuellen Post Tower können die Nutzer beispielsweise eigene Postkarten erstellen, mit persönlichen Nachrichten versehen und an Empfänger in der realen Welt verschicken. Die Deutsche Post liefert diese dann als echte Postkarten aus – gewohnt sicher, schnell und zuverlässig an jeden Ort weltweit.

ERRUNGENSCHAFTEN UND ERFOLGE

In Deutschland erreicht die Deutsche Post ihre Kunden über ein flächendeckendes Transport- und Zustellnetz. Kern dieses Netzes sind 82 Briefzentren auf höchstem Stand der Technik: Rund 89 Prozent aller Anschriften – auch handschriftliche – werden automatisch erfasst und sortiert. Mehr als 200 Gangfolgesortiermaschinen in den Briefzentren erleichtern den Postboten die Arbeit. Die Maschinen ordnen die Sendungen exakt so hintereinander, wie sie der Postbote auf seiner Tour verteilt.

Die Qualität der Leistungen der Deutschen Post bemisst sich daran, ob die Sendungen schnell, vollständig und unbeschädigt beim Empfänger ankommen. Umfangreiche Maßnahmen zur Qualitätssicherung belegen, dass mehr als 95 Prozent der Briefe, die während der täglichen Annahmezeiten oder bis zur letzten Briefkastenleerung eingeliefert werden, ihren Empfänger bereits am nächsten Tag erreichen. Bei den Laufzeiten für internationale Briefe – ermittelt in einer Studie des Weltpostvereins – hat die Deutsche Post einen Spitzenplatz in Europa: 96 Prozent aller Briefe von und nach Deutschland werden innerhalb der EU spätestens drei Tage nach ihrer Einlieferung zugestellt.

Qualität lebt bei der Deutschen Post davon, dass sich die Mitarbeiterinnen und Mitarbeiter täglich dafür einsetzen. Über 200.000 Mitarbeiterideen haben im Konzern allein 2006 dazu beigetragen, dass die Qualität verbessert und Kosten eingespart wurden. Damit erreichte das Ideenmanagement des Unternehmens nach einer Auswertung des Deutschen Instituts für Betriebswirtschaft (dib) den Spitzenplatz aller Unternehmen in Deutschland.

PRODUKT

Gute Verbindungen sind ein entscheidende Faktor – vor allem in der Wirtschaft. Unternehmen sind auf effiziente Kanäle angewiesen, um Informationen erfolgreich an ihre Kunden zu bringen. Postalische Leistungen bieten hervorragende Möglichkeiten, um in der heutigen Informationsflut erfolgreich zu kommunizieren. Die Deutsche Post erreicht die Menschen: schnell, direkt und persönlich. Über die Basisprodukte hinaus entwickelt sie für Geschäfts- und Gewerbekunden Angebote für den Postversand und für die Auslagerung kompletter Geschäftsprozesse. Dazu zählt zum Beispiel der Betrieb von Firmenpoststellen, die Produktion von Briefen oder die Erhebung von Zählerständen für Energieversorger.

Die Deutsche Post hat in den vergangenen Jahren eine Konzentration auf ihr Kerngeschäft, den Brief, vorgenommen. So hat das Produktportfolio der Marke Deutsche Post an Breite abgenommen und dabei an Tiefe und Stärke gewonnen. Es werden individuelle Lösungen für spezifische Branchenanforderungen inklusive geografischer und soziodemografischer Daten bereitgestellt. Mit diesem Angebot, das die Deutsche Post in Leistungsfeldern zusammenfasst, bietet sie ihren Kundengruppen zeitgemäße Produkte und Services.

In der Brief Kommunikation bündelt sie ein einzigartiges Portfolio an Briefprodukten, so individuell wie ihre Kunden – für alle Briefformate, Freimachungsarten und Sendungsmengen.

Dialog Marketing umfasst bei der Deutschen Post professionelle, maßgeschneiderte Komplettlösungen für den Kundendialog, von der Beratung und Konzeption über Adressmanagement und Produktion bis zu Konfektion, Versand und Response-Bearbeitung von adressierten und nicht adressierten Mailings. Der Werbebrief als klassisches Instrument des Dialogmarketing bietet Unternehmen die Möglichkeit zur gezielten Kundenansprache. Dabei unterstützt die Deutsche Post ihre Auftraggeber mit ausgereifter Software zur Abwicklung, mit Instrumenten zur Portooptimierung sowie mit Anwendungen für den medienübergreifenden Kundendialog.

Mit Presse Distribution meint die Deutsche Post den präzisen, zielgruppengemäßen Vertrieb von Zeitungen und Zeitschriften. Sie liefert aktuelle Nachrichten, wichtige Informationen, PR und Unterhaltung in ganz Deutschland aus. Über die Philatelie vertreibt sie Postwertzeichen und andere Sammlerartikel. Ein spezieller Business-Service bietet unter anderem im Direktversand Briefmarken und vorfrankierte Briefumschläge an.

Deutsche Post In Haus Service – für die deutschen Großkunden gebündelt unter dem Unternehmen Williams Lea – bietet alle Services für die Postbearbeitung in Unternehmen. Mit der Übernahme von Williams Lea in Großbritannien hat sich die Deutsche Post zum weltweit führenden Anbieter für das Management von Unternehmensinformationen (Corporate Information Solutions) entwickelt. Das Unternehmen verfügt jetzt über ein globales Netzwerk für den grenzüberschreitenden Transfer von Daten und für die Auslagerung von Geschäftsabläufen. Das Geschäft mit Mehrwertleistungen gliedert sich in die drei Bereiche Dokumenten-, Finanzprozess- und Kundenmanagement. Die Deutsche Post erfasst, digitalisiert, druckt, lagert, sortiert, adressiert, kuvertiert, versendet und archiviert Dokumente.

WERBUNG

Die Deutsche Post startete im Sommer 2007 eine groß angelegte Imagekampagne und kommuniziert ihre Stärken im Kerngeschäft Brief. TV-Spots und Print-Anzeigen in der Tages- und Publikumspresse zeigen symbolhaft, welche enorme logistische Leistung hinter der Zustellung eines jeden einzelnen Briefes steht. Im Mittelpunkt der Kampagne stehen die Postboten als Sympathieträger des Unternehmens. Sie verkörpern die Kernwerte der Marke Deutsche Post wie Zuverlässigkeit und Vertrauenswürdigkeit. Ziel der Imageoffensive ist, für gewerbliche und private Kunden die einzigartige Leistungsfähigkeit der Deutschen Post als „Post für Deutschland" darzustellen. Flankiert wird die Kampagne durch Beilagen und Berichte in Tageszeitungen sowie durch rund 40 Millionen Postwurfsendungen an die deutschen Haushalte. Auch hier geht es inhaltlich um die Kernwerte der Marke. Ergänzend werden Beilagen für IHK-Zeitschriften realisiert, außerdem Online-Kommunikation sowie eine ganz unmittelbare Kundenansprache in den bundesweit flächendeckend vorhandenen Postfilialen.

Am 2. Juli startete die Deutsche Post die Aktion „Ihre Stimme für Ihren Postboten" und sucht nach den „1000 Postboten des Jahres". Die Postwurfsendung mit der Teilnahmekarte ging an alle Haushalte in Deutschland. Wer mit dem Service seines Briefträgers zufrieden ist, kann ihm eine Stimme geben. Dies ist auch in den Filialen der Deutschen Post und im Internet unter www.ihr-postbote.de möglich. Die Postboten mit der größten Kundenzustimmung werden im Rahmen einer großen Abschlussveranstaltung in Berlin geehrt.

MARKENWERT

Der Konzern Deutsche Post World Net hat unter seiner Stammmarke Deutsche Post in Deutschland alle Leistungen der schriftlichen Kommunikation, des Dialog Marketing sowie der Outsourcing- und Systemlösungen für das Briefgeschäft gebündelt. Die Markenstärken der Deutschen Post sind persönliche Nähe, verlässliche Qualität und wegweisende Leistungen – verbunden mit dem Wissen um die Bedürfnisse der Kunden. Ihren Führungsanspruch auf dem Heimatmarkt trägt die Deutsche Post konsequent nach außen: Das einheitliche Erscheinungsbild mit seinen klaren Strukturen und Konturen gibt den Kunden Orientierung. Kaum ein Markenzeichen in Deutschland ist so bekannt wie das Posthorn, kaum ein Unternehmen wird so eindeutig und unverwechselbar allein schon an der Farbe erkannt.

Das wichtigste Kapital der Marke Deutsche Post sind ihre hoch motivierten, gut ausgebildeten Mitarbeiterinnen und Mitarbeiter. Für die Deutsche Post als Dienstleistungsunternehmen sind ihre Beschäftigten von entscheidender Bedeutung. Sie sind es, die Produkte und Leistungen anfassbar und nach außen sichtbar machen; sie verkörpern das Unternehmen und die Marke. Sie leben die Markenwerte, an sechs Tagen die Woche in millionenfachen Kundenkontakten. Als Botschafter der Marke geben sie der Deutschen Post ein Gesicht; jeder einzelne Mitarbeiter „macht Marke".

www.deutschepost.de

Wussten Sie schon von der Deutschen Post?

○ Rund 520.000 Menschen arbeiten bei Deutsche Post World Net, davon 240.000 in Deutschland. Kein anderes Unternehmen hat so viele Mitarbeiterinnen und Mitarbeiter im direkten Kundenkontakt: Allein 80.000 Postboten sind im Einsatz.

○ Die Postboten der Deutschen Post sind in allen Winkeln des Landes unterwegs: per Schiff zu den Halligen in der Nordsee, per Kahn auf den Spreewaldkanälen, per Seilbahn auf die Zugspitze. Und 19.000 Zusteller treten kräftig in die Pedale.

○ In den 12.500 Filialen und Verkaufsstellen der Deutschen Post und der Postbank finden täglich zwei bis drei Millionen Kundenkontakte statt. Rund 2.000 Mitarbeiter/innen im Vertrieb beraten Geschäfts- und Gewerbekunden.

○ Die Deutsche Post versendet täglich 70 Millionen Briefsendungen und bedient in Deutschland flächendeckend 40 Millionen Haushalte mit 26 Millionen Kontakten am Tag.

DEUTSCHER FUSSBALL-BUND

MARKT

Der Deutsche Fußball-Bund ist von jeher ein umworbener und attraktiver Partner für nationale und internationale Unternehmen. Als optimales Premium-Produkt bietet der DFB eine ideale Plattform für eine meist mit sozialen und gesellschaftlichen Aktivitäten verknüpfte Werbung. So hart der Wettbewerb oft ist, über all die Jahre hinweg blieb der DFB fast durchweg den gleichen Sponsoren treu - und diese wissen wiederum, wie glaubwürdig und werthaltig die Marke DFB für ihre Interessen ist. Ein Paradebeispiel dafür ist etwa Generalsponsor Mercedes, dessen Stern seit mehr als 30 Jahren auf dem Trikot aller deutschen Nationalmannschaften zu sehen ist und dessen Vertrag bei der WM auf einer von 500 Medienvertretern besuchten Pressekonferenz vorzeitig bis zum 31. Dezember 2012 verlängert wurde.

Ebenfalls frühzeitig und langfristig verlängert wurde die über 50 Jahre währende Partnerschaft mit dem Sportartikel-Hersteller adidas. Mit dem Vertragsabschluss bis Ende 2018 wurde damit Sicherheit und Verlässlichkeit für eine zentrale Variable der Marktpositionierung geschaffen. Während Mercedes-Benz gemeinsam mit dem DFB erstmals für 2007 einen Integrationspreis ausschrieb, beinhaltet die Kooperation mit adidas zahlreiche andere soziale Projekte und gesellschaftliche Initiativen. Gerade dieses Engagement, etwa der Bau von Mini-Spielfeldern im ganzen Land, ist für den gemeinnützigen Dachverband des Fußballs in Deutschland elementar. Denn neben der wirtschaftlichen Bedeutung wächst auch der gesellschaftliche Stellenwert und damit die soziale Verantwortung des DFB.

Der Verband, an dessen Spitze Präsident *Dr. Theo Zwanziger* steht, ist heute einer der größten Einzelfachverbände der Welt. Die Mitgliedererhebung aus dem Frühjahr 2007 ergab neue Rekordzahlen. Erstmals in seiner nunmehr 107-jährigen Geschichte hat der DFB die Grenze von 6,5 Millionen Mitgliedern fast erreicht: Mit 138.930 Neuanmeldungen stieg die Zahl der registrierten Mitglieder im Vergleich zum Vorjahr auf insgesamt 6.490.008. Dem DFB angeschlossen sind 25.869 Vereine, in denen 175.926 Mannschaften Woche für Woche am Spielbetrieb teilnehmen – gegenüber 2006 ein Plus von 4.049 Teams. Fußball bleibt damit die Sportart Nummer Eins in Deutschland und der DFB der größte Sportverband im Deutschen Olympischen Sportbund.

Der DFB konnte sich im Marktsegment durch seine professionell entwickelten Strukturen stets gut behaupten. Im Blickpunkt des öffentlichen Interesses – neben der Nationalmannschaft als Aushängeschild des DFB – stehen dabei immer mehr der rasant wachsende Frauenfußball sowie der Amateur- und Jugendfußball, hier insbesondere die sportlich erfolgreichen U-Teams.

ERRUNGENSCHAFTEN UND ERFOLGE

Die Bilanz kann sich wahrlich sehen lassen. Mit drei WM-Siegen und drei weiteren Finalteilnahmen ist die deutsche Nationalmannschaft nach Brasilien das erfolgreichste Team der Welt. Ebenso beeindruckend ist das bisherige Abschneiden bei Europameisterschaften. Dreimal konnte sich die DFB-Auswahl über den Gewinn des EM-Titels freuen, zweimal verlor sie erst im Endspiel. Darüber hinaus gewann sie bei den Olympischen Spielen 1988 in Südkorea die Bronzemedaille. Zuvor hatte sich bereits die Mannschaft des Fußballverbandes der DDR 1976 in Montreal über Gold freuen können.

Eine ähnlich beeindruckende Bilanz wie die Männer können auch die deutschen Fußballerinnen in ihrer allerdings deutlich kürzeren Geschichte vorweisen. Im Jahre 2007 gelang nach 2003 der zweite Titelgewinn bei einer Weltmeisterschaft. Außerdem beendeten die DFB-Frauen sechs der letzten sieben Europameisterschaften als Turniersieger. Und bei den Olympischen Spielen in Sydney 2000 sowie vier Jahre später in Athen sicherten sie sich jeweils die Bronzemedaille.

Vervollständigt wird die umfangreiche Liste der internationalen DFB-Erfolge durch sehr gute Ergebnisse der Nachwuchsmannschaften. So sind die U 19-Frauen des DFB amtierende Welt- und Europameister. Die U 17-Junioren belegten im Herbst 2007 bei der WM in Korea einen beachtlichen dritten Rang hinter Europameister Spanien und Afrikameister Nigeria.

GESCHICHTE

Der Deutsche Fußball-Bund wurde am 28. Januar 1900 in Leipzig "geboren". In der Gaststätte "Mariengarten" trafen sich Vertreter von 86 Vereinen zur Gründungsversammlung. Seit langem ist der DFB der größte Fachverband im Deutschen Olympischen Sportbund (DOSB) und zählt nicht erst nach dem Zusammenschluss mit dem Fußball-Verband der DDR im November 1990 zu den größten Mitgliedern im Fußball-Weltverband (FIFA).

Der Deutsche Fußball-Bund ist für den gesamten Fußball in Deutschland die Dachorganisation. Untergliedert ist er in die fünf Regionalverbände Nord, West, Süd, Südwest und Nordost. Diesen Regionalverbänden sind, nach geografischen Gesichtspunkten angeordnet, 21 Landesverbände mit Bezirken und Kreisen angeschlossen. Der Ligaverband, der unter dem Dach des DFB die Verantwortung für die Profiligen übernahm, begann seine Arbeit mit Beginn der Spielzeit 2001/02. Seit dem 1. Juli 2001 wird das operative Geschäft von der Deutschen Fußball-Liga GmbH geführt.

PRODUKT

Das Aushängeschild des Deutschen Fußball-Bundes ist und bleibt die Nationalmannschaft der Männer. Diese hat durch die kontinuierlichen Erfolge seit dem ersten WM-Titel 1954 bis heute bewiesen, dass sie immer wieder zu Glanzleistungen fähig ist. Gerade während der Weltmeisterschaft im eigenen Land begeisterte die DFB-Auswahl alle, ganz egal welcher kulturellen Herkunft zugehörig, ob alt oder jung, ob Männer oder Frauen, Taxifahrer oder Bankdirektoren. Dass Deutschland ein Sommermärchen erleben durfte, konnte in dieser Intensität nur die Nationalmannschaft bewirken.

Außerdem hat in den vergangenen Jahren auch der Frauenfußball an Bedeutung gewonnen. So hat das Frauen-Team durch attraktive Spiele eine große Fangemeinde mit stetig wachsenden TV-Einschaltquoten. Diesem Trend folgend, hat der DFB sich bei der FIFA für die Ausrichtung der Frauen-Fußballweltmeisterschaft 2011 beworben.

Der DFB fördert die Entwicklung des Fußballs an der Basis durch zahlreiche Programme und Initiativen. So wird der Verband im Jahr 2008 mehr als 1.000 Mini-Spielfelder in enger Kooperation mit Kommunen, Schulen und Vereinen in ganz Deutschland bauen. Schon zuvor hatte der DFB die Begeisterung für den Fußball durch die Verschickung von Starterpaketen an die 26.000 Klubs und 22.000 Schulen zusätzlich geweckt.

Die Schilderung der zahlreichen Aktivitäten des DFB wäre nicht vollständig, wenn nicht auch wichtige, weniger im öffentlichen Fokus stehende Tätigkeitsfelder des Verbandes beleuchtet würden. In der Aus- und Weiterbildung von Mitarbeiterinnen und Mitarbeitern, in der Lizenzierung der Trainer und der Qualifizierung der Schiedsrichter ist der DFB gemeinsam mit seinen Landesverbänden überall stark engagiert. Durch Kampagnen im Bereich der Integration, des Kampfes gegen Gewalt, Rassismus und Fremdenfeindlichkeit, des Fair Play, des Umweltschutzes und weiterer sozialer Themen, wie beispielsweise der Aktion Ehrenamt, werden die satzungsgemäßen Aufgaben wahrgenommen.

AKTUELLE ENTWICKLUNGEN

Rundum positiv fiel das WM-Fazit aus. Zur starken Imageaufbesserung im Ausland, der Erneuerung der Stadionlandschaft und dem anhaltenden Mitgliederboom kam volkswirtschaftlich ein sattes Plus. Durch den Besuch der ausländischen WM-Touristen wurde in 30 Turniertagen ein Primärimpuls von 2,86 Milliarden Euro erzeugt, der bedingt durch Verzinsungseffekte weiter anwuchs. Die insgesamt 1,265 Milliarden Euro Steuermehreinnahmen deckten somit die Ausgaben der öffentlichen Hände an der Finanzierung der Stadionneu- und Umbauten. In den Stadien herrschte bei 64 ausverkauften Spielen eine tolle Stimmung.

Das i-Tüpfelchen der WM-Party aus deutscher Sicht war der dritte Platz der DFB-Auswahl, die zwar im Halbfinale gegen den späteren Weltmeister Italien unterlag, der danach aber mit dem Sieg über Portugal ein toller Abschluss gelang, so dass sie sich am Finaltag auf dem Fan-Fest am Brandenburger Tor in Berlin von über einer Million Fans feiern lassen konnte.

WERBUNG

Der DFB nutzt seine vielfältigen und regelmäßigen Veranstaltungsplattformen zu abgestimmten und einheitlich gestalteten Auftritten in den nationalen und internationalen Medien. Ein einheitliches Designkonzept vom Logo über das Veranstaltungsdesign bis hin zur Eintrittskarte sorgt dabei für eine große Wiedererkennbarkeit des DFB als Marke.

Der eigene Internetauftritt hat sich in den vergangenen Jahren zu einem wichtigen Faktor für die Kommunikation der DFB-Inhalte entwickelt. Monatlich werden hier über 30 Millionen Seiten abgerufen. Begleitet wird das Online-Angebot durch eigene Publikationen, die regelmäßig über die Aktivitäten des DFB und über dessen Veranstaltungen berichten.

DFB-Themen und DFB-Projekte sind auch vielfach Initiativen der Sponsoren und Partner des DFB in den unterschiedlichsten Segmenten. Dabei nutzt der jeweilige Sponsor oder Werbepartner alle existierenden Medien, ob Fernsehen, Hörfunk, Zeitungen oder Internet. Alle Auftritte tragen somit zu einer koordinierten Werbung für den deutschen Fußball in all seinen Facetten bei.

Gemeinsam mit der Deutschen Telekom AG betreibt der Deutsche Fußball-Bund den Internet-Auftritt www.fussball.de. Dort sind bereits eine Stunde nach dem Abpfiff der durchschnittlich 80000 Spiele am Wochenende alle Ergebnisse und Tabellen zu finden. Von der Bundesliga bis zur Kreisklasse, bei den Frauen und Jugendlichen – jeder Fußball-Interessierte ist flächendeckend sofort auf dem aktuellen Stand. Die besonders von den Freunden des Amateurfußballs besuchte Seite hat sich zu einer populären Informationsquelle mit derzeit 100 Millionen Page-Impressions pro Monat entwickelt. Seit der CeBIT 2007 bietet www.fussball.de zusätzlich ein umfangreiches und zeitgemäßes Community-Angebot.

MARKENWERT

Der Deutsche Fußball-Bund ist als Dachverband für den Fußball in seiner Gesamtheit verantwortlich. Hier nimmt er eine Monopolstellung ein. Durch die Weiterentwicklung und Aktualisierung des Markenbildes im Jahr 2003 konnte ein hochwertiges und ein eindeutig erkennbares Erscheinungsbild erstellt werden. Dabei stehen alle Darstellungen des Fußballs in der Gesamtverantwortung gleichzeitig für die Einheit und Vielfalt. Der daraus resultierende Stellenwert des DFB als Branchenführer wird in vielfältigen Sponsoring- und Markenverträgen sichtbar.

Darüber hinaus ist der Deutsche Fußball-Bund aber auch Dienstleister für seine Mitgliedsverbände und für die gesamte Fußball-Familie in Deutschland. Daraus ergibt sich neben dem zu kapitalisierenden Markenwert ein hoher ideeller Markenwert, der fernab jeder wirtschaftlicher Überlegungen die hohe Bedeutung des Fußballs in Deutschland symbolisiert.

www.dfb.de

Wussten Sie schon vom DFB?

○ Die im DSF laufenden Live-Spiele der U-Mannschaften werden seit August 2007 vom DFB produziert. Das bedeutet noch bessere Qualität der Übertragungen: mehr Sendezeit, mehr Kameras und eigene TV-Grafiken im Erscheinungsbild des DFB

○ Die Stadionzeitschrift „DFB aktuell" wird bei A-Länderspielen kostenlos an die Zuschauer verteilt

○ Die Länderspiele der Nationalmannschaft sorgen für die Top-Fernseh-Quoten: so zum Beispiel England – Deutschland im August 2007 mit 12,51 Millionen Zuschauern (42,6 Prozent Marktanteil)

○ Auf der Homepage www.dfb.de wurde das Angebot an Videos in der Rubrik DFB.TV ausgebaut. Rund um die Länderspiele filmt ein DFB-Team beliebte Kurzvideos aus dem Quartier der Nationalmannschaft – vom *Ballack*-Interview über den Blick in die Kochtöpfe bis zum Torwarttraining mit *Andreas Köpke*

MARKT

Durch Globalisierung und Liberalisierung zählt der Express- und Logistiksektor zu den großen Wachstumsmärkten weltweit. Experten der Weltbank erwarten für 2007 eine Zunahme des Welthandelsvolumens um 7,5 Prozent und für 2008 sogar um 7,8 Prozent. Die Hongkong and Shanghai Banking Corporation (HSBC) rechnet im weltweiten Expressmarkt für 2006 bis 2008 mit fünf bis sechs Prozent Wachstum pro Jahr. Für den Luftfrachtmarkt prognostiziert die Bank vier bis sechs Prozent Wachstum p. a., für die Seefracht acht bis elf Prozent und für Kontraktlogistik acht bis zehn Prozent. Nach Berechnungen des Forschungsinstituts Global Insight werden 2007 allein 28 Millionen 20-Fuß-Container aus den chinesischen Häfen verschifft – mehrheitlich mit Zielen in den USA und in Europa, Tendenz weiter steigend.

DHL zählt in allen Segmenten des Express- und Logistikmarktes weltweit zu den Marktführern und hat eine hervorragende Ausgangsposition, um bei Umsatz und Ertrag stärker zu wachsen als die Wettbewerber.

ERRUNGENSCHAFTEN UND ERFOLGE

Durch ihre Kompetenz im Luft-, Land- und Seetransport ist DHL die global führende Marke für Express und Logistik. Mit circa 285.000 Mitarbeitern weltweit, über 76.000 Fahrzeugen sowie mehr als 420 Flugzeugen beliefert DHL seine Kunden zuverlässig Tag für Tag. Pro Jahr erreichen rund 1,5 Milliarden DHL Sendungen rund 120.000 Versandziele in über 220 Ländern und Territorien.

Die einzigartige Marktstellung von DHL ist das Ergebnis einer konsequenten Ausrichtung als One-Stop-Shopping-Anbieter für multinationale Konzerne. Im Sektor Kurier-Express-Paket ist DHL Marktführer in Kern-Europa, in Asien und in den Schwellenländern. Sowohl bei Luftfracht und Seefracht wie in der Kontraktlogistik steht DHL an der Spitze der jeweiligen Märkte – zum Teil mit deutlichem Abstand zu den Wettbewerbern.

DHL Exel Supply Chain belegt beispielhaft Kundenorientierung und Professionalität: Auf der Kundenliste für Kontraktlogistik stehen mehr als 2.000 große Unternehmen in 40 Ländern, darunter allein drei Viertel aller europäischen Top-500-Unternehmen.

GESCHICHTE

Der Name DHL stammt von den Initialen der drei Unternehmensgründer *Adrian Dalsey, Larry Hillblom* und *Robert Lynn*. 1969 hatten sie die zündende Idee: Sie beförderten Schiffspapiere persönlich per Flugzeug von San Francisco nach Honolulu. Dies ermöglichte es, Schiffsladungen bereits verzollen zu lassen, bevor die Schiffe angekommen waren. So wurde die Aufenthaltsdauer im Hafen beträchtlich gesenkt und die Reeder konnten ein Vermögen einsparen. Diese Idee markiert die Geburtsstunde einer neuen Wirtschaftssparte: des internationalen Luftfrachtexpressdienstes. Nach diesem Schritt ging alles sehr schnell.

Im Jahr nach der Gründung hatte DHL an der amerikanischen Ostküste Fuß gefasst und expandierte 1971 an die Pazifikküste. 1974 gründete DHL in London die erste europäische Niederlassung. Seit 1977 ist DHL im Nahen Osten vertreten und eröffnete 1978 seine ersten Büroräume in Deutschland. 1988 war DHL bereits in 170 Ländern tätig und beschäftigte 16.000 Mitarbeiter.

Zu Beginn des Jahres 2002 wurde die Deutsche Post World Net Hauptaktionär von DHL. Seit 2003 führt der Konzern sämtliche Express- und Logistikaktivitäten unter der Marke DHL. Durch den Erwerb des britischen Supply-Chain-Logistikers Exel Anfang 2006 verstärkte DHL seine Logistik-Aktivitäten für international tätige Großkunden.

PRODUKTE

Die Marke DHL ist in fünf Leistungsfeldern aufgestellt: DHL Express, DHL Freight, DHL Global Forwarding, DHL Exel Supply Chain und DHL Global Mail.

DHL Express ist der weltweit verfügbare Anbieter für Same Day-, Overnight- und klassische Paketsendungen. Das Netz umfasst vollautomatisierte Umschlagzentren, eine leistungsfähige IT-Infrastruktur, 4.000 Niederlassungen und Verbindungen zu 120.000 Zielorte weltweit. Privatkunden in Deutschland bietet DHL Express mit der Packstation, der Online-Frankierung und dem klimaneutralen Pluspäckchen GoGreen besonders innovative Produkte an.

DHL Freight ist spezialisiert auf internationale und nationale Straßen- und Schienentransporte für Teil- und Volladungen innerhalb Europas. Unter Einbindung innovativer IT-Anwendungen entwickeln Spezialisten maßgeschneiderte Transportlösungen für Industrie und Handel.

Als Marktführer für Luft- und Seefracht offeriert DHL Global Forwarding Mehrwertleistungen wie Haus-zu-Haus-Service, Sammelverkehre und Zollabfertigung. Dieses DHL Leistungsfeld ist zudem stark vertreten im Bereich Projektspedition und Schwergut mit Transporten für die Industriesegmente Öl, Gas, Petrochemie, Strom und Bergbau.

Ganz gleich, ob ein Unternehmen in den Industriesektoren Automobil, Pharma/Gesundheitspflege, Elektronik/Telekommunikation, Konsumgüter oder Textilien/Mode tätig ist: DHL Exel Supply Chain entwickelt und erbringt kundenspezifische Logistiklösungen entlang der gesamten Lieferkette – vom Hersteller zum Einzelhändler und Endverbraucher. Neben den zentralen Dienstleistungen Beschaffungslogistik, Lagerhaltung und Vertriebslogistik übernimmt DHL Exel Supply Chain auf Wunsch kundenspezifische Mehrwertdienste wie Konfektionierung, Co-Packing, Preisauszeichnung, Fakturierung und Reverse-Logistik.

DHL Global Mail schließlich ist eines der weltweit führenden Unternehmen im internationalen Briefgeschäft mit Büros und Produktionsstätten auf vier Kontinenten und globalen Direktverbindungen. Neben dem grenzüberschreitenden Briefgeschäft konzentriert sich DHL Global Mail in vielen Ländern zunehmend auf nationale Dienste und baut seine Mehrwertleistungen rund um den Brief aus.

AKTUELLE ENTWICKLUNG

Die Übernahme des britischen Kontraktlogistikers Exel im Jahr 2006 stellte das DHL Management vor eine große Herausforderung: 111.000 Mitarbeiter in 135 Ländern mussten integriert werden. Das neue DHL Leistungsfeld „Exel Supply Chain" bündelt ihre Aktivitäten mit denen von DHL im Bereich Kontraktlogistik. Heute ist das Rebranding abgeschlossen; DHL tritt weltweit mit einem einheitlichen Corporate Design mit hohem Wiedererkennungswert auf. Parallel zur visuellen Profilierung erfolgte die inhaltliche Optimierung von DHL zur globalen Marke. Das DHL Brand Book, erschienen Ende 2006, fixiert die gemeinsamen Werte des weltweit tätigen Dienstleisters – der sich aus verschiedensten Unternehmen zusammensetzt, mit 285.000 Menschen jeglicher Kultur, Tradition, Sprache und Religion. Kernpunkt der Markenphilosophie sind die DHL Mitarbeiterinnen und Mitarbeiter; sie geben ihrer Marke als aktive Botschafter das Profil.

DHL will für seine Kunden immer die erste Wahl sein. Dafür wurde 2006 die strategische Initiative „First Choice" gestartet: Ziel ist die systematische Optimierung aller Produktions- und Kommunikationsprozesse nach Wünschen der DHL Kunden. „First Choice" soll alle DHL Mitarbeiter dazu befähigen, Qualität und Produktivität des Konzerns immer weiter zu verbessern.

Vor dem Hintergrund der Klimaschutzdebatte hat DHL umweltschonende Versandalternativen eingeführt. DHL GoGreen ist weltweit der erste Markenname für emissionsarme oder emissionsneutrale Produkte und Dienstleistungen für Transport und Logistik. Im Rahmen der GoGreen-Initiative erfolgt der Versand entweder mit Einsatz alternativer Fahrzeuge und Kraftstoffe, oder die beim Transport entstehenden CO_2-Emissionen werden durch eine Kombination aus unternehmensinternen und externen Initiativen nach Vorgabe des Kyoto-Protokolls ausgeglichen.

DHL leistet seit vielen Jahren logistische Unterstützung bei Hilfsaktionen nach Naturkatastrophen. Basierend auf diesen Erfahrungen hat das Unternehmen in Singapur und Florida DHL Disaster-Response-Teams eingerichtet. Sie arbeiten auf Anforderung des UN-Büros für die Koordinierung Humanitärer Angelegenheiten (OCHA). Bei internationalen Hilfsaktionen organisieren und koordinieren die speziell ausgebildeten DHL Mitarbeiter in den Katastrophenregionen Transport und Abfertigung von Hilfsgüterlieferungen.

WERBUNG

In 2007 setzt DHL seine im Vorjahr gestartete Markenkampagne fort. Im Mittelpunkt des globalen Auftritts stehen engagierte DHL Mitarbeiter und spannende Kundenbeispiele. Untersuchungen zufolge spielt bei Entscheidungsprozessen für Dienstleister – neben Erfahrungspotenzial und Kundenreferenzen – die Kompetenz der Mitarbeiter mit mehr als 34 Prozent eine zentrale Rolle (Quelle: Monteverdi-Studie 2007).

Die globale DHL Markenkampagne setzt auf Print-Anzeigen, TV, Bandenwerbung für die Formel-1-Rennen und Online-Werbung. Ein Anzeigenmotiv zeigt *Austin Cannon*, der bei DHL für die Spielzeugkette Toys "R" Us für Millionen von Kindern den Transport der neuesten Spielekonsolen organisiert. In New York liefert *Ed Wilson* – thematisiert in einer weiteren Anzeige – besonders dringende Expresssendungen per Helikopter nach Manhattan. Titelheld einer weiteren DHL Anzeige ist *Aldo Rossi*. Er ist Experte im DHL Team für die Steuerung der gesamten Logistik der Formel 1-Rennserie.

Mit dem Start in die Formel 1 Saison 2007 engagiert sich DHL zum vierten Mal als globaler Partner und offizieller Logistiker der Formel 1. Vom Rennwagen über Ersatzteile und Boxen-Equipment bis hin zu Spezialbenzin und der Ausrüstung für den Paddock-Club – für jedes Rennwochenende bewegen die 20 Experten des DHL-F1-Teams rund 300 Tonnen Material. Der Schnellste der Schnellen der Formel 1 wird am Ende der Rennsaison 2007 erstmals mit der von DHL gestifteten Fastes Lap Trophy ausgezeichnet. Gewinner des Pokals wird der Pilot sein, der am Ende der Saison die meisten schnellsten Runden, die „DHL Fastest Laps", gefahren hat.

MARKENWERT

Wer die Möglichkeiten einer globalisierten Wirtschaft nutzen will, braucht Verbindungen. DHL verbindet seine Kunden physisch mit den Märkten dieser Welt – so wie das Internet sie elektronisch verbindet. Und genau wie das Internet ist das „Outernet" von DHL weltweit erreichbar mit Verbindungen von und zu jedem Ort. Mit einer starken Marke will DHL seine führende Position im globalen Logistikmarkt ausbauen. Wichtigste Markenbotschafter sind die DHL Mitarbeiterinnen und Mitarbeiter – ihr persönlicher Einsatz, ihre engagierte Haltung. Und das in jedem Land der Welt.

Der rote Faden zu den Kernelementen der DHL Markenpositionierung ist die Nähe zu den Kunden. Jeder DHL Mitarbeiter engagiert sich persönlich für seine Kunden. Jeder kennt sie gut genug, um ihnen aktiv Lösungen anzubieten. Und DHL ist überall auf der Welt lokal ganz nah bei seinen Auftraggebern. Die Marke wird lebendig, weil der Kunde wahrnimmt, dass DHL immer am Ball ist und für ihn voraus denkt – hier steht er immer an erster Stelle.

www.dhl.com

Wussten Sie schon von DHL?

- Bis Ende 2007 wird das Netzwerk der DHL Packstationen auf 1.000 Standorte ausgebaut. Heute nutzen bereits 600.000 registrierte Kunden in mehr als 150 Städten und Gemeinden die gelben Paketautomaten.

- Die DHL Online-Frankierung ermöglicht die Freimachung von Päckchen und Paketen nach Deutschland und in die EU am eigenen PC. Eine Registrierung ist nicht erforderlich. Auf Wunsch holt DHL die Sendungen zu Hause ab.

- Im Essener Logistikzentrum von DHL arbeitet der weltweit erste Paketroboter. Er wurde von DHL mit entwickelt und kann selbstständig lose, standardisierte Pakete erkennen, greifen und ablegen und so vollkommen autonom Container entladen.

- Im März 2007 eröffnete DHL in Troisdorf bei Köln das DHL Innovation Center. Die Kombination aus Forschungslabor und 1.800 qm Ausstellungsfläche ist einzigartig; kein anderer Logistikanbieter verfügt über eine vergleichbare Einrichtung.

3 WETTER taft

MARKT

Pro Jahr werden in Deutschland rund 234 Millionen Haarstylingprodukte verkauft, davon sind circa 61 Millionen von Drei Wetter Taft. Der jährliche Umsatz mit Haarstyling-Produkten liegt in Deutschland bei rund 495 Millionen Euro; Zahlreiche Anbieter konkurrieren auf diesem großen Markt um Marktanteile und Umsätze. Doch seit ihrer Einführung im Jahre 1955 ist Drei Wetter Taft (Taft bis 1971) die bekannteste Haarstylingmarke.

Die Frisur hebt seit jeher die Schönheit und den Charakter besonders hervor. Nach dem Zweiten Weltkrieg wurden die ersten Stylingprodukte hergestellt. Mittlerweile sind der Entwicklung neuer Frisurtrends keine Grenzen gesetzt - und die wachsenden, sich stark unterscheidenden Verwenderbedürfnisse stellen eine große Herausforderung für die Haarstyling-Anbieter dar.

Der Haarstylingmarkt unterteilt sich dabei in die drei Segmente Haarspray und -lacke, Schaumfestiger sowie Gele, Creme und Wachse. Um den Bedürfnissen der Verwender optimal gerecht zu werden, gibt es für jedes Segment spezielle Produktnutzen. Ob Glanz, Volumen oder megastarker Halt: Die individuellen Konsumentenwünsche stehen im Mittelpunkt.

Seit der Einführung von Taft durch *Hans Schwarzkopf* 1955 ist die Marke auf dem deutschen und später auf dem europäischen Haarstylingmarkt sehr erfolgreich. Die Marke Drei Wetter Taft wird heute in mehr als 30 Ländern vermarktet und steht für perfekten Halt und ein schönes Haargefühl – bei jedem Wetter, den ganzen Tag.

ERRUNGENSCHAFTEN UND ERFOLGE

Die Grundlage des Erfolges bilden für Drei Wetter Taft die Innovationen. Durch die Einführung von „Taft – das flüssige Haarnetz" (1955), des ersten Stylingproduktes in Gelform (1967) sowie der starken Fokussierung auf Innovationen, erfüllt Drei Wetter Taft immer wieder neu die Wünsche seiner Verbraucher. 1987 erfolgt die Umstellung der gesamten Produktion auf FCKW-freie Aerosole. Seit 2005 können 100ml Haarsprays so ergiebig sein wie 250ml: Drei Wetter Taft führt die Compact-Linie ein, die ersten Haarsprays im praktischen Kompaktformat. Durch den Relaunch aller Haarsprays und Schaumfestiger in 2006 behauptet sich der Marktführer Drei Wetter Taft mit dem einzigartigen Senso Touch Effect: Langzeithalt wird kombiniert mit einem schönen Haargefühl ohne zu verkleben - bei jedem Wetter, den ganzen Tag.

GESCHICHTE

Für die Erfindung des Haarsprays, Mitte des 20. Jahrhunderts, war die Erfindung der Sprühdose als technische Voraussetzung für die Zerstäubung von Flüssigkeit, notwendig. Diese Technik wurde von dem US-Amerikaner *Robert Abplanalp* 1953 mit dem Ein-Zoll-Ventil erfunden. Taft wurde Anfang der Fünfziger Jahre von der Hans Schwarzkopf KG entwickelt und ab 1955 als „flüssiges Haarnetz" Taft auf den deutschen Markt gebracht. Schnell wurde der Markenname zum Ausdruck für ein perfektes Styling: Man „taftete" sein Haar und brachte es mit dem „flüssigen Haarnetz" perfekt in Form.

Taft Haarspray und Haarfestiger wurden in den Sechziger Jahren zu absoluten Trendprodukten, die den toupierten Haaren, Dauerwellen und Hochsteckfrisuren vieler Frauen dauerhaften Halt schenkten.

In der berühmten Glasflasche mit Kunststoffmantel wurde Taft Lila (mit Lanolin) von 1956 bis 1957 vermarktet.

Als Rohstoff für die Herstellung von Haarspray diente in den Dreißiger Jahren Schellack, das Sekret der Lackschildlaus (aus ihr wurden übrigens auch Schallplatten hergestellt), versetzt mit Parfüm-Ölen sowie mit den Treibgasen FCKW (Fluorchlorkohlenwasserstoffe), welche seit den Achtziger Jahren wegen der Umweltbelastung sehr umstritten sind. Daher revolutionierte Schwarzkopf mit einer Vorreiterrolle im Markt seine gesamte Produktion indem es auf FCKW-freie Aerosole umstellte. Als Treibgas werden derzeit Propan-Butangemische eingesetzt. Bis auf Schellack, das immer noch in Naturkosmetik eingesetzt wird, wurden alle Bestandteile mittlerweile durch andere Materialien ersetzt. Im Jahr 2006 nahm die Produktion in Deutschland von Haarspray mit 125 Millionen Dosen einen bedeutenden Platz auf dem Aerosolmarkt ein.

Einen weiteren Meilenstein im Haarstylingmarkt setzte Drei Wetter Taft 1967 mit der Einführung des ersten Stylingproduktes in Gelform.

Um die drei Kernkompetenzen von Taft in den Markennamen aufzunehmen, wurde die Marke 1971 neu gestaltet und ist seither unter dem Markennamen Drei Wetter Taft bekannt. Das Haar wird bei perfektem Halt vor Sonne, Wind und Regen geschützt – und der Marke gelang es fortan weiter, mit bedeutenden Neuentwicklungen die starke Position im Haarstylingmarkt zu behaupten.

Um auf alle Bedürfnisse der Haarstylingsegmente eingehen zu können führte Schwarzkopf 1986 Taft Hairstyle ein. Mit Taft Hairstyle wurde nun erstmals eine jüngere Zielgruppe angesprochen, die ein modernes und ausgefalleneres Haarstyling anstrebte. Innerhalb dieser Serie wurden erstmals erfolgreich ein Haarlack sowie Color-Schaumfestiger vermarktet, eine völlig neue Sparte im Haarstylingmarkt.

1989 wurde Taft Hairstyle aus dem Programm genommen. Zehn Jahre später wurde dieses Trendsegment mit der Einführung des neuen Xpress-Sortiments neu belebt, der neuen Trend-Linie unter der Marke Drei Wetter Taft.

Seit 2004 ist Taft Looks als überarbeitete Taft X-Press Styling-Linie die neue Trend-Stylingmarke von Drei Wetter Taft.

Mit Beginn des neuen Jahrtausends wurden die Männer deutlich kosmetikbewusster. Auch hier bewies Drei Wetter Taft seine Vorreiterrolle und führte 2003 die erfolgreiche Power-Linie ein, die durch Produkte mit hohen Haltegraden die Bedürfnisse der Männer anspricht.

PRODUKT

Drei Wetter Taft bietet heute dem Konsumenten ein umfangreiches Sortiment an Styling-Produkten, um die individuellen Bedürfnisse der Verwender zu erfüllen: von Haarsprays und -lacken zu Schaum- und Flüssigfestigern bis zu Gelen, Cremes und Wachsen. Die Produktpalette bietet somit für jedes Stylingbedürfnis eine Lösung. Die unterschiedlichen Produktlinien erfüllen grenzenlose Stylingwünsche und individuelle Ansprüche für lang haltende, perfekte Stylingergebnisse.

Drei Wetter Taft umfasst derzeit neun Produktlinien: Ultra, Classic, Volumen, Glanz, Power, Sensitiv,

Glatt&Seidig, Complete und Looks. Dahinter stehen insgesamt 64 leistungsstarke Produkte, die für ein perfektes Styling sorgen – bei jedem Wetter, den ganzen Tag.

AKTUELLE ENTWICKLUNG

Drei Wetter Taft geht mit der Zeit und bewegt auch im neuen Jahrtausend mit Produktinnovationen den Stylingmarkt. Nach wie vor ist es das Ziel der Produktentwicklung, die grenzenlosen Stylingwünsche der Verbraucher zu erfüllen. So wird Drei Wetter Taft mit innovativen und verbraucherrelevanten Produkten seiner Vorreiterrolle im Stylingmarkt gerecht - und wird diese in Zukunft behaupten. Durch die Wahl einer neuen Botschafterin setzt Drei Wetter Taft ganz neue Maßstäbe und Zeichen. Als perfekte Symbiose im Zeichen von Schönheit, Erfolg und professioneller Kompetenz gehen Drei Wetter Taft und *Heidi Klum* seit Frühjahr 2007 gemeinsame Wege: perfekt gestylt und mit Erfolgsgarantie.

Unter diesen Voraussetzungen präsentiert sich Drei Wetter Taft 2007 innovativ und erfolgreich mit neuen Produktideen und der neu entwickelten Volumen-Linie:

Big Hair is back: Perfekter Halt bei maximalem Volumen vom Ansatz an Die neue, leistungsstarke Wirkformel hebt das Haar am Ansatz an und sorgt mit dem garantierten Push-Up Lift Effect für maximales Volumen – 24 Stunden lang. Die Produkte für normales und feines Haar, sowie die innovativen Produktformeln des Föhn-Sprays und der Haarverdicker-Lotion führen die Volumen Power Linie zu ihrem Erfolg.

WERBUNG

Seit über 50 Jahren steht Taft bzw. Drei Wetter Taft für perfektes Styling mit Halt und Schutz bei jedem Wetter. Bereits über Jahrzehnte hinweg hat die Marke einen maßgeblichen Anteil an der Modernisierung des Frauenbildes in der deutschen Gesellschaft. Von den toupierten, wilden Frisuren der sich emanzipierenden Frauen in den Sechziger und Siebziger Jahren bis hin zu den Businesslooks der Frauen von heute: Drei Wetter Taft ist als Stylingmarke stets am Puls der Zeit und greift in der Werbung das sich verändernde Frauenbild auf. Während die Taft-Frau in den Sechziger Jahren in der Rolle der perfekten Hausfrau zu sehen ist, jettet das Drei Wetter Taft-Model *Tammy Hopkins* in den Achtziger Jahren bereits als Geschäftsfrau um die Welt. Die Marke präsentiert sich damit als Pionier und ist wesentlich an einer moderneren Sicht der Rolle der Frau in der Gesellschaft beteiligt.

Der legendäre Werbespot ist untrennbar mit der Taft-Erfolgsstory verbunden: „Hamburg 8:30 Uhr, wieder mal Regen. Perfekter Halt fürs Haar – Drei Wetter Taft. Zwischenstopp München, es ist ziemlich windig. Perfekter Sitz – Drei Wetter Taft. Weiterflug nach Rom, die Sonne brennt. Perfekter Schutz – Drei Wetter Taft." Viele Jahre fliegt das blonde Model *Tammy Hopkins* im Dienste von Drei Wetter Taft, steigt stets perfekt gestylt aus dem Flugzeug und flimmert mit dem Slogan „die Frisur hält..." über die Bildschirme der Welt.

Die Werbung von Drei Wetter Taft bleibt sich als Vertreter eines modernen Leitbilds der Frau treu: 2007 setzt die Marke auf die Unterstützung der Frau, die das Leben mit seinen wachsenden Ansprüchen beispielhaft meistert und Job, Familie und Schönheit in idealer Weise miteinander kombiniert: *Heidi Klum*.

Das deutsche Top-Model ist attraktiv, selbstbewusst und beweist mit seinen drei Kindern, dass man Beruf und Familie erfolgreich vereinen kann. Sie ist eine Stilikone, die wie kaum eine andere Frau dabei ist, das Frauenbild in Deutschland zu prägen.

MARKENWERT

Taft ist die bekannteste Stylingmarke in Deutschland und besitzt eine gestützte Markenbekanntheit von 95 Prozent und genießt bei den Verbrauchern dadurch ein sehr hohes Vertrauen. Deshalb ist die ständige Herausforderung von Drei Wetter Taft stets im Puls der Zeit zu liegen und mit neuen Produkten alle Stylingwünsche der Verbraucher zu erfüllen.

Die richtige Verknüpfung von Tradition und Innovation macht Drei Wetter Taft zu dem, was die Marke heute ist: Marktführer im Hairstylingmarkt..

www.taft.de

Wussten Sie schon von 3 WETTER taft?

○ „Taften" wird Ende der Fünfziger Jahre zum Synonym für die Verwendung von Haarspray. Erst 1962 verwendet Schwarzkopf den Begriff „Haarspray" im Zusammenhang mit Taft.

○ Die berühmte taillierte Glasflasche (Taft Lila) im Kunststoffmantel stellte die italienische Firma Bormioli her, die auch heute noch exklusive Glasprodukte produziert.

○ Seit 1987 sind alle Drei Wetter Taft-Produkte FCKW-frei.

○ Der Drei Wetter Taft TV-Spot mit Kultstatus „Hamburg 8:30 Uhr, wieder mal Regen. Perfekter Halt fürs Haar – Drei Wetter Taft. Zwischenstopp München, es ist ziemlich windig. Perfekter Sitz - Drei Wetter Taft. Weiterflug nach Rom, die Sonne brennt. Perfekter Schutz - Drei Wetter Taft. 1994 ändert sich die Flugroute im TV-Spot: Statt Hamburg-München-Rom heißt es nun Berlin-London-New York.

○ 1994 werden bundesweit Litfass-Säulen als Taft-Dosen plakatiert.

○ Seit 2005 können 100ml Haarspray so ergiebig sein wie 250ml: mit der Drei Wetter Taft Compact Linie.

dusch das

MARKT

Seit den frühen Siebziger Jahren des vergangenen Jahrhunderts baute sich in der deutschsprachigen Region ein enormes Wachstumspotenzial an Körperpflegeprodukten auf und diese hielten nach und nach Einzug in die Badezimmer. Attraktive Fernsehwerbung für Duschgele führte schließlich zum Durchbruch der neuen Form der Körperpflege.

duschdas zählt in Deutschland dabei zu den Top-Marken und hat einen Bekanntheitsgrad von weit über 80 Prozent. Seit dem Jahr 2003 vereint duschdas auch weitere Kategorien unter seinem Dach.

Im Duschbadmarkt ist duschdas seit vielen Jahren die Nummer Eins, kennt seine Kunden gut und weiß genau was im Trend liegt. Der Marktanteil von etwa 15 Prozent wertmäßig und eine Käuferreichweite von nahezu 20 Prozent im Duschgel-Segment bestätigen diese Spitzenposition. Mit einer Wiederkaufsrate von rund 44 Prozent liegt duschdas auch weit vor seinen Wettbewerbern. Im TOP 10-Ranking der Duschgele im deutschen Duschbadmarkt demonstriert duschdas ebenfalls seine Spitzenposition. Mit den Duschgelvarianten For Men, Noire, Vitamine & Pflege sowie Shower & Care ist duschdas mit vier Varianten unter den TOP 10 vertreten. Um diese deutliche Marktführerschaft weiter auszubauen und zu sichern, stehen laufend zielführende Maßnahmen an: die Einführung moderner, konsumentenorientierter Varianten und die Fortsetzung von Promotions als attraktive „Limited Editions". Zudem werden die neuen Produkte durch ansprechende Kommunikation, Unterstützung am Point of Sale und clevere Promotion-Aktivitäten unterstützt.

Der Abverkauf der duschdas Aerosole stieg im ersten Halbjahr 2007 um rund 30 Prozent im Vergleich zum Vorjahr. Auch die duschdas Roll-on Marktanteile sind überproportional um 27 Prozent gestiegen.

Bei den duschdas Flüssigseifen konnte der Umsatz in 2006 sogar um 49 Prozent gegenüber dem Vorjahr übertroffen werden.

ERRUNGENSCHAFTEN UND ERFOLGE

Seit nunmehr 34 Jahren ist die Marke duschdas erfolgreich auf dem deutschen Markt etabliert. Das Duschgelsortiment hat sich über die Jahre auf 18 Varianten (inklusive Promotions) ausgeweitet. Die Variantenvielfalt war und ist eines der Erfolgsgeheimnisse dieser Marke.

duschdas ist seit vielen Jahren unangefochtener Marktführer im Markt der Duschgele und erreicht im Jahr 2007 den historischen Wert von 100 Prozent gewichteter Distribution. Die Variante For Men ist seit vielen Jahren vertreten und der absolute Topseller des gesamten Duschbad-Marktes.

duschdas hat im Jahre 2005 – durch die außergewöhnliche Verpackungsidee der duschdas Deo Roll-ons – den deutschen Verpackungspreis 2005 sowie den deutschen Verpackungsdesignpreis 2005 gewonnen. Darüber hinaus wurde der duschdas Roll-on 2006 für den international renommierten Verpackungs-Worldstar nominiert.

Im Mai 2007 wurde der duschdas Roll-on Vitamin & Pflege von der Stiftung Warentest mit gut (1,8) ausgezeichnet.

GESCHICHTE

Im Jahre 1973 begann eine nunmehr über 30-jährige Erfolgsgeschichte, „die sich gewaschen hat": Unter dem Namen duschdas eroberte das erste Duschgel den Markt. Seitdem behauptet sich duschdas als unangefochtene Nummer Eins im deutschen Duschbadmarkt. Die Marke startete mit einer Variante und mittlerweile umfasst das Produkt-Portfolio 18 Produkt-Varianten (15 Standard- und drei Trendvarianten) für nahezu alle individuellen Verbraucherwünsche und -bedürfnisse.

Anfangs noch in einer kleinen, kompakt anmutenden Flasche mit einer Kordel, kleidet sich die Serie heute in ein modernes, ansprechendes Design. Passend zum neuen Jahrtausend präsentierten sich die duschdas-Produkte in neuem Outfit.

Im Januar 2000 wurde ein kompletter Relaunch durchgeführt, der die Flaschenform, das Etikettendesign und die Rezeptur zeitgemäß aufwertete. Ästhetik und einfache Handhabung bestimmen nun die Gestaltung der Flasche. Ein weiteres „Plus" an Pflege bietet die verbesserte Rezeptur.

Im Jahre 2003 erweiterte duschdas sein Sortiment um weitere Körperpflegeprodukte. Erstmals ergänzten jetzt auch Deo Aerosole und Flüssigseifen die beliebten Duschgele und sorgten mit diesem „Rundum-Glücklich-Paket" für pure Lebensfreude.

Seit 2004 gibt es die duschdas Flüssigseifen auch in den praktischen 500 Milliliter Nachfüllbeuteln.

Pünktlich zum Sommer 2005 stellte duschdas dann sein neues Roll-on Sortiment vor. Bestehend aus mittlerweile sechs beliebten duschdas Varianten überzeugten die Roll-ons vor allem durch ihre Funktionalität. Inspiriert durch Verbraucherwünsche wurde die innovative Kopfsteh-Technik entwickelt, durch die der duschdas Roll-on sofort ein-

1973 1986 1997 2000 2007

60 SUPERBRANDS

satzbereit und praktisch dosierbar ist. Mit der optimalen Restentleerung bietet der duschdas Roll-on zuverlässigen Schutz bis zum letzten Tropfen.

PRODUKT

Das für die unterschiedlichen Kundenwünsche breit angelegte duschdas-Sortiment wird regelmäßig aktualisiert. Für die Vielfalt der individuellen Wünsche rund um das tägliche Duschvergnügen und die Körperpflege bietet duschdas immer wieder neue, ausgefallene und duftorientierte Varianten. Besonders verbraucherorientiert – und daher sehr beliebt – sind die Trendvarianten, die in jedem Jahr zu Beginn der Duschbad-Saison im März eingeführt werden. Selbstverständlich wird duschdas auch in Zukunft seine ganze Energie und Kompetenz daran setzen, aktuelle Trends und Ansprüche aufzuspüren und Duschen zu einem ganzheitlichen Körperpflegeerlebnis zu machen.

Auch im Jahr 2007 setzt duschdas mit zwei neuen Duschgelvarianten auf aktuelle Trends und gibt gleichzeitig neue Impulse für die gesamte Warengruppe. Mit insgesamt 15 Standard-Varianten und drei Trendvarianten erfüllt die Marke den Wunsch der Verbraucher nach neuen Duft- und Duscherlebnissen. Im Bereich der Duschgele bietet duschdas die Auswahl zwischen dem Pflege-, Wellness-, Frische- und Männersegment.

AKTUELLE ENTWICKLUNG

Ständige Variantenneuheiten und Aktualisierungen des Portfolios sorgen für Produktzufriedenheit und für hohe Wiederkaufsraten. Mit 100 Prozent gewichteter Distribution im deutschen Lebensmittel Einzelhandel genießt die Marke duschdas auch im Handel volles Vertrauen und ist unangefochtener Marktführer im gesamten Duschbadmarkt.

WERBUNG

duschdas – da ist Gut-drauf drin. Mit der Einführung der neuen duschdas Produktkategorien im Jahre 2003 wurde auch eine neue Kommunikationsplattform kreiert, die den emotionalen Mehrwert der Marke wirkungsvoll in den Mittelpunkt stellt. Der daraus resultierende Marken-Claim, „duschdas - da ist Gut-drauf drin", wird seit dem durch integrierte Dachmarken-Kommunikation in allen relevanten Kommunikationskanälen inszeniert. Entscheidend sind dabei immer die konsequente und effektive Vernetzung der Medien – vom klassischen Fernseh-Spot bis zum Point of Sale – und die harmonische Ableitung der taktischen Kommunikations-Inhalte aus der Gesamtstrategie – so dass die Konsumenten immer und überall auf zeitgemäße Weise erleben und fühlen: „duschdas – da ist Gut-drauf drin."

MARKENWERT

Der Erfolg von duschdas liegt in der großen Variantenauswahl, die für jedes Verbraucherbedürfnis und jede Situation die passende Variante bietet, dem hervorragenden Preis-Leistungsverhältnis und der sehr guten Qualität. Aufgrund der ständigen Portfolioüberarbeitung und Variantenrotation wird das Sortiment für die Verbraucher laufend attraktiv gehalten. duschdas bietet dadurch eine Vielfalt an „da ist Gut-drauf drin".

duschdas hat von allen Herstellermarken den höchsten Marktanteil, die höchste Käuferreichweite und die höchste Wiederkaufsrate im Markt der Duschgele und kann im Duschbad-Sektor – trotz hart umkämpftem Markt – seine Marktführer-Position erfolgreich verteidigen.

www.duschdas.de

Wussten Sie schon von **duschdas?**

- duschdas ist seit 1973 auf dem deutschen Markt und war „die erste Seife an der Kordel".
- Die Variante For Men ist im deutschen Markt die Nummer Eins Duschgelvariante und existiert seit über 21 Jahren im duschdas Sortiment.
- Der duschdas Deo Roll-on hat aufgrund seiner außergewöhnlichen Verpackungsidee des Kopfstehmechanismus den deutschen Verpackungspreis 2005 sowie den deutschen Verpackungsdesignpreis 2005 gewonnen.

Erdal

MARKT

Erdal ist die Schuhpflegemarke für Deutschland: Schon von Kindesbeinen an kennen viele Bundesbürger den 1901 entstandenen Erdal-Frosch auf den markanten Metall-Schuhcremedosen. Für Erdal steht Leder und seine Pflege im Mittelpunkt seines Produktsortiments.

Erdal ist im Schuhpflegemarkt Deutschland führend und sieht es als seine Aufgabe an, dem Markt mit innovativen Produkten neue Impulse zu geben. Hier hat Erdal die Kompetenz aus einer über hundertjährigen Tradition heraus. Doch die Stärke der Marke Erdal liegt genau in diesem Spannungsfeld zwischen Kompetenz aus Erfahrung und Befriedigung der aktuellen Bedürfnisse der Verbraucher. Die Entwicklungen werden bei Erdal auf neue zweckmäßige und zeitgemäße Produkte fokussiert, die allen Ansprüchen moderner Materialien gerecht werden. Und das ist dem Unternehmen gelungen: Erdal hat bei Schuhcreme in Dosen einen Marktanteil von mehr als 80 Prozent, bei Schuhcreme-Schwämmen von knapp 80 Prozent und bei Schuhcreme in Tuben von gut 80 Prozent.

ERRUNGENSCHAFTEN UND ERFOLGE

Neben der beliebten Schuhcreme in Dosen wurden bereits 1919 die erste Feinschuhpflege in der Tube sowie „Erdal flüssige weiße Pasta" in der Glasflasche eingeführt, und in den folgenden Jahren wurde das Sortiment der Tubencremes um weitere Farben sowie Lackschuhcreme ergänzt.

Mit Einführung der flüssigen Selbstglanzpflege „Erdal Pflegeglanz" im Jahr 1980 erhielt der Schuhpflegemarkt einen immensen Nachfrageimpuls, der Markt wuchs innerhalb von zwei Jahren um fast 60 Prozent. 1992 kam schließlich „Erdal 1-2-3 Glanz", ein vorgetränkter Schuhschwamm, der Schuhen sofortigen Glanz gibt, indem man einfach mit dem Schwamm über das Leder wischt, ins Regal. Damit wurde erneut ein Convenience-Produkt eingeführt, das seither aus dem Handel nicht mehr wegzudenken ist.

Das nach wie vor bekannteste Produkt, die Dosencreme, gibt es natürlich immer noch, wenn auch in verbesserter Qualität. 1999 wurde mit Einführung der nunmehr lösemittelfreien Schuhcreme ein weiterer Meilenstein in der Firmengeschichte gelegt. Anstelle des vordringlichen Geruchs nach Lösemitteln duftet die Creme nun nach Bienenwachs. Auch die Umwelt wird dadurch erheblich entlastet.

Mit diesem Sortiment ist Erdal unangefochtener Marktführer und erfreut sich hoher Markenbekanntheit.

Erdal Produkte werden heute in einer Kompaktfabrik in hochmodernen Anlagen mit geschlossenen Kreisläufen erzeugt und erobern Wachstumsmärkte innerhalb und außerhalb Europas. Kein Wunder also, dass der Rotfrosch lachend in die Zukunft schaut.

GESCHICHTE

Eine sachgemäße Schuhpflege war bis zum Ende des 19. Jahrhunderts unbekannt. Erst als feinere Lederarten in unterschiedlichen Farben bei der Schuhherstellung Verwendung fanden, widmete man auch den Pflegemitteln größere Aufmerksamkeit. Dass aber die richtige Schuhpflege in Deutschland zur alltäglichen Selbstverständlichkeit wurde, dafür hat ein gekrönter Frosch gesorgt: Erdal.

Wolfgang Werner legte 1794 mit seinem Amt als Glöckner von St. Quintin und seinen Fertigkeiten in der Wachsbearbeitung den Grundstein für das heutige Unternehmen Werner & Mertz in Mainz. 1867 gründeten seine Enkel die erste eingetragene Firma zur Herstellung von Kerzen und Wachsstöcken, die 1887 mit dem neuen Teilhaber *Georg Mertz* ihren endgültigen Namen erhielt.

Werners Schwager, *Adam Schneider*, hatte die bahnbrechende Idee einer neuartigen Schuhcreme, die das Leder schützen, färben und pflegen sollte. Die Schwierigkeit bestand darin, die pflegenden Wachsbestandteile in Ölen zu lösen und so zu konservieren, dass sie bis zum Endverbraucher erhalten blieben. Nach vielen Experimenten fand Schneider die Lösung: die „Stiefelwichse" in einer Blechdose. Bei der Einführung des neuen Schuhpflegemittels im Jahre 1901 wählte man als Markennamen den Standort der Produktion: die Erthalstraße in Mainz, in Mainzer Mundart „Erdal" ausgesprochen. Durch eine groß angelegte Werbekampagne, einen einheitlichen Markenauftritt und ein flächendeckendes Vertriebsnetz wurde Erdal bereits 1921 zur meistverkauften Schuh-Pflegemarke in Deutschland und schließlich so populär, dass seitdem kaum noch von der Firma Werner & Mertz gesprochen wird, sondern häufig nur noch von „der Erdal".

PRODUKT

Angefangen bei der ersten pflegenden Schuhcreme im Jahr 1901 ist über 100 Jahre später ein aktuelles, anwenderfreundliches und umfassendes Sortiment rund um die Schuhpflege in den Regalen des Handels zu finden. Jüngste Innovation: Die Premium Schuhpflege „Erdal Intensiv": sie verbindet hochwertige Pflege mit Glanz ohne Polieren. Kostbare Inhaltsstoffe wie Mandelöl und Seidenproteine verwöhnen Glattlederschuhe. Die Erdal Intensiv Tiefenpflege Creme lässt sich mit dem integrierten Schwammauftrager gleichmäßig und ganz

1903 1919 1962 1971

leicht auftragen und entspricht so genau den Wünschen des qualitätsbewussten Verbrauchers, der schnell und einfach eine hochwertige Schuhpflege wünscht.

AKTUELLE ENTWICKLUNG

Eine über hundertjährige Markengeschichte, auf die Erdal zurückblicken kann, bürgt für hohe und gleichbleibende Qualität aus Tradition. Gleichzeitig zeichnet der hohe Innovationsgrad sowie die Relevanz der Anwendungsformen die Marke aus. So bietet Erdal immer die aktuellste und modernste Problemlösung in der Schuhpflege an. Beispielsweise werden heute Rezepturen unter Berücksichtigung der Nanotechnologie genutzt, um eine noch bessere Imprägnierung zu erreichen.

Seit 2002 hat die Schuhpflegeserie zudem ein neues Produktdesign: Die lebendige, rote Optik liefert eine übersichtliche Sortimentsgestaltung nach Anwendungsbereichen und Farbvarianten.

MARKENWERT

Jüngste Befragungen der GFK ergaben für die Bildmarke Erdal eine gestützte Markenbekanntheit von 70 Prozent sowie eine ungestützte von 68 Prozent. So jung der Frosch erscheinen mag: Er ist älter als die meisten der sogenannten Marken-Figuren. Der Frosch war schon quicklebendig, als bekannte Traditionsmarken wie Asbach Uralt, Melitta, Nivea, Persil, oder UHU gerade erst das Licht der Welt erblickten. Mit seinem zunächst etwas grimmigen später humorvollen, freundlichen Blick hat er das gesamte 20. Jahrhundert begleitet.

„Es war ein Glücksfall der Geschichte, der einen simplen Gebrauchsartikel wie Schuh- und Lederpflege durch diesen zugleich einprägsamen und gewinnenden Sympathieträger aus der Welt des Banalen erhob. Heute sprechen wir in einem solchen Falle von Kult-Marken. Der Frosch ist eine solche Kult-Figur. Längst ist er den Kunden lieb und der Markenführung von Erdal ‚heilig' geworden" erklärt *Hans-Georg Böcher*, Direktor des Deutschen Verpackungs-Museums, Heidelberg, anlässlich der 100-Jahr-Feier der Marke Erdal im Jahr 2001.

Die Entwicklung des Markenzeichens seit 1901: Zur damaligen Zeit war es üblich, die Wortmarke mit einem auffälligen Bildzeichen zu verbinden. Rückblickend erweist sich die Wahl der bekannten und populären Märchenfigur des Froschkönigs als ausgesprochener Glückstreffer. Für die Wahl gerade dieser Figur sprachen Überlegungen wie:
- Schuhe „schauen" sozusagen aus der Froschperspektive in die Welt;
- die neuartige Schuhpaste schützte genauso vor Wasser wie die Haut des Frosches auch;
- und man schmückte sich gerne mit adligen Attributen in jeglicher Form. So stand neben dem „königlichen Frosch" auf einer der ersten Erdal-Dosen auch der Hinweis: im Privatgebrauch an Fürstenhöfen.

Zunächst war es 1903 ein naturgetreuer grüner Frosch, der die Dose zierte. Er wäre vielleicht grün geblieben, wenn man nicht während des Ersten Weltkriegs gezwungen gewesen wäre, mangels geeigneter Rohstoffe Ersatzware zu liefern. Als nach dem Krieg die Ware wieder in der ursprünglichen Qualität geliefert werden konnte glaubte man, das Erzeugnis mit dem grünen Frosch sei diskreditiert. Und so wählte man 1918 für die neue gute Ölware stattdessen den Rotfrosch, zusätzlich mit der Aufschrift: „Qualität wie vor August 1914". Die Entwicklung der Marke Erdal Schuhpflege begann sozusagen erst richtig mit dem roten Frosch. Kein anderer Markenartikel wurde sowohl der Bildmarke als auch dem Namen nach so bekannt und verlangt wie Erdal. Zwischen den Weltkriegen fand die Ware, die ebenso oft mit Rotfrosch wie auch mit dem Namen Erdal bezeichnet wurde, reißenden Absatz.

Bis 1961 schmückte ein ziemlich mürrisch dreinblickender Bursche Deutschlands meistgekaufte Schuhcreme. Dies änderte sich erst durch Wechsel innerhalb der Geschäftsführung. Der Frosch sollte die optimistische Haltung des gesamten Betriebes im Hinblick auf die Zukunft ausdrücken. Ergebnis: Nun lachte er, der naturalistische Frosch!

Im neuen Konsumzeitalter, dem Wirtschaftswunder der sechziger Jahre, wandelte sich vieles - auch Bildmarken: Frosch und Wortmarke wurden nun auf modern getrimmt. Folgende Merkmale sollte der Firmengraphiker in Bezug auf Aussehen und Aussagekraft dem neuer Logo auf den Leib zeichnen:
- plakativ
- stilisiert
- Optimismus ausstrahlend
- vorwärtsstrebend
- optimal zu verkleinern (die feinen Linien des alten Frosches verschwammen)
- einfarbig

So entstand in Feinarbeit und mit viel Liebe zum Detail das neue Symbol. Beispielhaft sei auf das „abgeschrägte Hinterteil" des Frosches verwiesen. Ohne diese Schräge säße der Frosch wie festzementiert; dieses relativ winzige Detail erst bringt Bewegung in die Figur.

www.erdal.de

Wussten Sie schon von **Erdal?**

○ Die Erdal-Rex GmbH ist eines der bekanntesten deutschen Markenartikelunternehmen. Mit Marken wie Erdal, Frosch, emsal, tuba, ratz fatz, REX, rorax, Glänzer und tarax ist das Unternehmen quasi in jedem deutschen Haushalt vertreten. Mit weitreichenden Innovationen bestimmt das Unternehmen in Deutschland den Wasch-, Putz- und Reinigungsmarkt entscheidend mit.

○ Im Markt der ökologisch orientierten Reinigungsmittel hat sich Erdal-Rex seit 1986 zum führenden Anbieter entwickelt Innerhalb weniger Jahre wurde Frosch, der grüne Pionier, zum Synonym für umweltbewusste Haushaltspflege. Mit Tensiden auf Basis nachwachsender Rohstoffe, mit Wirkkräften aus der Natur und dazu umweltgerechten Verpackungen, bietet Frosch den Verbrauchern „Sauberkeit zum Wohlfühlen!"

eterna EXCELLENT

MARKT

Der Markt für bügelfreie Hemden hat sich seit der Erfindung und Verbreitung der Nyltesthemden im Nachkriegsdeutschland stark verändert. Geblieben ist die Produktidee der Bügelfreiheit, die Umsetzung ist aber deutlich besser und komfortabler geworden. Innovative Qualitätsentwicklungen aus der Schweiz sorgten bei der eterna Mode GmbH für den entscheidenden Durchbruch mit Markenhemden und –blusen aus bügelfreien Baumwollstoffen. Die Marke eterna EXCELLENT ist heute Marktführer in diesem Segment. Der Startschuss für diese Erfolgsentwicklung fiel 1981 mit dem Beginn der Kooperation zwischen dem Passauer Bekleidungsunternehmen und Textilingenieuren der Schweizer Cilander AG und ist bis heute das Fundament des europaweiten Erfolgs der Marke eterna EXCELLENT. Permanente Weiterentwicklungen sorgen für regelmäßige Innovationsschübe.

Der Begriff eterna ist zum Synonym für bügelfreie Baumwoll-Hemden und -Blusen geworden. Die eterna Mode GmbH beliefert weltweit rund 5.500 Kunden in 26 Ländern. Der Exportanteil liegt aktuell (2007) bei 30 Prozent.

Im Juni 2006 ist eterna von den Investoren-Gruppen Alpha Gruppe/Quadriga-Capital übernommen worden. Das große Wachstumspotential der Marke vor allem auf dem internationalen Markt wird seitdem noch nachhaltiger genutzt. Neue Einkaufsmöglichkeiten für den Konsumenten, wie die 2004 gestarteten Marken-Flächen im stationären Einzelhandel in Form von eterna EXCELLENT Soft Shops und eterna EXCELLENT Fachhandelsgeschäften, haben das Profil und die Begehrlichkeit der Marke zusätzlich aufgeladen.

ERRUNGENSCHAFTEN UND ERFOLGE

eterna EXCELLENT ist im europäischen Vertriebsgebiet Marktführer für Markenhemden- und -blusen aus bügelfreien Baumwollstoffen. Der Passauer Markenanbieter ist dafür bekannt, permanent in die Qualität seiner Markenprodukte zu investieren. Fester Bestandteil der Firmenphilosophie ist die Liebe zur Innovation verbunden mit dem Anspruch zur Perfektion. Der Bekleidungsmarkt honoriert dieses Engagement mit einer ausgeprägten Treue zur Marke eterna EXCELLENT.

Exakt seit dem Beginn des neuen Millenniums unterwirft die eterna Mode GmbH ihre gesamte Produktionskette und jedes Endprodukt erfolgreich der aufwendigen Öko Tex-Zertifizierung Standard 100 plus. Kein Wunder, ist die eterna Mode GmbH seit sieben Jahren das weltweit einzige Bekleidungsunternehmen mit dieser anspruchsvollen Zertifizierung. Bedingt durch die strikte und lückenlose Beibehaltung einer rein europäischen Produktion, ist es dem Unternehmen nachhaltig gelungen, diese vorbildliche Öko-Bilanz aufzuweisen.

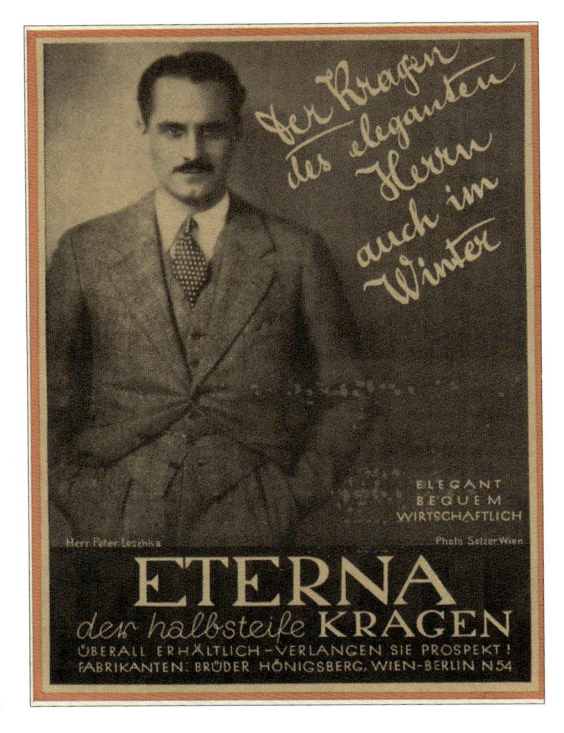

Das Leistungsprofil der Produktvorteile wird permanent ausgebaut. eterna gehörte zu den ersten Bekleidungsunternehmen, das eine Hemdenproduktlinie mit einer schmutzabweisenden Nano-Ausrüstung versehen hat. Ein weiterer Zusatznutzen folgte wenig später mit der verbesserten Komfortausrüstung = bester Selbstglättungseffekt, kombiniert mit optimaler Feuchtigkeitsaufnahme und gleichzeitiger Feuchtigkeitsverdunstung.

Die jüngste Errungenschaft im Bereich Produktinnovation ist die Entwicklung der bügelfreien Hemdennaht. Diese patentierte Technologie wird von der eterna Mode GmbH bei der Premium-Hemdenline silverline seit 2006 exklusiv eingesetzt. Damit hat die eterna Mode GmbH den lange gehegten Traum vom perfekt bügelfreien Männerhemd wahr gemacht. Auch in der Vertriebspolitik setzt die eterna Mode GmbH Benchmarks für die Branche. Der Passauer Markenanbieter entwickelte ein B2B2C-Shoppingportal, das im Jahr 2000 bundesweit installiert wurde und als E-Commerce-System eterna 24 sowohl Einzelhandelskunden als auch Endverbrauchern rund um die Uhr als virtuelle Ladentheke zur Verfügung steht. Mit dem 2004 gestarteten Franchisesystem bietet der Spezialist eine professionelle Plattform für Existenzgründer mit Branchen-Knowhow an.

GLATT ÜBER LEGEN

EUROPAS MARKTFÜHRER IN BÜGELFREIEN BAUMWOLLHEMDEN

GESCHICHTE

Seit 1863 „ohne Falten" könnte die historische Bilanz der eterna Mode GmbH und ihrer Verdienste im Interesse der gepflegten Männermode lauten. Angefangen hat alles mit den „halbsteifen Kragen", einem Patent, das den Inhabern einer Wiener Wäschefabrik, den Gebrüdern Hönigsberg, zum Erfolg verhalf. Sie gaben ihm den Markennamen „eterna" (lat. ewig) und legten damit den Grundstein für eine außerordentlich erfolgreiche Markenentwicklung, die bis heute ungebrochen auf Expansionskurs im Bereich der Know-how- und Qualitätsprodukte ist.

Im Jahr 1927 wurde der österreichische Markt zu eng und die erste deutsche Zweigstelle von eterna wurde in Passau eröffnet. 1935 wurde dies der Hauptfirmensitz. Die erste Teilnahme an der Kölner Herrenmodewoche im Jahr 1969 und an der Düsseldorfer CPD 1974 führte zu einer klaren Konzentration der Produktpalette auf Herrenhemden und Damenblusen. Das führte 1977 zur Umfirmierung in „eterna Herrenwäschefabrik GmbH". Das fundierte Wissen um die Qualität von Baumwoll- und Leinengeweben sowie der Ausrüstung von Textilien ist geblieben.

Anfang der Achtziger Jahre erkannte man die großen Chancen im Einsatz bügelfrei ausgerüsteter Baumwollstoffe und nahm 1981 das Angebot von zwei Schweizer Textilingenieuren an, die Kollektion auf die hochwertige und in einem patentierten Verfahren in der Schweiz hergestellte Exklusiv-Qualität swiss+cotton umzustellen. Diese Kooperation ist bis heute gültig und verhalf eterna zum entscheidenden Durchbruch im Markt der Männerhemden und Damenblusen. Die Geburtsstunde von eterna EXCELLENT. Ein weiteres besonderes Erfolgsmerkmal ist die ausgeprägte Fachhandelstreue der eterna Mode GmbH. Auch das von eterna 2000 online gestellte Internet-Shopping-Portal eterna 24 ist als B2B2C-Plattform konstruiert. Mit der Entwicklung eines exklusiven Shopsystems und der Einführung des eterna EXCELLENT-Frachisesystems im Jahr 2004 wurde und wird die Dichte hochkarätiger Fachhandelsgeschäfte mit eterna-Markenkompetenz erhöht.

PRODUKT

Um die Marke für eine optimale Position am POS weiter zu stärken und gleichzeitig die internationale Vermarktung der Marke zu forcieren, sind in den letzten drei Jahren weitere Weichen gestellt worden. Neue Produktgruppen wurden eingeführt und die bestehende Produktauswahl neu geordnet.

Die Produktpalette bei eterna EXCELLENT Hemden gliedert sich in die vier Segmente blackline, blueline, silverline und redline. Eine entsprechende farbliche Kennzeichnung der einzelnen Segmente sorgt für eine schnelle Übersicht in der Hemdenwelt von eterna EXCELLENT. blackline steht für das gepflegte Businesshemd in bequemer Schnittführung. blueline beinhaltet das komfortable Freizeit- und Casual-Hemd in bequemer Schnittführung. silverline präsentiert das Premium Hemd aus hochwertigsten Qualitäten mit perfekt bügelfreien Nähten. redline steht für das junge, schlanke Hemd ohne Brusttasche. Auf jedes eterna EXCELLENT Hemd wird eine Zwei-Jahres-Garantie auf Stoff und Verarbeitung gewährt.

Die Segmentierung in Produktgruppen prägt auch die Blusen-Kollektion. Hier gliedert sich die Produktpalette in die drei Segmente blackline, blueline und silverline. eterna reagiert dadurch angebotsgerecht auf die verschiedenen Zielgruppen und Stilwelten. eterna EXCELLENT ist einer der wenigen Spezialisten, die eine so umfassende und gepflegte Blusenauswahl erfolgreich anbieten. blackline steht für die gepflegte sportiv-klassische Bluse. blueline bietet modische Casual-Blusen und junge Trend-Modelle, die auch aus anderen Qualitäten wie swiss+cotton hergestellt sein dürfen. silverline bietet Premium Blusen aus hochwertigsten Qualitäten mit extrem feinen Bindungsbildern und raffinierten Detaillösungen.

AKTUELLE ENTWICKLUNG

Die Liebe zur Innovation und ihre erfolgreiche Umsetzung sind fester Bestandteil der Unternehmenskultur der eterna Mode GmbH. Aktuell fokussiert sich das auf das Erreichen eines seit langer Zeit angestrebten Ziels, nämlich der Produktion des perfekt bügelfreien Hemdes. Damit wurde 2006 der Luxusliner unter den Hemden, die silverline-Kollektion zusätzlich optimiert. Unter Verwendung spezieller Nahteinlagen, die mit ausgesuchten Verarbeitungstechniken fixiert werden, bleiben bei den silverline-Hemden von eterna EXCELLENT nicht nur der Stoff selbst, sondern auch alle Nähte des Hemdes dauerhaft glatt. Nicht nur nach dem Waschen, auch nach langen Reisen oder Meetings, sieht das silverline-Hemd von eterna EXCELLENT perfekt aus bis in die Naht.

WERBUNG

Zentrale Triebfeder der Werbeaktivitäten ist ein ständiger Ausbau der engen Kooperation mit dem Facheinzelhandel. Die Reihe an Coop-Maßnahmen umfasst eine große Palette an POS-Aktivitäten bis hin zum Einsatz von Promoterinnen. Dazu kommen Marken- und Produktpräsentationen in den elektronischen Medien wie Hörfunk und Internet und groß angelegte Markenkampagnen. Aktuell stellt der Passauer Markenanbieter mit seinem neuen Markenauftritt deutlicher als bisher die Alleinstellung als führender Markenhersteller von bügelfreien Baumwoll-Hemden in Europa heraus.

Zentrales Element ist der neu entwickelte Claim „Glatt überlegen", der als markante Corporate-Design-Komponente den Marken-Relaunch prägt. Im Zuge dessen wurde auch die Bildsprache des Passauer Bekleidungsunternehmens mit Motiven gestaltet, die verstärkt auf Souveränität und Natürlichkeit bauen. Als Wortspiel konzipiert, bringt der deutschsprachige Claim exakt auf den Punkt, was eterna EXCELLENT ausmacht: Jahrzehntelange Erfahrung und Kompetenz in der Entwicklung und Herstellung bügelfreier Oberbekleidung, aber auch ausgeprägtes soziales Engagement und Verantwortungsbewusstsein gegenüber der Umwelt.

MARKENWERT

Eine klare und reinrassige Produktaussage kombiniert mit einer ausgesprochenen Fachhandelstreue und einem permanent ausgebauten Serviceangebot gegenüber dem Fachhandel und den Verbrauchern haben die Marke eterna EXCELLENT zu einer Markenpersönlichkeit reifen lassen, die heute auch internationale Anerkennung genießt. Werte wie Verlässlichkeit, Berechenbarkeit, Stabilität und Modernität, Einsatz von ausgereiften Innovationen und das perfekte Erscheinungsbild der Hemden und Blusen werden vom Konsumenten in einer immer vielschichtigeren Welt, die sich immer schneller verändert, hoch geschätzt. Auf diesem stabilen Fundament entwickelt sich eterna EXCELLENT zur Marke mit internationaler Leitposition.

www.eterna.de

Wussten Sie schon von eterna?

○ Für ein eterna EXCELLENT Hemd werden 50 Einzelteile in 80 Arbeitsschritten zusammengefügt.

○ Die eterna Mode GmbH ist Europas Marktführer in bügelfreien Baumwollhemden und Blusen.

○ Einer der bekanntesten Fotomodelle für eterna war 1961 *Karl Heinz Böhm*.

○ Täglich verlassen bis zu 18.000 eterna Hemden und Blusen das Zentrallager in Passau.

○ Seit dem Jahr 2000 ist die eterna Mode GmbH das einzige Bekleidungsunternehmen, das mit dem Zertifikat Öko Tex 100 plus ausgezeichnet ist.

Fissler

Freu dich aufs Kochen.

MARKT

Kontinuierliche Innovationen prägen den erfolgreichen Weg des Familienunternehmens Fissler. Das Unternehmen fertigt qualitativ hochwertiges Kochgeschirr wie Töpfe, Pfannen, Schnellkochgeräte, Bräter, Woks, Küchenhelfer und Messer. Im Markt für Kochgeschirr ist Fissler unangefochtener Marktführer in Deutschland.

Bis heute befindet sich Fissler in Familienbesitz. Das erfolgreiche Unternehmen ist mit eigenen Tochtergesellschaften und Vertriebspartnern in über 60 Ländern tätig und beschäftigt weltweit 690 Mitarbeiter. Seit über 160 Jahren setzt Fissler auf hohe Qualität „made in Germany", überraschende Innovationen mit einem hohen Verbrauchernutzen sowie die Freude am Kochen.

ERRUNGENSCHAFTEN UND ERFOLGE

Fissler steht seit 1845 für Qualität und Zuverlässigkeit. Die weltweit geschätzte Qualität wird durch die Verwendung von hochwertigen Rohwaren, modernster Technik, einer präzisen Fertigung sowie einem positiven Arbeitsumfeld garantiert. Das Unternehmen fertigt sein Kochgeschirr an den beiden Standorten in Idar-Oberstein und Hoppstädten-Weiersbach in Rheinland-Pfalz und ist seit über 160 Jahren ein stabiler Wirtschaftsfaktor und Arbeitgeber in der Region.

Die Qualitätsprodukte stehen aber nicht nur für technisches Know-how und sorgfältige Fertigung, sondern auch für ein Höchstmaß an Kreativität und Marktnähe. Die hausinterne Forschungs- und Entwicklungsabteilung arbeitet seit Generationen stetig an neuen Produktfunktionen und Innovationen. Rund 50 Mitarbeiter feilen in der Unternehmenszentrale in Idar-Oberstein an neuen Produktkonzepten und Designentwicklungen. Die Qualität dieser Arbeit bestätigen mehr als 200 Patente und Gebrauchsmuster allein in den letzten 50 Jahren. Fissler verfügt heute über eine Kompetenz, die durch Erfahrung und die Investition in modernste Technik gewachsen ist.

Das Erfolgsrezept von Fissler basiert auf einer konsequenten Qualitätsstrategie, die überzeugt und Empfehlungen auslöst. So wird die Wertigkeit der Produkte kontinuierlich von Verbrauchern und Branchen-Experten geprüft. Kooperationen mit professionellen Spitzenköchen, an denen sich die Verbraucher orientieren, wie den über 50 Köchen der „Jeunes Restaurateurs d'Europe Deutschland", dem TV-Koch *Frank Buchholz* und nicht zuletzt dem bekannten Fernseh-Star *Hardy Krüger jr.* unterstreichen die Kompetenz des Kochgeschirr-Herstellers und beeinflussen das Kochverhalten der Konsumenten. Gemeinsam verfolgen die Kooperationspartner das Ziel, europaweit ein kulinarisches Netz für Kochbegeisterte mit hohen Ansprüchen zu knüpfen. Durch die Zusammenarbeit vermittelt Fissler jedoch nicht nur Kochkompetenz, sondern auch die Freude an kulinarischen Genüssen und dem Ausprobieren neuer Kreationen.

Zugleich setzt Fissler auch im Design immer wieder neue Maßstäbe. Das bestätigen die Ergebnisse mehrerer renommierter Design-Wettbewerbe. So wurde das Kochsystem intensa® mit dem „red dot award", dem Innovationspreis „Grand Prix de l'Art de Vivre" und dem internationalen Design-Preis von Baden-Württemberg, dem „Focus" in silber, ausgezeichnet. Der Award zählt mit über 4.000 Anmeldungen aus insgesamt 49 Ländern zu den größten Design-Wettbewerben weltweit.

GESCHICHTE

Fissler blickt auf eine über 160-jährige Erfolgsgeschichte zurück. Im Jahr 1845 wurde das Unternehmen in Idar-Oberstein als Installationsgeschäft durch *Carl Philipp Fissler gegründet*. Etwa ein halbes Jahrhundert später schrieb das Unternehmen mit der Erfindung einer fahrbaren Feldküche, der so genannten „Gulaschkanone", bereits deutsche Kulturgeschichte. Während des Ersten Weltkrieges diente die Gulaschkanone zur Zubereitung von Gerichten wie Gulasch, Suppen und Eintöpfen. Auch heute noch wird die mobile Küche bei Einsätzen von Hilfsorganisationen und der Feuerwehr sowie bei Großveranstaltungen eingesetzt.

Ein weiterer Meilenstein in der Historie des Traditionsunternehmens folgte Mitte des 20. Jahrhunderts: Unter dem Namen vitavit® entwickelte Fissler den ersten Schnellkochtopf mit patentiertem, mehrstufigem Kochventil. Der Topf schließt Sauerstoff aus, so dass Vitamine und Eigengeschmack der Speisen durch das Garen im eigenen Dampf erhalten bleiben. Zudem verkürzt sich die Garzeit um bis zu 70 Prozent. Noch heute profitieren Millionen Haushalte auf der ganzen Welt von dieser Innovation des Kochgeschirr-Experten aus Idar-Oberstein.

Seinem Ruf als Innovationsführer wurde *Fissler* im Jahr 1956 erneut gerecht: Als erster Hersteller auf dem deutschen Markt produzierte das Unternehmen Pfannen mit PTFE-Beschichtung (Abkürzung für Polytetrafluorethylen). Der Kunststoff ermöglicht aufgrund seiner hervorragenden Antihafteigenschaften fettarmes Braten und eine einfache Reinigung. Im Jahr 1969 brachte *Fissler* die erste Schnellbratpfanne auf den Markt. Und bereits 1980 konnte das Unternehmen die erste Edelstahl-Topfserie mit Kaltmetallgriffen präsentieren. Die Seitengriffe aus Edelstahl sind mit einer großen stabilen Griffplatte am Topfkörper befestigt. Das zwischengelagerte Luftpolster dient der Wärmeisolation. Dadurch werden die Griffe beim Kochen nicht heiß.

Anlässlich des 150-jährigen Firmenjubiläums erschien Fissler 1995 mit überarbeitetem Markenauftritt und präsentierte dem Konsumenten gleich mehrere Produktneuheiten mit praktischen Funktionen. So wurde beispielsweise die Kochtopfserie conturo® mit bauchiger Form eingeführt. Die Deckel der Serie sind nach innen gewölbt, wodurch der Platz zum Greifen größer ist. Der ebenfalls neu eingeführte CookStar-Allherdboden ist durch seine sternförmigen Dehnungsfugen für alle Herdarten geeignet und setzt Maßstäbe in punkto Energiesparverhalten und Umweltverträglichkeit.

Genau zehn Jahre später führte Fissler die Weltneuheit intensa® ein. Das Kochsystem bietet zahlreiche Lösungen, die alltägliche Handgriffe beim Kochen erleichtern: zum Beispiel eine integrierte Deckelablage im Seitengriff, eine Abgießfunktion bei aufliegendem Deckel sowie die Temperaturanzeige ThermoStar zum energiesparenden Kochen. Zahlreiche internationale Design Preise wie der renommierte Red Dot Award sowie der Grand Prix de l'Art de Vivre prämieren diese Kombination von modernem Design und intelligenten Funktionen.

PRODUKT

Fissler fertigt seit über 160 Jahren qualitativ hochwertiges Kochgeschirr, Messer und Küchenhelfer – und ist damit zu einem wichtigen Bestandteil von Küchen auf der ganzen Welt geworden. Die Marke Fissler steht dabei mit ihren Produkten für Kochen mit Freude und Leidenschaft. Professionelle Spitzenköche, die mit Leidenschaft kochen finden bei Fissler das Kochgeschirr, das zu ihren Ansprüchen passt. Aber auch für alle nicht-professionellen Köche hat der Marktführer die richtigen Produkte in seinem Sortiment. Ob passionierte Hobby-Köche, convenience-orientierte Haushalte oder ambitionierte Hausfrauen: Die hochwertigen Kochgeschirr-Serien passen sich den Bedürfnissen jedes individuellen Kunden perfekt an.

Außerdem bietet Fissler neben dem breiten Sortiment eine große Auswahl an Spezialtöpfen und -pfannen für ausgefallene Köstlichkeiten. Ob ein Dinner zu zweit oder ein geselliger Abend, bei dem Freunde oder die Familie mit einem raffinierten Menü verwöhnt werden: Mit dem Kochgeschirr von Fissler ist man jederzeit perfekt ausgestattet und kann einen geselligen Abend mit sinnlichen Köstlichkeiten erleben. Verschiedene Design-Linien bieten zudem für jeden Geschmack die richtige Serie.

AKTUELLE ENTWICKLUNG

Ein wichtiger Bestandteil des Erfolgsrezeptes von Fissler ist die konsequente Weiterentwicklung nicht nur der verschiedenen Produkte, sondern auch der Gesamtmarke, um so dem Verbraucher einen Mehrwert gegenüber dem Wettbewerb zu bieten.

So hat das Unternehmen im Jahr 2006 ein neues Pfannenkonzept im Markt erfolgreich etabliert, das dem Verbraucher Orientierung im Sortiment bietet und damit seine Marktführerschaft ausgebaut. Unter dem Motto „Besser Braten mit System" führt Fissler den Kunden seither in drei Schritten durch das umfangreiche Sortiment und hilft ihm so, einfach und schnell für jedes Gericht die passende Pfanne zu finden. Mit der Präsentation des Topf-Leitsystems hat Fissler diese Strategie im vergangenen Jahr weiter ausgebaut. Drei unterschiedliche Designwelten bilden dabei die Basis: puristisch-klassisch, ästhetisch-chic und familiär-traditionell. Ihnen sind jeweils passende Topfserien in den Ausstattungsvarianten Premium und Comfort zugeordnet. Dieses praktische Konzept hilft dem Käufer, auf direktem Weg die geeignete Kochgeschirr-Serie zu finden, die ideal seinen Wünschen gerecht wird.

WERBUNG

Fissler setzt gezielt auf „Below-the-line"-Maßnahmen wie PR, POS-Aktionen und engagiert sich im Rahmen von hochkarätigen kulinarischen Veranstaltungen. Ein weiterer Marketingschwerpunkt sind Kooperationen und die Präsenz auf Lifestyle- und Fachmessen. Mit diesem Marketingkonzept ist es dem Marktführer gelungen, in den vergangenen Jahren seine Position nicht nur zu stärken, sondern kontinuierlich auszubauen und so zu der wichtigsten Marke im deutschen Kochgeschirrmarkt zu werden.

MARKENWERT

Fissler ist die Kompetenz in deutschen Küchen – die Marke, an die jeder vor dem Kauf von Töpfen, Pfannen und Messer denkt. Fast jeder Deutsche kennt das Unternehmen und seine Produkte: Die Markenbekanntheit beträgt 90 Prozent. Die konsequente Markenstrategie setzt Fissler auch bei der Positionierung der Produkte erfolgreich um.

Das Kochgeschirr des Herstellers aus Idar-Oberstein findet sich ausschließlich im Facheinzelhandel, in ausgesuchten Handelsketten sowie renommierten Online-Shops wie Amazon.

Umfangreiche Serviceleistungen wie eine kompetente Beratung im Handel sowie der hauseigene Kundendienst und Nachkaufgarantien lange Jahre über den Kauf des Produktes hinaus sind weitere wichtige Bausteine des positiven Markenimages. Der Erfolg gibt dem Konzept recht: Fissler ist der stärkste Umsatzträger des Handels und bietet ihm somit die größte Wertschöpfung. Das Unternehmen setzt auf den Premiumbereich und konnte seine Durchschnittspreise entgegen Markttrend und Wettbewerb 2005 deutlich steigern.

www.fissler.de

Wussten Sie schon von Fissler?

- Dass das Unternehmen im Jahr 1892 die legendäre Gulaschkanone erfunden hat.

- Die Fissler-Woks sind auch in China, im Heimatland der Woks, ein Verkaufsschlager.

- Die Qualität der Fissler-Produkte wurde bereits mehrfach von der Stiftung-Warentest bestätigt. So erhielt einzig Fissler das Prädikat „sehr gut" für die Protectal Plus Versiegelung und wurde 2005 Testsieger im Gesamturteil bei den versiegelten Algussspfannen.

- Fissler setzt auch im Design-Bereich immer wieder neue Maßstäbe. Das Kochsystem intensa® wurde zum Beispiel mit dem „red dot award", dem Innovationspreis „Grand Prix de l'Art de Vivre" und dem internationalen Design-Preis von Baden-Württemberg, dem „Focus" in silber, ausgezeichnet.

- TV-Liebling *Hardy Krüger jr.* – ein leidenschaftlicher Koch – verwendet am liebsten Produkte aus dem Hause Fissler.

- Die Stadt Idar-Oberstein in Rheinland-Pfalz ist nicht nur die Heimat des Kochgeschirrs von Fissler, sondern auch der Geburtsort des Hollywood-Schauspielers *Bruce Willis*.

Freixenet

MARKT

Freixenet – im Besitz der *Familie Ferrer-Sala* – ist das wichtigste Unternehmen der spanischen Weinindustrie und darüber hinaus der einzige spanische Konzern in der Branche, der Platz unter den zehn größten der Welt einnimmt – Platz neun! Freixenet ist zudem Marktführer für Cava – dem spanischen Sekt, der durch Flaschengärung nach der „Método Tradicional" entsteht.

Freixenet dominiert den Cava-Export mit einem Anteil von über 80 Prozent. Die Gruppe produziert jährlich mehr als 200 Millionen Flaschen Cava und Wein und exportiert diese in über 150 Länder. Von wachsender Bedeutung ist der Weinbereich, zu dem namhafte Kellereien in den wichtigsten Weinbauregionen der Alten und Neuen Welt gehören.

ERRUNGENSCHAFTEN UND ERFOLGE

Freixenet ist weltweit der größte Hersteller von Sekt, der nach der traditionellen Methode (Flaschengärung) hergestellt wird.

Die Produkte von Freixenet werden seit ihrer Markteinführung im In- und Ausland immer wieder ausgezeichnet.

So wurde zum Beispiel SECCITO de Freixenet direkt nach Einführung von den Verbrauchern und den Lesern der Lebensmittelpraxis zum „Produkt des Jahres" gewählt. Bestätigter Erfolg auch für Freixenet Mederaño Tinto. Zum zweiten Mal in Folge wurde dieser von der Weinwirtschaft zum „besten Markenrotwein international" im Lebensmitteleinzelhandel ausgezeichnet. Aber auch Auszeichnungen in Bronze, Gold und Silber für verschiedene Produkte der kompletten Range prägen die Erfolgsgeschichte von Freixenet.

Die bedeutendsten Auszeichnungen erhielt allerdings *José Luis Ferrer Sala*, der derzeitige Ehrenpräsident der Gruppe Freixenet. Er wurde 2007 sowohl in New York als auch in Düsseldorf für sein Lebenswerk geehrt.

GESCHICHTE

Freixenet gehört zu den größten und ältesten Sektkellereien Spaniens. Der Stammsitz liegt im Herzen Kataloniens inmitten der berühmten Ursprungsregion des Cavas. Das Penedés-Gebiet um Sant Sadurni d'Anoia liegt 40 Kilometer südwestlich von Barcelona.

Das spanische Unternehmen blickt auf über 100 Jahre Tradition zurück. Es hat seine Wurzeln in dem Weinunternehmen "Casa Sala", das bereits vor 200 Jahren im spanischen Weingeschäft aktiv war.

Der Grundstein für die florierende Sektkellerei Freixenet wurde 1889 mit der Heirat zwischen *Pedro Ferrer Bosch*, Besitzer des Weingutes "La Freixeneda" und *Dolores Sala Vivé*, der Erbin des Hauses Sala, gelegt. Der Firmengründer *Pedro Ferrer* engagierte sich von Anfang an mit Energie und Phantasie, um Freixenet im in- und ausländischen Markt zum Durchbruch zu verhelfen. Der Erfolg des spanischen Cavas kam wirtschaftlich der gesamten Region Penedés zugute.

Als innovativer Geschäftsmann war *Pedro Ferrer* seiner Zeit in vielerlei Hinsicht voraus: In den Dreißiger Jahren verwirklichte er sich mit einer Niederlassung in New Jersey einen großen Traum. Ferrer glaubte an die Wirkung von Werbung, um seine Ideen zu verbreiten.

Nach dem Tod von *Pedro Ferrer* im Jahre 1936, übernahm seine Ehefrau *Dolores Sala Vivé* die Geschäftsführung des Hauses Freixenet. In den Sechziger Jahren gelang ihr in den USA ein enormer Erfolg: Freixenet wurde der erfolgreichste Schaumwein nach der traditionellen Methode.

Auch heute ist das Unternehmen noch in privater Hand und wird von dem ältesten Sohn *Pedro* geleitet.

Freixenet zählt in vielen europäischen Ländern zu den wichtigsten Importmarken und ist Marktführer unter den spanischen Cavas. Ein Höhepunkt der Familiengeschichte war zweifelsohne 1987 der Besuch der Kellerei von *König Juan Carlos* und *Königin Sofia*.

Freixenet besitzt - neben dem spanischen Stammsitz im Penedés-Gebiet in Sant Sadurni d'Anoia – noch weitere Wein- und Sektkellereien in Spanien, Frankreich, den USA, Argentinien, Chile, Mexiko sowie in Australien.

Mit dem Erwerb der Weindivision der Rumasa-Gruppe avancierte Freixenet 1984 zum weltweit größten Sekthersteller nach der traditionellen Methode.

PRODUKT

An den Prinzipien des Hauses Freixenet hat sich in den vergangenen zwei Jahrhunderten nichts geändert. Immer noch wird nach dem Prinzip Sorgfalt, Präzision und Ruhe gearbeitet. Nur die besten Rohstoffe werden verarbeitet und alle Produkte können lange reifen. Der Erfolg gibt Freixenet Recht: Drei von vier Flaschen Cava weltweit tragen den Namen Freixenet.

Alle kennen ihn unter seinem Markennamen Freixenet, doch keiner weiß genau, woher der Begriff CAVA (gesprochen: kawa; aus dem katalanischen „Keller") kommt und vor allen Dingen, was er bedeutet. Wer ist nun dieser geheimnisvolle Spanier namens Cava? Ganz einfach: Cava, das bedeutet nichts anderes, als die spanische Bezeichnung für Qualitätssekt. Aber nicht jeder spanische Schaumwein darf sich Cava nennen. Nur die, die den strengen Vorschriften entsprechen, dürfen sich Cava nennen. So müssen unter anderem die Weine aus einem bestimmten Anbaugebiet stammen und die Herstellung nach der »Método Tradicional« erfolgen, bei der sich Gärung und Reife in der Flasche abspielen – wie beim Champagner.

Cava ist eine geschützte Bezeichnung für Herkunft, Herstellung und Qualität. Dies macht ihn auch zu etwas ganz Besonderem, denn im Vergleich zu den meisten deutschen Schaumweinen, die im Tankgärverfahren – auch Méthode Charmat genannt - hergestellt werden, ist das Champagner-Verfahren die aufwändigste Herstellungsmethode. Ausgewählte Grundweine werden dabei in der Flasche zum zweiten Mal vergoren.

Freixenet hat auch eine lange Tradition in der Herstellung von Wein und besitzt Kellereien in den besten Anbauregionen Spaniens. In letzter Zeit hat der Weinbereich bei Freixenet immer größere Bedeutung erlangt. Und so wurde es Zeit, das vielfältige Angebot neben der beliebten Cava-Marke noch deutlicher herauszustellen. Die neue Dachmarkenstruktur vereint nun auch das Weinsortiment unter dem erfolgreichen Markenzeichen „Freixenet – Vinos de España".

Seine Kompetenz im Weinsegment hat Freixenet mit der überaus erfolgreichen Entwicklung der Marke Mederaño in den vergangenen Jahren erkennbar unter Beweis gestellt. Die Erfolgsmarke im Segment spanischer Wein verbucht seit Einführung in Deutschland im Jahr 2000 stetiges Wachstum. Bislang wurden über 25 Millionen Flaschen verkauft. Dies ist für einen Markenwein mit der Preisstellung um die 4 Euro ein wirklich beeindruckendes Ergebnis.

Für den anspruchsvollen Weintrinker hat Freixenet eine Auswahl spanischer Rebsorten- und Gebietsweine. Höchste Produktqualität und ansprechendes Design stehen auch hier hinter der Marke.

SECCITO de Freixenet – der spritzige Perlwein, trifft den Geschmack einer neuen Zielgruppe. Besonders junge Leute mit Freude an Geselligkeit und Lust auf einen unbeschwerten Genuss spricht dieses Produkt sehr an. Immer dann, wenn Sekt zu festlich und Wein zu gediegen ist, eignet sich SECCITO perfekt.

AKTUELLE ENTWICKLUNG

Der Name Freixenet steht für weit mehr als für den erfolgreichen spanischen Cava. Er ist mittlerweile Dachmarke für eine Vielzahl von Produkten aus den Bereichen Sekt, Perlwein und Wein. Freixenet verfügt über eine hohe Innovationskraft. Dies zeigt sich vor allen in den erfolgreichen Neuprodukteinführungen der letzten Jahre.

Im Jahr 2000 wurde ein Cava in der Farbe rose, der Freixenet Rosado eingeführt. Mittlerweile verfügt Rosado über 50 Prozent Marktanteil im Segment Sekt Rose. Vervollständigt wurde die Range dann im Jahre 2006 durch den rubinroten Freixenet Rotiña. Auch er wurde sowohl vom Handel als auch von den Konsumenten sehr positiv aufgenommen.

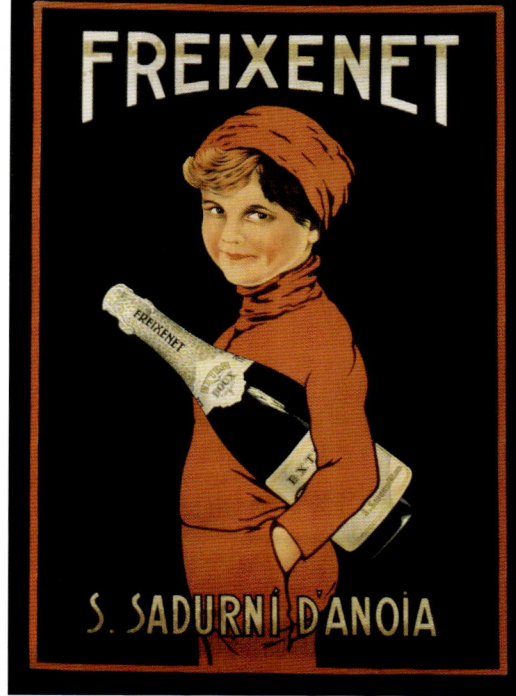

WERBUNG

Die einzigartige Positionierung von Freixenet als internationale Premium-Marke für magische, erotische Momente mit unkonventionellem Flair, setzt positiv besetzte spanische Imagekomponenten wie Leidenschaft oder Temperament in konsumrelevante Kriterien um. Im Zentrum der Werbebotschaft steht die Stimulierung der Lebensfreude und Phantasie mit einem Produkt, das Erotik und Magie verspricht. So beschränkt sich die Werbung von Freixenet nicht darauf, Emotionen zu zeigen, sondern löst bei den Konsumenten Emotionen aus. Das Kommunikationskonzept wird in den Medien konsequent umgesetzt. So konzentriert sich das Budget auf die Belegung des Mediums TV in zielgruppenaffinen Umfeldern. Und dies nahezu das ganze Jahr über, schließlich ist immer Zeit für erotische Momente.

Der Claim „The Magic of Freixenet" ist zentrales Element des unverkennbaren Images. Sinnlichkeit, Leidenschaft, Zweisamkeit und Magie wird hier wiedergegeben. Sei es in der sehr bekannten TV-Werbung mit dem aufblühenden Rosentattoo oder in verschiedenen Printkampagnen. Flankiert wird der Auftritt auch von Internet, PR und Sponsoring.

Auch im Bereich Sponsoring ist Freixenet mit sehr starken Partnern vertreten. So war die Marke in diesem Jahr auch Sponsor der „Fashion Week" in Berlin und zum zweiten Mal des „Petra Fashion Award". Im letzten Jahr war sie Sponsor der erfolgreichen Sendung „Germanys next Topmodel" von *Heidi Klum*.

Die bei den Verbrauchern beliebte Kooperationsreihe „Lust auf…?" wurde auch in diesem Jahr mit dem Partner Iberostar fortgesetzt und erfreut sich stetig wachsender Beliebtheit.

Auch der aufmerksamkeitsstarke TV-Spot von SECCITO de Freixenet ist fester Bestandteil in der Freixenet-Welt und spiegelt zu 100 Prozent die Markenbotschaft wider. SECCITO & Friends, der unkonventionelle Claim, steht für Spaß, Lebenslust, Spontaneität, Freunde und Party. Genau diese Attribute werden durch den bunten, illustrierten Auftritt von SECCITO perfekt dargestellt und spricht weitestgehend junge Konsumenten an. Die einzigartige Machart des TV-Spots garantiert hohe Wiedererkennung und ist die gewünschte Sortimentsergänzung zum Freixenet Cava.

MARKENWERT

Hat der Erfolg von Freixenet mit Magie oder Strategie zu tun? Wohl mit beidem, denn in den letzten Jahren hat sich Freixenet vom Nischenprodukt zum Marktführer entwickelt. Mit einem differenzierenden Marketingkonzept, mit einer neuartigen Mediastrategie, mit einer konsequenten Markenführung sowie mit viel Emotion und Leidenschaft. Gutes Marketing ist vielfach die Erfolgsgeschichte starker Marken. Freixenet steht in dieser Hinsicht für nachhaltigen wirtschaftlichen Erfolg und hohe Kundenzufriedenheit.

Es ist gelungen, Freixenet als internationale Marke mit spanischen Wurzeln aufzubauen und als Alternative zu den traditionellen Produkten zu profilieren. Durch die einzigartige Mediakampagne wurde die Markenbekanntheit und die Markenbeliebtheit signifikant erhöht sowie eine eigene Produktwelt geschaffen. So revolutionierte Freixenet den Markt, in dem man sich aus der Umklammerung des bisher gängigen „Genuss zu bestimmten Anlässen" (Silvester, Feste, Jubiläum etc.) befreit hat und Freixenet zum modernen, prickelnden Genussmittel für (fast) jeden Tag machte. Außerdem wurde die Dachmarkenstrategie in der jüngsten Vergangenheit erfolgreich entwickelt und umgesetzt.

Die Marke wurde aus dem Ursprungssegment Sekt/Cava erfolgreich weiterentwickelt in das Segment Wein. Freixenet Mederaño belegt im Segment der Markenweine in den Top 10 mittlerweile den sechsten Rang (betrachtet nach Umsatz). Freixenet gilt heute als Trendsetter und hat den deutschen Sektmarkt nachhaltig verändert.

www.freixenet.de

Wussten Sie schon von Freixenet?

❍ Das Unternehmen ist noch heute in Familienbesitz und zählt zum neunt größten Weinanbauer der Welt.

❍ Cava ist der weltberühmte spanische Sekt, der durch Flaschengärung entsteht.

❍ Das Penedés – im Südwesten Barcelonas – ist die Heimat des Cava.

❍ Sektschalen sind für Freixenet Cava nicht geeignet, da sich das Aroma zu schnell verflüchtigt.

MARKT

Im Markt der Wasch-, Putz- und Reinigungsmittel hat der fröhliche Umweltpionier FROSCH nicht nur seinen festen Platz in den Handelsregalen, er ist quasi in jedem deutschen Haushalt vorhanden. Sein Credo: Sauberkeit zum Wohlfühlen. Die Verbraucher vertrauen FROSCH: Zum sechsten Mal in Folge wurde die Marke FROSCH auch in diesem Jahr von Verbrauchern einer repräsentativen Studie von Reader's Digest als „Most Trusted Brand" ausgezeichnet.

ERRUNGENSCHAFTEN UND ERFOLGE

Ein Familienunternehmen wie Werner & Mertz – seit über 130 Jahren in Eigentümerhand – hat traditionell ein hohes Verantwortungsbewusstsein gegenüber Mitarbeitern, Kunden und Lieferanten. Seit seiner Gründung ist der Hersteller gefragter Markenartikel mit seinem Hauptsitz Mainz eng verbunden und verwurzelt. Der Eigner und Urenkel des Erfinders der Erdal Schuhcreme, *Reinhard K. Schneider*, ist seit dem Jahr 2000 als Vorsitzender der Geschäftsführung für über 900 Mitarbeiter tätig. Er bekennt sich zum Standort mitten in Deutschland und will die Vorteile, die nur ein mittelständisches Unternehmen bieten kann, intensiv nutzen, um in ausgewählten Teilmärkten europäischer Marktführer zu werden. „Ein Mittelständler hat gegenüber großen, internationalen Unternehmen den Vorteil, schnell und jederzeit flexibel auf neue Marktanforderungen reagieren zu können", so *Schneider*.

Auch kennt das Unternehmen durch sehr enge Kundenbeziehungen deren Bedürfnisse ganz genau. Qualifizierte Mitarbeiter vor Ort, kurze Transportwege, gleich bleibend hohe Produktqualität und verbrauchernahe Markenführung sind seiner Meinung nach die wichtigsten Kriterien, den Standort im pulsierenden Rhein-Main-Gebiet auch in Zukunft beizubehalten. „Wir können die Bedürfnisse unserer Verbraucher präziser erfassen und berücksichtigen, da wir unsere Entscheidungen dort treffen, wo die Produkte gekauft werden – und nicht in fernen Konzernzentralen" erklärt *Reinhard Schneider*.

Ein positives, leistungsförderndes Klima mit innerbetrieblichem Vorschlagswesen unterstützt den im Unternehmen praktizierten „kontinuierlichen Verbesserungsprozess" zur Optimierung von Betriebsabläufen und zur Vereinfachung von Verwaltungstätigkeiten. Das Unternehmen kann sich so auf motivierte Mitarbeiter verlassen, die dem FROSCH oft mit langer Betriebszugehörigkeit treu bleiben.

GESCHICHTE

Seit zwei Jahrzehnten der Nachhaltigkeit verpflichtet: 1986, bereits ein Jahr vor der Veröffentlichung des visionären Brundtland-Reports „Unsere gemeinsame Zukunft" zur weltweiten Nachhaltigkeit, betrat FROSCH in Deutschland mit seinen umweltverträglichen phosphatfreien Haushaltsreinigern im Lebensmittelhandel absolutes Neuland. Inzwischen ist der Nachhaltigkeits-Pionier fest im Verbraucherbewusstsein etabliert: Putz-, Wasch- und Reinigungsmittel mit dem fröhlichen grünen Frosch sind in fast jedem Haushalt in Deutschland zu finden.

Dabei fing 1986 der FROSCH im Umfeld schlimmer ökologischer Störfälle ganz klein an: mit dem ersten phosphatfreien Reiniger, dem universell einsetzbaren FROSCH Neutralreiniger in einem ungewöhnlich unspektakulären, auf das Wesentliche beschränkten Markenauftritt, wirkungsvollen aber schonenden Inhaltsstoffen, Tensiden auf pflanzlicher Basis und umweltverträglicher, wieder verwertbarer Verpackung. Mit dieser neuen Produktphilosophie traf der Frosch mitten ins Herz des umweltsensibilisierten Verbrauchers Mitte der Achtziger Jahre. Schon bald konnte der Reiniger um weitere Produkte wie Essigreiniger, Spülmittel, Spiritus-Glas-Reiniger und WC-Essigreiniger ergänzt werden. Im Laufe der Jahre wurde die Produktpalette stetig erweitert, immer unter dem Gesichtspunkt „schonend für Mensch und Umwelt, dabei anwenderfreundlich und effizient". So kamen 1990 bereits die ersten Waschmittel hinzu. Kontinuierlich wurde die Verpackungsgestaltung dem jeweiligen Zeitgeschmack angepasst.

Im Verbraucherbewusstsein positionierte sich FROSCH als umweltverträgliche Marke der es gelang, eine entspannte Haltung zum Putzen für die „Sauberkeit zum Wohlfühlen" zu etablieren. Hochwertige Duftstoffe aus der Kosmetikindustrie und für ihre Reinigungswirkung bekannte Öle aus Zitrusfrucht-Schalen sorgten zudem für ein angenehmes Gefühl.

PRODUKT

Die FROSCH-Philosophie vereint alle drei Aspekte der Nachhaltigkeit: Umwelt, Soziales und Ökonomie. Die Produktrezepturen greifen auf altbewährte Wirkstoffe und Hausmittel aus der Natur zurück, sie schonen Mensch und Umwelt. Auf nachwachsenden Rohstoffen basierende Tenside zeigen hohe Leistung und sind hervorragend abbaubar. Die einzelnen Produkte sind sparsam im

Verbrauch, die Verpackung stets umweltfreundlich und aus recycelbaren Wertstoffen.

Der Hersteller der FROSCH-Produkte, Werner & Mertz, hat den Nachhaltigkeitsgedanken schon lange zum hochrangigen Unternehmensziel erhoben. So wird dem Schutz der Lebensgrundlagen heutiger und nachfolgender Generationen, der Bewahrung einer natürlichen Umwelt und ein überlegter Rohstoffeinsatz ein großer Stellenwert eingeräumt.

Seit Jahren ist das Unternehmen nach den anerkannten Umweltmanagementsystemen DIN ISO 14001 und EMAS II zertifiziert und unterzieht sich regelmäßig den geforderten Überprüfungen.

2005 konnte Werner & Mertz als erstes mittelständisches Unternehmen die Kriterien der auf europäischer Ebene ins Leben gerufenen Nachhaltigkeitsinitiative der Wasch- und Reinigungsmittelindustrie „Nachhaltiges Waschen und Reinigen" erfüllen und weist diese Zertifizierung auf Produktverpackungen mit einem zusätzlichen Siegel aus.

Seit Jahren engagiert sich das Unternehmen für den NABU und fördert im Rahmen des Projekts „FROSCH schützt Frösche" die Wiederansiedlung des Laubfroschs in den Rheinauen, direkt vor den Werkstoren des Unternehmens.

AKTUELLE ENTWICKLUNG

Trotz zeitgemäßer Anpassungen blieb FROSCH stets seiner Produktphilosophie treu: ökologische Glaubwürdigkeit. Seine Produkte basieren nach wie vor auf Naturwirkstoffen wie Zitrone, Orange oder Soda. Der Orangen-Universal-Reiniger von FROSCH etwa spricht für die Innovationskraft des Unternehmens und steht symbolisch für die Bedürfnisse der Menschen: Auf rein pflanzlicher Basis löst er extrem hartnäckigen Schmutz, er ist hochwirksam und trotzdem biologisch voll abbaubar. Der Reiniger entspricht dem Wohlfühl-Trend, denn das Reinigen hinterlässt einen tollen Duft nach Orangen.

Auch in neue Marktsegmente wagte sich FROSCH vor und hat mit seinem Pflege-Weichspüler das Motto „Sauberkeit zum Wohlfühlen" auf kuschelig weiche Wäsche übertragen: Der erste Pflege-Weichspüler mit Tensiden auf pflanzlicher Basis im Lebensmittelhandel. Damit war der FROSCH jetzt auch im Wellness-Bereich angekommen, verbinden Verbraucher doch mit der Weichheit der Wäsche und dem dezenten frischen Duft Entspannung und Wohlempfinden.

Aus den positiven Erfahrungen mit Düften ist nun die Idee entstanden, eine völlig neue FROSCH-Produktkategorie zu schaffen: Raumdüfte, die ausschließlich für das Wohlempfinden und ein gutes Gefühl sorgen. FROSCH OASE bringt Wohlfühl-Atmosphäre in jeden Raum. Drei attraktive Duftvarianten verwöhnen die Sinne und zaubern Wellness in den Alltag: Zitronengrasfrische, Orangenhain und Vanillehauch. Ungewöhnlich sind sowohl die Dufterzeugung als auch die Produktgestaltung: Eine dekorative Glasflasche, gefüllt mit kostbaren Parfümölen und bestückt mit Natur-Rattan- Stäbchen.

WERBUNG

FROSCH verzichtet auf Penetrationswerbung, da früh erkannt wurde, dass der Verbraucher dagegen abstumpft und zudem die Kosten für ein mittelständisches Unternehmen enorm sind. Geworben wird nur, wenn es eine nachvollziehbare Neuigkeit, eine relevante Produktinnovation zu erzählen gibt, in ausgewählten Medien, die keine Streuverluste entstehen lassen. Dadurch erzielen die „Macher" vom FROSCH eine hohe Wirkung, die bereits zweimal durch die Werbeauszeichnung „EFFIE" (einmal Gold, einmal Silber) belohnt wurde. Geworben wird überwiegend in Printmedien, teilweise auch im TV. Der sympathische Zeichentrick-Frosch dient als Presenter und spricht die Verbraucher auf ungewöhnliche Art und Weise an.

MARKENWERT

Jüngste Befragungen der GfK ergaben für die Bildmarke FROSCH eine gestützte Markenbekanntheit von 88 Prozent, ungestützt liegt die Bekanntheit bei 82 Prozent. Die größte europaweite Verbraucher-Umfrage des Magazins „Reader's Digest" ergab für FROSCH zum sechsten Mal in Folge Bestnoten für seine Glaubwürdigkeit im Haushaltsreiniger-Markt. FROSCH ist „Most Trusted Brand".

Schwerpunkt der Marke Frosch ist der kontinuierliche Vertrauensaufbau. Gerade als Mittelständler achtet das Unternehmen sehr darauf, sich nicht in Aktionismus zu verlieren, sondern nur die Veränderungsschritte durchzuführen, die wirklich verbraucherrelevant sind und eine echte Neuigkeit darstellen. Daher hat Frosch eine bessere „Trefferrate" als andere und kann das Vertrauen zum Verbraucher und vor allem auch zum Handel besser aufbauen. Die Innovationen sind intern so gründlich vorgefiltert und getestet, dass der Handel die Gewähr hat, seine Regalfläche keinen Experimenten zur Verfügung zu stellen. Das Credo beim FROSCH ist somit die langfristige Vertrauensgenerierung, kombiniert mit kurzen Entscheidungswegen, die dem mittelständischen Unternehmen häufig leichter fallen, als beispielsweise großen Konzernen.

www.frosch.de

Wussten Sie schon von Frosch?

○ Der Frosch ist eine Marke des deutschen Unternehmens Werner & Mertz aus Mainz. Der Vertrieb erfolgt in Deutschland durch die Tochtergesellschaft Erdal-Rex. Mit Marken wie Erdal, Frosch, emsal, tuba, ratz fatz, REX, rorax, Glänzer und tarax ist das Unternehmen quasi in jedem deutschen Haushalt vertreten. Durch weitreichende Innovationen gestaltet das Unternehmen in Deutschland den Wasch-, Putz- und Reinigungsmarkt entscheidend mit.

○ In Japan werden FROSCH-Produkte zu hohen Preisen, teilweise sogar als Geschenkartikel vertrieben, da dort der Frosch als Glücksbringer gilt.

○ Die älteste Marke des Unternehmens ist Erdal: Seit über 100 Jahren Marktführer im Bereich der Schuhpflege. Schon von Kindesbeinen an ist der rote, 1901 entstandene „Erdal-Frosch" Millionen von Bundesbürgern auf den markanten Metalldosen vertraut. 1918 tauschte er sein grünes Aussehen in ein rotes und erhielt 1962 das Lächeln. Heute – im Zeitalter der Markenkommunikation – blickt der Froschkönig als Unternehmenssignet von der Dose lächelnd in die Zukunft.

MARKT

Der FC Bayern München ist seit Jahrzehnten der mit Abstand erfolgreichste Fußballclub in Deutschland. Keine andere Mannschaft holte in seiner Geschichte so viele Titel und Pokale wie die Bayern. Zahlreiche Trophäen in den Glasvitrinen der Geschäftsstelle an der Säbener Straße zeugen von den vielen Siegen auf nationaler und internationaler Ebene. Ob früher *Beckenbauer*, *Maier* und *Müller* oder heute *Kahn*, *Ribéry* und *Toni* – die Stars der Bayern kennt jeder Fußballfan auf der ganzen Welt.

Aber auch in punkto Fans liegen die Münchner unangefochten an der Spitze aller deutschen Sportvereine. Mit über 130.000 Vereinsmitgliedern jubeln für keinen deutschen Klub mehr Fans als für den FC Bayern München. Weltweit übertrifft nur der FC Barcelona die Mitgliedszahl der Bayern. Die gesamte Fanschar wird allein in Deutschland auf rund 12 Millionen geschätzt. Weltweit waren zum Saisonstart 2007/2008 offiziell 2.281 Fanclubs eingetragen, in denen etwa 160.000 Mitglieder aktiv sind. Neben dem Fußball werden beim FC Bayern auch die Abteilungen Basketball, Handball, Kegeln, Schach, Tischtennis und Turnen geführt.

Doch der FC Bayern München ist nicht nur ein Sportverein, sondern auch ein überaus erfolgreiches Unternehmen. Seit Jahren führen die Vorstände *Karl-Heinz Rummenigge*, *Uli Hoeneß* und *Karl Hopfner* – zwei ehemalige Nationalspieler und ein Betriebswirt – mit Erfolg die Geschäfte der Bayern.

Im Dezember 2001 ist der Verein in eine Aktiengesellschaft umgewandelt worden. Zehn Prozent des Vereins gehören dem Sportartikelhersteller adidas, die übrigen 90 Prozent hält der FC Bayern selbst. Mit über 150 fest angestellten Mitarbeitern erwirtschaftete der FC Bayern im Geschäftsjahr 2005/2006 einen Rekordumsatz von 204,7 Millionen Euro und einen Bilanzgewinn von knapp fünf Millionen Euro. Die Eigenkapitalquote betrug 2006 stolze 72,2 Prozent. Kein Fußballverein in Deutschland wirtschaftet besser als der FC Bayern München.

ERRUNGENSCHAFTEN UND ERFOLGE

Der Fußballverein dominiert seit Jahrzehnten die Bundesliga und kann auf eine beachtliche Bilanz nationaler und internationaler Erfolge zurückblicken.

Alle Titel des FC Bayern München im Überblick:
- zwei Mal Weltpokalsieger (1976, 2001)
- drei Mal Europacupsieger der Landesmeister (1974, 1975, 1976)
- ein Mal Sieger der UEFA Champions League (2001)
- ein Mal Europacupsieger der Pokalsieger (1967)
- ein Mal Sieger des UEFA-Cup (1996)
- 20 Mal deutscher Meister (zuletzt 2006)
- 13 Mal DFB-Pokalsieger (zuletzt 2006)
- sechs Mal Ligapokalsieger (zuletzt 2007)
- zwei Mal DFB-Supercupsieger (1987, 1990)

Maßgeblichen Anteil an der Erfolgsgeschichte des FC Bayern München haben vor allem die Spieler. Große Namen wie *Franz „Bulle" Roth*, *Hans Georg „Katsche" Schwarzenbeck*, *Uli Hoeneß*, *Paul Breitner*, *Karl-Heinz Rummenigge*, *Klaus Augenthaler*, *Jürgen Klinsmann*, *Lothar Matthäus*, *Bixente Lizarazu*, *Giovane Elber*, *Stefan Effenberg*, *Oliver Kahn* oder *Mehmet Scholl* sind untrennbar mit dem Verein verbunden.

Die wohl herausragende Persönlichkeit des Vereins ist und bleibt jedoch *Franz Beckenbauer*, der seit 1994 dem Präsidium des FC Bayern München e.V. vorsitzt und auch Aufsichtsratsvorsitzender der FC Bayern München AG ist. „Kaiser Franz" absolvierte zwischen 1965 und 1977 insgesamt 396 Bundesligaspiele für die Bayern und wurde als Trainer 1994 mit den Bayern Meister und 1996 UEFA-Cupsieger. Beckenbauer holte in der Saison 1965/66 auch den ersten Titel zum „Fußballer des Jahres" für den FC Bayern München. Seitdem folgten unter anderem vom FC Bayern *Gerd Müller*, *Sepp Maier*, *Karl-Heinz Rummenigge*, *Paul Breitner*, *Oliver Kahn* und zuletzt *Michael Ballack* als beste deutsche Fußballer.

GESCHICHTE

Der FC Bayern München blickt auf eine über 100-jährige Geschichte zurück, die von unzähligen Erfolgen und Spielern von Weltformat geprägt ist.

Am 27. Februar 1900 gründeten 11 Fußballspieler den FC Bayern München, nachdem sie sich nach einem Streit mit der Vereinsführung vom MTV 1879 München getrennt hatten. Als der Verein 1906 finanziell auf wackeligen Beinen stand, schloss er sich bis zum Ende des ersten Weltkrieges dem Münchner SC an. Nach dem Ersten Weltkrieg fusionierte der FC Bayern München mit dem TV Jahn München zum TSV Jahn München, spielte aber weiter als FC Bayern. Der Verein löste sich 1923 wieder aus dieser Fusion und bildete erneut den FC Bayern München als eigenständigen Verein. 1932 feierte der Klub seinen ersten Deutschen Meistertitel. Während des Zweiten Weltkrieges wurden 243 Mitglieder des Vereins zum Militär abberufen. Daher bildete der FC Bayern München eine Spielgemeinschaft mit dem FC Alte Haide.

Nach den eher durchwachsenen Fünfziger Jahren mit dem DFB-Pokalsieg 1957 schaffte der FC Bayern 1965 den Aufstieg in die zwei Jahre zuvor gegründete Fußball-Bundesliga und wurde sogleich Dritter. Seither ist der Bundesligist nie abgestiegen und ist mit Abstand die erfolgreichste Mannschaft im deutschen Fußball. Allein 19 Deutsche Meisterschaften und 12 Pokalsiege seit dem Aufstieg 1965 beweisen die nationale Dominanz des deutschen Vorzeigeklubs.

PRODUKT

Aushängeschild des FC Bayern München sind die Profi-Fußballer. Der Kader von Cheftrainer *Ottmar Hitzfeld* zählte zum Saisonbeginn 2007/2008 nun 25 Mann – fast alles aktuelle oder ehemalige Nationalspieler wie *Kahn*, *Sagnol*, *Lucio*, *Toni*, *Podolski*, *Klose*, *Schweinsteiger*, *Zé Roberto* oder *van Bommel*. Und jeder einzelne von ihnen steht für den Siegeswillen des deutschen Rekordhalters.

Die Fans und Mitglieder in aller Welt sind die Triebfeder des Vereins. Sie pilgern regelmäßig in großer Zahl zu den Spielen des Klubs, so dass die Bayern in ihrer zweiten Saison in der fast immer restlos ausverkauften Allianz Arena einen sensationellen Schnitt von 68.647 Zuschauern pro Heimspiel erreichten. Und für die Saison 2007/2008 waren bereits wieder 37.000 Jahreskarten verkauft worden, ehe der Verkauf aufgrund der hohen Nachfrage gestoppt wurde.

AKTUELLE ENTWICKLUNG

Das größte Projekt in der jüngeren Vereinsgeschichte ist zweifelsohne der Bau der Allianz Arena. Im Oktober 2002 begannen die Bauarbeiten am modernsten Stadion Europas, das der FC Bayern München wegen der finanziellen Schwierigkeiten Lokalrivalen TSV 1860 München nunmehr nahezu alleine finanziert. Bereits zweieinhalb Jahre später – im Mai 2005 – wurde der Fußballtempel feierlich eröffnet. Gigantisch sind die Ausmaße der Arena: 258 Meter lang, 227 Meter breit und 50 Meter hoch. Das Stadion fasst 69.000 Zuschauer und war 2006 einer der viel gelobten Austragungsorte der Fußball-Weltmeisterschaft.

Auch über die deutschen Grenzen hinaus kann der Rekordmeister Erfolge verzeichnen. Nach der deutschen, englischen, spanischen und japanischen Version ging im August 2005 auch die chinesische Website des Vereins online. Über 100 Millionen Fußballfans können sich nun über den FC Bayern München informieren, der in Asien und speziell in China sehr populär ist. In keinem Land hat der Club eine größere Fangemeinde als im Land des Lächelns.

Die Internetseite www.fcbayern.de zählte zuletzt monatlich 40 Millionen Page Impressions und ist damit die weltweit meistbesuchte Homepage eines Fußballvereins. Merchandising-Artikel des FC Bayern München – von Sportbekleidung und Taschen über Kinderspielzeug und Kuscheltiere bis hin zu Krawatten und Bällen – sind im Internet und in Fanshops erhältlich.

Aber der Klub aus München hat auch eine sehr große soziale Ader. So bündelt der FC Bayern seine zahlreichen sozialen Aktivitäten seit 2005 im neu gegründeten Verein FC Bayern Hilfe e.V. Partner des Vereins sind die Deutsche Welthungerhilfe und Malteser International, die mit Unterstützung des FC Bayern München in Not geratenen Menschen, zum Beispiel den Tsunami-Opfern in Südostasien, unheimlich geholfen haben. Neben den Projekten der Welthungerhilfe und des Malteser Hilfsdienstes in Südostasien hat der Verein aber zuletzt auch neue Schwerpunkte gesetzt und beschlossen, sich sowohl im Inland bei der Förderung von Bildung und Erziehung als auch bei der Unterstützung Bedürftiger im Sinne des Förderzwecks „Mildtätigkeit" zu engagieren.

WERBUNG

Der FC Bayern München ist sich seiner Anziehung und seines Markenwertes bewusst. Aktive Werbung betreibt der Verein nicht, jedoch kommuniziert er offensiv mit seinen Fans. Zu jedem Bundesliga-Heimspiel des Rekordmeisters erscheint das „Bayern-Magazin", die Klub-, Stadion- und Fanzeitschrift des Vereins, die jedes Mitglied automatisch erhält. Das „FC Bayern München Jahrbuch" erscheint am Anfang jeder Bundesliga-Saison und gilt als Muss für den echten Bayern-Fan. Neben Informationen zu den Spielern finden sich hier ausführliche Statistiken und alle Spielergebnisse und Erfolge des Vereins aus den letzten 42 Jahren.

MARKENWERT

Kein anderer Verein im deutschen Fußball ist so sehr zu einer Marke geworden wie der FC Bayern München. Von *Giovanni Trappatoni* einst als „Ferrari unter den Fußballvereinen" bezeichnet, profitiert der Rekordmeister weltweit von einem makellosen Image, das von Sponsoren, Partnern, und Spielern gleichermaßen geschätzt wird.

Knapp 90 Prozent der Deutschen kennen den FC Bayern, 47 Prozent finden den Klub sympathisch. Der Bekanntheitsgrad der Marke ist vergleichbar mit Umfragewerten des Trikotausrüsters adidas. In England und Italien sind *Kahn* und Co. für drei von vier Fußballfans das bekannteste deutsche Team.

Als souveräner Marktführer lockt der FC Bayern München seit vielen Jahren hochkarätige Sponsoren aus der deutschen Wirtschaft. Neben Hauptsponsor Deutsche Telekom und Ausrüster adidas stehen unter anderem auch Audi, Lufthansa, Siemens, Coca-Cola, Boss, Microsoft, Paulaner oder die Allianz dem Verein finanziell zur Seite.

www.fcbayern.de

Wussten Sie schon vom FC BAYERN MÜNCHEN?

○ Über keine Fußballmannschaft wird in den Medien so viel berichtet, wie über den FC Bayern München. Die „BILD München" füllt täglich mindestens eine Seite mit Informationen rund um den Verein und taufte ihn „FC Hollywood", da auch außerhalb des Spielfeldes immer viel passiert.

○ Als 1979 die gegnerischen Fans bei einem Auswärtsspiel mal wieder „Zieht den Bayern die Lederhosen aus" sagen, hatte *Uli Hoeneß* eine Idee. Er ließ seine Spieler wenig später in maßgeschneiderten Lederhosen ins Düsseldorfer Rheinstadion einlaufen.

○ Die Verpflichtung von *Franck Ribéry* war für den FC Bayern München der teuerste Transfer aller Zeiten. Der Verein zahlte im Jahr 2007 rund 25 Millionen Euro Ablöse für den französischen Mittelfeldspieler.

○ Der FC Bayern München polarisiert wie kein anderer Fußballverein in Deutschland. Die einen lieben ihn, die anderen hassen ihn. Aber egal ist er keinem Fußballfan. Die Toten Hosen, bekennende Fortuna Düsseldorf-Fans, schrieben eigens für (oder besser gegen) den FC Bayern München das Lied „Ich würde niemals zu den Bayern geh'n" und haben seither Stadionverbot in München.

○ Die Überlegenheit des FC Bayern München in der Bundesliga spiegelt sich seit Jahren in den zahlreichen Meistertiteln und Pokalsiegen wider. Nur drei Mal in der Bundesliga-Historie gab es Vereine, die diese Vormachtstellung ankratzten. In den Siebzigern Borussia Mönchengladbach, in den Achtzigern der Hamburger Sportverein und in den Neunzigern Borussia Dortmund. Aber keiner dieser Vereine konnte die Bayern langfristig besiegen.

○ Von 1965 bis 1972 trug der FC Bayern München seine Heimspiele im Grünwalder Stadion aus, von Mai 1972 bis Mai 2005 im Olympiastadion. Am 31. Mai 2005 fand das erste Spiel der Bayern in der neu erbauten Allianz-Arena statt, die auch ein Austragungsort der Fußball-Weltmeisterschaft 2006 war.

○ Kein anderer Spieler bestritt mehr Spiele für den FC Bayern München als *Sepp Maier*. Der heutige Torwart-Trainer des Vereins stand bei insgesamt 473 Bundesliga-Partien im Tor.

HAMBURG MANNHEIMER
Ein Unternehmen der ERGO Versicherungsgruppe.

MARKT

„Der Markt ist der einzige demokratische Richter, den es überhaupt in der modernen Wirtschaft gibt." Der Erfolg der Hamburg-Mannheimer als einer der führenden deutschen Versicherer adelt die Worte des ehemaligen Bundeskanzlers und Wirtschaftsministers *Ludwig Erhard*. Ein Erfolg – errungen in einem der Wachstumsmärkte der Zukunft: private Vorsorge und Vermögensbildung. Die Notwendigkeit privater Vorsorge ist längst im Bewusstsein der Menschen verankert, das Bedürfnis nach Sicherheit ein essenzielles Zukunftsthema. Hier sind finanzkräftige, starke Partner gefragt – wie die Hamburg-Mannheimer, deren Claim „Kaiserlich versichert" programmatischen Charakter besitzt.

ERRUNGENSCHAFTEN UND ERFOLGE

Wenn sich Unternehmenserfolg über „Anfangen im Kleinen und Streben nach Großem" definiert, dann blickt die Hamburg-Mannheimer nicht nur auf eine lange Tradition, sondern vor allem in eine erfolgreiche Zukunft. So avancierte das Unternehmen an die Spitze der deutschen Lebens- und Unfallversicherer – und ist damit eine feste Größe im Finanzdienstleistungsmarkt. Mit starken Partnern an ihrer Seite: der ERGO-Gruppe, Deutschlands zweitgrößtem Erstversicherer, und der Münchener Rück, einem der größten Rückversicherer weltweit. Dazu kommen eine Reihe von renommierten Kooperationspartnern wie beispielsweise die HypoVereinsbank, die Kapitalanlagegesellschaft MEAG oder zahlreiche Verbände wie beispielsweise der Bund der Steuerzahler oder der Deutsche Hotel- und Gaststättenverband.

Sicherheit, Kompetenz, Service, Leistung, Produktinnovationen, Karrierechancen, soziales sowie sportliches Engagement: Das sind die herausragenden Stärken der Hamburg-Mannheimer. Von Anfang an verfolgte der Hamburger Versicherer ein Ziel: den Menschen Sicherheit und individuelle Lösungen für ihre persönliche Absicherung zu bieten. Einzigartig ist in der Versicherungsbranche deshalb auch die Zielgruppenorientierung der verschiedenen Vertriebe, die die Bedürfnisse ihrer Kunden aus dem Effeff kennen und die kompetente Beratung und Vertrauen in den Mittelpunkt ihres Denkens und Handelns stellen. Mit Erfolg: mehr als sechs Millionen Kunden; mehr als 3,2 Milliarden Euro Beitragseinnahmen; mehr als drei Milliarden Euro ausgezahlte Leistungen, das sind circa 14 Millionen Euro pro Arbeitstag; mehr als 32 Milliarden Euro Kapitalanlagebestand.

Zu den größten Vertriebsorganisationen gehören die HMI, die Stamm-Organisation (HMS) und die Organisation für Verbandsgruppenversicherungen (OVG).

Stichwort: HMI. Power, Dynamik und Kraft – dadurch zeichnet sich die HMI mit ihren 25.000 Partnern im In- und Ausland und ihrem Motto „Wir finanzieren die Zukunft" aus, die mit ihrem starken Struktur- und Agenturvertrieb sowie mit dem Vertriebsansatz Fachmann für Vorsorge und Vermögensbildung eine einzigartige Stellung innerhalb der Hamburg-Mannheimer und der ERGO-Gruppe einnimmt.

Stichwort: Stamm-Organisation. Auf der Grundlage langjähriger Zusammenarbeit mit den bedeutenden Wirtschaftsverbänden sowie der Zielgruppenorientierung im Neugeschäft und der Bestandsbetreuung über den Agenturvertrieb liegt die Stärke der Stamm-Organisation, die sich besonders durch ihre individuelle Beratungskompetenz und Spezialtarife für besondere Berufsgruppen auszeichnet.

Stichwort: Organisation für Verbandsgruppenversicherungen. Mit mehr als 200 Verbänden und Vereinen – Schwerpunkt: Sozialverbände – pflegt die OVG seit Jahrzehnten enge Partnerschaften. Diese beruhen auf Vertrauen und Zielgruppenkompetenz – hier insbesondere im Seniorenmarkt.

Die Erfolge der Hamburg-Mannheimer: Sie bleiben nicht unbemerkt – und werden honoriert. Zum Beispiel von renommierten Ratingagenturen wie Standard & Poor's, Morgen & Morgen, Fitch oder Moodys. Sie bescheinigen der Hamburg-Mannheimer seit Jahren Bestnoter – bei Produkten ebenso wie bei der Finanzkraft, die die Gesellschaft zu einer der stärksten und sichersten der Branche macht. Ansporn und Herausforderung zugleich, den eingeschlagenen Weg fortzuführen.

Auch nationale und internationale Verbände und Institutionen schätzen den Hamburger Versicherer. Bestes Beispiel: die FIFA, die das Unternehmen als offiziellen Versicherer und Sponsor der FIFA-Fußball-Weltmeisterschaft in Deutschland 2006™ ausgewählt hat oder auch der Deutsche Handball Bund, dessen Nationalmannschaft „kaiserlich versichert" Weltmeister 2007 wurde. Wer über eine solch herausragende Finanzkraft und Kompetenz verfügt, bei dem ist ein Mega-Event wie eine Fußball- oder eine Handball-WM – und natürlich die private Vorsorge – in den allerbesten Händen.

GESCHICHTE

Die Farbenfabrik Friedrich Bayer & Co. bringt das Schmerzmittel Aspirin auf den Markt und der Wiener Psychiater *Sigmund Freud* veröffentlicht „Die Traumdeutung". Dies alles geschah in dem Jahr, das in die Annalen der Hamburg-Mannheimer eingegangen ist: 1899 – das offizielle Geburtsjahr der Gesellschaft.

Die Ursprünge der heutigen Hamburg-Mannheimer Sachversicherungs-AG liegen sogar noch früher: Sie feiert in diesem Jahr ihr 150-jähriges Jubiläum.

Als vier Kaufleute, drei Bankiers, drei Fabrikanten und ein Rechtsanwalt am 29. April 1899 im Sitzungssaal der Badischen Schifffahrts-Assekuranz in Mannheim die Gründung einer neuen Versicherungsgesellschaft besiegelten, hätte wohl keiner erwartet, dass die „Vita Versicherungs-Actien-Gesellschaft" – wie die Hamburg-Mannheimer damals noch hieß – zu einem der größten Lebens- und Unfallversicherer Deutschlands avancieren würde. Mit dem Umzug an die Elbe im Jahr 1912 erhielt das Unternehmen dann nicht nur seinen heutigen Namen, sondern erlebte seine erste Blütezeit.

Die Boomjahre der Hamburg-Mannheimer folgten in den Fünfziger und Sechziger Jahren, in denen die Grundlagen für zahlreiche Verbandskooperationen wie beispielsweise mit dem Hotel- und Gaststättengewerbe oder auch dem Sozialverband VdK und damit für den Erfolg der Hamburg-Mannheimer gelegt wurden. „Alles aus einer Hand": Dieser Gedanke dominierte in den Siebziger Jahren – ganz im Sinne der Kunden, denen seit 1975 eigene Sachversicherungs- und seit 1979 Rechtsschutzprodukte aus dem Hause Hamburg-Mannheimer angeboten werden konnten. Das Wohnzimmer als Ein-Mann-Geschäftsstelle, die Büromaterialien im Trabbi-Kofferraum, Terminierung vom Postamt um die Ecke: Mit der Öffnung der Mauer schlug die Hamburg-Mannheimer ab Anfang der Neunziger ein neues Erfolgskapitel auf – und dehnte ihre Geschäftstätigkeit in die neuen Bundesländer aus. Ein Schlagzeilen-trächtiger Meilenstein der besonderen Art folgte 1997: Hamburg-Mannheimer, Victoria, D.A.S. und DKV schlossen sich zur ERGO-Versicherungsgruppe zusammen. Der Aufstieg in die Championsleague der Finanzdienstleistungsbranche mit einem Versicherungsgiganten gewährleistete die Wettbewerbsfähigkeit im deregulierten europäischen Zukunftsmarkt.

PRODUKTE

Innovationen, Ideen, Impulse: Die Entwicklung neuer Produkte ist von jeher Domäne und bedeutender Kernbereich der Hamburg-Mannheimer. So individuell wie die Menschen, so vielfältig präsentieren sich auch die Produkte: Was mit drei Tarifen im 19. Jahrhundert begann, hat sich zu einer breiten, modernen und zukunftsorientierten Palette entwickelt, die alle Bedürfnisse und Wünsche in puncto Vorsorge und Vermögensbildung abdeckt. Ein Überblick:

- Staatlich geförderte Altersvorsorge mit der Kaiser-Rente – dem „Riester-Produkt" der Hamburg-Mannheimer – und Kaiser-Vorsorge – dem „Rürup-Produkt" der Hamburg-Mannheimer;
- Private Renten- und Kapitalversicherungen;
- Betriebliche Altersversorgung;
- Berufsunfähigkeitsversicherungen;
- Komposit-, Unfall- und Rechtsschutzversicherungen;
- Finanzierungs-, Anlage- und Bausparprodukte.
- Alle notwendigen Versicherungen mit nur einer Unterschrift: Zielgruppengerechte Paket-Lösungen für Kinder, Erwachsene und Senioren.

AKTUELLE ENTWICKLUNG

Der Assekuranzspezialist – ein Beruf mit Zukunft. Was bedeutet das Alterseinkünftegesetz für mich? Wie kann ich meine Versorgungslücke im Alter schließen? Fragen, die vom Versicherungsaußendienst der Hamburg-Mannheimer fachkundig beantwortet werden. Für die Hamburg-Mannheimer bedeutet das herausragende Perspektiven – mit Blick auf ihren Geschäftserfolg ebenso wie auf die Gewinnung neuer Mitarbeiter und Vermittler.

Der Bedarf in Deutschland ist enorm: Die Absicherung im Alter stützt sich derzeit nur zu fünf Prozent auf die private Vorsorge. Ein besonders drastisches Beispiel für Unterversorgung im Alter sind Frauen – auch laut einer Emnid-Umfrage, die die Hamburg-Mannheimer in Auftrag gegeben hat. Mehr als die Hälfte der Befragten wissen, dass sie eine zusätzliche Altersvorsorge brauchen, interessieren sich auch dafür – haben sie aber nicht. Und: Mit durchschnittlich 479 Euro erreichen Frauen nicht einmal die Hälfte des Rentenniveaus von Männern. Hier setzt die Hamburg-Mannheimer mit der Beratungskompetenz ihrer Vertriebe an, um auch dieser Zielgruppe ein sorgenfreies Leben im Alter zu ermöglichen.

WERBUNG

Er ist eine der erfolgreichsten Werbeikonen und zudem Deutschlands dienstälteste Werbefigur: *Günter Kaiser*, der sich erstmals vor 35 Jahren - im September 1972 – der deutschen TV-Öffentlichkeit vorstellte. Ein Jubiläum, das die Hamburg-Mannheimer mit einem kommunikativ ausgerichteten Maßnahmenpaket feiert. Und: Mit einem neuen Kampagnenansatz, der die Rolle von Herrn Kaiser grundlegend wandelt. Eine kurze Zeitreise: Avancierte er in den Siebziger und Achtziger Jahren zum Beratungsexperten der Menschen, war er – gemäß dem Trend der Zeit – ab den Neunziger Jahren eher der „Beobachter". Dies ändert sich jetzt mit dem neuen Auftritt, in dem *Günter Kaiser* Berater, Botschafter und Verkäufer in Personalunion ist. Und: sowohl Marken- als auch Produktbotschaften vermittelt. Der strategische Leitgedanke dahinter: Die Hamburg-Mannheimer und ihr Herr Kaiser sind Wegweiser und bieten Orientierung. Die neue Dreidimensionalität der Figur spiegelt den obersten Verkäufer der Vertriebe ebenso wider wie den vertrauensvollen Berater der Menschen und den ersten Botschafter der Marke Hamburg-Mannheimer. Ganz im Sinne der „Wir schaffen Klarheit"-Kampagne, mit der die Hamburg-Mannheimer Aufklärungsarbeit im Bereich Vorsorge und Vermögensbildung leisten möchte. Wie ein Leuchtturm in stürmischer See.

MARKENWERT

„Welche Versicherungsunternehmen kennen Sie?" Darauf antworten 82 Prozent der Bevölkerung: „Hamburg-Mannheimer!". Das Markenbild der Gesellschaft hat – nicht zuletzt durch Herrn Kaiser – in den vergangenen Jahren an Klarheit und Transparenz gewonnen. Kundenbefragungen haben zudem gezeigt, dass die Hamburg-Mannheimer weit vorn dabei ist, wenn es um die Markenaffinität geht. Deshalb vertrauen besonders viele Premium-Kunden mit hohem Einkommen, gehobenem Bildungsstand und überdurchschnittlichem Wohnumfeld der Hamburg-Mannheimer. Finanzielle Stärke, Partnerschaft, Kompetenz, Flexibilität, Dynamik, Professionalität, Seriosität, Vertrauen: Diese Begriffe werden in der öffentlichen Wahrnehmung im Zusammenhang mit der Gesellschaft genannt – und sind die Basis für die „starke Marke" Hamburg-Mannheimer. Die Hamburg-Mannheimer – eine echte Größe mit Markendominanz, bei der man sich „kaiserlich" versichert fühlen kann.

www.hamburg-mannheimer.de

Wussten Sie schon von der Hamburg-Mannheimer?

○ „Blick in die Zukunft": Die Hamburg-Mannheimer wirbt bereits im Jahr 1928 mit einem vierminütigen Kino-Spot für die Alters- und Hinterbliebenenvorsorge.

○ „Wenn jede Frau wüsste, was jede Witwe weiß": Bereits Anfang der Sechziger Jahre entwickelte die Hamburg-Mannheimer mit einem speziellen Rententarif für Sekretärinnen und Hausfrauen maßgeschneiderte, zielgruppenspezifische Versicherungen.

○ „Kaiserlich gespielt – und versichert": 15 Millionen Zuschauer sahen das Handball-WM-Finale zwischen Deutschland und Polen, aus dem die Deutschen als Weltmeister hervorgingen. Mittendrin: die Hamburg-Mannheimer.

○ „Bronze aus New York": Einen großen Erfolg verbuchte die Hamburg-Mannheimer beim renommierten New York Festival. Sie gewann Bronze in der Kategorie „Interactive & Alternative Media" für das Online-Werbemittel „Missclicked", bei dem in Sekundenschnelle die Homepage wie ein Kartenhaus in sich zusammenbricht und damit plastisch zeigt, wie schnell ein unbeabsichtigter Schaden entstehen kann.

Handelsblatt

MARKT

Wir leben in einer komplexen und global vernetzten Wirtschaftswelt. Wer erfolgreich sein will, der benötigt zuallererst Informationen – top-aktuell, überall und sofort, in der notwendigen Breite und Tiefe.

Die Verlagsgruppe Handelsblatt, Düsseldorf, ein Unternehmen der Verlagsgruppe Georg von Holtzbrinck, Stuttgart, konzentriert sich daher auf anspruchsvolle Qualitätsmedien, die ebenso fundiert wie anregend informieren. Unabhängig davon, ob sie für Zeitungen, Magazine, Fachmedien oder Internetportale schreiben – die Journalisten aller Redaktionen des Hauses stehen für fairen und seriösen Qualitätsjournalismus. Sie wissen, wie anspruchsvoll ihre Leser sind. Die Verlagsgruppe Handelsblatt publiziert für Entscheider, vor allem Unternehmer, leitende Angestellte und Selbständige.

Mit ihren großen Medien-Marken wie Handelsblatt, WirtschaftsWoche und Handelsblatt Junge Karriere, zahlreichen Fachzeitschriften und einer breiten Palette an Dienstleistungen und multimedialen Angeboten, nimmt die Verlagsgruppe Handelsblatt eine einzigartige Stellung im Markt für Wirtschaftspublizistik ein – in Deutschland und international. Dabei hat sich wohl kaum ein publizistisches Berufsbild so stark gewandelt wie das des Wirtschaftsjournalisten. An die Stelle des Spezialisten, der einstmals im spezifischen Fachjargon Neuigkeiten aufbereitete, tritt heute der engagierte Blattmacher. Moderne Wirtschaftsjournalisten sind Spezialisten im Wissen, aber Generalisten in der Darstellung.

Die Wirtschafts- und Finanzzeitung Handelsblatt hat sich darauf eingestellt. Moderne Bildsprache, akkurate und engagierte Schreibe, das ist die publizistische Richtschnur.

ERRUNGENSCHAFTEN UND ERFOLGE

Mehr denn je bestimmen heute Wirtschaftsfragen das politisch-soziale Geschehen und die öffentliche Themenlage. Das Handelsblatt schafft erfolgreich Durchblick in einer immer komplexeren Welt: Seit über 60 Jahren ist das Blatt Deutschlands größte Wirtschafts- und Finanzzeitung. Das Handelsblatt ist die meistgelesene Tageszeitung bei Entscheidern (Leseranalyse Entscheidungsträger 2007) und war im 1. Halbjahr 2007 zudem die meistzitierte überregionale Abonnementzeitung Deutschlands (Media Tenor). Rund 200 Redakteure und Korrespondenten weltweit stehen für einen kritisch-analytischen Journalismus, der nationale und globale Berichte exklusiv und aktuell recherchiert und analysiert. Handelsblatt-Leser sind Entscheider und Meinungsführer der deutschen Wirtschaft und Gesellschaft. Bei einer verkauften Auflage von 142.235 Exemplaren (Jahresdurchschnitt IVW/2006) erreicht die Zeitung mehr als eine halbe Millionen Leser (ma 1/2007). Tägliche Standards sind die Rubriken „Wirtschaft und Politik", „Unternehmen und Märkte" sowie „Finanz- und Anlegerzeitung". Beilagen zu den Themen Karriere, Lifestyle und Reisen ergänzen die Wirtschafts- und Finanzberichterstattung.

Ein wichtiger Meilenstein auf dem Weg der kontinuierlichen Weiterentwicklung war der umfassende Relaunch von 2005. Seitdem erscheint der Finanz- und Anlegerteil nicht mehr in der klassischen Zeitungsgröße, sondern im kleineren, modernen Tabloid-Format. Mit einem insgesamt frischer wirkenden, auf Magazinelemente zurückgreifenden Layout sowie erweiterten redaktionellen Inhalten ist es gelungen, neue Zielgruppen zu erschließen und gleichzeitig den traditionellen Markenkern – die journalistische Kompetenz und den hohen Nutzwert der Information – zu stärken.

Die Liste der Awards, die das Handelsblatt in Print und Online in jüngster Zeit gewonnen hat, ist lang: European Newspaper Award 2007 (zwei Auszeichnungen für Weekend Journal in der Kategorie Beilagen, eine Auszeichnung für Handelsblatt in der Kategorie Infografik), Grimme Online Award (1. Platz für Videoweblog Elektrischer Reporter), Podcast-Award (1. Platz für Elektrischer Reporter), Lead Award (2. Platz für Elektrischer Reporter). Diese Auszeichnungen unterstreichen in beeindruckender Weise die Innovationskraft der Marke Handelsblatt.

GESCHICHTE

Am 16. Mai 1946 erschien mit der Handelsblatt-Ausgabe Nr. 1/1946 in Düsseldorf die erste deutsche Wirtschaftszeitung nach dem Zweiten Weltkrieg. Vorbild für das neue Blatt war die angelsächsische Wirtschaftspresse, vor allem The Wall Street Journal und die britische Financial Times.

Die notwendige Lizenz für die Herausgabe einer Zeitung übertrug die britische Militärbehörde dem Journalisten *Dr. Herbert Gross*. Erster Chefredakteur wurde der Wirtschaftsjournalist *Dr. Friedrich Vogel* (1902-76). Presselizenzen sind in dieser Zeit an Papierkontingente gebunden: Dem Handelsblatt wurde ein Kontingent für wöchentlich acht Seiten in einer Auflage von 10.000 Exemplaren zugestanden.

Bereits Ende der Vierziger Jahre baute das Handelsblatt sein Angebot aus, erhöhte die Erscheinungsfrequenz und erweiterte die internationale Berichterstattung: Die ersten Korrespondenten berichteten aus dem europäischen Ausland. Seit 1959 erscheint die Zeitung börsentäglich.

Zum 60-jährigen Bestehen am 16. Mai 2006 wartete die Zeitung mit einer beeindruckenden 96-seitigen Sonderausgabe auf. Titel: 60 Jahre Handelsblatt – 60 Jahre unternehmerischer Erfolg in Deutschland. Im Mittelpunkt stand dabei nicht nur die historische Entwicklung, sondern auch ein Ausblick auf die zukünftigen wirtschaftlichen und politischen Strukturen im Jahr 2025. Ergänzt wurde das Jubiläumsangebot durch eine Buchveröffentlichung zum Thema, die auf 200 Seiten hochkompetent durch die Zeitungs- und Zeithistorie führt.

PRODUKT

Das Handelsblatt begleitet den Leser durch den Tag, rund um die Uhr, über alle Medienkanäle: ob gedruckt als Zeitung, per SMS-Mitteilung, mit dem Handelsblatt-Ticker auf n-tv oder online unter www.handelsblatt.com. Die verschiedenen Online-Services des Handelsblatts ermöglichen dem User dabei Zugriff auf die gesamte Bandbreite aktueller Wirtschaftsinformationen. Zum Angebot gehören Weblogs, Newsletter und eine e-Paper-Version der Zeitung. Hinzu kommt wirtschaftspresse.biz, das persönliche Informations- und Rechercheportal im Internet. Abonnenten erhalten hier kostenlosen Zugriff auf die digitalen Archive und Online-Services von Handelsblatt und WirtschaftsWoche.

Handelsblatt News am Abend bringt Entscheider unterwegs auf den neuesten Stand. Als schnellste Zeitung der Wirtschaft bietet die „Nachmittagsausgabe des Handelsblatts" einen hochwertigen Informationsservice mit tagesaktueller Themenwahl.

Die digital produzierte Zeitung im handlichen DIN-A4-Format ist weltweit die einzige Wirtschaftspublikation, die ihre Leser in dieser Form informiert. Redaktionsschluss ist um 14.00 Uhr. Bereits zwei Stunden später halten Geschäftsreisende die Zeitung in ihren Händen.

Auf den Handelsblatt-Veranstaltungen – Financial Trainings und hochkarätig besetzte Branchen treffs – diskutieren Top-Akteure der deutschen und internationalen Szene die aktuellen Herausforderungen ihrer Branche. Auch mit einem eigenen Shop tritt das Handelsblatt als Marke vielschichtig in Erscheinung: Das Angebot umfasst unter anderem Sonderpublikationen zu erfolgreichen Handelsblatt-Serien, Hörbücher und Audio-CDs. Für das Trendthema Wein wurde Handelsblatt Vino! der exklusive Club für Weingenießer gegründet.

AKTUELLE ENTWICKLUNG

Das Handelsblatt hat in jüngster Zeit sein Engagement im Bereich Supplements verstärkt und bietet dem Leser jetzt exklusiv die wöchentlichen Beilagen Weekend Journal zum Lifestyle- und Luxussegment und Perspektiven zum Thema Karriere. Beide Beilagen erscheinen im modernen Tabloid-Format. Das Handelsblatt schlägt damit die Brücke hin zu der Lebens- und Entscheidungswelt seiner Leser und stärkt die Bindung an die Dachmarke. Mit aktuellen, monothematischen Themen wie zum Beispiel Klimaschutz beschäftigt sich die Beilage Handelsblatt agenda, die ebenfalls im Tabloid-Format erscheint und den Werbekunden die Möglichkeit zum Exklusiv-Sponsorship bietet.

Neben dem Kernprodukt Zeitung setzt das Handelsblatt zunehmend auch auf aktionsgetriebenes Marketing mit Produkten, die Handelsblatt-Lesern einen echten Mehrwert bieten und den Markenkern stärken. Dazu gehören auch eigene Buchreihen wie beispielsweise die Handelsblatt Mittelstands Bibliothek, die einen kompakten Überblick über das Management-Wissen einer der wichtigsten Entscheiderzielgruppen bietet.

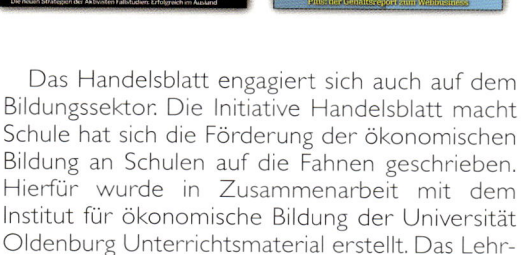

Das Handelsblatt engagiert sich auch auf dem Bildungssektor. Die Initiative Handelsblatt macht Schule hat sich die Förderung der ökonomischen Bildung an Schulen auf die Fahnen geschrieben. Hierfür wurde in Zusammenarbeit mit dem Institut für ökonomische Bildung der Universität Oldenburg Unterrichtsmaterial erstellt. Das Lehrmaterial ist mit dem Comenius-Siegel 2007 für besonders wertvolle didaktische Multimedia-Produkte im Bildungsbereich ausgezeichnet worden.

WERBUNG

Dass eine Wirtschafts- und Finanzzeitung jung, innovativ, lebendig und dabei auch seriös wirken kann, beweist die Marke Handelsblatt mit ihrer Markenpolitik. Mit der Basispositionierung, die das Handelsblatt als die substanzielle Grundlage für erfolgreiche Entscheider und erfolgreiche Entscheidungen definiert, erhält die Marke ein klares und vor allem trennscharfes Profil. Der bewährte Claim „Substanz entscheidet" drückt hierbei in kurzer Form die Idee der Marke, „Substanz für Erfolg", aus. Alle Kommunikationsmaßnahmen sollen den Gedanken „Handelsblatt. Substanz entscheidet." aufladen und beweisen. Dies spiegelt sich in der durchgängigen, klaren Farbgebung mit dem klassischen Orange wider.

In der Imagekampagne wird deutlich unterstrichen, dass Substanz, die entscheidet, auch Freude macht. Die Motive sind geprägt von aufmerksamkeitsstarken Texten. Visuell kommen aktuelle Themen, Sachmotive, Packshotmotive und Prominente zum Einsatz. Die Kampagne richtet sich neben den Top-Entscheidern auch an wirtschafts- und finanzaffine Leser in allen Lebens- und Karrierephasen.

MARKENWERT

Das Handelsblatt gilt als die Informationsquelle für Entscheider und strahlt das Selbstbewusstsein einer starken Marke aus – auch und gerade in wirtschaftlich schwierigen Zeiten und in einem zunehmend starken Wettbewerbsumfeld. Dabei ist es gerade in der Ära der wachsenden Medienkonvergenz gelungen, den traditionellen Markenkern mit neuen Attributen aufzuladen und das Handelsblatt als klaren Markt- und Meinungsführer zu positionieren. Dabei wird die gesamte moderne Bandbreite der Medienkanäle intensiv genutzt. Die Marke Handelsblatt erreicht den klassischen Zeitungsleser am Schreibtisch ebenso wie den Geschäftsreisenden in Bahn und Flugzeug, den Internetsurfer, den Mobile-Nutzer oder den Blogger. Die Aufbereitung der Informationen richtet sich dabei stets an höchsten Qualitätsmaßstäben aus. Der Erfolg dieser Strategie bedeutet keineswegs Stillstand – im Gegenteil. Eine publizistische Marke muss sich ständig weiterentwickeln, an ihrer Profilschärfung arbeiten, die Leser- und Nutzer-Blattbindung erhöhen. Tradition und Innovation stellen dabei keine Gegensätze dar, sondern verbinden sich in synergetischer Weise. Nur so können die anspruchsvollen Zielgruppen der Wirtschafts- und Finanzcommunity dauerhaft an eine Marke gebunden werden.

www.handelsblatt.com

Wussten Sie schon vom Handelsblatt?

- Der durchschnittliche Handelsblatt-Leser ist jünger als 35 Jahre.
- *Ludwig Erhard* hatte das Handelsblatt über 20 Jahre abonniert.
- 35 Tonnen Papier werden jährlich mit dem Handelsblatt bedruckt.
- Das Blatt war im ersten Halbjahr 2007 die meistzitierte überregionale Abonnementzeitung in Deutschland.
- Das Handelsblatt ist seit über 60 Jahren die größte deutsche Wirtschafts- und Finanzzeitung und hat auch vor, es zu bleiben.

HARIBO

MARKT

"HARIBO macht Kinder froh und Erwachsene ebenso." Wer kennt ihn nicht, diesen berühmten und vertrauten Werbeslogan des Hauses HARIBO. Doch so heiter und unbeschwert die Werbebotschaft sein mag, sie verpflichtet auch. HARIBO hat dieses Versprechen allerdings immer gehalten. Nicht umsonst sind die Süßwaren aus dem Hause HARIBO bei den Kunden äußerst beliebt. Und das seit vielen Jahrzehnten.

Dass HARIBO heute ein weltweiter Branchenführer ist, ist nicht allein auf die Produktqualität, sondern auch auf ein seit den Gründungstagen konsequent aufgebautes, engmaschiges Vertriebs- und Produktionsnetz zurückzuführen.

Heute produziert HARIBO an 18 Standorten in ganz Europa, fünf davon in Deutschland. Vertriebsniederlassungen in fast jedem europäischen Land und den USA kommen hinzu.

Und nicht zuletzt ist auch die konsequente Erweiterung der Produktpalette durch Zukäufe von passenden Qualitätsmarken im In- und Ausland für die führende Marktstellung verantwortlich.

ERRUNGENSCHAFTEN UND ERFOLGE

Qualität zahlt sich aus – die Preise und Auszeichnungen für HARIBO-Produkte und das Unternehmen selbst sind unzählbar. Mehrfach in Folge erhielt eine Vielzahl von HARIBO-Produkten das begehrte „Goldene Gütezeichenband der CMA" (Centrale Marketing-Gesellschaft der deutschen Agrarwirtschaft), eine hochwertige Auszeichnung, die nur solchen Produkten verliehen wird, die drei Jahre lang alle Prüfungen des CMA-Gütezeichens mit der Höchstpunktzahl bestanden haben. In Anerkennung der hervorragenden Leistungen zur Qualitätsförderung erhielt HARIBO außerdem die Ehrenurkunde „15 Jahre CMA-Gütezeichen" für die erfolgreiche Teilnahme an den neutralen CMA-Qualitätsprüfungen (2005).

Bei dem im Jahr 2004 erstmals von der GfK durchgeführten Markenranking „Best Brands" erzielte HARIBO auf Anhieb Platz Eins in der Kategorie „Dynamischste Produktmarke". Bereits zum fünften Mal in Folge belegt HARIBO in einer der größten europäischen Verbraucherstudien, der „Reader´s Digest European Trusted Brands", Platz Eins in der Kategorie Süßigkeiten als vertrauenswürdigste Süßwarenmarke und erhielt bei der freiwilligen Qualitätskontrolle durch die Deutsche Landwirtschafts-Gesellschaft (DLG) gleich sechs DLG-Auszeichnungen! Das Testzentrum der DLG führt jährlich ihren internationalen Qualitätswettbewerb für feine Backwaren und Süßwaren durch. Die Experten des Testzentrums Lebensmittel der DLG kamen für HARIBO zu folgendem positiven Ergebnis: „Die Firma HARIBO aus Bonn stellt Süßwaren her, die hohen Genuss versprechen". Dies ist die eine einwandfreie Bestätigung für die hohe Qualität und handwerkliches Können. Denn die Spezialisten der DLG untersuchten die Produkte auf Basis aktueller, wissenschaftlich abgesicherter Methoden und produktspezifischer Qualitätsstandards und garantieren somit eine hohe Aussagekraft der sensorischen Untersuchungsergebnisse.

GESCHICHTE

Am 13.12.1920 ließ der damals 27jährige Bonbonkocher Hans Riegel seine Firma HARIBO als Akronym für HAns RIegel BOnn ins Bonner Handelsregister eintragen. In einer kleinen Hinterhof-Waschküche begann die Geschichte des mittlerweile weltbekannten Unternehmens. Seine Frau Gertrud Riegel wurde 1921 die erste Mitarbeiterin der jungen Firma.

1922 erfand Hans Riegel den „Tanzbären", eine Bärenfigur aus Fruchtgummi, die später als HARIBO Goldbär weltberühmt wurde.

1925 begann Hans Riegel mit der Herstellung von Lakritz-Produkten. Das erste Produkt war die Lakritzstange mit einem aufgepressten HARIBO-Schriftzug. Später folgte die weltberühmte Lakritz-Schnecke.

1930 beschäftigte HARIBO bereits 160 Mitarbeiter. Deutschland wurde von Handelsvertretern flächendeckend mit HARIBO-Produkten versorgt.

Mitte der Dreißiger Jahre wurde der Werbeslogan „HARIBO macht Kinder froh" kreiert. Von 1930 bis 1933 entstand der Hauptbau der heutigen Fabrikationsanlage in Bonn.

Ende der Zwanziger Jahre nahm HARIBO erste Geschäftsverbindungen zum Ausland auf und gründete 1935 die HARIBO LAKRIDS A/S KOPENHAGEN. Unmittelbar vor dem Zweiten Weltkrieg hatte das Unternehmen eine solide mittelständische Basis mit circa 400 Mitarbeitern.

1945 starb der Firmengründer Hans Riegel. Seine Frau leitete die Geschäfte in der ersten Zeit nach dem Zweiten Weltkrieg.

1946 übernahmen die Söhne Hans und Paul Riegel die Leitung der Firma mit einer bis heute bewährten Arbeitsteilung. Das florierende Unternehmen expandierte und beschäftigte im Jahre 1950 bereits circa 1000 Mitarbeiter.

Mitte der Sechziger Jahre wurde der Werbeslogen „HARIBO macht Kinder froh" um den Zusatz „und Erwachsene ebenso" ergänzt.

1962 strahlte das deutsche Fernsehen zum ersten Mal HARIBO Werbung aus.

Von 1957 bis heute übernahm HARIBO eine Reihe von Süßwarenherstellern im In- und Ausland und schuf sich ein weltweites Netzwerk an Produktionsstätten und Vertriebsniederlassungen.

1971 erwarb HARIBO die Anteilsmehrheit an der fränkischen Lebkuchenfirma „Bären-Schmidt".

1986 übernahm HARIBO die Marke MAOAM.

1991 begann die außerordentlich erfolgreiche Werbepartnerschaft mit Thomas Gottschalk.

1993 übernahm HARIBO die renommierte Marke „Vademecum" und drei Jahre später eröffnete HARIBO in Frankreich das „Musée du Bonbon".

PRODUKT

Am Anfang eines jeden HARIBO-Fruchtgummis steht vorerst die kreative Idee eines Produktdesigners. Denn jedes Fruchtgummi weist eine spezifische Form auf: Ob „Goldbären" oder „Quaxi-Fröschli", ob „Saure Pommes" oder „Happy-Cola", jede Form muss neu „erfunden" werden. So wird jede Neuheit der Produktpalette im ersten Schritt per Hand als Skizze zu Papier gebracht.

Die Handzeichnung wird anschließend am Computer in eine dreidimensionale präzise Musterzeichnung verwandelt, die von einer Hightech-Fräse in eine Gipsform gefräst wird. Aus dem Prototyp wird schließlich eine wiederverwendbare Form hergestellt, mit der man beliebig viele Gipsstempel herstellen kann.

Im Produktionsraum wird die Fruchtgummi-Grundsubstanz erhitzt und zu einer zähflüssigen Masse angerührt. Über Rohrleitungen wird die Masse in eine Gießanlage geleitet, wo die separat vorbereiteten Aromen und natürlichen Farbstoffe hinzugegeben werden.

Nur absolut einwandfreie Rohstoffe finden in HARIBO-Produkten Verwendung.

Nicht umsonst begegnet man in HARIBO-Betrieben immer wieder Tafeln, die jeden einzelnen Mitarbeiter daran erinnern, wie die Unternehmensphilosophie und das beste Verkaufsargument für HARIBO-Produkte lautet: „vor allem Qualität".

Eigentlich ist es kein Geheimnis, woraus die HARIBO-Fruchtgummis hergestellt werden: Sie bestehen aus einer Mixtur von Glukosesirup (macht sie durchsichtig), Zucker und Dextrose (macht sie süß) sowie Gelatine (macht sie „gummig"). Hinzu kommen färbende Frucht- und Pflanzenkonzentrate, Aromen, Stärke und etwas Citronensäure.

Neben dem klassischen Fruchtgummi gibt es eine Vielzahl von Produkten, die sich durch spezielle Zutaten oder besondere Kombinationen auszeichnen, wie zum Beispiel mehrlagig gegossene Kombinationen aus Fruchtgummi-, Konfekt- und Schaumzuckermasse.

Unumstrittener Fruchtgummi-Star bleibt der mittlerweile weltberühmte „Goldbär" von HARIBO. Zur Goldbärchen-Familie gehören Produktvarianten wie der Mini-Goldbär, die extra großen Bärlis, die Saftbären, die Weihnachts-Goldbären und andere.

Zu den HARIBO Lakritzprodukten gehören das Gieß-Lakritz (zum Beispiel: Salinos), Lakritz-Konfekt (Lakritz-Kokos-Kombination), Press- oder auch Weich-Lakritz (Lakritz-Schnecken), Dragiertes Lakritz (Stafetten), Salz-Lakritz (Salzbrezeln) und Kombinationen aus Fruchtgummi und Lakritz (Vampire).

Neben Weingummis gehören auch die „Süssen Mäuse", ein reines Schaumzucker-Produkt zu den HARIBO-Klassikern.

HARIBO-Gelee-Produkte weisen meistens Fruchtformen auf, wie zum Beispiel bei den Him- und Brombeeren (Berries).

HARIBO-„Bronchiol" zählt zu den Spezialitäten des Produktsortiments. Hierbei handelt es sich um ein Gummibonbon mit original japanischem Minzöl. Gut für Hals und Rachen.

HARIBO-Produkte kennen keine Grenzen. Bereits jetzt exportiert HARIBO in über 105 Länder der Erde.

AKTUELLE ENTWICKLUNG

Bereits 1996 übernahm die HARIBO GmbH & Co. KG die belgische Firma Dulcia, die auf eine lange und erfolgreiche Produkttradition mit Speck-Produkten (wie zum Beispiel Soft-Kiss, Cocoballs, Rombiss und Speckies) zurückblickt. Ab Anfang Juli 2007 erfolgt die internationale Markenumstellung aller Dulcia Produkte auf HARIBO „Chamallows". Durch diesen neuen, weltweit einheitlichen Markenauftritt und die synchrone Eingliederung in die HARIBO Produktgruppe sollen frische Impulse erreicht sowie zusätzliche Verbrauchergruppen mobilisiert werden. Das neue Beutel- und Stückartikeldesign der HARIBO Chamallows ist an die altbekannte Gestaltung angelehnt, sodass Liebhaber das unverwechselbare Erscheinungsbild erkennen.

Da HARIBO schnell auf aktuelle Trends reagiert, kommen jedes Jahr 10 bis 15 Produktneuheiten auf den Markt. Eine der Neuheiten im HARIBO Sortiment 2007 sind die HARIBO „Knuddel-Knut´sch"– Eisbären aus Schaumzucker.

Anlässlich der Geburt des mittlerweile weltbekannten Eisbärbabys spendete HARIBO dem Berliner Zoo 5.000 Euro für die Aufzucht von Knut. Von jeder verkauften Runddose „Knuddel-Knut´sch" gehen 10 Cent ebenfalls an das Eisbärbaby.

WERBUNG

Erfolgreiche Werbebotschaften müssen einfach sein. Und die Kunden sollten diese Werbebotschaften – ohne lange nachzudenken – mit den betreffenden Produkten und ihrem Hersteller verbinden können. So gesehen gibt es wohl kaum ein Unternehmen, das erfolgreicher wäre als HARIBO.

„HARIBO macht Kinder froh und Erwachsene ebenso" – 98 Prozent aller Verbraucher kennen den Slogan von HARIBO!

Die rekordartigen Bekanntheitswerte sind nicht zuletzt auf die seit 1991 bestehende Werbepartnerschaft mit dem bei Jung und Alt bekannten und sehr beliebten Fernseh-Entertainer *Thomas Gottschalk* zurückzuführen – eine außergewöhlich erfolgreiche und stabile Werbepartnerschaft, die im Jahr 2005 offiziell von „Guiness World Records Ltd." als weltweit längste Werbepartnerschaft zwischen einem Unternehmen und einem Testimonial bestätigt wurde.

Das Fernsehen ist das wichtigste Medium für HARIBO. Hauptwerbeträger ist nach wie vor der bekannteste Showmaster Deutschlands.

Als begleitende Maßnahme mit Erinnerungsfunktion setzt HARIBO auf Funkwerbung. Auch hier ist *Thomas Gottschalk* als Sprecher aktiv.

Selektive Print-Werbung in Special-Interest-Titeln, der Fachpresse und in Kinderzeitschriften ergänzt die Werbestrategie bei HARIBO.

Bis zu fünf Millionen begeisterte Besucher vergnügen und informieren sich weltweit jährlich auf der Homepage von HARIBO – eine Spiel-, Spaß- und Informationsplattform.

Alljährlich begibt sich der HARIBO-Truck auf seine Reise quer durch Deutschland. Hüpfen, spielen und naschen heißt es dann vor vielen großen Verbrauchermärkten und Warenhäusern.

In einer Wanderausstellung, die erstmals 2005 gezeigt wurde, zeigt HARIBO neben spektakulären, künstlerischen Exponaten aus HARIBO-Produkten auch eine Menge über die Firmen- und Produktionsgeschichte, über Inhaltsstoffe, Design und Werbung.

MARKENWERT

HARIBO belegte in einer der größten europäischen Verbraucherumfragen mehrfach den ersten Platz als vertrauenswürdigste Süßwarenmarke.

In gestützten Befragungen kannten 98,9 Prozent der Konsumenten die Marke HARIBO. Selbst in ungestützten Befragungen gaben 87,3 Prozent der Befragten an, die Marke HARIBO zu kennen.

Der „Goldbär" besitzt Kultcharakter und genießt bei seinen Fans seit geraumer Zeit den Status eines Popstars. „Goldbären"Fans können über den Internet-Shop aus einem reichhaltigen Sortiment Artikel auswählen, die allesamt dem Kultobjekt gewidmet sind.

Zum 85. Geburtstag ehrte HARIBO im August 2007 die Goldbären mit der neuen, sechsten Geschmacksrichtung Apfel.

Durch eine geschickte Marketingstrategie ist der „Goldbär" in Deutschland mittlerweile zum Synonym für Fruchtgummi überhaupt geworden.

www.haribo.de

Wussten Sie schon von HARIBO?

❍ Pro Tag werden weltweit circa 100 Millionen Goldbären produziert.

❍ Mit einem Band aus den aneinandergereihten, stehenden Goldbären einer Jahresproduktion könnte man viermal den Erdball umwickeln.

❍ Seit 1987 gibt es die Dr. Hans Riegel-Stiftung, die sich zur Aufgabe gemacht hat, junge, talentierte Menschen in ideeller und wirtschaftlicher Hinsicht zu fördern.

❍ Alljährlich im Oktober können Kinder aus ganz Deutschland Kastanien und Eicheln gegen HARIBO-Süßigkeiten eintauschen. Die Waldfrüchte werden im Winter dem heimischen Wild zugefüttert.

Hengstenberg

MARKT

Feines und Saures - das ist das Erfolgsrezept der Rich. Hengstenberg GmbH & Co. KG. Seit 1876 produziert das Familienunternehmen feinsaure Lebensmittel wie Essig, Kraut, Gurken, Senf, Feinkostprodukte und italienische Tomatenspezialitäten. An drei Produktionsstandorten in Deutschland stellt Hengstenberg seine Produkte her. In Esslingen, Bad Friedrichshall bei Heilbronn und im nordhessischen Fritzlar arbeiten mehr als 550 Mitarbeiter daran, dass Hengstenberg einer der erfolgreichsten Lebensmittelhersteller in Familienhand bleibt. Mittlerweile exportiert das Unternehmen in mehr als 40 Länder, vor allem nach Österreich, Spanien, Italien, in die USA, nach Kanada und Japan.

Der Marktführer im Bereich Sauerkraut und Essig setzt auf beste Qualität. Durch innovative Produkte und Rezepturen wird das Sortiment ständig aktualisiert und dem Verbraucher auf diese Weise ein Angebot an feinsauren Speisen zwischen Tradition und Aktualität angeboten.

ERRUNGENSCHAFTEN UND ERFOLGE

Seit der Firmengründung setzt das Unternehmen auf innovative Produktideen. Der Firmengründer *Richard Alfried Hengstenberg* hat das damalige Essigherstellungsverfahren deutlich verbessert und konnte mit seinem sogenannten „Beschleunigten Orleansverfahren" Weinessig schneller und in viel besserer Qualität herstellen. 1932 brachte *Dr. Richard Hengstenberg*, Enkel des Firmengründers *Richard Alfried Hengstenberg*, das weltweit erste pasteurisierte Sauerkraut auf den Markt. Dieses Verfahren verlängert die Haltbarkeit des Krautes und erhält auch nach längerer Lagerung den hervorragenden Geschmack. Sein Sohn, *Eckart Hengstenberg*, hat eine Sauerkrautabfüllmaschine entwickelt und patentieren lassen – diese ist weltweit einzigartig. Mit dieser Maschine lässt sich Sauerkraut viel schonender abfüllen und somit ist die Qualität des Endproduktes höher.

Auch heute reagiert Hengstenberg auf die Bedürfnisse der Kunden. Schnell zubereitete Convenience-Gerichte sind gefragt. Daraufhin entwickelte der Hersteller 2002 ein fertig gekochtes und gewürztes Sauerkraut unter dem Namen Mildessa 3 Minuten. In den Geschmacksrichtungen pikant-würzig, fruchtig-pikant und herzhaft gelingt die Zubereitung in drei Minuten und kann so in der Pause zwischendurch genossen werden.

GESCHICHTE

Vor mehr als 130 Jahren unterzeichnete *Richard Alfried Hengstenberg* 1876 im schwäbischen Esslingen die Teilhaberschaft an einer kleinen Essigfabrik und legte damit den Grundstein für ein bis heute erfolgreiches Familienunternehmen. Dem Anspruch auf hohe Qualität der Produkte wurde von Anfang an Rechnung getragen. Zunächst produzierte Hengstenberg Gurken und Essig und zwar nach einer Rezeptur seiner Frau *Marie*. 1893 wurde das Sortiment um Senf erweitert.

Aufgrund der hohen Nachfrage an feinsauren Spezialitäten zog das Unternehmen 1895 auf ein neues und größeres Gelände am Stadtrand von Esslingen um, wo Hengstenberg noch heute seinen Firmensitz hat. Ein Jahr später wurde das Familienwappen, ein über einen Berg springender Hengst, als geschütztes Warenzeichen eingetragen.

Nach dem Tod des Firmengründers übernahm sein Sohn *Carl August Ernst Hengstenberg* 1904 seine Nachfolge. Er erkannte, dass Qualität einen unverwechselbaren Namen braucht und ersetzte 1926 das Familienwappen durch einen modernen Schriftzug. „Hengstenberg" wurde zu einer einheitlichen Marke, unter der alle Produkte zusammen gefasst werden.

Als der Handel 1950 auf Selbstbedienung zu setzen begann, reagierte Hengstenberg auf die daraus entstandenen neuen Anforderungen als einer der Ersten und füllte Essig in verbrauchergerechte Flaschen ab. So etablierte Hengstenberg die Marke Altmeister, die zu einem Verkaufsschlager avancierte. Auch bei anderen Produkten setzte das Unternehmen auf verbraucherfreundliche Kleinpackungen und konnte dank dieser Strategie seinen Umsatz kräftig steigern. Das Hengstenberg-Sauerkraut erhielt 1953 den Markennamen Mildessa, seit 1964 wird Rotkraut unter dem Namen Rotessa verkauft.

1967 rief Hengstenberg eine neue Marke ins Leben: ORO di Parma. Die Marke steht für hochwertige mediterrane Tomatenprodukte aus der Region Parma. Auch in diesem Segment ist Hengstenberg Marktführer.

Seine Gurkentradition setzte Hengstenberg 1972 mit Gurkenvierteln der Marke Sticksi fort. 1995 wurden Gurken nach ihrem Produktversprechen KNAX getauft.

Aus dem kleinen schwäbischen Familienbetrieb ist heute ein renommierter und erfolgreicher Spezialist für feinsaure Markenprodukte geworden. An der Firmenspitze stehen mittlerweile zwei externe Geschäftsführer und die fünfte Generation der *Familie Hengstenberg* ist im Unternehmen tätig. Sie setzen die Tradition fort, mit ständig neuen Produkten den Geschmack der Verbraucher zu treffen.

PRODUKT

Die Produktpalette des Esslinger Lebensmittelherstellers ist vielseitig: feinsaure Gemüsespezialitäten, Senf, Gurken, Tomatenerzeugnisse, Essig und Kraut stellt das Unternehmen in feinster Qualität her.

Mit der Herstellung von Essig begann die Geschichte von Hengstenberg. Das heutige Angebot an Essigen und Ölen verwöhnt nicht nur den Gaumen, sondern auch das Auge. In anspruchsvoll gestalteten Flaschen reicht die Palette von Essigklassikern über aromatisierte Kräuter- und Weinessige bis hin zu internationalen Essigspezialitäten wie Aceto Balsamico di Modena, Bordeaux Rotwein Essig, Kalifornischem Walnuss Essig und Sherry Essig aus dem spanischen Jerez. Seit 2005 verleiht Hengstenberg einem besonders herausragenden Essig das Qualitätssiegel „Unser Essig des Jahres". Im Jahre 2007 trägt der Prosecco Essig dieses Prädikat und steht damit für ein innovatives und außergewöhnliches Produkt.

Bei den Gurken bietet das Unternehmen neben den Klassikern Knax und Sticksi eine ganze Reihe regionaler und internationaler Gurkenspezialitäten an, darunter Cornichons, Gurken polnischer Art, Pfeffergürkchen, Senfgurken, Honiggurken und Salz-Dill-Gurken. Für die kleinen Genießer hat Hengstenberg mit Knaxino eine milde Gurkenvariante auf den Markt gebracht, die mit Traubenzucker gesüßt ist.

Krautspezialitäten, wie Mildessa Sauerkraut oder Rotkohl, sind in jeder deutschen Küche zu Hause. Mit einem vielseitigen Angebot reicht die Produktpalette von Ananas- und Champagnerkraut über Weinkraut mit Speck und regionale Varianten wie Mildessa Bayerische oder Thüringische Art.

Seit 2006 sind viele Hengstenberg-Produkte auch in Bio-Qualität erhältlich. Sauerkraut, Rotkohl, Essig, Gurken und feinsaures Gemüse aus kontrolliertem ökologischem Anbau ergänzen das klassische Sortiment und tragen der gestiegenen Bedeutung gesunder Lebensmittel Rechnung. In den Bioprodukten verarbeitet Hengstenberg ausschließlich natürliche Kräuter und Gewürze. Mit dem konsequenten Verzicht auf jegliche künstliche Aromen übertrifft das Unternehmen damit sogar die gesetzlichen Bestimmungen deutlich.

AKTUELLE ENTWICKLUNG

Hengstenberg hält sein Qualitätsversprechen bei seinen Produkten und belebt mit immer neuen Produktentwicklungen den Markt. In Zusammenarbeit mit dem Sternekoch *Johann Lafer* entstanden auf diese Weise Essige und Öle, die Genuss und Spaß mit edlen Produkten in der täglichen Küche bringen sollen.

Mit seinen leichten Sommervarianten bekannter Produkte will Hengstenberg vor allem junge und ernährungsbewusste Verbraucher erreichen. In die Salatsaison 2007 startete Hengstenberg mit der neuen Essig-Komposition, dem Prosecco-Essig. Der fruchtige Essig aus der Prosecco-Traube eignet sich besonders gut für die leichte Frühjahrs- und Sommerküche. Auch das typische Wintergemüse Rotkohl hat Hengstenberg revolutioniert. Der fertig zubereitete Sommer Rotkohl passt zu zartem Grillfleisch, kurz Gebratenem oder kann als Snack oder Salat genossen werden. Das gesunde Kraut bildet somit einen idealen Bestandteil der einfachen Sommerküche und spricht kalorienbewusste Genießer an.

WERBUNG

Hengstenberg macht Gutes zum Genuss. Mit diesem Slogan unterstreicht das Esslinger Unternehmen seit 2003 in TV-Spots und Anzeigen die hervorragende Qualität seiner Produkte. Doch Hengstenberg setzt auch auf den direkten Kontakt mit Konsumenten. 2007 ging Hengstenberg mit einem Grillevent auf Tour und präsentierte an zahlreichen Standorten quer durch Deutschland, wie einfach und vielseitig gesundes Grillen sein kann. Durch maßgeschneiderte Verkaufsförderungsaktionen im Lebensmitteleinzelhandel, Öffentlichkeitsarbeit und PR unterstreicht Hengstenberg seine Präsenz.

MARKENWERT

Mit einer Markenbekanntheit von 83 Prozent zählt Hengstenberg zu den führenden Herstellern im Bereich feinsaurer Lebensmittel. Innovation spielt für das Unternehmen daher eine besonders wichtige Rolle. Diese paart Hengstenberg gleichzeitig mit dem Festhalten an bewährten Traditionen. Die Wünsche der Verbraucher und die Qualität der Lebensmittel stehen im Mittelpunkt. Produkte von Hengstenberg sollen zur gesunden Ernährung beitragen und zugleich wie selbstgemacht schmecken. Dabei hat der schonende Umgang mit natürlichen, wirtschaftlichen und sozialen Ressourcen einen hohen Stellenwert. Hengstenberg ist sich seiner Verantwortung gegenüber der Umwelt bewusst und verwendet in der Produktion nur wieder verwertbare oder umweltschonende Verpackungsmaterialien. Die eingesetzten Rohwaren werden auf heimischen Feldern angebaut und schonend verarbeitet.

Hengstenberg will die Markenbekanntheit seiner Produkte weiter stärken, in dem alle Produkte noch deutlicher als einheitliche Marke wahrgenommen werden. Neue und zeitgemäße Produktvarianten sollen verdeutlichen, wie abwechslungsreich und genussvoll das Sortiment des Lebensmittelherstellers ist.

www.hengstenberg.de

Wussten Sie schon von Hengstenberg?

○ Mit 18.000 Mark, der gesamten Mitgift seiner Frau, kaufte sich *Richard Alfred Hengstenberg* vor mehr als 125 Jahren in eine kleine Essigfabrik in Esslingen ein. Eine gute Investition, denn heute gehört Hengstenberg zu den führenden Herstellern von feinsauren Lebensmitteln in Deutschland.

○ 1876 entwickelte Hengstenberg ein Reinheitsgebot für Essig und gestaltete damit das noch heute gültige Lebensmittelgesetz mit. Das Gebot besagt, dass Weinessig mindestens zu 20 Prozent aus Wein bestehen muss.

○ Um Konsumenten in anderen Ländern mit deutscher Küchentradition bekannt zu machen, bietet Hengstenberg für verschiedene Märkte länderspezifische Sortimente an. So erfreut sich beispielsweise das „Bavarian Style Sauerkraut" in den Vereinigten Staaten großer Beliebtheit und wird auch in Fernost, insbesondere in Japan, sehr geschätzt. Damit sind die Esslinger erfolgreichster Exporteur des typischsten aller deutschen Nahrungsmittel – dem Sauerkraut.

Hertz
Love the road

MARKT

Hertz ist die größte und traditionsreichste Autovermietung der Welt. Das Unternehmen unterhält heute mehr als 7.700 Vermietstationen in rund 150 Ländern – davon über 300 in Deutschland – und steht für Qualität und Kundenservice. Darauf können sich Menschen weltweit verlassen.

In aller Welt und immer ganz in der Nähe: Die Hertz Autovermietung verbindet internationale Präsenz und regionales Engagement. Hertz bietet rund um den Globus eine auf die Bedürfnisse der Kunden zugeschnittene Fahrzeugflotte – in Deutschland vom Kleinwagen bis zum 40-Tonner.

ERRUNGENSCHAFTEN UND ERFOLGE

Die Marke Hertz ist heute zum Synonym für das Produkt „Autovermietung" geworden. Das gelbschwarze Logo ist auf allen großen Flughäfen der Welt und in vielen Städten präsent. Seit Jahren zählt Hertz zu den Top 100 Marken der Welt.

In Deutschland ist neben dem PKW-Vermietgeschäft vor allem die LKW-Vermietung zum Erfolgssegment geworden. In dieser Sparte hat sich das Unternehmen in den letzten Jahren zum führenden Anbieter entwickelt.

GESCHICHTE

Als Pionier unter den Autovermietern gründete *Walter L. Jacobs* bereits im Jahr 1918 seine erste Mietwagenstation in Chicago mit 12 Ford T-Modellen. Fünf Jahre später verkaufte *Jacobs* sein Unternehmen an *John Hertz*, den Präsidenten der Yellow Cab und Yellow Truck and Coach Manufacturing Company.

1926 übernahm General Motors das so genannte „Drive-Ur-Self"-System und verkaufte das Unternehmen 1953 an die Omnibus Corporation. Ein Jahr später entstand der Name „Hertz Corporation" und der Autovermieter wurde erstmals an der New Yorker Börse notiert.

Seit 2005 ist die Hertz Corporation, Park Ridge/USA, im Besitz der drei US-amerikanischen Kapitalanlagegesellschaften Clayton, Dubilier & Rice Inc. (DC&R), The Carlyle Group und Merrill Lynch Global Private Equity (MLGPE). Ende 2006 brachten sie einen Teil ihrer Anteile an die Börse.

In Europa startete Hertz in den Fünfziger Jahren. In Paris wurde mit 50 Fahrzeugen die erste europäische Station einer amerikanischen Autovermietung eröffnet. Die erste Hertz-Station in Deutschland entstand 1958 in Wiesbaden.

PRODUKT

Hertz bietet seinen Kunden mehr als „nur Mietwagen". Der Autovermieter überzeugt mit richtungsweisenden Produkten und Services – und setzt sich damit vom Wettbewerb ab.

In punkto Service profitieren Kunden beispielsweise vom Hertz #1 Club. Das attraktive Kundenprogramm bietet viele Extras wie eine noch schnellere und unkompliziertere Anmietung und spezielle Rabatte. Und das bereits ab der ersten Anmietung. Besonders treue Kunden und Vielreisende werden in den Hertz #1 Club Gold eingeladen und können weitere Extras nutzen. Wie zum Beispiel den zeitsparenden Exklusiv-Service am Flughafen München, der besonders für Businessreisende attraktiv ist. In der Weltrekordzeit von nur acht Minuten vom Flugzeug zum Mietwagen, ganz ohne weitere Formalitäten oder Wartezeiten – das ist einzigartig in ganz Kontinental-Europa.

Ebenfalls wegweisend agiert Hertz beim Thema Klimaschutz: Als erster Anbieter weltweit bietet der Autovermieter seit Ende 2006 mit der „Hertz Green Collection" eine umweltschonende Spezialflotte an. Seit Anfang 2007 fahren die „grünen" Mietwagen, die sich durch einen besonders niedrigen CO_2-Ausstoß sowie einen geringen Kraftstoffverbrauch auszeichnen, auch auf deutschen Straßen. Doppelter Vorteil: Hertz-Kunden schonen gleichzeitig Umwelt und Geldbeutel. Aktueller Star der Hertz Green Collection ist der Toyota Prius mit seinem Hybridantrieb aus Benzin- und Elektromotor.

Außergewöhnliche Fahrzeuge für besonderen Fahrspaß bietet die „Hertz Fun Collection": Wer sich in einem Cabrio den Wind um die Nase wehen lassen möchte oder in einem Offroader auf Entdeckungstouren gehen will, findet in dieser Spezialflotte bestimmt das passende „Fun Car".

Auch in Sachen Technik hat Hertz die Nase vorn – das beweist zum Beispiel das Hertz exklusive Satelliten-Navigationssystem NeverLost. Die portable Navigationshilfe kann für alle Fahrzeuggruppen hinzugemietet werden und überzeugt mit detailliertem Kartenmaterial für 27 Länder und einer hohen Bedienungsfreundlichkeit. Die Navigation ist in mehr als einem Dutzend Sprachen wählbar – die zweite Generation von Hertz NeverLost spricht sogar Koreanisch und Japanisch.

Mit dem innovativen „Mobile Booking", das Hertz eigens entwickelt hat, wird die Mietwagenbuchung jetzt mobil: Ob am Flughafen, im Zug oder spontan im Meeting? Unabhängig von Öffnungszeiten oder einem Internetzugang können Kunden über ihr Smartphone einen Mietwagen reservieren.

Für die mobile Unterhaltung sorgt „Hertz Entertainment". Das tragbare Multimedia-System mit kombiniertem Monitor lässt sich einfach und sicher an die Kopfstützen der Mietwagen anbringen und spielt DVDs sowie Musik-CDs. So wird die Rückbank zum Kinosessel.

Hertz Green Collection

Love the road. Hertz®

Starten Sie Ihre Reise bei www.hertz.de

Hertz #1 Club Gold®

Nonstop zu Ihrem Mietwagen in Rekordzeit
Landen, einsteigen, losfahren!

AKTUELLE ENTWICKLUNG

Hertz hat sich mit intelligenten Produkten und Services zum Trendsetter in der Branche entwickelt. Das verdeutlicht auch die Markenpositionierung. Nicht der günstige Mietwagen allein ist es, der die Menschen bewegt, immer geht es auch um Spaß, Emotionen, Entdeckungsreisen oder die kleine Flucht aus dem Alltag. All das steckt im Hertz-Slogan „Love the road". Schnell auf der Straße sein, statt in der Warteschlange zu stehen. Die besten Fahrzeuge zum günstigen Preis erhalten. Ein inspirierendes Fahrerlebnis genießen. Die Schlagwörter „Simple – Affordable – Liberating" bringen das Hertz-Markenversprechen auf den Punkt. Ein Versprechen, das Hertz in aller Welt täglich aufs Neue einlöst.

WERBUNG

Die Markenpositionierung wird von der aktuellen Imagekampagne verkörpert. Aufmerksamkeitsstarke Motive mit Menschen und emotionalen Szenen prägen den Auftritt. Damit transportiert Hertz konsequent den „Love the road"-Gedanken: Die Gefühle und das Fahrerlebnis spielen die Hauptrolle. Die breitangelegte Kampagne läuft in Deutschland, England und Frankreich in vielen Print- und Onlinemedien und im Internet.

Dabei wird auch Interaktivität großgeschrieben. Der Autovermieter bietet seinen Kunden im Rahmen der Kampagne auf www.hertz.de die Möglichkeit, ihre persönliche Traumroute ins Internet zu stellen und so besondere Erlebnisse im wahrsten Sinne er-„fahrbar" zu machen.

MARKENWERT

Hertz vermittelt beständige Werte. Schon *John Hertz* hielt das Kundenvertrauen für den wichtigsten Grundstein des Unternehmens. Seit über 80 Jahren steht Hertz nun für Zuverlässigkeit und höchsten Standard beim Kundenservice.

Dabei kommen alle Werte zum Tragen, für die die Marke Hertz seit Jahrzehnten steht – wie Integrität, Leidenschaft, Teamwork, Verantwortlichkeit und Transparenz. Und das nicht nur für den Kunden, sondern auch für jeden Mitarbeiter und Partner. Das erklärte Ziel: Als Marke immer die erste Wahl sein, wenn es um Mobilität geht. Und stetig noch besser zu werden.

www.hertz.de
www.hertztrucks.de

Wussten Sie schon von Hertz?

○ Jede Sekunde wird auf der Welt ein Hertz Fahrzeug vermietet.

○ *John D. Hertz* war der Erste, der seine Taxen in New York gelb lackieren ließ. Dass mittlerweile alle lizenzierten Taxen in New York das typische „Yellow" tragen, ist seit 1967 sogar per Gesetz geregelt. Ein Vorteil, den die zahlreichen Taxikunden zu schätzen wissen – ist gelb doch selbst aus großer Entfernung noch gut zu erkennen.

○ Im Jahr 1955 hatte Hertz bereits ein Werbebudget von 13,6 Mio. US-Dollar und somit mehr als 13-mal so viel wie im Jahr 1953. Sehr viel Geld für diese Zeit.

HOFBRÄUHAUS MÜNCHEN

MARKT

Das Hofbräuhaus am Platzl ist eine Institution. Kein anderes Gastronomieobjekt hat es weltweit zu vergleichbarer Berühmtheit gebracht. In 400 Jahren ist aus der Braustätte der bayerischen Herzöge und Könige eine Sehenswürdigkeit von internationalem Rang geworden, zugleich die weltberühmte Ausschankstätte für Münchner Bier. Rund 1,8 Millionen Besucher zählt das Hofbräuhaus jährlich, 1,5 Millionen Liter Bier werden pro Jahr ausgeschänkt und an Spitzentagen 8.000 Essen serviert. Kernstück des Hauses ist mit 3.500 Sitzplätzen die einzigartige Schwemme. Hier, wo früher das Hofbräuhausbier gebraut wurde, nehmen heute unter den Kreuzgewölben auf Biertischen und -bänken Gäste aus allen Ländern Platz. Die historische Schwemme des Hofbräuhauses ist damals wie heute ein Maßstab für die bierorientierte Gastronomie.

Was die Zahlen anbelangt, so ist das Hofbräuhaus in vieler Hinsicht ein Ort der Superlative. Aber der Charme liegt im Besonderen. Wohl kein anderes Wirtshaus hat beispielsweise einen Stammgast, der anwesend ist obwohl man ihn nicht sehen kann. Der bayerische Dichter *Ludwig Thoma* veröffentlichte 1911 in der legendären Zeitschrift Simplicissimus die satirische Humoreske „Ein Münchner im Himmel". Der verstorbene Dienstmann *Alois Hingerl* ist für die jenseitige Hausordnung so ungeeignet, dass er als himmlischer Dienstbote wieder zur Erde entsandt wird. Doch kaum zurück auf Münchner Boden begibt sich *Engel Aloisius* zuerst in sein geliebtes Hofbräuhaus, wo er noch heute sitzt.

Das Buchstabenpaar des Hofbräuhauses HB mit Krone ist weltweit ein Begriff. Eigentümer der Marke ist die Brauerei Staatliches Hofbräuhaus in München, die mit ihren Bieren unter Hofbräu München auftritt. Trotz rückläufigem Biermarkt kann der Bierabsatz jährlich um durchschnittlich fünf Prozent gesteigert werden. Wesentlich daran beteiligt ist das wachsende Auslandsgeschäft mit den drei Säulen Direktexport, Lizenz- und Franchise-Geschäft. In Lizenz wird Hofbräu München Bier unter anderem in China, Ungarn und den Vereinigten Staaten gebraut. Besonders erfolgreich wird bayerische Lebensart über Hofbräuhaus-Franchise-Objekte ins Ausland exportiert. 1999 wurde ein Hofbräuhaus in Dubai eröffnet; 2003 folgte Newport bei Cincinnati sowie 2004 Las Vegas. Weitere Hofbräuhäuser werden demnächst in Pittsburgh und Shanghai den Betrieb aufnehmen.

ERRUNGENSCHAFTEN UND ERFOLGE

Fast 300 Jahre wurde am Platzl Bier gebraut. Erst 1896 zog die Brauerei an den Wiener Platz und von dort 1988 nach München Riem. Aus dem Hofbräuhaus am Platzl wurde das berühmteste Wirtshaus der Welt und aus der ehemaligen Sudstätte die moderne, international aktive Brauerei Hofbräu München. Sie setzt eine große Tradition fort, denn das Hofbräuhaus am Platzl hat Münchner Biergeschichte geschrieben. So hatte das herzögliche Brauhaus über 200 Jahre das Weißbierprivileg und entwickelte die Braukunst der obergärigen Biere entscheidend weiter. Und auch das erste Bockbier Münchens ist eine Kreation aus den Sudkesseln des Hofbräuhauses.

1607 Außenfassade — 1889 Innenhof — 2007 Außenfassade

GESCHICHTE

Zwischen Marienplatz, Viktualienmarkt, dem Alten Peter und der Maximilianstrasse liegt das Münchner Platzl. Markanter Höhepunkt des berühmten Gebäudekarrees ist das Hofbräuhaus, das seit 1607 seine Wurzeln am Platzl hat. In jenem Jahr verlegte der bayerische Herzog *Maximilian I.* die florierende Weißbier-Brauerei vom Alten Hof an die neue Sudstädte. Sein Vater *Wilhelm V.* hatte 1589 beschlossen, ein „aigen Preuhauß" zur Versorgung mit Braunbieren zu errichten, da es „für desselben Hofhaltung gar nützlich und wohl tunlich wäre". Denn der Herzog hatte einen großen und kostspieligen Hofstaat, der rund 600 Personen betrug. Allein 2000 Eimer Bier – das sind 1300 Hektoliter – flossen jährlich in die durstigen Kehlen. Ein kostspieliges Unterfangen, zumal der Hofstaat das aus der niedersächsischen Stadt Einbeck importierte, teuere Bier bevorzugte.

1592 konnte das „Braune Hofbräuhaus" am Alten Hof bezogen werden. Doch schon bald musste wieder an einen Umzug gedacht werden, denn *Maximilian I.* hatte Expansionspläne: 1602 fiel das Weißbier-Braurecht wieder an das bayerische Herrscherhaus, nachdem die Linie der niederbayerischen Grafen von Degenberg ausstarb. *Maximilian I.* erkannte sofort das wirtschaftliche

HOFBRÄU: MEIN MÜNCHEN

Potential und sicherte sich und seinen Erben für 200 Jahre das Weißbier-Monopol und damit eine lukrative Einnahmequelle.

Da das herzögliche Weißbier einen reißenden Absatz fand, wurden die Kapazitäten am Alten Hof bald zu eng. 1605 wurden bereits 1.444 Hektoliter des Weizenbieres gebraut – für damalige Zeiten ein riesiger Biersee.

1607 zog die Herzögliche Weißbierbrauerei dann an das Platzl in das so genannte „Weiße Hofbräuhaus" – genau an die Stelle, an der das Hofbräuhaus noch heute steht.

PRODUKT

Aus den historischen Anfängen der Braun-, Weiß- und Bockbiere hat sich ein überzeugendes Sortiment aus Traditionsbieren entwickelt, das von der Brauerei Staatliches Hofbräuhaus in München unter der Dachmarke Hofbräu München vertrieben wird.

Die Stärke der Brauerei liegt in den untergärigen Sorten wie Hofbräu Original und Hofbräu Dunkel sowie den Saisonspezialitäten Hofbräu Oktoberfestbier und Hofbräu Maibock. Ergänzt wir das Produktprogramm durch die obergärigen Spezialitäten Münchner Weisse und Hofbräu Schwarze Weisse. Mit gut 50 Prozent des Absatzes ist Hofbräu Original die Nummer Eins im Sortiment. Das erfrischend-feinherbe Hofbräu Original verkörpert wie kein anders Bier den besonderen Charakter Münchner Biere und trägt ihn in alle Welt.

Mit den Saisonspezialitäten unterstreicht Hofbräu München kulturelle Vielfalt und bietet Bierliebhabern besondere Biere mit spezieller Atmosphäre. Ein Mix, der gut ankommt, denn saisonale Bierspezialitäten machen Lust auf Bier. Hofbräu Maibock ist ein untergäriges Starkbier mit einem Alkoholgehalt von 7,2 Prozent Vol. Durch seine Geschmeidigkeit und Malzigkeit mit einem leichten Anflug von Süße ist es das ideale Bier zur Frühlingszeit und auch als Begleiter zum Essen beliebt.

Wer sonst könnte das Bockbier besser beschreiben als der renommierte englische Bierkenner *Michael Jackson*. In seinem Standardwerk Bier International schreibt er: „Der Maibock aus dem Hause Hofbräu hat sehr volle, bernsteinbraune Farbe, malzige Fruchtigkeit ohne übermäßige Süße in Duft und Geschmack und ist bemerkenswert sanft und süffig". Auf dem World Beer Cup 2000 in New York, USA, wurde Hofbräu Maibock ausgezeichnet.

AKTUELLE ENTWICKLUNG

1607 zog die Herzögliche Weißbierbrauerei an das Platzl in das so genannte „Weiße Hofbräuhaus". Genau genommen haben wir also dem Hofbräuhaus das bereits damals florierenden Weißbierabsatz zu verdanken. Grund genug, um das Weißbier von Hofbräu München, die „Münchner Weisse" und 400 Jahre Biertradition ausgiebig zu feiern. Der Name „Münchner Weisse" unterstreicht die große Weißbiertradition der Brauerei. Denn der Ursprung der modernen bayerischen Weißbierentwicklung ist eng mit der Geschichte des Münchner Hofbräuhauses verbunden. Über 200 Jahre hatte das damals herzögliche Brauhaus das Weißbierprivileg und entwickelte die Braukunst der obergärigen Biere in Bayern entscheidend weiter.

„Münchner Weisse" ist der Geheimtipp für alle Weißbiergenießer, die spritzige, prickelnde Erfrischung schätzen.

WERBUNG

Das Biersortiment des Staatlichen Hofbräuhauses in München präsentiert sich im einheitlichen Erscheinungsbild unter der Dachmarke Hofbräu München. Mit seinen Flaschendesigns unterstreicht das Unternehmen seine Positionierung als Traditionsbrauerei mit über vierhundertjähriger Geschichte und zugleich die Weiterentwicklung der Marke mit Ausrichtung auf veränderte Marktbedingungen- und Verbrauchergewohnheiten im dynamischen Biermarkt.

Auf den Flaschenetiketten verbindet sich das Hofbräuhaus am Platzl mit moderner Gestaltung zu einem überzeugenden Auftritt, der zum Genuss für das Auge wird. Bier ist schließlich ein sinnliches Erlebnis und das Auge „trinkt" mit. Die anspruchsvolle Positionierung von Hofbräu München soll sowohl die angestammten traditionellen Zielgruppen als auch vermehrt junge Verbraucher ansprechen. Als Münchner Traditionsbrauerei ist das Staatliche Hofbräuhaus in München mit der Metropole Bayerns verbunden. Die Werbelinie mit dem Claim „Hofbräu: Mein München" ist ein Bekenntnis zur Stadt, ihren Menschen und dem bayerischen Lebensgefühl.

MARKENWERT

Das Markenzeichen HB mit Krone steht international für Münchner Bierkultur und kein Wirtshaus ist weltweit so bekannt wie das Hofbräuhaus am Platzl. Während andere Marken ihre Erlebniswelten erst schaffen müssen, ist das Hofbräuhaus mit seinen Bieren fest in über 400 Jahren Tradition verankert, ohne jedoch auf seine Besucher angestaubt zu wirken. Über 50 Prozent der Gäste sind junge Zielgruppen, die aus der Konsumwelt trendiger Marken kommen. Doch was macht den Erfolg der Marke aus? Das Hofbräuhaus entwickelte sich seit seinen Anfängen zum Treffpunkt für Jung und Alt, für alle Schichten und Nationalitäten. Herkunft und sozialer Status spielten keine Rolle beim geselligen Miteinander. Die Atmosphäre ist auch heute noch ein authentisches Stück München: Sie bedient keine einfachen Klischees, sondern spricht Werte an, die zeitlos sind und Moden überdauern.

www.hofbraeuhaus.com

Wussten Sie schon vom HOFBRÄUHAUS?

○ Zum Bierbrauen verwendet Hofbräu München selbstverständlich nur Malz, Hopfen und Wasser. Dabei handelt es sich beim Brauwasser aus dem eigenen Tiefbrunnen nicht um normales Grundwasser, sondern um gut 15.000 Jahre altes Gletscherwasser aus dem Tertiär, das als Erinnerung an die Eiszeit im Voralpenland zurückblieb.

○ *Wolfgang Amadeus Mozart* war ein begeisterter Besucher des Hofbräuhauses. 1780 komponierte er in München seine Erfolgsoper Idemeneo, die 1781 im Cuvilliés-Theater uraufgeführt wurde.

○ „Sissi" die österreichische Kaiserin Elisabeth war drei Monate vor ihrem Tod 1898 zu Gast im Hofbräuhaus.

○ *Wladímir Iljítsch Uljánow*, genannt *Lenin*, ließ sich 1900 für zwei Jahre in Schwabing nieder. 1902 verfasste er seine programmatische Schrift „Was tun?", die wesentliche Grundlagen der Revolution beinhaltete. Zu dieser Zeit ist Lenin Stammgast im Hofbräuhaus. Besonders angetan hatten es ihm die Initialen HB, die auf Kyrillisch gelesen soviel heißen wie „Volkswille zur Freiheit".

○ Auch die *Begum Aga Kahn*, Exkaiserin *Soraya, Leonard Bernstein, Arthur Miller* und *Arnold Schwarzenegger* gaben sich ein Stelldichein im Hofbräuhaus.

○ Den wohl spektakulärsten Auftritt im Hofbräuhaus hatte *Michail Gorbatschow* 1992. Der Friedensnobelpreisträger, ehemalige Präsident der Sowjetunion und Begründer von Glasnost und Perestroika wurde von den Münchnern begeistert gefeiert – ein herzliches Vergeltsgott und Anerkennung für seine Verdienste um die deutsche Einheit.

KÄRCHER

Kärcher ist ein international tätiges Unternehmen. Es beschäftigt über 6.540 Mitarbeiter in 41 Ländern und erzielte im Jahr 2006 mit 6,07 Millionen verkauften Geräten einen Umsatz von 1,254 Milliarden Euro. Seine Produkte fertigt der Reinigungsspezialist in Werken in Deutschland, Italien, den USA, Brasilien, Mexiko und China. Kärcher ist mit über 40.000 Servicestellen in mehr als 160 Ländern vertreten.

ERRUNGENSCHAFTEN UND ERFOLGE

Kärcher wurde 1997 mit dem Deutschen Marketingpreis ausgezeichnet. Das Unternehmen erhielt die Auszeichnung für die Erschließung eines völlig neuen Absatzmarktes durch Produktinnovation. Vor allem die erfolgreiche Umsetzung einer klaren unternehmerischen Vision und die Dynamik von Kärcher beeindruckten die Jury. Das Unternehmen hatte nicht nur einen völlig neuen Markt geschaffen, sondern zugleich auch die Marktführerschaft übernommen. Prämiert wurde die äußerst erfolgreiche Adaption der Technik des zunächst nur für den kommerziellen Bereich gebauten Hochdruckreinigers auf private Anwendungen in Haus und Garten und für die Fahrzeugreinigung. Das war neu. Im Bereich der Hochdruckreiniger gab es zuvor nur das Business-to-Business-Geschäft.

Auch in den folgenden Jahren erhielt Kärcher zahllose Preise und Auszeichnungen. 2001 konnte das Unternehmen die Wirtschaftsmedaille des Landes Baden-Württemberg und den Primus des Marketing-Clubs der Region Stuttgart entgegennehmen, 2002 und 2004 erhielt Kärcher den Umweltpreis des Landes Baden-Württemberg. Darüber hinaus wurden Kärcher-Geräte bereits mit rund 100 nationalen und internationalen Designpreisen ausgezeichnet.

GESCHICHTE

Erfindergeist und innovatives Denken prägen das Unternehmen Kärcher von Anfang an. 1935 wurde es von dem Erfinder und Ingenieur *Alfred Kärcher* in Stuttgart-Bad Cannstatt gegründet. Damit konnte Kärcher seine bahnbrechenden Produktideen auf dem Gebiet der Heiztechnik nun selbst produzieren und auf den Markt bringen. Hergestellt wurden Elektro-Heizgeräte, Großtauch-Heizkörper und Spezial-Heizvorrichtungen für die Industrie. Mit der Erfindung des ersten Heißwasser-Hochdruckreinigers legte *Kärcher* 1950 den Grundstein für die Entwicklung zum führenden Reinigungsspezialisten.

Als *Alfred Kärcher* 1959 starb, führte seine Frau *Irene* das Unternehmen weiter. 1984 brachte Kärcher den ersten tragbaren Hochdruckreiniger auf den Markt und stieg damit in den Consumer-Markt ein. 1989 wurde die erste Pkw-Waschanlage entwickelt. Im selben Jahr starb *Irene Kärcher*.

Heute ist das Unternehmen mit Tochter *Susanne Zimmermann von Siefart* und Sohn *Johannes Kärcher* in zweiter Generation in Familienhand. Beide sind Mitglieder des Verwaltungsrats, dessen Vorsitz *Johannes Kärcher* innehat.

PRODUKT

Die Produktpalette umfasst Hochdruckreiniger sowie auch Staub-, Nass-/Trocken- und Waschsauger, Dampfreiniger, Pumpen für Haus und Garten. Darüber hinaus Kehr- und Scheuersaugmaschinen, Trockeneis-Strahlgeräte, Kfz-Waschanlagen, Trink- und Abwasseraufbereitungsanlagen sowie Reinigungsmittel.

AKTUELLE ENTWICKLUNG

Kärcher verfügt über eine hohe Innovationskraft. Das Unternehmen hält zur Zeit 347 Patente. Über 500 Ingenieure, Konstrukteure und Techniker arbeiten an der Entwicklung neuer und an der Verbesserung bestehender Produkte. 85 Prozent der verkauften Geräte sind vier Jahre alt oder jünger. Kärcher wächst vor allem durch Innovationen und durch die Erschließung neuer Geschäftsfelder.

Im Bereich der Trinkwasseraufbereitung bietet das Unternehmen neben mobilen Systemen stationäre Anlagen an und ist damit in einem Markt präsent, der in den kommenden Jahren stark wachsen wird. Mit dem RoboCleaner RC 3000 hat Kärcher einen

MARKT

Kärcher bietet Komplettlösungen für zahlreiche Reinigungsaufgaben. Das Unternehmen beliefert sowohl gewerbliche als auch private Kunden. Zu den Hauptabnehmern zählen Kfz-Werkstätten, Gebäudereiniger, Gastwirte und Hoteliers, Landwirte, Handwerker, Industriebetriebe sowie Kommunen. Für Privathaushalte bietet Kärcher Geräte für die Außenreinigung an, wie Hochdruckreiniger und Kehrmaschinen sowie für den Innenbereich, zum Beispiel Dampfreiniger und Staubsauger. Sein Produktprogramm erweitert hat Kärcher im letzten Jahr um eine breite Auswahl an Pumpen für den Einsatz rund um Haus und Garten. Gleich 22 neue Geräte decken drei Anwendungsgebiete ab: Entwässerung, Bewässerung und Hauswasserversorgung. Die Distribution erfolgt über Handelspartner: Fachhändler, Bau- und Heimwerkermärkte, Kaufhäuser, Versandhandels- oder Teleshopping-Unternehmen.

autonomen Reinigungsroboter für Privathaushalte und kleine Büros entwickelt, der völlig selbstständig Wohn- und kleine Gewerberäume reinigt.

WERBUNG

Kärcher betreibt seit Jahren einen zielgerichteten Markenaufbau. Mit breit angelegten Werbekampagnen in Print- und elektronischen Medien, Teilnahme an nationalen und internationalen Messen, kontinuierlicher Presse- und Öffentlichkeitsarbeit sowie Sportsponsoring schärft Kärcher sein Profil als Markenhersteller. Das Unternehmen engagiert sich in der FIA World Rally Championship (WRC) und unterstützt das Team von BP-Ford. Kärcher zeigt sich auch mit Bandenwerbung bei den Spielen der deutschen Fußball-Nationalmannschaft, ebenso bei EM- und WM-Qualifikationsspielen anderer europäischer Nationalteams. Der Teamgeist und die Leistungsbereitschaft, die im Sport zu finden sind, passen sehr gut zur Unternehmenskultur von Kärcher.

Darüber hinaus macht der Reinigungsspezialist mit einer breiten Palette an Werbemitteln und durch seinen Internetauftritt auf sich aufmerksam. Große Beachtung finden auch die restauratorischen Reinigungsaktionen. Kärcher hat in den letzten 20 Jahren rund 80 Reinigungsmaßnahmen an bedeutenden Monumenten, wie dem Brandenburger Tor in Berlin, der Christusstatue in Rio de Janeiro und den über 3.300 Jahre alten Memnonkolossen im oberägyptischen Luxor durchgeführt. Vor wenigen Jahren wurden die Kolonnaden des Petersplatzes in Rom einer schonenden und fachgerechten Reinigung unterzogen. Im Sommer 2005 nahm man sich der in Granit gehauenen Präsidentenköpfe am Mount Rushmore an und befreite sie erfolgreich von Flechten, Algen, Moosen und anderen organischen Verschmutzungen.

Seine Handelspartner unterstützt Kärcher am Point of Sale, zum Beispiel durch die Bereitstellung von Warenpräsentationssystemen. Das Ergebnis dieser umfassenden Kommunikationspolitik: Kärcher hat in Deutschland einen Bekanntheitsgrad von 95 Prozent. Ziel des Unternehmens ist es, die Marke in den kommenden Jahren noch stärker zu emotionalisieren.

MARKENWERT

Der Wert der Marke Kärcher wird regelmäßig gemessen. Sie ist ein wichtiger Vermögensgegenstand, und trägt dazu bei, den Unternehmenserfolg zu sichern. Endverbraucher verbinden mit der Marke Kärcher nicht nur Spitzenleistung, Innovation und Qualität, sondern auch Spaß und Freude im Umgang mit den Reinigungsgeräten.

www.kaercher.com

Wussten Sie schon von KÄRCHER?

○ *Alfred Kärcher* kam auf die Idee, einen Heißwasser-Hochdruckreiniger zu entwickeln, als er nach dem Krieg Dampfstrahler der US-Armee reparierte.

○ Kärcher wurde ins Guinness-Buch der Rekorde eingetragen. 1998 reinigte das Unternehmen die 25.420 m² große Fassade der Kolonnaden auf dem Petersplatz in Rom.

○ Kärcher hat in Zusammenarbeit mit dem Künstler *Klaus Dauven* auf der Staumauer der Oleftalsperre in Hellenthal/Eifel die größte Zeichnung der Welt geschaffen. Mit dem Hochdruckstrahl wurden Silhouetten heimischer Tiere aus der fast 50 Jahre alten Schmutzschicht auf der Wand herausgearbeitet.

Kinder Schokolade

MARKT

Mit einem Pro-Kopf-Verzehr von fast neun Kilogramm Schokolade im Jahr – was dem Genuss von rund neunzig 100-Gramm-Tafeln entspricht – zählt Deutschland zu den fünf führenden „Schokoladen-Nationen" der Welt. Im deutschen Süßwarenmarkt sind Schokoladen die beliebtesten Süßwaren. Trotz zahlreicher Anbieter von 100-Gramm-Tafeln nimmt Kinder Schokolade im Tafelwarenmarkt seit Jahren eine führende Position ein.

Für deutsche Gaumen ist Vollmilchschokolade unter den über 100 Schokoladensorten mit bis zu zwei Dritteln der jährlichen Herstellungsmenge der klare Favorit. Die beliebteste gefüllte Vollmilchschokolade ist eine einzigartige Produktinnovation und prägte Generationen: Kinder Schokolade.

ERRUNGENSCHAFTEN UND ERFOLGE

Von Deutschland aus trat Kinder Schokolade 1967 ihren einzigartigen Erfolgsweg an. Im hessischen Stadtallendorf von Ferrero erstmals produziert, gewann die Marke die umliegenden Länder schnell für sich. Die Schokolade für die „Extra-Portion Milch" wurde als nächstes im eigentlichen Ursprungsland von Ferrero erfolgreich platziert: 1968 kam Kinder Schokolade nach Italien, wo sie heute ihr Marktsegment dominiert. Bereits zu Beginn des nächsten Jahrzehnts eroberte Kinder Schokolade die Gunst der Menschen entlang des Mittelmeeres, in den Neunziger Jahren kam sie auch in Osteuropa und entlang der Chinesischen Mauer auf den Markt. Heute ist die gefüllte Vollmilchschokolade in jedem fünften Land der Erde und auf vier Kontinenten zu Hause.

In manchen Fällen hat Schokolade als Vorreiter die Vorzüge von Milchschokolade erst in ferne Regionen und unterschiedliche Kulturen gebracht. In mehr als 40 Staaten rund um den Globus verbinden Menschen mit dem Lachen des Jungen auf der Packung mittlerweile den einzigartig süß-zarten und milchigen Geschmack.

Kinder Schokolade traf den Geschmack von Jung und Alt – und die Marke hat über Generationen und Grenzen hinweg die Faszination des Produktes aufgebaut und manifestiert. Mit einer Markenbekanntheit von fast 100 Prozent ist Kinder Schokolade heute nahezu jedem Deutschen ein Begriff. Eltern geben die köstliche Tradition an ihre Kinder weiter, Generationen von Familien schenken der beliebten Schokolade ihr Vertrauen. So war sie Wegbereiter und Impulsgeber für mittlerweile zehn weitere Produkte der Marke „Kinder".

GESCHICHTE

Als der Konditor *Pietro Ferrero* vor gut 60 Jahren im italienischen Piemont begann, neue Schokoladenprodukte zu erfinden, ahnte niemand, welch einzigartige Erfolgsgeschichte er damit schreiben würde. 1946 gründete er das Unternehmen Ferrero in Alba. Zehn Jahre später entstand in Deutschland eine Dependance.

1967 war es so weit: Kinder Schokolade gelangte in die Regale. Neu an der Rezeptur der gefüllten Vollmilchschokolade war der besonders hohe Milchanteil – die so genannte „Extra-Portion Milch". Die reichhaltige Milchcremefüllung begeisterte in den folgenden 40 Jahren Generationen mit ihrem einzigartig milchigen Geschmack.

Erstmals in der industriellen Schokoladenherstellung war eine Tafel in acht Riegelchen geteilt und für kindgerechte Portionierbarkeit einzeln verpackt. Bis heute wurden allein in Deutschland viele Milliarden davon verzehrt: Der Länge nach aneinandergelegt, reichten sie mittlerweile mehr als 40 Mal um den Äquator.

Die Erfolgsgeschichte von Kinder Schokolade ist auch die Geschichte des Jungen auf ihrer Verpackung. Jeder kennt ihn – kaum eine Werbe-Ikone hat die Menschen in Deutschland über so lange Zeit begleitet. Seit vier Jahrzehnten gibt er Kinder Schokolade ein Gesicht: 32 Jahre lang war es sogar ein- und dasselbe Gesicht, das auf der Verpackung zu sehen war. Im Spiegel der Zeit wandelte sich sein Äußeres, über Generationen hinweg wurde es zur Identifikationsfigur. Bis heute spinnen sich Gerüchte und Geschichten um seine Identität. Seit 2005 lacht ein neues Kind von der Verpackung. Doch eines blieb immer gleich: die Rezeptur aus besten Zutaten und höchste Produktqualität.

PRODUKT

Kinder Schokolade ist die erste eigens für Kinder entwickelte Schokolade. Ihre Besonderheit liegt im außergewöhnlich hohen Milchanteil und im einzigartig milchigen Geschmack. Die einzeln verpackten Riegelchen ermöglichen zudem eine besonders leichte Portionierbarkeit der Tafel.

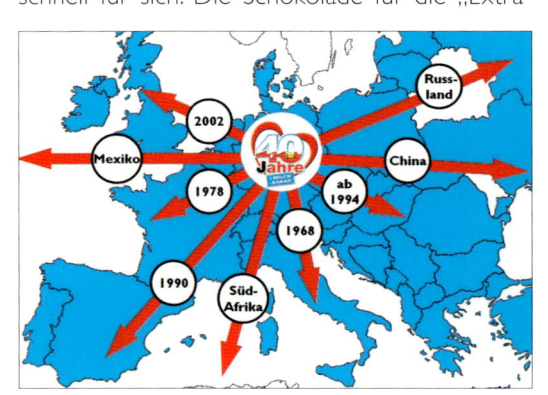

Deshalb ist die Schokolade vor allem bei Familien sehr beliebt. Auch diejenigen, die vor 30 oder mehr Jahren Kinder waren, gehören noch heute zu den treuen Fans der Kultschokolade.

Die Auswahl der verwendeten Zutaten entspricht höchsten Qualitätsanforderungen und der Frische von Kinder Schokolade gilt die stete Aufmerksamkeit des Hauses Ferrero. Denn die hohe Produktqualität und der einzigartige Geschmack sind Grundlage des beständigen Erfolges von Kinder Schokolade.

Mit den angebotenen Standardgrößen wird Ferrero den Bedürfnissen von Erwachsenen, Kindern und Familien gerecht: Erhältlich ist Kinder Schokolade als 100-Gramm-Packung mit acht einzeln verpackten Riegeln sowie als 300-Gramm-Vorratsbox mit 24 Riegeln für die ganze Familie. Das Angebot umfasst darüber hinaus Saisonpackungen zu 200 Gramm. Zur Ankündigung des Jubiläumsjahres bereicherte eine 400-Gramm-Riesentafel, versehen mit Packungsmotiven aus vier Jahrzehnten Kinder Schokolade, das Portfolio.

AKTUELLE ENTWICKLUNGEN

Happy Birthday Kinder Schokolade! Zum 40sten Geburtstag der Marke initiierte Ferrero eine integrierte Kommunikationskampagne, in deren Mittelpunkt eine bundesweite Promotionaktion stand: Als Dankeschön für vier erfolgreiche Jahrzehnte ermöglichte Kinder Schokolade zehn Kindern die Verwirklichung des Traums, das eigene Gesicht auf der Packung zu erleben. Erstmals in der Geschichte wich der lachende Junge im Herbst 2007 im Rahmen einer limitierten Jubiläumsedition für mehrere Wochen von seinem prominenten Platz.

Bewerbungsaufrufe auf den Packungen und im Internet sowie eine bundesweite Promotiontour durch zehn deutsche Metropolen erreichten eine breite Öffentlichkeit. Um den begehrten Platz auf der Packung bewarben sich mehr als 30.000 Kinder. Eine kompetente Jury, zusammengesetzt aus prominenten Juroren, sorgte für die Vorauswahl. Die Entscheidung trafen die Liebhaber von Kinder Schokolade und die Fans der Bewerber in einem zehntägigen Internet-Voting. Anfang September 2007 wurden die ersten Packungen der Jubiläums-Edition unter großem Medien-Echo in den Supermarkt-Regalen platziert. Wiederholung frühestens zum 80sten Geburtstag der Kultmarke.

WERBUNG

Von Anfang an wurde Kinder Schokolade als „Impulsprodukt" regelmäßig mit hoher Intensität im Fernsehen beworben. In den ersten Jahren konzentrierte sich die Kommunikation plakativ auf die besondere Kombination der Zutaten: „wenig Kakao + viel Milch = doppelt gut". Sie zielte damit auf ein besonderes Produktmerkmal ab: Kinder Schokolade verfügt im Vergleich zu anderen Vollmilchschokoladen über einen höheren Milchanteil.

Neben der traditionellen Above-the-line-Kommunikation bereichern seit den Siebziger Jahren auch temporäre Packungs-Promotions den Produktwert. Die Aktionsbandbreite reicht von „Speichen-zwirbeln und Fahrrad-Rattern" Mitte der Siebziger bis hin zu eigens kreierten Kinder-Lexika im Jahr 2007.

Die Werbe-Kommunikation spricht verschiedene Zielgruppen an. Kinder Schokolade wurde ursprünglich für Kinder entwickelt. Die Marke ist jedoch auch mit ihren Konsumenten gewachsen und hat sich weiterentwickelt, was wiederum die Werbung beeinflusst: Seit den Neunziger Jahren sind es auch prominente Mütter, die die köstliche Tradition vermitteln. So stand 1997 die vierfache Mutter *Nena* Pate für die „Extra-Portion Milch". Deutschlands „schönste Mutter", *Claudia Schiffer*, folgte der Popsängerin als Testimonial für Kinder Schokolade im Jahr 2005. Zum 40sten Geburtstag zeigte sich die ganze Faszination der Markenwelt von Kinder Schokolade. Die emotionsstarke Aktion „Dein Gesicht auf Kinder Schokolade" zog Kinder, Jugendliche und Erwachsene in ihren Bann und sorgte für eine ausgeprägte dialogische Kommunikation mit den Konsumenten. Doch auch wenn der bekannte lachende Junge auf der Schokoladen-Packung einige Wochen lang für die Kindergesichter der Geburtstags-Edition von seiner Tafel gewichen war, kehrte sein vertrautes Gesicht bald wieder an seinen repräsentativen Platz zurück.

MARKENWERT

Kinder Schokolade verfügt im wahrsten Sinne des Wortes über eine starke Markenpersönlichkeit. Der lachende Junge auf der Verpackung steht zugleich für Tradition und Modernität, Beständigkeit und Lebendigkeit. Von Beginn an, also seit 1967, begleitete er die Konsumenten der Marke, zuerst in Deutschland, später in ganz Europa und darüber hinaus. Seine Veränderung und wachsende Ausstrahlung im Laufe der Jahrzehnte verdeutlichen ein dynamisches Markenleben.

Kinder Schokolade besitzt neben der hohen Produktqualität Charakter und Individualität und ist ein optimales Beispiel für die Innovationskraft eines Produktes, das neue Marktsegmente entstehen ließ. Ihre Einzigartigkeit hat der Marke zu einer konstant führenden Position im Schokoladensegment und im gesamten Süßwarenmarkt verholfen.

Heute steht Kinder Schokolade für ein unverwechselbares Produkt, das nicht nur gut schmeckt, sondern auch eine besondere Faszination auf den Verbraucher ausübt. Um den klar definierten Markenkern wurde durch Angebotsstrategien und Markeninszenierung eine individuelle Erlebniswelt kreiert, die Mehrwerte schafft und die Marke emotionalisiert. Auch nach 40 Jahren steht die Marke „Kinder Schokolade" noch immer für ein unverfälschtes einzigartiges Produkt, dessen Qualität Ferrero durch ständige Kontrollen, größte Sensibilität für die Bedürfnisse der Konsumenten und umfangreiche Investitionen in Produktionsverfahren garantiert.

www.kinderschokolade.de

Wussten Sie schon von kinder Schokolade?

○ Die erste speziell für Kinder entwickelte Schokolade ist Pionier für mittlerweile zehn weitere Produkte der Marke „Kinder".

○ Kinder Schokolade ist heute in 36 europäischen Ländern und auf vier Kontinenten erhältlich.

○ Der Junge auf der Schokoladenpackung ist überall auf der Welt derselbe.

○ Die in den vergangenen 40 Jahren für den deutschen Markt produzierten Riegel Kinder Schokolade ergäben aneinandergereiht eine Strecke, die mehr als 40 Mal um den Äquator reicht.

Kneipp

Wirkt. Seit 1891

MARKT

Angesichts von zunehmenden Umweltbelastungen und stressbedingten Zivilisationskrankheiten haben Menschen heute ein intensiveres Bedürfnis nach wirksamen Heilmethoden, aktiver Gesundheitsvorsorge und einer natürlichen Lebensweise. Gleichzeitig trägt der Patient heute aufgrund der Zuzahlungen beim Arztbesuch und bei Medikamenten mehr Verantwortung für seine Gesundheit und entscheidet sich immer öfter für Naturheilverfahren und Medikamente auf natürlicher Basis. Die Firmengeschichte der Kneipp-Gruppe mündet genau in diesem aktuellen Trend.

Der als „Kräuterpfarrer" populär gewordene *Sebastian Kneipp* gilt als einer der wichtigsten Pioniere auf dem Gebiet der pflanzlichen Gesundheitsprodukte.

Heute bietet das renommierte Unternehmen hochwertige Arznei- und Nahrungsergänzungsmittel sowie Körperpflege- und Badeprodukte für Menschen an, denen Natur und Gesundheit wichtig sind.

International operiert die Kneipp-Gruppe mit ihren beiden Tochterfirmen erfolgreich seit 1951 in Benelux und seit 1996 in der Schweiz. In 18 weiteren Ländern vertreibt das Unternehmen seine Produktkonzepte über partnerschaftlich verbundene Vertriebsgesellschaften. Der erfolgreiche Ausbau bestehender Märkte - zum Beispiel Frankreich, Tschechien, Japan oder USA - steht dabei ebenso im Fokus, wie die Eroberung neuer Märkte in Asien und Osteuropa. Vor allem das Bade- und Körperpflege-Sortiment erfährt im Auslandsgeschäft der Kneipp-Gruppe hohe Relevanz.

ERRUNGENSCHAFTEN UND ERFOLGE

Mit naturheilkundlicher Kompetenz, pharmazeutischer Erfahrung und modernsten Produktionsverfahren erobert Kneipp neue Märkte im In- und Ausland und zeigt die einmalige Innovationsfähigkeit der Traditionsmarke. Gemäß dem Leitgedanken „Kneipp wirkt" setzt das Unternehmen dabei besonders auf ganzheitliche Konzepte, die als wirksame Problemlöser funktionieren.

Das ganzheitliche Denken Sebastian Kneipps gilt noch heute als wegweisend für naturheilkundliche Heilmethoden und eine zeitgemäße Präventivmedizin. Mit seinem Wissen über die heilende Wirkung von Wasser und Heilpflanzen schuf er ein visionäres Lebenskonzept, das den Menschen, seine Lebensgewohnheiten und seine natürliche Umwelt untrennbar als ausgewogene Einheit betrachtet. Dabei stellte er die Elemente Wasser, Pflanzen, Bewegung, Ernährung und Balance in einen engen Zusammenhang.

GESCHICHTE

Im Jahr 1890 lernte der Pfarrer *Sebastian Kneipp* den Würzburger Apotheker *Leonhard Oberhäußer* kennen. Aufgrund ihrer gemeinsamen Überzeugung, mit naturkundlichen Methoden Gutes zu tun, wurden sie enge Partner. Auf Basis natürlicher Pflanzenessenzen und anderer reiner Inhaltsstoffe schufen sie jene Rezepturen, die auch heute noch richtungsweisend für die Kneipp-Produkte sind.

1891 übertrug *Sebastian Kneipp Leonhard Oberhäußer* die Rechte, pharmazeutische und kosmetische Produkte sowie diätetische Lebensmittel mit dem Namen und dem Bilde des Herrn Pfarrer *Sebastian Kneipp* zu entwickeln, herzustellen und zu vertreiben. Mit diesem Vertrag legten die beiden den Grundstein für die heutigen Kneipp-Werke.

Das erste Produkt waren die Kneipp-Pillen gegen Darmträgheit. Schnell folgten Tees, Pflanzensäfte, Pflanzenpulver, Tinkturen, ölige Auszüge sowie die sogenannten „Spezialitäten" Rosmarinwein, Magentrost und Flatuol. Abgerundet wurde das Programm bereits damals durch Körperpflegemittel wie Brennessel Haarwasser und Kräuterseifen.

Von 1919 bis 1945 steuerte in zweiter Generation *Hermann Oberhäußer* die florierenden Geschäfte der Kneipp-Mittel-Zentrale. Ab 1920 wurden auch Apotheken beliefert.

Ab 1951 führte in dritter Generation der Apotheker *Senator Luitpold Leusser* das Kneipp-Heilmittel-Werk. 1958 zog die Firma ins Steinbachtal in Würzburg – bis heute der Verwaltungssitz.

In den Siebziger Jahren begann der große Boom: Die Vertriebskanäle wurden auf Drogeriemärkte und den Lebensmitteleinzelhandel erweitert. Der Umsatz verdoppelte sich jährlich von circa vier auf fünfzig Millionen DM pro Jahr. Die Firma gründete ein Tochterunternehmen in Holland.

1996 gründete die Firma Tochterunternehmen in den USA, der Schweiz und in Österreich. 1999 wurden die Labors für Qualitätskontrolle, Forschung und Entwicklung an den neuen Produktionsstandort Ochsenfurt-Hohestadt verlegt. Im Jahr 2000 beteiligten sich die Kneipp-Werke als Gesellschafter am Europäischen Gesundheits-Zentrum (Sebastian-Kneipp-Insitut) in Bad Wörishofen.

2001 erwarb die Hartmann-Gruppe 80 Prozent der Unternehmensanteile. Mit der Übernahme der Geschäftsführung durch *Dietmar J. Salein* im Jahr 2005 erfolgte eine strategische Neuausrichtung und Repositionierung der Marke gemäß dem Leitgedanken „Kneipp wirkt. Seit 1891" mit Konzentration auf die ursprüngliche Zielgruppe 50 plus.

Die Kneipp-Gruppe beschäftigt heute in Deutschland rund 300 Mitarbeiter, weltweit sind es rund 400.

PRODUKT

Die Kernkompetenz von Kneipp liegt in der Verarbeitung von pflanzlichen Rohstoffen in innovative Produkte. Schonende Verarbeitung, aufwändige Analyseverfahren und kontrollierter Anbau garantieren nachweislich sowohl die erstklassige Qualität der hochwertigen Ausgangsstoffe als auch eine optimale Wirksamkeit der fertigen Produkte. Dazu trägt auch das strenge pharmazeutische Herstellungsverfahren bei, das dafür Sorge trägt, alle Kneipp-Produkte mit einer solch großen Sorgfalt herzustellen, als seien sie Arzneimittel.

Die Kneipp Produkt-Range unterteilt sich in die Bereiche Badeprodukte, Körperpflege, Nahrungsergänzungsmittel und pflanzliche Arzneimittel.

Wichtige Schwerpunkte sind die Badezusätze. Hier vereinen sich die beiden Säulen nach *Sebastian Kneipp* Wasser und Pflanzen. Im Angebot sind eine Reihe von Gesundheitsbädern und Badekristallen mit ätherischen Ölen wie Rosmarin, Melisse, Wacholder etc. sowie Pflegeölbäder mit hochwertigen pflanzlichen Ölen wie Mandelöl oder Nachtkerzenöl in hoher Konzentration. Seit 2006 sind die Aroma Pflegebäder im Programm, die Aromatherapie und Pflege verbinden. Pflegende fette Öle sind hier mit ätherischen Ölen kombiniert, zum Beispiel Wildrose Lavendel, Quitte Rosmarin oder Olive Zypresse.

Die Kneipp Körperpflege-Produkte sind auf spezielle Bedürfnisse ausgerichtet. Neben einer Traubenkern Pflegeserie gegen Cellulite gibt es eine Pflegeserie Mandelblüten Hautzart mit hochwertigem Mandelöl für trockene Haut, eine Pflegeserie Nachtkerze für die Pflege sehr trockener Haut bis hin zur Neurodermitis und seit März 2007 eine neue Fußpflegeserie „Gesunde Füße" mit Ringelblume und Rosmarin, die auch für Diabetiker geeignet ist.

Ein weiterer wichtiger Bereich des Kneipp Sortiments sind Nahrungsergänzungsmittel vor allem Produkte mit Magnesium und Calcium, aber auch Ballaststoff-Produkte für eine gesunde Figur.

Klassische Kneipp-Produkte sind auch pflanzliche Arzneimittel, wie Baldrian, Johanniskraut, Arnika Salbe S oder das Erkältungsbad Spezial. Eine große Auswahl an Kräuter-Tees rundet das Angebot der pflanzlichen Arzneimittel ab.

Kneipp Produkte enthalten keine Mineralöle, Silikonöle, Konservierungsstoffe, keine Alkaliseifen und keine Bestandteile tierischer Herkunft

AKTUELLE ENTWICKLUNG

Die Kneipp-Gruppe ist heute ein modernes, international aufgestelltes Traditionsunternehmen mit großem Entwicklungspotential, das sich dem bedeutenden Erbe und der ganzheitlichen Philosophie seines Mitbegründers und Namensgebers weiterhin verpflichtet fühlt. Das Ergebnis der langjährigen Studien und praktischen Anwendungserfolge ist ein visionäres Lebenskonzept von zeitloser Aktualität.

Kneipp sieht seine Aufgabe heute vor allem auch darin, dem Verbraucher mit bedürfnisorientierten und einfach in den Alltag integrierbaren Konzepten und Produkten auf Basis der Natur und einer wissenschaftlich fundierten Lehre mit „Rat und Tat" zur Seite zu stehen und zu helfen.

Damit sind die Kneipp-Werke heute wieder sehr erfolgreich. In den Entwicklungsabteilungen werden laufend neue Produkt-Konzepte erstellt und auf ihre gesundheitliche Wirksamkeit überprüft. Im Jahr 2007 kommen 19 neue Kneipp® Produkte auf den Markt, Beweis der starken Innovationskraft des deutschen Traditionsunternehmens.

Neue Produkte in diesem Jahr sind: Arnika Leichte Beine Creme, Arnika Muskel Wohl Wärmeöl, Frauen-Mineralstoffe, neue Gesundheits- und Aroma-Pflegebäder, ein innovatives Milchbad und eine Reihe von Mineralstoff-Produkten aus dem Bereich der Nahrungsergänzungsmittel. Dies zahlt sich auch wirtschaftlich aus, so konnte 2006 eine Umsatzsteigerung im Vergleich zum Vorjahr von 9,8 Prozent erreicht werden.

WERBUNG

Seit 2006 sind Geschichten aus dem Alltag mit Produkten von Kneipp Dreh- und Angelpunkt der Werbekampagnen. Das Produktversprechen wird in kleine alltägliche Geschichten eingebettet und von Menschen wie du und ich überbracht. Es werden keine Wunder versprochen, sondern Wirkungen, die auch wissenschaftlich belegt werden können. So konnte Sebastian Kneipps Fünf-Säulen-Philosophie in einen modernen Kontext gebracht werden. Dabei ist auch der neue Claim entstanden „Kneipp wirkt. Seit 1891.", der Wirkung und Qualität der Produkte in den Mittelpunkt rückt.

Seit dem Frühjahr 2007 sind die Kneipp Anzeigen noch authentischer. Erstmals sind Kneipp Mitarbeiter in den Anzeigen zu sehen und sprechen authentisch für die beworbenen Kneipp Produkte. Nach einem großen internen „Casting" wurden acht „Kneipp Models" ausgewählt, die den ganzen Sommer über in Anzeigen zu den neuen Produkten in Zeitschriften wie Stern, Focus, Brigitte, Gala, Freundin und healthy living bewundern. Die Aktion wurde von der Belegschaft mit Begeisterung aufgenommen. Die Anzeigen erzählen alltagsnahe Geschichten mit authentischen und sympathischen Menschen, die nicht nur einen echten Bezug zu den Produkten haben, sondern sich mit diesen auch identifizieren- die Kneipp Mitarbeiter. Die Werbeagentur Schindler Parent und Kneipp entwickelten so die sehr bewährte Anzeigenkampagne von 2006 auf glaubwürdige Weise weiter. Auch in der zweiten Kampagne des Jahres, die die Herbst-Neuheiten von Kneipp bewirbt, kommen wieder die Kneipp Mitarbeiter zu Wort

MARKENWERT

Der Erfolg von Kneipp beruht auf dem Dreiklang der Markenwerte Authentizität/Erfahrung, Wirksamkeit und Sympathie. Unmittelbaren Ausdruck finden diese Werte in der Zentralaussage der aktuellen Kneipp-Kampagne: „Kneipp wirkt. Seit 1891." Das Produktversprechen wird in kleine alltägliche Geschichten eingebettet und von Menschen überbracht wie du und ich. Es werden keine Wunder versprochen, sondern Wirkungen, die auch wissenschaftlich belegt werden können. Das garantiert einen hohen Identifikationsgrad mit den Aussagen und den Motiven, weil sie nachvollziehbar sind.

Dank des Marken-Relaunch 2006 konnte die Kneipp-Gruppe die Bekanntheit der Marke Kneipp in der Zielgruppe (Frauen der Altersgruppe 30 plus mit Nettohaushaltseinkommen von 2500 Euro plus) von 75 auf 88 Prozent steigern. Die Sympathie für die Marke Kneipp ist von 34 auf 48 Prozent, die Kaufbereitschaft von 30 auf 45 Prozent gestiegen. Innerhalb kürzester Zeit konnte Kneipp das innere Markenbild bei den Befragten sichtbar aktualisieren.

Und selbst in der Gesamtbevölkerung, die nicht im Fokus der Mediastrategie stand, sind deutliche Erfolge messbar.

www.kneipp.de

Wussten Sie schon von Kneipp?

○ Kneipp® Badekristalle und Gesundheitsbäder sind in Japan Kult. Baden ist für die Japaner ein wichtiges Element der Kultur. Pflanzen, wie Wacholder, Melisse oder Fichte, wie sie für die Kneipp Badezusätze verarbeitet werden, sind sowohl exotisch als auch als gesundheitlich wirksam angesehen. Made in Germany steht für Qualität.

○ Kneipp® verarbeitet jährlich 1300 Tonnen naturreines Salz aus der Saline Luisenhall für seine Badekristalle. Das aus Natursole eines 45 Millionen Jahre alten Urmeers gewonnene Salz ist besonders reich an Mineralstoffen und frei von Umwelteinflüssen

○ Sebastian Kneipp verstand bereits einiges von Marketing. Um Missbrauch mit seinem Namen zu verhindern übertrug er 1891 dem Würzburger Apotheker Leonhard Oberhäußer die Rechte Produkte unter dem Namen Sebastian Kneipp herzustellen.

○ 2007 sprechen erstmals Kneipp-Mitarbeiter in den Werbeanzeigen für die Kneipp-Produkte.

MARKT

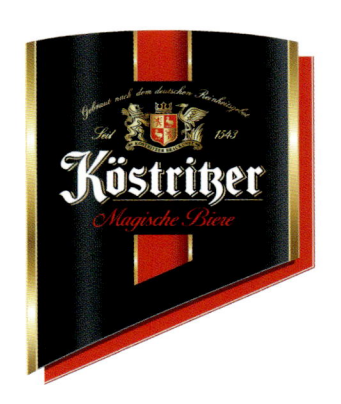

Mit über 460 Jahren Brautradition gehört die Köstritzer Schwarzbierbrauerei nicht nur zu den ältesten, sondern auch zu den bedeutendsten Brauereien Deutschlands. Das Thüringer Unternehmen kann mit Köstritzer, dem beliebtesten Schwarzbier der Deutschen, auf ein beachtliches Ergebnis verweisen. Im Jahr 2006 wurden 411.000 Hektoliter abgesetzt. 1992, ein Jahr vor der deutschlandweiten Markteinführung, waren es gerade einmal 17.000 Hektoliter gewesen. Damit hält Köstritzer heute einen Marktanteil von rund 30 Prozent im Segment der untergärigen dunklen Biere und ist in 13 Bundesländern mit großem Abstand Marktführer.

Auch im Ausland ist Köstritzer Schwarzbier gefragt wie nie zuvor. 2006 stieg der Exportanteil um 44 Prozent auf 12.000 Hektoliter. Mittlerweile ist die Spezialität aus Thüringen in 37 Ländern zu genießen, unter anderem in den USA, Russland, China und den europäischen Nachbarländern sowie in Taiwan, El Salvador oder Neuseeland. Die Exportquote will die Köstritzer Schwarzbierbrauerei weiterhin kontinuierlich steigern.

ERRUNGENSCHAFTEN UND ERFOLGE

Nach Übernahme der Köstritzer Schwarzbierbrauerei durch die Bitburger Getränkegruppe (heute: Bitburger Braugruppe) im Jahre 1991 konzentrierte sich das Unternehmen auf das Köstritzer Schwarzbier. In dieser Zeit wurde beschlossen, fortan nur noch die Traditionsmarke zu bewerben und mit absolutem Schwerpunkt zu bearbeiten. Das, obwohl der Produktionsanteil seinerzeit bei lediglich sieben Prozent lag, während zu 93 Prozent helle Biere in Bad Köstritz gebraut wurden. Anlässlich der 450-Jahrfeier der Brauerei im September 1993 erfolgte schließlich die nationale Wiedereinführung.

Mit der Entscheidung, sich fortan auf Köstritzer Schwarzbier zu konzentrieren, lehnte sich das Unternehmen an die Geschichte der Brauerei an. Zur Erneuerung des Produktimages lautete der Schlagwort folgerichtig „Renaissance einer großen Marke". Der Erfolg gibt dem Unternehmen Recht: Seit der deutschlandweiten Markteinführung ist Köstritzer Schwarzbier das beliebteste im Segment der untergärigen dunklen Biere.

GESCHICHTE

Bereits 1543 fand die Köstritzer Schwarzbierbrauerei erstmals als „Köstritzer Erbschenke" urkundliche Erwähnung. Damit ist sie eine der ältesten Brauereien Deutschlands und eine der wenigen, die ununterbrochen dunkles Bier herstellte. 1696 übernahmen die Grafen aus dem Hause Reuß die sogenannte „ritterschaftliche Gutsbrauerei". Im Jahr 1806 erhielt die Köstritzer Schwarzbierbrauerei den Titel „Fürstliche Brauerei", da ihre Besitzer in den Fürstenstand erhoben wurden. Der Standort in Thüringen bewährte sich über die Jahrhunderte hinweg und ließ Größen wie *Fürst Otto von Bismarck* mit der Bierspezialität in Berührung kommen. Er bescheinigte Köstritzer 1892 „einen vornehmen Rang in der Aristokratie der Biere".

Bereits zu Beginn des 20. Jahrhunderts war Köstritzer Schwarzbier weit verbreitet und wurde 1912 unter anderem in Berlin, Hamburg, Kassel und Hannover angeboten.

Von 1956 bis 1976 exportierte Köstritzer in die Bundesrepublik Deutschland und nach Osteuropa. Das Unternehmen nahm seinerzeit eine wichtige Position im Exportgeschäft der DDR ein.

Die gegenwärtige Erfolgsgeschichte der Köstritzer Schwarzbierbrauerei begann Anfang der Neunziger Jahre. Mauerfall und Wiedervereinigung brachten bedeutende Veränderungen mit sich. 1991 wurde die Brauerei in die Bitburger Getränkegruppe integriert. Das Traditionsunternehmen aus Bad Köstritz investierte in moderne Technik und Produktausstattung sowie in Verkauf und Marketing und wurde so zu einer der modernsten Braustätten Thüringens.

PRODUKT

Der besondere Charakter macht Köstritzer zum erfolgreichsten Schwarzbier Deutschlands. Bei einem Stammwürzegehalt von 11,4 Prozent und einem Alkoholgehalt von 4,8 Prozent zählt es zur Gattung der untergärigen Vollbiere. Wegen des leichten spritzigen Geschmacks wissen auch kalorienbewusste Genießer die Thüringer Spezialität zu schätzen. Tatsächlich hat „das Schwarze mit der blonden Seele" mit 41,5 Kcal auf 100 Milliliter lediglich so wenig Kalorien wie ein helles Bier. Die Verwendung speziell veredelter Gerstenmalze und das über Jahrhunderte verfeinerte Brauverfahren verleihen Köstritzer Schwarzbier sein unverwechselbar feines Malzaroma bei einer milden Hopfenfrische.

Die Erfolge von Köstritzer Schwarzbier kommen auch den anderen Produkten des Unternehmens zu Gute. Köstritzer Edel Pils, das beliebteste Thüringer Pils, Köstritzer Diät Pils und der junge Schwarzbier-Cola-Mix bibop runden das Portfolio der Brauerei ab. Seit seiner Einführung im Jahr 2002 ist bibop in der Trends setzenden Musik- und Partyszene fest verankert.

AKTUELLE ENTWICKLUNG

Köstritzer engagiert sich insbesondere mit Sponsorings und Partnerschaften in der deutschen Kultur- und Musikszene. Als Hauptsponsor bedeutender Jazzfestivals hat der Name Köstritzer seit vielen Jahren einen guten Klang. Darüber hinaus unterstützt die Brauerei federführend das Köstritzer Spiegelzelt, das 2007 in Weimar bereits seine vierte Auflage erlebte. Das ausschließlich privat finanzierte Festival bietet sechs Wochen lang Musik, Kabarett und Literatur mit international bekannten Künstlern. Ein weiterer Höhepunkt im Kultur-Kalender der Köstritzer Schwarzbierbrauerei ist das vielfach beachtete Festival „Kulturarena" in Jena.

Mit der derzeit erfolgreichsten deutschen Band *Rosenstolz* verbindet Köstritzer eine enge Partnerschaft. Als Hauptsponsor der Jubiläumstournee „Das große Leben" begleitete Köstritzer die Musiker 2006 bei knapp 40 Konzerten in Deutschland, Österreich und der Schweiz. Auch in 2007 wurde die erfolgreiche Kooperation mit *Rosenstolz* fortgesetzt und im Rahmen des Köstritzer Schwarz-Markts mit einem Auftritt vor heimischer Kulisse in Bad Köstritz gekrönt. Teile des Konzerterlöses und die Einnahmen aus einem gemeinsamen Benefizkonzert in der Berliner Columbiahalle, insgesamt 100.000 Euro, spendeten *Rosenstolz* und die Brauerei an Projekte der Deutschen Aids-Stiftung.

Neben der Kulturförderung ist die Köstritzer Schwarzbierbrauerei zudem einer der bedeutendsten Sportförderer in Thüringen. Seit 1993 trägt das Unternehmen den offiziellen Titel „Förderer des Thüringer Sports".

Köstritzer unterstützt dabei nicht nur Profisportler wie die Fußballer des FC Carl-Zeiss Jena oder die Volleyballerinnen des VfB 91 Suhl, sondern fördert auch den Breitensport in Thüringen. Besonders präsent ist die Brauerei bei den Leichtathletikveranstaltungen in der Region. Als verlässlicher Partner holt das Traditionsunternehmen regelmäßig Spitzensportler zu diversen Sport-Events. Seit über zehn Jahren ist Köstritzer außerdem renommierter Partner des GutsMuths-Rennsteiglaufs, Europas größter Crosslauf. Auch die Thüringer Wintersport-Verbände können sich auf das Engagement der Schwarzbierbrauerei verlassen.

WERBUNG

Die Dachmarke Köstritzer Schwarzbier bildet den Schwerpunkt einer Kommunikationsstrategie, in deren Rahmen alle Biermarken der Brauerei vermarktet werden. Köstritzer wirbt als einzige deutsche Schwarzbier-Marke bereits seit 1999 im TV. Ergänzend dazu werden Funkspots, Plakate und Anzeigen sowie verschiedene Below-the-Line-Aktivitäten umgesetzt. Im Mittelpunkt des aktuellen TV-Spots steht eine Party in einem Jazz-Club, bei der vor allem Geselligkeit und Musikaffinität der Marke kommuniziert werden. Der Claim „Das Schwarze mit der blonden Seele" unterstreicht dabei den leichten Charakter des Bieres. Die Markenfarben schwarz und rot betonen im Image-Motiv den Premium-Charakter von Köstritzer Schwarzbier durch Inszenierung des Pokals vor einem Hintergrund in diesen Farben.

Durch Kooperationen mit dem größten deutschen Musikpreis ECHO und dem Sponsoring von *Rosenstolz* wird das Markenimage glaubwürdig verjüngt und modernisiert.

Ihre Genuss-Kompetenz stellt die Premium-Marke auch im Rahmen ihrer alljährlichen Promotion-Aktivitäten in der Gastronomie unter Beweis. Während der Köstritzer Schwarzbierwochen im Sommer (Mecklenburg-Vorpommern) und im Herbst (Mitteldeutschland) präsentieren ausgewählte Gastronomiebetriebe eine Vielzahl kulinarischer Überraschungen, um die Gäste in die abwechslungsreiche Welt des beliebtesten Schwarzbiers Deutschlands zu entführen. Genießer und Gourmets können sich im Aktionszeitraum auf raffinierte Eigenkreationen der teilnehmenden Gastwirte freuen, deren Geschmack durch das Köstritzer Schwarzbier als Zutat entscheidend veredelt wird.

MARKENWERT

Köstritzer Schwarzbier positioniert sich als Premium-Marke unter den untergärigen dunklen Bieren. Marktforschungsstudien ergaben, dass der Name „Köstritzer" bei vielen Menschen sogar als Synonym für die Sorte Schwarzbier gilt, obwohl es mittlerweile etwa 180 Mitbewerber auf dem deutschen Biermarkt gibt.

Als Bierspezialität mit einzigartigem Geschmack passt Köstritzer zu besonderen Anlässen und wird von Männern und Frauen gleichermaßen konsumiert. Für die Markenwelt stehen Genuss, Qualität und Musik, wobei hier der Fokus auf Jazz gelegt wird.

www.koestritzer.de

Wussten Sie schon von Köstritzer?

○ Köstritzer Schwarzbier ist für die schlanke Linie verträglicher als ein Glas Apfelsaft oder Milch. Das „Schwarze mit der blonden Seele" hat nämlich lediglich 41,5 Kcal auf 100 Milliliter und wird wegen seines leichten spritzigen Charakter auch von kalorienbewussten Feinschmeckern geschätzt.

○ Der Alkoholgehalt von Köstritzer Schwarzbier liegt mit 4,8 Prozent unter dem vieler heller Biere. Die dunklere Farbe kommt deshalb zustande, weil eine andere Malzart verwendet wird. Diese verleiht dem Bier zwar einen intensiveren Geschmack, macht es dadurch aber nicht hochprozentiger.

○ Dass auch außerhalb Bayerns gutes Bier gebraut wird, erkannte bereits *Fürst Otto von Bismarck*, als er 1892 mit dem Köstritzer Schwarzbier in Berührung kam. Auch *Johann Wolfgang von Goethe* wusste die Qualität des Thüringer Biers zu schätzen, das er in Weimar genoss.

○ Seit mehr als zehn Jahren sorgt die hauseigene Köstritzer Jazzband mit ihrem unverwechselbaren Sound bundesweit für Furore auf regionalen, nationalen und internationalen Jazz-Festivals. Der hohe Genussfaktor, der moderne Mix und das handwerkliche Können, das die Band bei über 160 Auftritten im Jahr kontinuierlich unter Beweis stellt, sind auch für die Köstritzer Schwarzbierbrauerei eine ausgezeichnete Visitenkarte.

KRUPS Perfektion der Leidenschaft.

MARKT

Seit die Technik in den Alltag Einzug gehalten hat, stand bei der Entwicklung neuer Haushaltsgeräte lange Jahre die Arbeitserleichterung im Fokus. In den zunehmend individualisierten Märkten von heute geht es um viel mehr. Längst sind Haushaltsgeräte eine Frage von Selbstverständnis, Einrichtungs- und Lebensstil. Und je mehr Hersteller um die Gunst des Konsumenten werben, desto größer die Herausforderung für anspruchsvolle Marken, ihren Leistungs- und Kompetenzvorsprung zielgruppengerecht und vor allem glaubhaft zu kommunizieren. Im Vorteil ist hier, wer es versteht, dank einer großen Innovationskraft ganze Produktsegmente neu zu schaffen – so wie die Marke Krups.

Darüber hinaus ist die Marke in vielen Segmenten des Elektrokleingerätemarktes präsent – nicht nur in Deutschland, sondern in aller Welt. In einer Zeit, in der Sparen – selbst auf Kosten der Qualität – fast schon zum Selbstzweck erhoben wird, feiert Krups im mittleren bis gehobenen Preissegment Verkaufserfolge. Mit Produkten, die nicht durch oberflächliche Reize impulsive Kaufentscheidungen provozieren, sondern durch innere Werte überzeugen. Die Marke Krups spricht Bedürfnisse, Konsumgewohnheiten und den Lifestyle von Experten an, die technische Perfektion und professionelle Leistung wünschen. Wer ein Gerät von Krups kauft, weiß, dass er in langlebige Qualität und hohe Produktzufriedenheit investiert.

ERRUNGENSCHAFTEN UND ERFOLGE

Mit dem Krups 3-Mix, dem berühmtesten Handrührgerät aller Zeiten, begann 1960 ein Siegeszug, der über viele Gerätegenerationen bis zur heute aktuellen 8000er Serie andauert: Das extrem vielseitige wie handliche Rührgerät wurde zum Synonym für moderne Küchengeräte. Bemerkenswert: Noch immer liefert die Grundidee des 3-Mix das Potenzial für intelligente Innovationen, wie auch die 3 Mix Edition XL beweist. Das „Easy-Use-System" erlaubt die Bedienung der Grundanwendungen Rühren, Mixen und Kneten mit nur einem Schalter. Und dank der durchdachten Zubehör-Ausstattung kann man mit den Allroundern der XL-Serie sogar Eis zerkleinern, Cocktails mixen und Babynahrung pürieren.

In den Sechziger Jahren profilierte sich Krups erstmals als Kaffeespezialist – mit dem seinerzeit revolutionären Druckbrühautomaten T8, der zum Design-Klassiker wurde und seit über 40 Jahren zu den Krups Bestsellern gehört. Mit der Pro-Aroma präsentierte Krups 1994 die erfolgreichste Kaffeemaschine aller Zeiten – ein Millionenseller, der deutsche Industriegeschichte schrieb. „Espresso per favore" – mit dieser Bitte ging die Begeisterung für italienische Lebensart um die Welt. Ab 1983 erfüllte Krups diesen Wunsch mit technisch perfekten Espressogeräten und einem stetig wachsenden Sortiment – vom Dampfdruckgerät für Einsteiger über Siebträgermaschinen bis hin Maschinen mit Nespresso-Technologie und Vollautomaten für höchste Ansprüche. In nur vier Jahrzehnten wurde Krups durch überzeugende Produkte weltweit zum Inbegriff für moderne Elektrogeräte mit hervorragendem Gebrauchsnutzen, hohem Bedienkomfort und klassisch klarer Formgebung. Selbst im wahrscheinlich anspruchsvollsten Konsumentenmarkt der Welt, in den Vereinigten Staaten von Amerika, gilt Krups unter Experten als erste Wahl.

GESCHICHTE

Mit seiner kompromisslos auf Qualität ausgerichteten Unternehmensphilosophie legte Firmengründer *Robert Krups* 1846 den Grundstein für den späteren Welterfolg der Marke Krups. Rund 110 Jahre lang produzierte das Solinger Unternehmen ausschließlich hochwertige Rotations- und Taschenfederwaagen – Präzisionsprodukte, die ihren Benutzern lange Jahre treue Dienste leisteten.

Zu Beginn der deutschen Wirtschaftswunderzeit, als die Elektrotechnik die Küche eroberte, feierte Krups 1956 mit einer elektrischen Kaffeemühle den gelungenen Einstand in den Elektrokleingeräte-Markt. Seither sind technische Perfektion und die Ausrichtung an den Bedürfnissen anspruchsvoller Konsumenten die beiden Säulen, auf denen die starke Position der Marke Krups gründet.

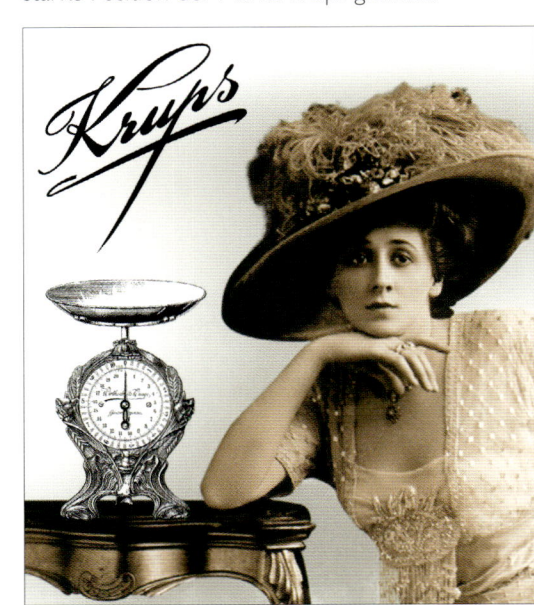

1991 wurde die Robert Krups GmbH & Co. KG – bis dahin in Familienbesitz – von der Moulinex S.A. übernommen, ein wichtiger Schritt in der Unternehmensgeschichte, der den Zugang zu wichtigen Auslandsmärkten entscheidend verbesserte.

Seit 2001 gehört der Moulinex-Konzern und damit auch die Marke Krups zur französischen Groupe SEB, dem weltweit größten Hersteller von Elektrokleingeräten. Zu dieser Zeit formuliert Krups auch seine Firmenphilosophie noch einmal neu: „Expect the best" lautet der Leitsatz, mit dem Krups weltweit für seine Produkte wirbt. Diese zeichnen sich – ganz Krups – durch überlegene und innovative Technik aus, begeistern aber zusätzlich durch edles, stilvolles und funktionales Design, ungewöhnlich in Form und Farbgebung. So wurde 2004 die exklusive Premium-Frühstücksserie Pro-Edition eingeführt. 2005 bestärkte das neue Krups Sortiment die Position der Marke mit einer Mischung aus Leistung und Emotion, auf die auch der neue Leitsatz „Perfektion der Leidenschaft" zugeschnitten ist. Neue Geräteserien, die vom Designer *Konstantin Grcic* entworfen wurden, wurden eingeführt. Der kleinste Kaffeevollautomat der Welt, der XP 7200 und die Nescafé Dolce Gusto mit innovativem Einportionssystem erweiterten das Kaffeemaschinen-Sortiment.

nem Standmixer setzt neue Maßstäbe durch die intelligente Krups Motor Technik, die die Laufgeschwindigkeit des Motors durch einen hochleistungsfähigen Mikroprozessor auf einer konstanten Drehzahl hält – und das bei besonders leisem Laufgeräusch. Die Kompaktküchenmaschine und der Standmixer ist mit dem international renommierten „red dot design award 2006" ausgezeichnet und für den Designpreis der Bundesrepublik Deutschland 2007 nominiert.

Aber auch im Bereich Kaffeezubereitung punktet Krups. Ob mit dem kleinsten Vollautomaten der Welt, dem Krups Espresseria Automatic XP 7200 oder mit Neuheiten im stetig wachsenden Segment der Einportionssysteme. Durch die Einführung der Nescafé Dolce Gusto konnte Krups seine Marktführerposition in diesem Segment noch weiter ausbauen. War die Marke doch vor 15 Jahre Pionier auf diesem Gebiet und kooperierte als erste Marke mit Nespresso.

Und auch in den kommenden Jahren wird sich Krups weiterhin konsequent an den Wünschen und Bedürfnissen der Verbraucher orientieren – immer mit dem Ziel, seine Kunden mit innovativen Produkten zu begeistern und so die Weichen für einen erfolgreichen weiteren Weg der Marke zu stellen.

PRODUKT

Von erstklassigen Produktlösungen für die Speisenzubereitung über Elektrokleingeräte und Produktserien für das Frühstück bis hin zum Schwerpunktsortiment Kaffeezubereitung: Dank hochkarätiger Produktentwicklungen hat der Nimbus der Marke Krups gerade in jüngster Zeit an Attraktivität gewonnen. Zahlreiche Auszeichnungen bestätigen die herausragende Stellung, die Geräte der Marke Krups im Wettbewerb genießen – ob in punkto Design, Produktqualität oder Preis-/Leistungsverhältnis. Doch außer durch gute Testnoten macht Krups auch immer wieder durch Innovationen von sich reden. Vor allem die Prep Expert Serie, bestehend aus einer Küchenmaschine, einer Kompakt-Küchenmaschine und ei-

AKTUELLE ENTWICKLUNG

Genießer von heute erwarten für ihre Bedürfnisse innovative Produktlösungen, die auch morgen noch up-to-date sind. Mit der Konzentration auf nachhaltige Trends und nachfragegerechte Produktkonzepte erfüllt Krups die Erwartungen der Konsumenten wie auch der Vertriebspartner. Beispielhaft: „Krups Espresseria" – ein modulares Erfolgskonzept, das die Kaffeekompetenz von Krups systematisch ausbaut und nutzt. Mit einer informativen Verbraucher-Website (www.espresseria.de), auf der die „ganze Welt des Kaffees" online erlebbar ist. Mit exklusiven Shop-in-Shop Präsentationssystemen für ausgewählte Stützpunkt-Partner des Fachhandels sowie einem attraktiven Zubehörsortiment.

Eine eigene, von Feinschmeckern empfohlene Kaffee-Spezialröstung, abgestimmt auf die Kaffee- und Espressogeräte von Krups, rundet das Sortiment für Kaffeegenießer perfekt ab.

Aber auch unter www.krups-patisserie.de werden Feinschmecker fündig. Krups hat gemeinsam mit *Johann Lafer* den Trend zur leichten Küche, zu bewusstem und unbeschwerten Genuss, verbunden mit dem Konsumentenwunsch nach professionellen Resultaten auf möglichst einfach Art aufgegriffen. Aus diesem neuen Verständnis heraus haben die Kooperationspartner exklusive Rezepte entwickelt, die beides versprechen: Leichten Genuss und leichte Zubereitung. Getragen wird die Zusammenarbeit der Marke mit *Johann Lafer* mit dem gemeinsamen Anspruch an Perfektion.

Auch der Relaunch der Krups-Homepage macht die Krups Markenwelt erlebbar.

WERBUNG

Erfolgreiche Werbekampagnen bringen die erstklassigen Qualitäten der Marke Krups immer wieder effizient auf den Punkt, im TV genauso wie in klassischen Printmedien oder auf Citylight Postern. Fixpunkte sind stets ein klarer Focus auf das Produkt und die Einbindung des beratenden Fachhandels als wichtigstem Vertriebspartner. Anspruchsvolle Präsentationslösungen für die Präsenz am POS sind wesentlicher Bestandteil der Markenkommunikation.

MARKENWERT

Krups steht für klassische Werte wie Qualität, Gebrauchsnutzen und Langlebigkeit, aber auch für herausragend gutes Produktdesign und innovative Ideen. Kaum eine andere deutsche Traditionsmarke hat es so erfolgreich verstanden, höchste Qualitätsstandards über Jahrzehnte hinweg mit Innovationsgeist und Dynamik zu verbinden. Wer technische Perfektion sucht, findet bei Krups Produkte, die ihr Versprechen zuverlässig einlösen. KRUPS – Perfektion der Leidenschaft.

www.krups.de

Wussten Sie schon von KRUPS?

○ Die meistverkaufte Kaffeemaschine made in Germany stammt von Krups

○ Krups begann erst 1956 mit der Produktion von Elektrokleingeräten, vorher wurden ausschließlich Waagen hergestellt

○ Die berühmteste Kaffeemaschine der Welt, die Krups ProAroma, schrieb Internet-Geschichte! Von 1997 bis 2001 konnte das Gerät mit der Serien-Nr. 31085 per Webcam im legendären „Trojan Room" der Universität of Cambridge besucht werden. Während das Gerät vor der Kamera rund 10.000 Tassen Kaffee zubereitete, wurde die Seite 1.294.128-mal angeklickt. Bei der anschließenden Versteigerung erzielte die Webcam-Kaffeemaschine die rekordverdächtige Summe von 3350 Britischen Pfund.

MARKT

Das Marktvolumen der traditionellen Spielwaren in Deutschland betrug 2006 über 2,3 Milliarden Euro. Trotz rückläufiger Umsätze im Spielwarenmarkt konnte die LEGO GmbH ihren Marktanteil ausbauen und die Marktführerschaft im Bereich der traditionellen Spielwaren in Deutschland behaupten (Quelle: Eurotoys). Der Nettoumsatz von LEGO Zentraleuropa (Deutschland, Österreich und die Schweiz) stieg 2006 um sieben Prozent, von 205 auf 221 Millionen Euro.

Mit jeweils zweistelliger Zuwachsraten tragen besonders die klassischen Produktlinien LEGO DUPLO®, LEGO City und LEGO Technic sowie die LEGO Spielthemen zu diesem Erfolg bei. Zu den größten Herausforderungen der nächsten Jahre zählt das veränderte Freizeitverhalten der Kinder. Neue Multimediaangebote und die Zunahme nicht schulisch organisierter Aktivitäten lassen immer weniger Zeit zum Spielen.

ERRUNGENSCHAFTEN UND ERFOLGE

Kurz vor dem Jahrtausendwechsel wurde der LEGO Stein vom US Fortune Magazine und der British Association of Toy Retailers zum „Spielzeug des Jahrhunderts" gewählt. Diese generationen- und länderübergreifende Verbundenheit mit der LEGO Marke ist für *Dirk Engehausen*, Geschäftsführer LEGO Zentral- und Südeuropa, eine Verpflichtung: „Uns ist es wichtig, auch in Zukunft mit tollen Produkten die Kreativität der Kinder zu fördern". Dass dies immer wieder gelingt, beweisen die preisgekrönten Innovationen: 2006 wurde LEGO MINDSTORMS® NXT mit dem „Toy Award" der Internationalen Spielwarenmesse Nürnberg in der Kategorie „Technische Innovationen" ausgezeichnet. 2007 erhielt der LEGO Technic RC Bulldozer diese Auszeichnung.

Nicht nur die Qualität der Produkte, auch die Stärke der LEGO Marke wird durch Auszeichnungen immer wieder bestätigt – 2005, 2006 und 2007 belegte die LEGO GmbH jeweils den zweiten Platz des Best Brand Awards.

GESCHICHTE

Die LEGO Erfolgsgeschichte begann 1932, als *Ole Kirk Christiansen* in Billund, Dänemark, ein Unternehmen für Holzspielzeug gründete. Das Unternehmen blieb seither immer im Familienbesitz. Heute ist *Kjeld Kirk Kristiansen*, der Enkel des Gründers, Eigentümer der LEGO Gruppe. „Mein Großvater hat sein Unternehmen LEGO nach den dänischen Wörtern 'leg' und 'godt' benannt, was so viel bedeutet wie 'spiel gut'. Das ist auch das Ideal, dem wir seit 75 Jahren folgen", so *Kristiansen*.

Der Durchbruch für die LEGO Gruppe kam mit der Erfindung des LEGO Steins im Jahre 1958 und dessen einzigartigem Steckprinzip mit den Röhren im Stein, das für das Zusammenbauen unendlich viele Möglichkeiten eröffnet. Als das Unternehmen vor etwas mehr als 50 Jahren das LEGO Konzept nach Deutschland brachte, begann der internationale Erfolg der bunten Kunststoffsteine. „Ich bin sehr stolz darauf, dass inzwischen Eltern weltweit unserem Unternehmen Vertrauen schenken und wir seit Generationen Kinder beim Erwachsenwerden begleiten", so *Kristiansen*.

Heute ist die LEGO Gruppe, gemessen am Umsatz, der sechstgrößte Spielzeughersteller weltweit und hat neben den klassischen LEGO Steinen 25 weitere Produktlinien im Sortiment. 4.500 Mitarbeiter arbeiten für die LEGO Gruppe und LEGO Produkte werden in mehr als 130 Ländern verkauft. Darüber hinaus gibt es in Dänemark, Kalifornien, England und im bayerischen Günzburg LEGOLAND Themenparks und seit April 2007 auch das erste Indoor LEGOLAND Discovery Centre in Berlin.

PRODUKT

Ob klassischer LEGO Stein, fortgeschrittenes Bauen mit LEGO Technic oder BIONICLE® Figuren von LEGO – das Bauerlebnis macht das Spielen mit LEGO Produkten, jeweils auf das Alter der Zielgruppe abgestimmt, so besonders. LEGO Produkte erlauben Kindern, ihre Kreativität zu entfalten und Dinge zu erschaffen, die ihre Vorstellungskraft erweitern. Beim Bauen mit LEGO Steinen lernen sie spielerisch, gleichermaßen strukturiert und kreativ zu denken. Seit Unternehmensgründung haben sich die Produkte ständig weiterentwickelt, jede Generation zeichnet sich durch wegweisende Innovationen und Qualität aus.

Der LEGO Stein, wie man ihn heute kennt, kam 1958 auf den Markt. Danach wurde die LEGO Welt immer vielseitiger: Der erste LEGO Zug fährt bereits mit eigenem Motor und LEGO Reifen entstehen. Damit auch Kleinkinder ihre Kreativität mit LEGO Steinen entwickeln können, wird 1967 LEGO DUPLO erfunden und patentiert. 1974 kommt die erste LEGO Figur auf den Markt, die vier Jahre später durch die heutige Form der Minifiguren ersetzt wird.

Motto der Siebziger Jahre: „LEGO Technic...wie in Wirklichkeit". Jetzt können Kinder komplexe, technische und realistische Modelle bauen. Klassische Spielthemen aus dem Reich der Fantasie beherrschen das Sortiment in den Achtzigern: die erste LEGO Burg entsteht, gefolgt vom großen LEGO Piratenschiff. Mit dem Weltraumthema LEGO Mars Mission und LEGO Castle knüpft die LEGO GmbH Ende 2007 an diesen Erfolg an.

Eine wegweisende Innovation gelingt mit LEGO MINDSTORMS 1998: Kinder und erwachsene Fans können erstmals mit LEGO Elementen ihre eigenen Roboter bauen und programmieren. 2001 fliegt ein LEGO MINDSTORMS Roboter mit der NASA ins All. Bei der FIRST LEGO LEAGUE treten jedes Jahr weltweit mehrere tausend Schüler zum Roboter-Wettstreit an. 2006 kommt die nächste Generation – LEGO MINDSTORMS NXT. An der Entwicklung mitgewirkt haben neben den LEGO Produktentwicklern auch LEGO Fans. Größte LEGO Fangemeinschaft in Deutschland ist unter www.1000steine.de organisiert.

Mit den neuen Episoden der Filmreihe STAR WARS™ bringt das Unternehmen erste Lizenzprodukte auf den Markt. Kinder tauchen mit LEGO STAR WARS in die intergalaktische Saga zwischen Gut und Böse ein. Seit 2002 können Kinder mit Ferrari von LEGO Racers die Formel 1-Welt nachspielen.

Bereits kurz nach der Jahrtausendwende betritt mit BIONICLE® von LEGO eine komplett neue Spielwelt das LEGO Universum. Heutzutage wird allein in Deutschland alle vier Sekunden eine BIONICLE Dose verkauft.

Seit jeher versucht die LEGO Gruppe, die Wünsche und Ideen von Konsumenten bei der Produktentwicklung zu berücksichtigen. Auf www.LEGOfactory.com ist eine Software für virtuelles Bauen mit LEGO Steinen abrufbar. Hier können LEGO Fans Produkte entwickeln und ihr Wissen weitergeben. 2007 wurde ein so kreiertes Produkt tatsächlich umgesetzt – ein weiterer Meilenstein in der traditionell engen Kooperation mit den Konsumenten.

AKTUELLE ENTWICKLUNG

Die LEGO Gruppe sieht Kinder als die Baumeister der Zukunft („Builders of Tomorrow"). Seit seiner Gründung verfolgt das Unternehmen das Ziel, ‚gutes Spielen' zu liefern, das die Entwicklung der Kinder fördert, damit sie für die Herausforderungen der Zukunft besser gewappnet sind.

Der traditionelle LEGO Stein sowie Produktinnovationen bei den klassischen Linien haben die Umsätze in den vergangenen Jahren steigen lassen. Nach 75 Jahren voller Innovationen, spielerischer Kreativität und Spaß ist noch lange kein Ende in Sicht. Die Beliebtheit der Marke LEGO ist ungebrochen und das Vertrauen der Eltern wird mit kindgerechten, attraktiven Neuheiten immer wieder bestätigt.

WERBUNG

Die LEGO GmbH verfolgt einen Multi-Channel Ansatz und nutzt das gesamte Repertoire der Kommunikations-Maßnahmen. TV bildet das Hauptmedium, punktuell auch durch Kinowerbung ergänzt. Parallel dazu werden Printanzeigen in Kinder- und Elternmagazinen geschaltet. In Geschäften stechen LEGO Produkte besonders seit Einführung der einheitlich gestalteten LEGO „Homesite" sofort ins Auge.

Neben der Medienansprache setzt die LEGO GmbH auf Direktmarketing: In Zentraleuropa sind derzeit 520.000 Mitglieder im LEGO Club registriert, die jeweils fünf Mal im Jahr das IVW geprüfte LEGO Club Magazin beziehen – das meistgelesene Kindermagazin im deutschsprachigen Raum.

Ebenfalls ein wichtiges Element ist der umfangreiche LEGO Katalog, der zwei Mal im Jahr in einer Millionenauflage erscheint und im Handel ausliegt. Darin wird das gesamte LEGO Sortiment detailliert und in attraktiver Aufmachung dargestellt. Mit Events wie der 2007 stattfindenden BIONICLE Van Tour besucht das Unternehmen seine Fans vor Ort und ruft Kinder zur Teilnahme an zum Beispiel kreativen Bauwettbewerben auf.

www.LEGO.com liefert alle Informationen zum Unternehmen und den einzelnen Produkten. Jenseits der klassischen Kommunikationsinstrumente spielt PR in den letzten Jahren zunehmend eine wichtige Rolle: Das Jubiläum „50 Jahre LEGO in Deutschland" in 2006 wurde ausschließlich durch PR-Arbeit unterstützt und auch im kommenden Jahr wird das Jubiläum „50 Jahre LEGO Stein" hauptsächlich durch PR-Aktivitäten kommuniziert.

MARKENWERT

„Nur das Beste ist gut genug" lautete das Motto von *Ole Kirk Christiansen*, dem Gründer des Unternehmens. Noch heute gilt dieser Grundsatz für die gesamte LEGO Gruppe. Die LEGO Marke ist weit mehr als nur ein Logo. An die Marke sind hohe Erwartungen geknüpft und die LEGO Gruppe ist sich der unternehmerischen Verantwortung bewusst, die sie gegenüber ihrer Umwelt und ihren Fans trägt.

Die LEGO Gruppe hat den Anspruch, im Spielwarenbereich der beste und zuverlässigste Partner von Kindern, Eltern und Händlern zu sein. Qualität ist dabei ein zentrales Stichwort. Maßstab bei der Produktentwicklung sind und bleiben die Bedürfnisse der Kinder: Sie sind neugierig und kreativ, besitzen Fantasie und verfügen über eine angeborene Veranlagung zum Lernen.

Kjeld Kirk Kristiansen beschreibt das Erfolgsrezept folgendermaßen: „Die Produkte sind nur das Rohmaterial, sie werden erst durch den Funken kindlicher Kreativität und deren Vorstellungskraft zum Leben erweckt." Das Unternehmen ist seit 75 Jahren ständig bestrebt, neue, innovative Produkte zu entwickeln, die auf die Bedürfnisse der Kinder zugeschnitten sind. Das macht die LEGO Marke so einzigartig.

www.LEGO.de

Wussten Sie schon von LEGO?

- Mit der Produktion von 306 Millionen Rädern jährlich ist die LEGO Gruppe weltweit der größte Reifenproduzent
- Es gibt mehr als 915 Millionen Möglichkeiten, sechs 8-Knopf (2x4) Steine zu kombinieren
- Bisher wurden mehr als vier Milliarden LEGO Minifiguren hergestellt – damit ist das die weltgrößte Bevölkerungsgruppe
- Durchschnittlich besitzt jeder Mensch auf der Erde 62 LEGO Steine
- Die LEGO Gruppe produziert circa 19 Milliarden LEGO Elemente pro Jahr
- Pro Sekunde werden weltweit sieben LEGO Sets verkauft
- Alle Kinder dieser Welt verbringen pro Jahr fünf Milliarden Stunden beim Spielen mit LEGO Steinen

Lufthansa

MARKT

Die Lufthansa gehört zu den führenden Fluggesellschaften der Welt und befördert im internationalen Luftverkehr mehr Passagiere als jede andere IATA-Airline. Im Sommerflugplan 2007 bietet Lufthansa Flüge zu 192 Zielen in 78 Ländern, mehr als je zuvor in der Geschichte der Lufthansa.

Der Fokus neuer Zielorte liegt dabei besonders auf Wachstumsmärkten wie China, Indien sowie Osteuropa. In China, Indien, Polen und Russland ist Lufthansa bereits heute die führende ausländische Airline.

Alle 44 Sekunden hebt rein rechnerisch irgendwo in der Welt ein Lufthansa Flugzeug ab. Rechnet man alle Star Alliance Partner hinzu, sogar alle sechs Sekunden. Gemeinsam mit den 16 Star Alliance Partnerfluggesellschaften bietet Lufthansa täglich mehr als 16.000 Flüge zu 855 Flugzielen in 155 Ländern.

ERRUNGENSCHAFTEN UND ERFOLGE

Auch nach zehn Jahren (Gründung 1997) ist der Star Alliance Verbund die global führende Luftfahrt-Allianz – und sie wächst weiter. 2006 wurde sie um zwei neue Mitglieder, die südafrikanische South African Airways und die Swiss, erweitert. Drei weitere Fluggesellschaften – Air China, Shanghai Airlines und Turkish Airlines – haben ihre Absicht bekundet, der Star Alliance 2007 und 2008 beitreten zu wollen. Mit der Aufnahme von Air China und Shanghai Airlines wird die Star Alliance ihre führende Position auch im wichtigen Zukunftsmarkt China ausbauen.

Mit über 13,5 Millionen Mitgliedern ist Miles & More das erfolgreichste europäische Vielflieger Programm. Heute können Lufthansa Miles & More-Kunden nicht nur bei den über 20 Partner-Airlines der Star Alliance Meilen sammeln und einlösen, sondern auch bei zahlreichen Partnern aus den Bereichen Hotellerie, Mietwagen, Finanzen, Automobil, Telekommunikation, Medien und vielen anderen Branchen. Alles in allem stehen Lufthansa Kunden mehr als 200 Partner zum Meilen sammeln und einlösen zur Verfügung. Somit ermöglicht Lufthansa Miles & More ihren Kunden, in fast jeder Lebenslage und an jedem Ort Meilen zu sammeln und einzulösen. Für den Kunden liegt in diesem globalen Netzwerk von Miles & More ein wesentlicher Nutzwert.

Ergänzt wird die Multi-Brand Strategie der Lufthansa seit März 2005 durch SWISS. Mit ihrem Qualitäts- und Serviceanspruch ist sie idealer Partner im Premium-Segment. SWISS ist zu einem wichtigen Partner geworden, der neue Märkte für profitables Wachstum öffnet. SWISS ist ebenfalls der Star Alliance beigetreten und voll integrierter Miles & More Partner. Zu Beginn des Sommerflugplans 2007 umfasst die SWISS-Flotte 72 Flugzeuge und bedient 70 Ziele weltweit.

Mit Germanwings ist Lufthansa auch im No-Frills-Segment aktiv. Die Airline operiert seit 2002 und wächst kontinuierlich. Im Sommerflugplan 2007 bedient sie mit 27 Flugzeugen 66 Zielorte in ganz Europa. Die gesamte Flotte des Geschäftsfelds Passagierbeförderung umfasste am 31. Dezember 2006 430 Flugzeuge.

GESCHICHTE

Die Wiederaufnahme des Linienflugverkehrs vor 50 Jahren ist das Jubiläum der Nachkriegs Lufthansa im Jahre 2005.

Bereits im April 1926 ging erstmals ein Lufthansa Flugzeug an den Start. Schnell erwarb sich das junge Unternehmen einen guten Ruf: Es hatte ein dichtes Netzwerk von Flügen innerhalb Europas aufgebaut und arbeitete intensiv an interkontinentalen Flugverbindungen. Asien und Südamerika wurden so für den Luftverkehr erschlossen und Nordatlantikflüge mit Hilfe von Flugbooten und Wasserflugzeugen erprobt. Der Zweite Weltkrieg bedeutete das Ende dieser Aktivitäten und 1945 auch das Ende für Lufthansa. Das Unternehmen wurde später liquidiert.

Als 1953 eine neue deutsche Luftverkehrsgesellschaft entstand, knüpften die Gründer an Tradition und Pioniergeist des früheren Unternehmens an, sie bedienten sich des guten Namens und des eingeführten Markenzeichens – ein stilisierter Kranich, 1919 von *Prof. Otto Firle* für die Deutsche Luft Reederei entworfen und 1926 von Lufthansa übernommen. Im April 1955 startete erstmals wieder ein Flugzeug mit dem Kranich am Leitwerk. 1960 begann mit der Einführung der Boeing 707 das Jetzeitalter. 1970 flog der erste Jumbo Jet, eine Boeing 747. Es begann der stetige Ausbau einer wirtschaftlichen Flotte. Derzeit verfügt Lufthansa über eine Flotte von über 430 Flugzeugen.

PRODUKT

Lufthansa bietet ihren Kunden Mobilität a la carte – von Budget bis First Class, alles in bewährter Lufthansa Qualität. Das Angebot reicht dabei von günstigen Preisen mit eher restriktiven Konditionen bis zum Premium-Produkt mit flexiblen Buchungsmöglichkeiten und umfassendem, persönlichem Service. Mit ihrem Angebot im Premium-Segment, vor allem im Langstreckenverkehr, hat sich Lufthansa an die Spitze des Wettbewerbs gesetzt.

Das First Class Terminal in Frankfurt und Lufthansa Private Jet Service sind bislang von den Wettbewerbern unerreichte Elemente einer klaren Orientierung auf die viel fliegenden Geschäftsreisenden. Beim First Class Terminal sind es neben dem Komfort vor allem die zeitsparenden Abläufe, die mit Hilfe eines Personal Assistants dem Vielflieger zu dem verhelfen, was er am meisten benötigt: Zeit. Der übliche Ablauf bei Eintreffen am Flughafen, vom Abstellen des Wagens, über Check-in, Sicherheitskontrolle und Zoll, alles wird für den Gast so angenehm wie möglich gestaltet. Mit persönlicher Betreuung, einem Limousinen-Service zum Flugzeug, Office Units, Dining- und Relaxbereichen, Badezimmern und einem hochwertigen Unterhaltungsangebot.

Der individuelle und exklusive Service Lufthansa Private Jet hat sich erfolgreich im Markt etabliert und ist von Kunden insbesondere aus Europa und den USA sehr gut angenommen worden, mittlerweile wurde auch das Drehkreuz Zürich angebunden.

Durch eine Reihe weiterer Maßnahmen wird die Produktqualität weiter ausgebaut, eine neue Business Class im Intercontinentalverkehr, der freie Mittelplatz im Kontinentalverkehr, mehr Raum im Regionalverkehr oder mit Investitionen in die Lounges.

AKTUELLE ENTWICKLUNGEN

Fliegen beginnt und endet am Boden. Hier will Lufthansa künftig noch besser und effizienter werden, die Abläufe sollen für die Kunden schneller und attraktiver werden. Die Einführung der

2D-Barcode-Technologie für die Abfertigung, die Weiterentwicklung des Automaten-Check-in sowie das Check-in von zu Hause oder unterwegs sind nur einige Beispiele.

Ende 2006 wurden auch wesentliche Entscheidungen für die Gestaltung der zukünftigen Flotte der Lufthansa getroffen. Bereits im Dezember 2001 hatte Lufthansa 15 Flugzeuge des Typs Airbus A380 bestellt. Sie sollten ab September 2007 ausgeliefert und mit dem Sommerflugplan 2008 eingesetzt werden. Nun wird das neue Großraum-Flugzeug erst im Sommer 2009 an den Start gehen. Um im wachsenden Luftverkehr Kapazitätsengpässe durch diese Verzögerungen zu vermeiden, hat Lufthansa fünf Airbus A330 und sieben Airbus A340-600 bestellt, die ab Sommer 2008 die Kapazitätslücke schließen werden.

Um das angestrebte Wachstum im interkontinentalen Verkehr auch weiterhin zu ermöglichen und gleichzeitig das bestehende Fluggerät zu modernisieren, wurden 20 Flugzeuge des Typs Boeing 747-8 bestellt, die ab 2010 eingesetzt werden.

Zur Modernisierung und Erweiterung der Flotte für den Kontinentalverkehr wurde eine Bestellung für 30 Flugzeuge der Airbus A320-Familie aufgegeben. Die Flugzeuge werden bereits ab 2007 in die Flotte aufgenommen. Der Fokus der neuen Flugzeuge liegt unter anderem auf der Reduzierung der Treibstoff- und Betriebskosten, gleichzeitig leisten sie damit einen wesentlichen Beitrag zur aktiven Umweltpolitik der Lufthansa.

WERBUNG

„Alles für diesen Moment" – mit dieser zentralen Botschaft wirbt Lufthansa in ihrer internationalen Markenkampagne. Inhaltlich fokussiert ist die Kampagne auf die Themen Qualität, Innovation und Vertrauen. Ziel ist es, die Marke Lufthansa stärker zu emotionalisieren und Lufthansa als „Airline des Vertrauens" zu positionieren. Lufthansa Kunden verbinden mit dem Kranich fliegerische Kompetenz und herausragende Stärken wie exzellente Produktqualität, Innovationsfähigkeit, das weltweite Streckennetz, technisches Know-how sowie Sicherheit und Zuverlässigkeit. Der Auftritt wird integriert auch im Direkt- und Onlinemarketing umgesetzt.

Die Kampagne rückt den Kunden in den Mittelpunkt und betont die klare Serviceorientierung und Leistungsfähigkeit der Lufthansa. Momente der Kundenzufriedenheit bleiben dem Kunden in ganz besonderer Erinnerung und erzeugen somit eine Kundenloyalität. Ein Anzeigenmotiv der aktuellen Lufthansa-Markenkampagne zeigt einen Kunden in einer Großstadt Asiens, der in einem Meer von Leuchtreklame das vertraute Lufthansa Logo erblickt. Wohin das Business unsere Kunden auch führt, wir sind bereits vor Ort. Im Vordergrund stehen Leistungsaspekte von Lufthansa, die rational und emotional Vertrauen schaffen und damit zu diesem besonderen Moment der Zufriedenheit führen.

In weiteren Anzeigenmotiven werden Aspekte aufgezeigt, die das Fliegen mit Lufthansa so entspannend machen und von der Ausbildung hochqualifizierter Piloten über Lufthansa Private Jet bis zu den ausgewogenen Menüs und aufmerksamen Service an Bord und Boden reichen. Im Mittelpunkt der Kampagne steht dabei immer der Fluggast und seine persönlichen Erlebnisse und Momente der Zufriedenheit, die eine Reise mit Lufthansa unverwechselbar gestalten.

Die Imagekampagne der Lufthansa kommt insgesamt in über 40 Ländern zum Einsatz. Insbesondere in den strategisch wichtigen Märkten Deutschland, Spanien, Italien, Schweiz, Japan und USA wird die Lufthansa als „Airline des Vertrauens" positioniert. Intensiv wirbt die Lufthansa in den Wachstumsmärkten China und Indien sowie Osteuropa.

Das Motto „Alles für diesen Moment" wird in die jeweilige Landessprache übersetzt und bildet neben einer einheitlichen Bildauffassung die Kampagnenklammer. Sie unterstützt und führt den Beweis für den zentralen Claim „There's no better way to fly", der unverändert fortgeführt wird.

MARKENWERT

1962 verabschiedet der Vorstand der Lufthansa das von *Otl Aicher* und seinem Team entwickelte Erscheinungsbild. Die damals definierte Grundlinie bildet auch heute noch die Basis des Lufthansa Corporate Design und die Kommunikation. Während die Marke im Kern über die Jahre konstant blieb, stieg im Laufe der Zeit die Relevanz für die Umsetzung im Design und Kommunikation. Mit Beginn der Achtziger Jahre, nach Strecken- und Produktausbau, erfolgte ein stärkerer Fokus der Kommunikation auf Markeninhalte.

Die Marke Lufthansa steht als Premium-Fluggesellschaft für hohe Zuverlässigkeit, Sicherheit und Professionalität mit einem eigenen weltweiten Netzwerk. Darüber hinaus agiert sie als starker Partner im erfolgreichsten Allianzsystem der Welt, der Star Alliance. Ferner sprechen eine hochwertige und individuelle Produkt- und Servicequalität für die Premiummarke Lufthansa.

www.lufthansa.com

Wussten Sie schon von der Lufthansa?

Ein „ganz normaler" Tag bei Lufthansa:

- Lufthansa startet und landet 1.760 mal
- Lufthansa begrüßt 138.000 Fluggäste an Bord und befördert 4.800 Tonnen Fracht
- Lufthansa beantwortet 27.400 Telefonanrufe
- Lufthansa passt die Preise 1.000 mal an
- Lufthansa versorgt die Kunden mit 992.000 Essen
- Lufthansa wartet 1.700 Flugzeuge

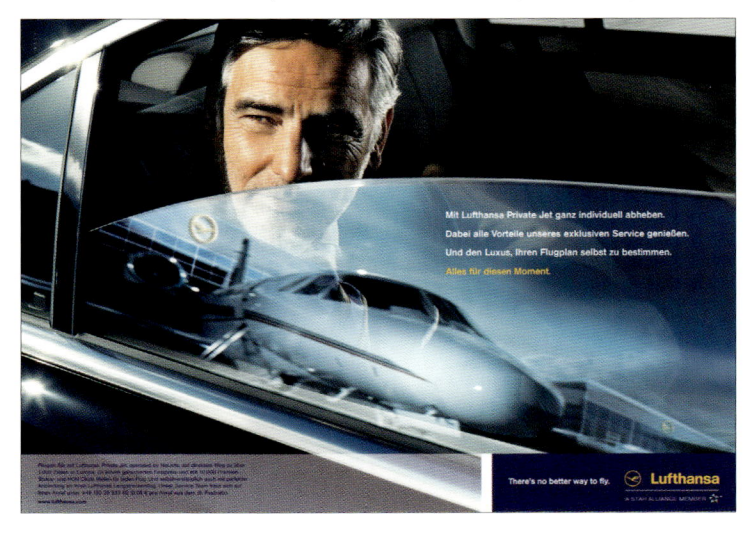

MARKT

Unser Alltag wird immer schnelllebiger – und das nicht nur in der Arbeitswelt, sondern auch im persönlichen Bereich. Gegen Stress, Hektik und Leistungsdruck im Alltag setzen wir auf Entlastung, Zeitersparnis, Entspannung und Genuss. Für die Lebensmittelbranche bedeutet das: Der Trend geht immer stärker in Richtung Convenience-Food! Was wörtlich übersetzt „bequeme Lebensmittel" heißt, steht für die zeitgemäß-praktische Art, leckere Gerichte leicht und schnell auf den Tisch zu bringen. Keine endlosen Shopping-Touren, um alle Zutaten zusammenzubekommen, kein langes Vorbereiten. So bleibt viel Zeit zum Genießen. Durch die Verwendung von Convenience-Food sparen die Verbraucher nicht nur Zeit: Auch die konstante Qualität der Produkte, Kostenersparnis und die Unabhängigkeit von saisonalen Erzeugnissen überzeugen immer mehr.

Doch nicht nur diese „nüchternen Fakten" zählen für die Verbraucher: In einer immer hektischeren Welt kommt es in der Lebensmittelbranche auf die perfekte Mischung von Produktqualität, Serviceangeboten und ein optimales Preis-Leistungsverhältnis an, kurz, auf die gesamte „Markenwelt". Eine Markenwelt, die Maggi perfekt aufgebaut hat und erfolgreich lebt: Der Marke Maggi werden bis heute von den Verbraucher sehr stark Werte wie Wärme, Sicherheit, Wohlbehagen und Geborgenheit zugeschrieben. Dies spiegelt sich auch in der Markenbekanntheit von Maggi wider.

ERRUNGENSCHAFTEN UND ERFOLGE

Kaum eine deutsche Küche, in der man heute kein Maggi Produkt findet: In 86 Prozent aller deutschen Haushalte gibt es eines oder mehrere Maggi Produkte. Die Markenbekanntheit von Maggi liegt bei 100 Prozent – im Lebensmittelbereich steht Maggi damit unangefochten an erster Stelle. Zu der großen Beliebtheit und Bekanntheit von Maggi haben unter anderem Produkte wie die „Maggi Würze", die „5 Minuten Terrine", die „Maggi Suppen" und das Sortiment der Maggi „fix & frisch"-Produkte beigetragen. Wie alle Maggi Produkte unterstreichen sie das Maggi Konzept, höchsten Genuss mit Inspiration und Freude am Kochen zu verbinden.

GESCHICHTE

Maggi – das sind mehr als 100 Jahre Lebensmittelgeschichte. Der Grundstein für die beispielhafte Erfolgsgeschichte der Maggi GmbH wurde bereits im ausgehenden 19. Jahrhundert gelegt. Auslöser war die schnell fortschreitende Industrialisierung und ihre teilweise verheerenden Auswirkungen auf die Ernährung der Menschen – vor allem auf die der Fabrikarbeiter. Die Folgen: Unterernährung und vor allem Eiweißmangel. Eine leichter verdauliche und anhaltender sättigende Nahrung musste her!

1886 gelang dem Schweizer Mühlenbesitzer *Julius Maggi* gemeinsam mit seinem Freund, dem Arzt und Fabrikinspektor *Fridolin Schuler,* eine revolutionäre Entwicklung: die Herstellung kochfertiger Suppen aus Erbsen- und Bohnenmehl. Mit dieser Erfindung ermöglichte Maggi der unterernährten Bevölkerung, gute und nahrhafte Lebensmittel zu erschwinglichen Preisen zu erwerben.

Noch im gleichen Jahr gelang *Julius Maggi* dann der absolute Durchbruch mit einer weiteren Erfindung – „Maggi's Suppenwürze". Allen Modeerscheinungen und gewandelten Ernährungstrends trotzend, hat sie den Markennamen Maggi nicht nur in jeden deutschen Haushalt getragen, sondern in der ganzen Welt bekannt gemacht.

Als „Markenartikelpionier" entwarf Maggi persönlich die Form der charakteristischen braunen Würzeflasche und bestimmte für die Etiketten die Farben Gelb/Rot – bis heute die Haus- und Erkennungsfarben von Maggi.

PRODUKT

Was Ende des 19. Jahrhunderts mit Suppen aus Bohnen- und Erbsenmehl begann, ist heute eine der bekanntesten Marken im Lebensmittelbereich. In Deutschland umfasst das Maggi Sortiment derzeit rund 300 Artikel aus den Produktbereichen Suppen, Soßen, Würzmittel, Bouillons, Fix-Produkte, Fertiggerichte und Beilagen. Rund 870 Millionen Mal gehen diese Maggi Produkte insgesamt jedes Jahr über den Ladentisch. Jährlich werden eine Vielzahl neuer Produkte und Sorten bereits bestehender Produktlinien eingeführt. Auf diese Weise erneuert Maggi mit rund 40 neuen Produkten pro Jahr kontinuierlich sein Sortiment.

Neben den innovativen und qualitativ hochwertigen Produkten sorgt die gesamte gelebte Welt der Marke Maggi für eine sehr starke Verbraucherbindung. Hier bewährt sich die Unternehmensphilosophie von *Julius Maggi*: „Helfen & Dienen". Plattform ist das Maggi Kochstudio, die erlebbare Service-Dimension der Marke Maggi.

Das Maggi Kochstudio ist eine Service- und Beratungsinstanz rund ums Kochen und Genießen, die es inzwischen seit fast 50 Jahren gibt. Das Maggi Kochstudio bildet die direkte Schnittstelle zum Konsumenten – es hat das Ohr ganz nah am Verbraucher. So werden jährlich derzeit beispielsweise rund 25.000 Telefonate und 20.000 E-Mail-Anfragen von den Beraterinnen beantwortet. In den vergangenen zehn Jahren wurden vom Maggi Kochstudio überdies circa 11 Millionen Rezeptbroschüren und über 22 Millionen Minikochbücher verteilt. Im Jahr 2001 erschien aufgrund großer Nachfrage das Buch „Maggi Kochstudio – Das Kochbuch" mit mehr als 300 Rezepten, Lexikon, Warenkunde und Tipps für die Zubereitung und wurde innerhalb weniger Monate zu einem Bestseller im Kochbuch-Bereich.

Unter dem Dach des Maggi Kochstudios sind eine ganze Reihe weiterer Dialog-Instrumente entwickelt worden, die den engen, persönlichen Kontakt zu den Verbrauchern suchen und finden. So öffneten von 1996 bis 2006 in den Städten Frankfurt am Main, Leipzig, Hamburg und Dortmund vier Maggi Kochstudios „zum Anfassen" ihre Pforten. Das fünfte wird bis Ende 2007 in München eröffnet werden. Das einzigartige Konzept der Maggi Kochstudios verbindet die persönliche Verbraucherberatung mit einer unterhaltsamen Erlebniswelt aus Kochkursen, Suppen & Snacks und Shop. Ein Team von ausgebildeten Ernährungsberaterinnen ist an sechs Tagen in der Woche Ansprechpartner für Fragen rund um die Themen Kochen, Warenkunde und Haushaltsführung. Maggi Produkte und kultige Küchen-Accessoires sind ebenfalls erhältlich.

Doch um das Maggi Kochstudio zu erleben muss man nicht in eine dieser fünf Großstädte reisen, es kommt via Internet auch nach Hause.

Herzstück des „virtuellen Maggi Kochstudios" ist die Rezept-Datenbank mit derzeit mehr als 6.000 Rezepten, die nach verschiedensten Kategorien und Kriterien (zum Beispiel Party- oder Kinder-Rezepte, Zutaten, Zubereitungszeit etc.) abgerufen werden können. Ein „Rezept-Roulette" beantwortet jeden Tag aufs Neue die Frage „Was koche ich bloß heute?" mit abwechslungsreichen Menüvorschlägen. Darüber hinaus kann jeder Nutzer in einem passwortgeschützten Bereich unter „Mein Maggi" sein individuelles Rezeptarchiv anlegen. Selbstverständlich gibt es auch im Web den direkten Draht zum Maggi Kochstudio.

Die Maggi Homepage ist eine der erfolgreichsten Websites. Monatlich im Durchschnitt 400.000 Besucher, 3,75 Millionen Seitenabrufe und rund 650.000 einzelne Rezeptabrufe beweisen: Das virtuelle Maggi Kochstudio ist bei den Verbrauchern zu Hause voll angekommen. So findet sich seit 2007 auch der MAGGI KOCHSTUDIO CLUB im Internet wieder und offeriert hier seinen rund 110.000 CLUB-Mitgliedern die ganze Welt des Kochens und Genießens – ganz einfach per Mausklick. Und das ohne festen CLUB-Beitrag, stehen doch die meisten CLUB-Leistungen kostenlos im Internet zur Verfügung. Lediglich besondere Leistungen wie das viermal jährlich erscheinende CLUB-Magazin oder die abwechslungsreich gefüllten Produktpakete können von den Mitgliedern – sofern erwünscht – kostengünstig „nach Hause" bestellt werden. Für alle Mitglieder kostenlos ist hingegen die individuelle Beratung am gebührenfreien CLUB-Telefon.

AKTUELLE ENTWICKLUNG

Die Wünsche und Ansprüche der Verbraucher verändern sich ständig. Deshalb setzt Maggi frühzeitig auf neue Trends und Technologien. Hierbei profitiert Maggi von der Zugehörigkeit zur Nestlé Gruppe. In den vielen internationalen Forschungszentren des weltgrößten Konzerns der Ernährungsindustrie entwickeln Köche zusammen mit Ernährungsphysiologen, Biologen und Lebensmittel-Ingenieuren sowohl neue Rezepturen als auch gänzlich neue Produktideen.

WERBUNG

Seit jeher versteht sich die Marke Maggi als „Helfer, Freund und guter Geist in allen Fragen rund ums Kochen und Essen". Dieser von *Julius Maggi* geprägte Gedanke war auch im Dialog mit dem Verbraucher von Anfang an zu spüren. So richtete dieser schon im ersten Jahr der Firmengründung ein „Reclame und Pressbureau" ein. Bürovorsteher war der damals noch in den Anfängen seiner literarischen Karriere stehende *Frank Wedekind*. Dessen Werbetexte, meist in Prosa oder Versform verfasst, gingen über die reine Produktbewerbung hinaus. Der Verbraucher sollte einfach möglichst umfassend über Ernährung, Gesundheit und eine gesunde Essenszubereitung informiert werden.

Dieser Grundsatz hat bis heute Bestand, auch wenn die Maggi Werbung seit 2006 unter dem neuen Markenclaim „Das sollten wir öfter machen" die Freude am gemeinsamen Kochen und Genießen noch stärker in den Fokus der Kommunikation stellt. Zur visuellen Stärkung des gemeinschaftlichen „Wir-Gefühls" klammert dabei eine gelbe „Genusswelle" den Claim und das gelb-rote Markenlogo über alle Kommunikationskanäle hinweg. Auch das seit fast 40 Jahren aus der Fernsehwerbung bestens bekannte Maggi Kochstudio wurde dem neuen kommunikativen Ansatz behutsam angepasst, ohne dabei seine kochstudio-typische Beratungskompetenz zu verlieren. So sieht der Verbraucher in den neuen Maggi Kochstudio TV-Spots bereits zu Beginn ein fertig zubereitetes Gericht, das in geselliger Runde aufgetischt wird. Die einzelnen Zubereitungsschritte werden dann in kurzen Rückblenden veranschaulicht, anstelle sie – wie vorher – chronologisch Schritt für Schritt zu zeigen und das fertige Gericht erst ganz am Ende zu präsentieren. Auch die Produkt-Spots, die nicht im Maggi Kochstudio spielen, binden das beworbene Produkt jeweils in kleinen, authentischen „Geschichten aus dem Leben" ein, die der Idee des „Wir-Gefühls" gerecht werden.

Neben der produkt- und markenorientierten Kommunikation in klassischen Medien wie TV und Print bekommt der verbraucherindividuelle Dialog eine immer zentralere Rolle: So erschließen sich dem Internet-User unter www.maggi.de derzeit nicht nur knapp 6.000 Rezepte, sondern mit der individuell konfigurierbaren Internet-Plattform „Mein Maggi" auch jede Menge praktischer Tools und Anwendungen, mit denen man seine Ernährung ganz einfach etwas optimieren kann, ohne dabei auf Genuss zu verzichten.

Wie erfolgreich all diese Kommunikationsmaßnahmen bei den Verbrauchern ankommen, zeigt allein ein Blick auf den Bekanntheitsgrad der Marke Maggi: Denn der liegt seit ewigen Zeiten bei fast 100 Prozent.

MARKENWERT

Dass die beschriebene Nähe zum Verbraucher sich in der Realität widerspiegelt, bestätigen Image-Untersuchungen immer wieder aufs Neue. Dabei erzielt Maggi gegenüber seinen Wettbewerbern regelmäßig eine signifikante Imageführerschaft in wesentlichen Dimensionen wie zum Beispiel Produktqualität, Vertrauen in die Marke, Verbrauchernähe, Service-Kompetenz oder Kommunikationsqualität. So erhielt Maggi im Jahr 2006 die begehrte Auszeichnung „Most trusted food brand" – und das bereits zum vierten Mal.

www.maggi.de

Wussten Sie schon von **Maggi?**

- Die berühmte Maggi Würze ist nicht nur ein begehrtes Kult-, sondern auch Kunstobjekt. 1972 verewigte beispielsweise *Joseph Beuys* eine Maggi Flasche in seinem Objekt „Ich kenne kein Weekend". Und auch dem Frankfurter Künstler *Thomas Bayrle* diente sie 1979 als Modell.

- Maggi ist in Deutschland der beliebteste Anbieter von Saucen. So verkaufte Maggi allein im Jahr 2006 über 132 Millionen Saucenpackungen.

- Viele Promis schwören auch auf Maggi. Das Topmodel *Heidi Klum* beispielsweise verkündete in zahlreichen Interviews, dass in ihrer Salatsauce die Maggi Würze nicht fehlen darf.

MARKT

Die MAN Gruppe gehört zu den führenden Herstellern von Investitionsgütern in der Welt. Als Anbieter von Nutzfahrzeugen, Dieselmotoren, Drucksystemen, Turbomaschinen und Industriedienstleistungen stellt das Unternehmen die Technologien für die globalen Wachstumsmärkte mit Bezug zu Transport, Antrieb und Energie zur Verfügung. Über 50.000 Mitarbeiter aus rund 120 Ländern arbeiten weltweit im Namen von MAN und sind in vier verschiedenen Bereichen und auf unterschiedlichsten Märkten aktiv.

Die Nutzfahrzeugsparte, mit Hauptsitz in München, ist mit weltweit rund 36.000 Mitarbeitern das größte Unternehmen der MAN Gruppe und einer der führenden Anbieter von Nutzfahrzeugen und Transportlösungen. Mit 29 Vertriebsgesellschaften ist MAN Nutzfahrzeuge international auf Wachstumskurs. Neben MAN gehört auch die Tochtermarke NEOPLAN mit ihren Bussen der VIP Class zur Nutzfahrzeugsparte.

MAN Diesel ist mit etwa 6.500 Mitarbeitern das zweitgrößte Unternehmen der MAN Gruppe und blickt auf eine über 100jährige Tradition zurück. MAN Diesel ist Weltmarktführer bei Zweitakt-Schiffshauptmotoren und weltweit führender Anbieter von Viertakt-Großdieselmotoren.

MAN TURBO hat rund 3.300 Mitarbeiter und ist damit der viertgrößte Bereich innerhalb der MAN Gruppe. MAN TURBO ist einer der weltweit führenden Hersteller von thermischen Turbomaschinen mit Produktionsstandorten in Deutschland, Italien und der Schweiz.

MAN Ferrostaal bietet Industriedienstleistungen an und ist mit 4.300 Mitarbeitern führender Generalunternehmer im internationalen Anlagenbau in den Bereichen Petrochemie, Öl und Gas, Energie und Kraftstoffe.

ERRUNGENSCHAFTEN UND ERFOLGE

MAN schreibt seit seiner Gründung immer wieder Technikgeschichte. So war der MAN-Vorläufer GHH 1787 der erste Schienenhersteller in Deutschland. Auch die erste deutsche Rotationsdruckmaschine für Zeitungen wurde 1873 von Ingenieuren der MAN entwickelt.

1897 gelang *Rudolf Diesel* mit dem ersten Dieselmotor der Welt ein bis heute bedeutungsvoller Durchbruch. 1901 errichtete das Unternehmen das erste Walzwerk der Welt, 1904 das erste Großdieselmotoren-Kraftwerk weltweit und 1957 baute es die erste schwimmende Ölbohr-Plattform in Europa.

Das größte Schiffsplaneten-Getriebe der Welt konstruierten im Jahre 1970 MAN-Ingenieure. 1999 wurden erstmals mit Wasserstoff angetriebene MAN-Busse getestet. Der umweltfreundliche Stadtbus MAN Lion's City ist bei Erdgas- und Hybridantrieben führend.

GESCHICHTE

Die Wurzeln der MAN Gruppe reichen zurück bis ins Jahr 1758. Mit der Eisenhütte St. Antony in Oberhausen nahm das erste schwerindustrielle Unternehmen des Ruhrgebietes seinen Betrieb auf. 1840 wurde die Sander'sche Maschinen-Fabrik in Augsburg gegründet.

Aus St. Antony entwickelte sich nach vielen Zusammenschlüssen mit anderen Stahl- und Maschinenbauunternehmen die GHH Gutehoffnungshütte in Oberhausen. Ein Unternehmen, das mit der Eisen- und Stahlproduktion sowie herausragenden Entwicklungen im Schiffs- und Brückenbau technische Pionierleistungen im Zeitalter der Industrialisierung erbrachte.

In Süddeutschland entstand aus der Sander'schen Maschinen-Fabrik nach mehreren Fusionen im Jahr 1908 die M.A.N. Maschinenfabrik Augsburg-Nürnberg.

1921 schließlich übernahm die GHH die Mehrheit an der M.A.N. In ihrer heutigen Form als Vertragskonzern existiert MAN seit 1986. In diesem Jahr wurde die M.A.N. mit der GHH verschmolzen und der Firmenhauptsitz nach München verlagert.

PRODUKT

MAN ist führend bei der Herstellung von Produkten und dem Angebot von Dienstleistungen in den Geschäftsfeldern Transport, Antrieb und Energie. Vier verschiedene Unternehmensbereiche sorgen für ein umfangreiches Portfolio.

MAN Nutzfahrzeuge ist einer der führenden Lkw- und Bushersteller in Europa mit Produktionsstätten in Deutschland, Österreich, Polen, der Türkei sowie Südafrika und baut Lastkraftwagen von 7,5 bis 50 Tonnen für jeden Einsatzzweck. Außerdem bietet das Unternehmen komplette Dienstleistungen rund ums Fahrzeug an. Produkte der MAN Nutzfahrzeuge Gruppe findet man nicht nur in MAN Fahrzeugen, sondern fast überall, wo Zuverlässigkeit und Leistung gefragt sind, zum Beispiel im industriellen Kontext bei Blockheizkraftwerken, bei der Stromerzeugung oder als Antrieb von Schienen-, Wasser- und Sonderfahrzeugen. Der MAN Lion's City Hybrid-Stadtbus ist die neueste Errungenschaft der weltweit anerkannten Umwelttechnologie von MAN.

MAN Diesel stellt Diesel-Großmotoren für Schiffsantriebe, Kraftwerke und Eisenbahnen her. Darüber hinaus werden Diesel-Gas- und Gas-Otto-Motoren für Kraftwerke und Offshore-

Anwendungen entwickelt und Abgas-Turbolader und Propulsionssysteme gebaut. Das Unternehmen übernimmt mit MAN Diesel PrimeServ zudem in mehr als 40 Service Centern in den wichtigsten Häfen der Welt den After-Sales-Service und bietet seinen Kunden einen hochwertigen und schnellen Kundendienst mit Originalersatzteilen an.

MAN TURBO verfügt über die weltweit größte Produktpalette für Turbomaschinen. Das Unternehmen bietet ein Produktprogramm von Kompressoren über Turbinen und chemische Reaktoren an. Aufgrund der weltweit hohen Nachfrage nach Energie, insbesondere nach Öl und Gas, ist MAN TURBO vor allem auf den Wachstumsmärkten Indien, China und Mittlerer Osten aktiv. Doch auch in Europa ist die Technik des Unternehmens beim Gastransport, der Gasspeicherung sowie der Energieerzeugung gefragt. Dass MAN TURBO weltweiter Marktführer in Sachen Zukunftstechnologie ist, beweisen die Turbomaschinenstränge der neuesten Generation. Sie sind Schlüsseltechnologie für einen riesigen Zukunftsmarkt der Energiegewinnung: Gas to Liquid, Biomass to Liquid und Coal to Liquid, der Gewinnung von Dieselkraftstoff aus Erdgas, Biomasse und Kohle.

MAN Ferrostaal ergänzt das Portfolio der MAN Gruppe durch Industriedienstleitungen und Systeme. Die Angebotspalette reicht dabei vom Contracting (Projektentwicklung und -management sowie Finanzierungskonzepte) für Industrieanlagen über den Vertrieb von Schiffen, Maschinen und Transportausrüstungen bis hin zur Bereitstellung von Logistikdienstleistungen. Darüber hinaus dient MAN Ferrostaal den anderen Unternehmen der MAN Gruppe als zusätzliche weltweite Vertriebsplattform.

AKTUELLE ENTWICKLUNG

Als ein Unternehmen mit einer fast 250-jährigen Geschichte weiß MAN, wie wichtig Traditionen sind. Doch vor dem Hintergrund einer globalisierten Welt und neuer wirtschaftlicher Herausforderungen gilt es, die Zukunftsfähigkeit aller Geschäftsbereiche langfristig zu sichern. Ein Meilenstein auf dem Weg dorthin ist das Führungskonzept Industrial Governance. Es regelt die Zusammenarbeit zwischen Konzernzentrale und einzelnen Bereichen der MAN Gruppe. Das Ziel: einerseits soll die strategische Ausrichtung des Unternehmens klar definiert sein, andererseits soll den Bereichen mehr operative Eigenständigkeit übertragen werden. Jeder Bereich muss sich innerhalb der Gruppe weiter entwickeln können. Dabei hilft auch ein neues Wissenstransfer-System, das bereichsübergreifend eingesetzt wird und ein aktives Wissensmanagement fördert, von dem alle Beteiligten profitieren.

Bei der Produktentwicklung setzt MAN vor allem auf technische Innovationen. Mit einem neuartigen Zündverfahren für Gasmotoren überwindet MAN Diesel beispielsweise die Grenzen zwischen Diesel- und Ottomotor. Das Ergebnis ist ein Motor, der die Vorzüge beider Antriebsarten – hoher Wirkungsgrad des Dieselmotors und geringere Umweltbelastung durch den Gasmotor in sich vereint, ohne deren Nachteile zu haben.

Im Bereich Forschung und Entwicklung wird intensiv an der Reduzierung des Kraftstoffverbrauchs und der Verbesserung der Emissionswerte der MAN Motoren gearbeitet. Zu diesen technischen Weiterentwicklungen gehören unter anderem die Common-Rail-Technologie zur Optimierung des innermotorischen Verbrennungsprozesses und die Kraftstoff-Wasser-Emulsion.

Für mehr Wettbewerbsfähigkeit ist MAN durch ein globales Netzwerk bereits heute ausgezeichnet aufgestellt. Mit der jüngsten Übernahme der B&V Industrietechnik Hamburg ergänzt MAN TURBO nun seine Angebotspalette für Dampfturbinen.

WERBUNG

MAN – Engineering the Future. Unter diesem Motto steht die Kommunikation des weltweit tätigen Konzerns und unterstreicht damit die Zukunftsorientierung des Unternehmens. MAN setzt in der Kommunikation vor allem auf Internationalisierung der Marke und will die Marke weiter als Premiumbrand im Business to Business-Bereich profilieren.

Der Geschäftsbericht 2006 der MAN AG wurde beim Wettbewerb Best of Corporate Publishing (BCP) 2007 als beste Publikation mit einem Gold-Award ausgezeichnet. Diese Ehrung bestätigt das Konzept des Unternehmens, Kunden, Aktionäre und Analysten in attraktiven und erstklassigen Publikationen nicht nur über MAN, sondern auch über Märkte und Strategien zu informieren. Auch das Image-Magazin „MAN forum" erhielt den BCP-Award in Gold, der von einer Jury namhafter Experten aus Journalismus, Marketing und Kommunikation jährlich vergeben wird. Als bestes Kunden-Magazin in der Kategorie „Transport/Logistik/Automobil" konnte die Publikation überzeugen.

MARKENWERT

Die Unternehmenswerte fußen auf der soliden und vielfach erprobten Basis der über 250-jährigen Geschichte.

Die Mitarbeiter von MAN orientieren sich an gemeinsamen Werten, die prägend sind für die MAN Gruppe. Gestern wie heute leiten und verbinden vier Maximen das Unternehmen: Zuverlässigkeit, Innovation, Dynamik und Offenheit.

Die MAN Gruppe bietet stets zuverlässige, innovative Produkte und Leistungen; darüber hinaus schafft und lebt sie eine offene und dynamische Unternehmenskultur.

Diese Werte sind wesentliche Erfolgsfaktoren für MAN auf Produktmärkten, dem Kapitalmarkt, bei der Gewinnung qualifizierter Mitarbeiter und für die gesellschaftliche Akzeptanz aller unternehmerischen Aktivitäten.

Das unternehmerische Handeln des Konzerns zielt nicht auf kurzlebiges Wachstum und spekulative Erfolge, sondern darauf, den Interessen von Kunden, Geschäftspartnern, Kapitalgebern und Mitarbeitern langfristig gerecht zu werden.

MAN – Hinter den drei Buchstaben steckt heute mehr als je zuvor: ein weltumspannendes Netzwerk von hochqualifizierten Mitarbeitern, wegweisenden Technologien und marktführenden Unternehmensbereichen.

www.man.eu

Wussten Sie schon von MAN?

- MAN ist die Geburtsstätte eines Meilensteins der Technikgeschichte – des Dieselmotors. *Rudolf Diesel* brachte 1897 im Augsburger Werk seinen ersten Motor zum Laufen. Seitdem tragen Mitarbeiter aus allen Bereichen dafür Sorge, diese Innovation konsequent weiter zu entwickeln.

- Jedes zweite Frachtschiff auf den Weltmeeren wird von einem MAN Motor angetrieben.

- Der größte Schraubenkompressor der Welt wurde im Jahr 2006 von MAN TURBO für ein chinesisches Unternehmen hergestellt. Mit einem Volumenstrom von 77.000 m^3/h und angetrieben von einer mehrstufigen Gegendruck-Dampfturbine sucht er weltweit seinesgleichen.

- MAN legt seit jeher Wert auf die Zufriedenheit seiner Mitarbeiter. So geht nicht nur die Gründung der ältesten Werkssparkasse im Ruhrgebiet 1842 auf das Konto des Unternehmens, sondern auch der Bau der ersten werkseigenen Siedlung 1844 und die Errichtung eines Kindergartens im Jahr 1878.

MARTINI

MARKT

James Bond liebt ihn, *George Clooney* auch. Die Rede ist vom italienischen Weinaperitif Martini. Mit einem Marktanteil von über 50 Prozent ist Martini uneingeschränkter Marktführer bei Vermouth-Getränken in Deutschland. Die mediterrane spritzige Spirituose erfreut sich quer durch alle Altersschichten dauerhafter Beliebtheit.

1993 ging das italienische Unternehmen Martini in den Besitz von Bacardi über. Seither gehört die italienische Marke zum größten unabhängigen Spirituosenhersteller in Familienhand, der damit sein Sortiment um den weltweit meist verkauften Vermouth erweiterte. Bacardi Deutschland gehört zu den führenden Anbietern internationaler Premium-Spirituosen und vertreibt neben Markenklassikern wie Martini und Bacardi auch Grey Goose Vodka, Jack Daniel's Tennessee Whiskey, Southern Comfort und Finlandia Vodka. Mit Molinari und Osborne bestehen weitere wichtige Partnerschaften mit namhaften internationalen Familienunternehmen. Bacardi beschäftigt in Deutschland 285 Mitarbeiter.

ERRUNGENSCHAFTEN UND ERFOLGE

Nirgendwo sonst kommt das mediterrane Lebensgefühl von Martini besser zum Ausdruck als in den Fernseh-Spots mit George Clooney. Bereits seit 2004 tritt der „Sexiest Man Alive" als Testimonial für Martini auf. Für den Spot „No Martini, No Party" wurde Bacardi Deutschland im Jahr 2005 mit einem Edgar Award für den besten Ferseh-Spot des Jahres geehrt.

GESCHICHTE

Martini schaut auf eine jahrhundertealte Tradition zurück, deren Wurzeln bis in die Antike reichen. Schon der griechische Arzt *Hippokrates* (460 bis 377 vor Christus) hatte dem Wein pflanzliche Extrakte hinzugefügt, um die Wirkung des Weines für die Gesundheit zu verbessern. Auch die Römer versetzten zur Unterstützung des Wohlbefindens und für einen intensiveren Geschmack ihre Weine mit allerlei Gewürzen, Kräutern und Auszügen.

Im Jahre 1863 nahmen die italienischen Unternehmer *Alessandro Martini*, *Luigi Rossi* und *Teofilo Sola* diese Tradition wieder auf und kreierten einen milden Vermouth. Wie sehr die Spirituose schon damals in ihrer Heimat geschätzt wurde, zeigte sich 1868, als *König Vittorio Emanuele II.* das Turiner Unternehmen zu seinem Hoflieferanten ernannte.

Für den Vertrieb ihrer Produkte setzten die drei Kaufleute den Schwerpunkt auf den Export nach Übersee. 20 Jahre vor der Erfindung des Automobils war dies ein ehrgeiziger Schritt, der dazu führte, dass ihre Spirituosen weltweit bekannt wurden. Im Jahr 1879 wurden bereits mehr als dreieinhalb Millionen Flaschen exportiert.

Als *Teofilo Sola* 1879 starb, wurde das Unternehmen in „Martini & Rossi" umbenannt. Nach dem Tod der beiden anderen Partner *Alessandro Martini* und *Luigi Rossi* übernahmen zur Jahrhundertwende die zwei jüngeren Söhne Rossis die Leitung des Unternehmens. Sie weiteten die Produktionsanlagen und Lagerhäuser auf ganz Europa und auf andere Kontinente aus. Niederlassungen in Buenos Aires, Barcelona, Paris, New York, Bukarest und Yokohama entstanden. Als Anerkennung verlieh *König Vittorio Emanuele III.* 1911 beiden Brüdern den Titel „Graf von Montelera".

Die dritte Generation der Rossi di Montelera erbte das Unternehmen in den Dreißiger Jahren. Ihnen gelang es, die Firma durch die schwierigen Jahre um den Zweiten Weltkrieg bis in die wirtschaftlich ertragreichen Fünfziger Jahre zu navigieren.

Im Jahr 1936 initiierten sie die berühmten „Martini & Rossi Montag Abend Radiokonzerte", welche die junge *Maria Callas* in die Stuben vieler Italiener brachte. Zu dieser Zeit besaß das Unternehmen nicht nur eine der berühmtesten Marken der Welt, sondern auch eine der glamourösesten.

Mit wachsender Internationalisierung wurde der Spirituosenhersteller neu organisiert und umstrukturiert. 1993 tat sich „Martini & Rossi" dann mit einem weiteren erfolgreichen Familienunternehmen zusammen. Bacardi übernahm den italienischen Traditionsbetrieb und vertreibt seither den weltweit meist verkauften Weinaperitif.

PRODUKT

Martini ist mediterranes Lebensgefühl für jeden Moment. Ursprünglich vor allem als Aperitif genossen, bietet Martini heute für jede Gelegenheit den richtigen Genuss: ob pur auf Eis mit einer Scheibe Zitrone, als Longdrink oder als Cocktail. Nur ausgesuchte Weißweine – für Martini Rosato auch Rotweine – werden bei Martini zur Cuveé zusammengestellt. In der Cuveé wird Zucker gelöst, um dieser gesüßten Grundweinmischung im Anschluss die individuell behandelten Kräuterextrakte, und -destillate sowie neutralen Alkohol beizugeben. Der Vermouth wird sodann einige Wochen gelagert, damit sich die einzelnen Bestandteile zu einer harmonischen Einheit verbinden können. Nach anschließendem Filtern kann der so gewonnene Weinaperitiv abgefüllt werden.

Der Vermouth-Klassiker Martini Bianco ist die zentrale Variante im Martini-Portfolio. Seine leichte Vanille-Note unterstreicht die ausgewogene Balance zwischen herb und süß. Seit 1910 bereits genießt man in einem Glas Martini Bianco unter anderem Noten von Veilchen, Kamille und natürlich Wermutkraut sowie zahlreichen Kräutern und Gewürzen.

Seit beinahe 140 Jahren ist der Martini Rosso mit seiner sanften bräunlich-roten Bernsteinfarbe ein echter Verführer. Sein ganz besonderes Rot stammt von Karamell, das dem Rosso im Verlauf seiner Herstellung zugegeben wird.

Der Martini Extra Dry wurde der Weltöffentlichkeit erstmals zur Silvesterfeier 1900 präsentiert. Er besticht durch sein klares Design und die trockene, leicht herbe Note.

Martini Rosato ist die einzige Variante, die nicht nur aus Weißweinen, sondern aus einer Mischung aus Weiß- und Rotweinen hergestellt wird. Daher erhält er sein mildes Aroma und seine gleichzeitig fruchtige Note.

Das jüngste Mitglied im Portfolio ist der Martini D'Oro. Von der Farbe eines italienischen Sonnenuntergangs versprüht er eine leichte unbeschwerte italienische Lebenslust, bei der der Genuss an erster Stelle steht. Mit seinen gerade einmal neun Prozent Alkoholanteil ist der Martini D'Oro gleichzeitig der leichteste in der Martini-Familie.

AKTUELLE ENTWICKLUNG

Seit Mai 2007 hat Martini sein Gesicht verändert. Mit einer modernen und reduzierten Optik setzt Martini neue Maßstäbe beim Flaschendesign. Zentraler Blickfang der neuen Flasche ist das weltweit bekannte Martini-Logo. Die legendäre Geschichte und Tradition der Marke bleiben als Symbol für Authentizität bei der neuen Ausführung als Design-Element erhalten und sorgen für eine noch stärkere Wahrnehmung als Premium-Marke.

Mit einer neuen Variante des Vermouth-Klassikers Martini Bianco setzt die Spirituose neue Maßstäbe. Die Mini Martinis sind seit Juni 2007 auf dem deutschen Markt erhältlich. Mit sechs Zentilitern enthalten die Minis genau die richtige Portion für einen Drink: egal ob pur auf Eis oder als Martini-Longdrink. Klein und stilvoll sind die Mini Martinis immer richtig dosiert.

WERBUNG

George Clooney trinkt am liebsten Martini: Seit 2004 sind der Weltstar und der italienische Vermouth ein unschlagbares Team. In mehreren Fernseh-Spots verkörpert *Clooney* mit Charme und einem sympathischen Maß an Selbstironie den Liebhaber der mediterranen Spirituose und verschafft der Marke einen glamourösen Auftritt. Aktuell läuft mit „El Toro" der mittlerweile dritte Martini Fernseh-Spot mit *George Clooney*.

Martini geht beim Thema Verantwortung mit gutem Beispiel voran. Die Marke tritt ausschließlich für den verantwortungsvollen Umgang mit alkoholischen Getränken ein. Wie bereits in vergangenen Filmproduktionen sowie in allen anderen Kommunikationsmaßnahmen, findet sich bei „El Toro" ein entsprechender Hinweis am Ende des Spots: „Verantwortungsvoller Genuss ab 18 Jahren".

Die Leidenschaft von Martini zeigt sich jedoch nicht nur in der Fernsehwerbung, sondern auch im Engagement der Marke für die Formel 1. In der Saison 2006 kehrte Martini Racing – verantwortlich für die Rennsportaktivitäten der Marke - als Partner der Scuderia Ferrari in die Königsklasse des Motorsports zurück. Bereits seit mehr als 35 Jahren arbeitet Martini Racing mit prestigeträchtigen Teams in der Formel 1 zusammen. Die Marke ist durch prominente Werbeflächen bei vielen europäischen Formel 1-Rennen vertreten und zeigt durch das Martini-Logo auf der Nase des Ferrari-Boliden, dass es sich gemeinsam mit einem starken Team für einen leidenschaftlichen Sport einsetzt.

Der neueste Coup von Martini ist die Kooperation mit dem erfolgreichen Hollywood-Filmhit „Ocean's 13". Als offizieller Partner unterstreicht Martini hiermit seine Verbindung zum Thema Film und Glamour.

MARKENWERT

Auf leichte und stilvolle Art das Leben genießen – für dieses Gefühl steht die Marke Martini. Martini ist ein Klassiker, der an keiner Bar fehlen darf. Inzwischen genießt der leichte Aperitif Kultstatus. Den verdankt er vor allem einem: James Bond. Der Agent seiner Majestät erkor den trockenen Martini-Cocktail einst zu seinem Lieblingsdrink. 007 bevorzugt seinen Martini stets mit Wodka und entgegen der klassischen Rezeptur geschüttelt und nicht gerührt.

Doch nicht nur im Geheimdienst, sondern auch mit Freunden zu Hause, an der Bar oder vor dem romantischen Dinner For Two passt Martini als Drink zur mediterranen Lebensart, bei der es auf das Zelebrieren der kleinen und feinen Freuden ankommt. Martini bietet sowohl als Aperitif als auch als Drink für jede Gelegenheit und jeden Geschmack den richtigen Genuss.

www.martini.de

Wussten Sie schon von MARTINI?

○ Vermouth ist nicht gleich Vermouth. Nur der aus Frankreich oder Italien stammende, mit Kräutern versetzte Wein darf sich Vermouth nennen. Jeder Vermouth besteht zu mindestens drei Vierteln aus Wein und zu einem Viertel aus Kräuter-Extrakten. Hinzu kommen Zucker, Wasser und Alkoholdestillate.

○ Insgesamt werden für den Martini mehr als 25 verschiedene Ingredienzien verwendet, deren jeweilige Dosierung ein streng gehütetes Geheimnis ist. Eine dieser vielen Zutaten ist das charakteristisch bittere und tonangebende Wermut-Kraut.

○ Den Martini-Spot, in dem sich George Clooney alias „Giorgio" den Vermouth bei den Filmfestspielen in Cannes 1962 schmecken lässt, inszenierte kein geringerer als Hollywoods Star-Regisseur *Robert Rodriguez*. Er wurde durch Kinoknüller wie „From Dusk till Dawn" und „Sin City" bekannt.

metabo®
work. don't play.

MARKT

Metabo ist einer der weltweit führenden Hersteller von Elektrowerkzeugen. Das schwäbische Unternehmen – mit Sitz in Nürtingen bei Stuttgart – unterhält in 26 Ländern eigene Vertriebsniederlassungen und ist darüber hinaus in circa 100 weiteren Ländern über Importeure vertreten. Die Marke Metabo steht für Premium-Qualität und Innovationskraft.

Der Weltmarkt für Elektrowerkzeuge umfasst (inklusive Zubehör) ein Volumen von circa 19 Milliarden Euro. Der in den letzten Jahren stetig gesunkene deutsche Anteil liegt inzwischen bei rund acht Prozent. Metabo hat die internationale Herausforderung angenommen und verzeichnet seit zwei Jahrzehnten eine kontinuierlich steigende Exportquote. 2006 lag sie erstmals bei über 80 Prozent.

Weltweit beschäftigt das Unternehmen knapp 2.400 Mitarbeiter und erwirtschaftete 2006 einen Umsatz von 392 Millionen Euro. 1999 ergänzte Metabo sein Portfolio um Holzbearbeitungsmaschinen, Schweißgeräte, Pumpen und Kompressoren. Damit ist Metabo heute im Elektrowerkzeugmarkt einer der Hersteller mit der größten Sortimentstiefe und -breite weltweit.

ERRUNGENSCHAFTEN UND ERFOLGE

Innovation hat bei Metabo Tradition. 1934 bringt Metabo seine erste elektrische Bohrmaschine, 1950 den ersten Elektro-Handschleifer und 1957 die erste in Großserie gebaute Schlagbohrmaschine auf den Markt. Den ersten Einhandwinkelschleifer stellt Metabo 1966 vor. Der erste Bohrhammer folgt 1977. Mit seiner ersten Akku-Maschine schreibt das Unternehmen 1983 abermals Geschichte und entwickelt diese Technologie seither kontinuierlich weiter.

Der Erfolg dieser Innovationen spiegelt sich nicht zuletzt darin wider, dass eine Reihe von Maschinen mit national und international renommierten Preisen wie dem „IF Design Award" oder dem „red dot Design Award" ausgezeichnet wurden.

Um immer am Puls der Zeit zu sein, bedarf es qualifizierter, motivierter und engagierter Mitarbeiter. Welch hohen Stellenwert die Förderung der Mitarbeiter bei Metabo hat, beweist die Auszeichnung „Top-Arbeitgeber im deutschen Mittelstand", die das Unternehmen 2004 erhielt. Das Projekt „Top Job" untersucht auf Basis einer bundesweiten Vergleichsstudie regelmäßig den Qualitätsstandard mittelständischer Personalarbeit. Metabo gehörte zu den 25 besten Kandidaten des Jahres.

GESCHICHTE

Im wirtschaftlichen Krisenjahr 1924 schlossen sich in Nürtingen zwei junge Männer zusammen – der eine Bäckersohn, der andere Brauereibesitzer. Ihr Ziel: Werkzeuge herstellen, die den gestiegenen Anforderungen einer zunehmend technisierten Welt besser gerecht werden als die bis dahin gebräuchlichen Werkzeuge. *Albrecht Schnizler* und *Julius Closs* gründeten Metabo und starteten mit der von *Schnizler* entwickelten und gebauten Handbohrmaschine Nummer 18 ihr ehrgeiziges Unternehmensprojekt. Drei Jahre später stieß ein dritter Gesellschafter hinzu. *Walter Rauch* war ein begnadetes Verkaufsgenie und sorgte mit seinen Auslandserfahrungen dafür, dass der Exportanteil der jungen Firma schon in den Zwanziger Jahren auf 80 Prozent kletterte.

1945 brannte das von Kriegsschäden weitestgehend verschont gebliebene Nürtinger Metabo-Werk fast vollständig ab, wurde jedoch wieder vollständig aufgebaut und erweitert. Die Zahl der Mitarbeiter stieg und lag 1960 bereits bei 1.000 Angestellten. Die Innovationskraft des schwäbischen Herstellers war fortan ungebrochen. Bis heute hat das Unternehmen weit über 500 Patente und Gebrauchsmuster anmelden lassen.

Metabo ist nach wie vor in Familienhand. Noch heute halten die Nachkommen der drei Firmengründer unverändert 100 Prozent der Aktien der metabo AG.

PRODUKT

Die Sortimentsstrategie von Metabo: das Unternehmen will alle Anwendungsfälle abdecken und am Markt mit einem in Tiefe und Breite kaum zu übertreffenden Elektrowerkzeug-Programm agieren. Als Spezialist für Elektrowerkzeuge bietet Metabo eine umfassende Produktpalette an handgeführten, stationären und halbstationären Geräten an.

Zu den handgeführten Werkzeugen im charakteristischen grünen Outfit gehören Hämmer, Bohr- und Schlagbohrmaschinen, Akkugeräte, Schrauber, Winkelschleifer, Schleifmaschinen, Oberfräsen und Hobel, Sägen, Heckenscheren sowie Spezialmaschinen. Insgesamt umfasst das Angebot ein Spektrum von über 2.000 Varianten. Hinzu kommt jeweils ein umfangreiches Zubehörportfolio, welches das lückenlose Prinzip nahtlos fortsetzt.

Die am markanten Blau erkennbare Palette an stationären und halbstationären Geräten ergänzt das Portfolio des Vollsortimenters. Zum Kompetenzfeld der Holzbearbeitungsmaschinen zählen Kapp-, Gehrungs- und Tischkreissägen. Drucklufsysteme wie Kompressoren, Schweißgeräte, vielfältige Lösungen für Wasser- und Pumptechnik und Schleifmaschinen vervollständigen das Angebot.

AKTUELLE ENTWICKLUNG

Metabo will sich als Premium-Marke nicht mehr nur allein mit der Funktion zufrieden geben. Auch das Design der Produkte soll eine größere Rolle spielen. Hierfür setzt das Nürtinger Unternehmen unter anderem auf die Zusammenarbeit mit der Porsche Design Group. Im Herbst 2006 präsentierte Metabo erstmals einen Multihammer, der umfassende Funktionalität, ausgereifte Technik und hohe Präzision mit anspruchsvollem, puristischem Design und innovativer Ergonomie verbindet. Im Gegensatz zur üblichen Bauform hat der Porsche Design-Multihammer P'7911 seinen Griff nicht unten, sondern oben. Doch nicht nur das hebt ihn von anderen Elektrowerkzeugen ab. Der P'7911 bietet Technik und Power hinter hochwertigen Schalen aus Echtkarbon, einem sehr robusten Werkstoff, der vor allem in der Luft- und Raumfahrt und beim Automobilbau zum Einsatz kommt. Karbon ist wesentlich leichter als Stahl und Aluminium und sorgt für ein klares, markantes Gesamtbild des Multihammers.

Auf der Suche nach praktischen und zugleich wirtschaftlichen Problemlösungen entwickelt Metabo immer wieder neue und optimierte Produkte. Der Bohrhammer BHE 20 IDR bietet beispielsweise eine Lösung für das staubfreie Arbeiten. Herabrieselndes Bohrmehl wird über eine integrierte Staubabsaugung, Integrated Dust Reduction, kurz IDR, in einer Box mit Faltenfilter angesaugt. Ein eigener Motor für die Staubabsaugung sorgt dafür, dass von Anfang an und unabhängig von der Drehzahl des Hammers die volle Saugleistung zur Verfügung steht. Das Set überzeugt durch seine ergonomische Bauform und bringt lediglich 3,5 Kilogramm auf die Waage. Das Design Zentrum Nordrhein-Westfalen zeichnete den BHE 20 Compact mit dem Produktdesign-Preis „red dot award 2007" aus.

Die Qualität der Metabo-Produkte wird zudem immer wieder durch neutrale Testergebnisse bestätigt. Jüngstes Beispiel hierfür: im Februar 2007 untersuchte die unabhängige Stiftung Warentest 15 Akku-Bohrschrauber. Nur ein einziger erhielt das Prädikat „Sehr gut" – der Metabo BSZ 14.4 Impuls. Auch der zweite Metabo-Vertreter machte in dem Bohrschrauber-Wettbewerb positiv von sich reden: der BSZ 12 Impuls hatte in der 12-Volt-Klasse mit „Gut" ebenfalls die Nase vorn. Die Nürtinger freuten sich also gleich über doppeltes „Test-Gold".

WERBUNG

„Work. Don't play". Mit diesem Slogan unterstreicht der schwäbische Hersteller seine Rolle als Premium-Marke für Profis. Zur Kommunikationsstrategie des Unternehmens zählen neben klassischen Instrumenten der Werbung und Verkaufsförderung auch attraktive Baustellen- und Point-of-Sale-Events. Im Rahmen der Öffentlichkeitsarbeit wendet sich Metabo an Fach-, Publikums-, Tages- und Lokalpresse. Bedienungsanleitungen, Kataloge, Preislisten, Prospekte und ein umfangreiches, ständig aktualisiertes Internetangebot ergänzen die Kommunikation.

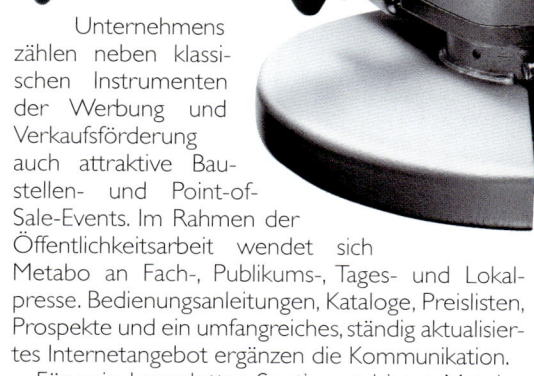

Für sein komplettes Sortiment bietet Metabo zudem eine kundenorientierte After-Sales-Betreuung. Dies schlägt sich unter anderem in einem exklusiven Reparatur-Service-System nieder. Jede beschädigte Maschine wird am Tag des Eintreffens im Werk repariert und tritt noch am gleichen Tag die Rückreise zu ihrem Besitzer an. Außerdem gewährt der Markenartikler eine „XXL-Garantie" von drei Jahren auf alle Maschinen.

Kontinuierliche Marketingaktivitäten sichern nicht nur die unverzichtbare Markenpräsenz, sondern unterstützen auch die Metabo-Partner beim direkten Geschäft „vor Ort".

So erhalten die so genannten Metabo Power Partner Händler eine umfangreiches, speziell abgestimmtes POS- und Konditionenpaket. Dieses international im Einsatz befindliche „Win-Win Konzept" stößt beim Handel auf große Resonanz, da es zum Beispiel auch exklusive Aktionen beinhaltet. Im Gegenzug verpflichten sich die Power Partner zur Teilnahme an allen Aktionen, der Durchführung von gemeinsamen Marketingaktivitäten oder der Führung des kompletten Metabo Sortimentes sowie die Aufnahme aller Neuheiten.

Metabo konzentriert sich vor allem auf die breit gefächerte Zielgruppe der gewerblichen Anwender. Das positive Image der Profi-Marke zieht aber auch qualitätsbewusste, ambitionierte Heimwerker an. Auf nationalem wie internationalem Parkett heißt es für die Vertriebsprofis des Unternehmens: think global, act local. Trotz individueller Anpassungen an länderspezifische Handelsstrukturen gilt ein gemeinsames Credo: das Metabo-Sortiment gehört in die Premium-Kategorie. Ein national und international stark einheitlicher Auftritt sorgt für eine grenzenlose Unverwechselbarkeit.

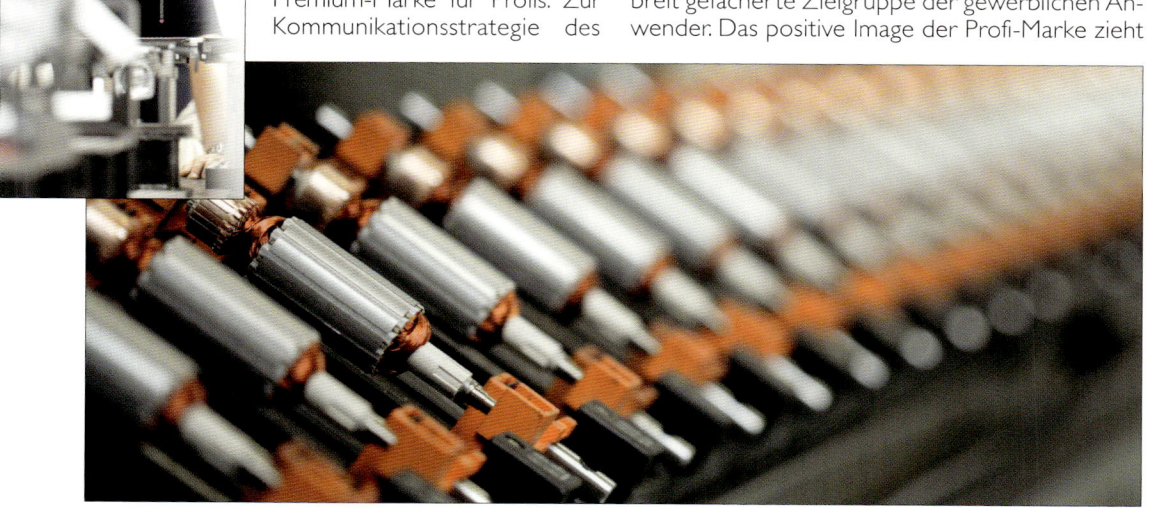

MARKENWERT

Metabo produziert Premium-Qualität. Um sich im Premium-Sektor dauerhaft positionieren zu können, lautet das oberste Gebot: Die Glaubwürdigkeit der Marke steht und fällt mit einem innovativen, qualitativ hochwertigen Produktportfolio. Auf dieser Priorität basiert die klare Einmarken-Strategie von Metabo, die für das gesamte Sortiment an handgeführten, stationären und halbstationären Geräten gilt. Die Strategie zahlt sich aus: der gestützte Bekanntheitsgrad beim Fachpublikum liegt nur knapp unter 100 Prozent. Fazit: Metabo ist eine Marke mit Substanz und Ausstrahlung.

www.metabo.com

Wussten Sie schon von metabo?

○ Der Firmenname des schwäbischen Werkzeugherstellers setzt sich aus den Silben „Meta" und „bo" des früher für Handbohrmaschinen gebräuchlichen Begriffs „Metallbohrdreher" zusammen.

○ Der Motor einer Metabo-Maschine besteht aus bis zu 250 Einzelteilen und „verbraucht" bis zu 100 Meter Kupferdraht. Die Herstellung von Motoren ist eine der Kernkompetenzen des Unternehmens. Es entwickelt und produziert die Motoren mit den Hauptelementen Anker (Rotor) und Feld (Stator) selbst.

○ Das Logistikzentrum Nürtingen ist eine stark frequentierte Drehscheibe. Es verfügt über 8.000 Palettenplätze und fungiert damit als (fast) permanent geöffnetes „Tor zur Welt". Von hier aus treten die Metabo-Produkte ihren Weg in alle fünf Kontinente an.

Microsoft®

MARKT

Microsoft ist der weltweit führende Hersteller von Software, Services und Internet-Technologien für alle Aspekte des digitalen Work- und Lifestyle. Das Unternehmen ist in 103 Ländern außerhalb der USA mit Niederlassungen präsent und beschäftigt weltweit etwa 71.000 Menschen.

Ebenso wie die Grenzen zwischen Arbeit und Freizeit verschwimmen wachsen auch Unterhaltungselektronik und Informationstechnologie zunehmend zusammen. Ende 2006 hatten laut BITKOM 77 Prozent der Haushalte einen Computer, 37 Prozent waren mit einem Breitbandzugang ausgestattet. Die steigende Bedeutung des Internet und die Vernetzung von Telekommunikation, Informationstechnologie und Unterhaltungselektronik schaffen neue Märkte und sind entscheidend für den zukünftigen Erfolg von Technologieunternehmen wie Microsoft.

ERRUNGENSCHAFTEN UND ERFOLGE

Dass hinter jedem erfolgreichen Unternehmen motivierte Mitarbeiter stehen, beweist die dreimalige Wahl Microsofts zu „Deutschlands bestem Arbeitgeber". Auch das gesellschaftliche Engagement in Deutschland wurde mehrfach ausgezeichnet.

GESCHICHTE

1975 gründeten *Bill Gates* und *Paul Allen* Microsoft. Die Gründungsvision war revolutionär: der „Computer für jedermann". Das brachte Bewegung in eine Branche, in der teure, lediglich von geschulten Experten bedienbare Spezialsoftware dominierte. Kaum jemand glaubte an einen Erfolg.

Doch Millionen Kunden erkannten schnell den Nutzen eines „Personal Computers". Microsoft entwickelte sich rasch zu einem weltweit bekannten und tätigen Unternehmen. Nachdem der PC global das Standardmedium für Datenverarbeitung und Kommunikation wurde, entwarf Microsoft die nächste Softwaregeneration. Im Zentrum der Geschäftsaktivitäten stehen nun Lösungen, die für die Nutzung im Internet optimiert sind. Damit sind Informationen zu jeder Zeit, an jedem Ort, von jedem Gerät abrufbar.

Die Microsoft Deutschland GmbH mit Hauptsitz in Unterschleißheim bei München wurde 1983 gegründet. Heute sind hier rund 2.200 Mitarbeiter tätig. In Deutschland arbeitet Microsoft mit etwa 33.000 Partnerunternehmen zusammen. Rund 90.000 Arbeitsplätze bei den Partnern stehen in Deutschland in direktem Zusammenhang mit der Geschäftstätigkeit von Microsoft. Vorsitzender der Geschäftsführung der Microsoft Deutschland GmbH ist *Achim Berg*.

PRODUKTE

Sicherheit und Zuverlässigkeit, Innovation und Integration sowie Offenheit und Interoperabilität stehen bei der Entwicklung der Microsoft-Produkte im Mittelpunkt. Die Produktpalette erstreckt sich von Betriebssystemen für PCs, mobile Endgeräte und Netzwerke über Serversoftware, Produktivitätssoftware für Unternehmen und private Nutzer, Multimedia-Anwendungen und Online-Services bis hin zu Entwickler-Tools. Grundlage für dieses Portfolio ist die auf der .NET-Technologie basierende Microsoft-Plattform.

Microsoft bietet Lösungen, Dienste und Endgeräte für alle Aspekte des „digital Lifestyle". Dazu gehört Xbox 360, ein umfassendes Video- und Entertainment-System. Sie verbindet innovative Games mit dem weltweit führenden Online-Service Xbox Live und einzigartigen Möglichkeiten der digitalen Unterhaltung. Xbox 360 ist seit Ende 2005 in Deutschland erhältlich und hat eine neue Ära des Digital Entertainment eröffnet, die durch ständige Vernetzung, Personalisierung und High Definition geprägt sein wird.

Der Online-Dienst MSN stellt viele innovativen Services für die tägliche Information und Kommunikation zur Verfügung. Mit lokalisierten Versionen in 42 Märkten und 21 Sprachen ist MSN ein führender Anbieter von qualitativ hochwertigen Inhalten und Online-Werbemöglichkeiten. Microsoft Windows Live, ein neues Set von personalisierbaren Internet Services und Software, ermöglicht es Usern, die für sie wichtigen Kontakte, Informationen und Interessen zu bündeln; dabei profitieren sie von erweiterten Sicherheitsfunktionen für PC und Web. Auch in Deutschland ist Windows live mit einer lokalen Suche präsent.

Microsoft versteht Innovation als seinen wesentlichen Auftrag. Die beträchtlichen Investitionen in den Forschungs- und Entwicklungsbereich und die konsequente Umsetzung von Kundenfeedback stellen sicher, dass Microsoft technologische Weiterentwicklungen vorantreibt und den Kunden auch künftig hochwertige Softwareprodukte zur Verfügung stellt. Mit jährlich circa sieben Milliarden US-Dollar investiert Microsoft mehr in Forschung und Entwicklung als jedes andere Softwareunternehmen.

AKTUELLE ENTWICKLUNG

Microsoft hat sich zum Ziel gesetzt, nicht nur wirtschaftliche, sondern auch gesellschaftliche Verantwortung zu übernehmen, um einen Beitrag zu Wachstum und Entwicklung des Standorts Deutschland zu leisten. Aus diesem Grund engagiert sich das Unternehmen gemeinsam mit kompetenten Partnern aus Politik, Wirtschaft und Wissenschaft in zahlreichen Initiativen und Projekten. Das Engagement konzentriert sich auf Bereiche, in denen Microsoft als Software-Unternehmen einen besonderen Mehrwert leisten kann: Entwicklung von Zukunftstechnologien, gezielte Förderung von jungen High-Tech-Unternehmen oder die Vermittlung von berufsrelevanten IT-Kenntnissen.

• Bildung: Initiative „IT-Fitness"

Unter dem Motto „fIT kommt weiter" will die Initiative IT-Fitness von Microsoft und Partnern in den nächsten Jahren vier Millionen Menschen in Deutschland im Umgang mit Computer, Internet & Co. schulen. Außerdem soll auf den wachsenden Bedarf an IT-Kompetenz aufmerksam gemacht werden. Basis der vielfältigen Weiterbildungsmaßnahmen bildet der IT-Fitness-Test, den die Bundeskanzlerin *Angela Merkel* auf der CeBIT 2007 startete. Er kann auf der eigenen Homepage absolviert werden. Eine übersichtliche Testauswertung gibt Aufschluss über Stärken und Schwächen und schlägt anschließend passende kostenlose Kurse vor. www.it-fitness.de

WERBUNG

Hunderte Millionen Kunden rund um den Globus nutzen täglich die Produkte von Microsoft – doch wie die Microsoft Software sie ihren persönlichen Zielen näher bringen kann, ist ihnen längst nicht bewusst. Genau hier setzt die mit der globalen Leadagentur McCann-Erickson entwickelte Imagekampagne an.

Das Leitbild von Microsoft lässt sich in einem Satz zusammenfassen: Microsoft ist der visionäre Technologieführer, der innovative Software herstellt, um Menschen und Unternehmen zu helfen, ihr volles Potenzial auszuschöpfen.

Daraus leitet sich auch der Slogan für Deutschland ab: „Ihr Potenzial. Unser Antrieb." Mit dieser Botschaft werden die Unternehmenswerte „Gesellschaftliche Verantwortung übernehmen, Vertrauen schaffen, partnerschaftlich handeln" betont.

Die Kampagne wird mit Anzeigenmotiven und TV-Spots in den für Microsoft wichtigsten Märkten weltweit geschaltet. Die Kommunikationsschwerpunkte sind klar definiert: Bildung, Kreativität und Unternehmergeist.

MARKENWERT

Der technische Fortschritt der vergangenen drei Jahrzehnte hat viele Bereiche wie Arbeit, Freizeit und Kommunikation stark verändert. Insbesondere Informationsverarbeitung und Kommunikation geschaffen und das Leben vieler Menschen erleichtert. Microsoft ist seit seiner Gründung einer der Vorreiter dieser Entwicklung.

Laut Interbrand gehört Microsoft nach Coca Cola zu den wertvollsten Marken der Welt. Dies belegt, wie unverzichtbar das Handeln nach festen Grundsätzen und Investieren in Markenwerte ist.

www.microsoft.de

- Wirtschaftsförderung: Gründerinitiative „unternimm was."

Ausgewählte junge Gründer aus der High-Tech-Branche auf ihrem Weg zu einem erfolgreichen Unternehmen begleiten – das ist das erklärte Ziel der High-Tech-Gründerinitiative „unternimm was.", die Microsoft 2005 ins Leben gerufen hat. So sollen die Innovationskraft der High-Tech-Branche in Deutschland gestärkt und neue Arbeitsplätze in Wachstumsfeldern geschaffen werden. Ambitionierte Start-ups, die das Potenzial haben, selbst zu Vorbildern für junge Gründer zu werden und in der High-Tech-Szene Zeichen zu setzen, werden etwa ein Jahr lang intensiv unterstützt. Damit aus innovativer Ideen erfolgreiche Produkte entstehen, wird den teilnehmenden High-Tech-Gründern vor allem praxisorientiertes Know-how vermittelt.
www.microsoft.com/germany/gruender

- Innovation: European Microsoft Innovation Center (EMIC)

Das EMIC in Aachen ist das erste in Deutschland angesiedelte Forschungszentrum von Microsoft und widmet sich der anwendungsorientierten Entwicklung von Zukunftstechnologien. Im Rahmen von Forschungs- und Entwicklungsprogrammen der Europäischen Kommission und des öffentlichen Sektors soll das Microsoft Innovationszentrum dazu beitragen, dass Forschungsergebnisse in verbesserte Systeme, Produkte und Standards münden. Zu den Forschungsschwerpunkten gehören „Sicherheit und Datenschutz" und „Mobilfunk- und Wireless-Technologien".
www.microsoft.com/emea/emic

Wussten Sie schon von Microsoft?

○ Der Präsident von Digital Equipment sagte im Jahr 1977: „Es spricht nichts dafür, dass man zuhause einen Computer haben sollte." Fast 30 Jahre später nutzen weltweit hunderte Millionen Menschen einen Personal Computer.

○ Die erste arbeitsfähige Version von Microsoft Windows trug die Versionsnummer 1.0 und wurde im November 1985 eingeführt. Heute ist Windows das meist verbreitete Betriebssystem weltweit.

○ Microsoft-Forscher *Paul Leyland* ist es gelungen, als erstem „Hacker" weltweit einen 512-Bit-Schlüssel zu knacken. Mit 300 vernetzten PCs und neuen Rechen-Algorithmen hat Leyland die Aufgabe innerhalb von nur drei Monaten gelöst. Einen Großteil seines Forschungsbudgets investiert Microsoft heute in die Sicherheit seiner Technologien.

Miele

MARKT

Miele steht für Qualität. Weltweit hat Miele als Premium-Marke für Verbraucher mit höchsten Ansprüchen an Haushaltsgeräte zu Beginn des 21. Jahrhunderts den Durchbruch geschafft. Dabei nutzte das Unternehmen zum Markenaufbau, zur Markenprofilierung und zur Markenpflege im In- und Ausland das erprobte Instrumentarium, das bereits auf die Firmengründer zurückgeht: Grundlage des Handelns von Unternehmensführung und Mitarbeitern ist der von *Carl Miele* und *Reinhard Zinkann* kreierte Claim „Immer besser", der bis heute als Anspruch und Zustandsbeschreibung zugleich seine Gültigkeit hat. Mit diesen beiden Worten fassten die Gründer ihre Unternehmensphilosophie kurz und überzeugend zusammen.

Die Qualität steht für Miele an erster Stelle, danach richtet sich alles: „Erfolg ist auf Dauer nur möglich, wenn man sich voll und ganz hinter die Qualität seiner Produkte stellen kann". Ein Satz, der ebenfalls auf die Gründer zurückgeht. So war die Marke Miele von Anfang an ein Synonym für Qualität, Präzision und Zuverlässigkeit. Das umfassende Qualitätsversprechen hat Miele immer gehalten und damit eine herausragende Position in der Branche der Hausgeräte weltweit erreicht.

Beim Verbraucher besitzt Miele das größte Vertrauen und die höchste Wiederkaufrate, wie Umfragen und tatsächliches Kaufverhalten belegen. Das in Jahrzehnten in die Marke Miele gesetzte Vertrauen wird auf den Handel übertragen. So bieten sich Fachhändlern dank Miele größte Chancen für Markenzusatzverkäufe.

Erfolgreiches Handeln am Markt war bei Miele von Anfang an geprägt von einem besonders gepflegten Stil der detaillierten Produktinformation bei absoluter Glaubwürdigkeit und ständiger Gesprächs- und Lernbereitschaft. Heute würde man als betriebswirtschaftliches Postulat formulieren: Nicht nur Produkte, sondern auch der Umgang mit den verschiedenen Stakeholdern des Unternehmens muss hohen Ansprüchen der Transparenz genügen.

In der Miele Unternehmensphilosophie findet sich klar formuliert: Miele fühlt sich nicht nur Mitarbeitern, Händlern und Kunden in besonderem Maße verpflichtet, sondern auch Lieferanten und der breiten Öffentlichkeit. Die Beziehungen zu Lieferanten sind durch Leistungsorientierung und Zuverlässigkeit begründet.

ERRUNGENSCHAFTEN UND ERFOLGE

In mehr als einem Jahrhundert Firmengeschichte ist die Strategie der Gründer unverändert. Miele überzeugt durch immer bessere Produkte und Dienstleistungen immer mehr Menschen. „Immer besser" zu sein und zu bleiben, bedeutet ständige Innovationen. „Immer besser" heißt bei Miele auch: das Unternehmen fortwährend zu verbessern, so dass die Wettbewerbsvorteile Verbrauchern und Handel nutzen.

Miele war von Anfang an Partner des Fachhandels. Bereits im Gründungsjahr 1899 stand die erste hochwertige Miele Milchzentrifuge im Wettbewerb mit billigen Konkurrenzprodukten, so dass Landwirten der hohe Standard der Miele Zentrifugen erklärt werden musste. Ausgewählte Landgeräte- und Eisenwarenhändler sowie Schmiedemeister wurden gewonnen und – wie man heute sagen würde – geschult, um Konstruktion und Qualität zu erläutern. 1899 gilt deshalb auch als Geburtsjahr des Miele Fachhandels. Seit damals besteht zwischen Miele und dem Handel eine starke Verbindung. „Immer besser" in allen Bereichen zu sein, gehört zum Glaubensbekenntnis des Unternehmens.

Der Miele Kundendienst wird seit mehr als einem Jahrzehnt - Jahr für Jahr - als bester Dienstleister Deutschlands bestätigt, also ununterbrochen seit der öffentlichen Ermittlung. Miele Geräte schneiden bei Warentests in allen Fällen gut oder sehr gut ab. Ähnliches gilt für viele Länder, in denen Miele aktiv ist. Jüngstes Erfolgsbeispiel ist die Einführung der nächsten Wäschepflege-Generation. Innovation, Qualität und die dazu passende Kommunikation haben Miele weltweit zu einer erfolgreichen Premiummarke gemacht.

GESCHICHTE

Miele wurde 1899 von *Carl Miele* und seinem Partner *Reinhard Zinkann* gegründet. Noch heute ist Miele ein Familienunternehmen. Mit *Dr. Markus Miele* und *Dr. Reinhard Zinkann* ist die nunmehr vierte Generation in der Geschäftsleitung tätig. Der Hauptsitz von Miele ist in Gütersloh (Westfalen). Die meisten Miele Produktionsstätten liegen im engeren Umkreis des Hauptsitzes.

Seit fast 100 Jahren ist die Wäschepflege für Miele die wichtigste Produktgruppe: Dazu gehören Waschvollautomaten und Wäschetrockner, Waschtrockner und Bügelmaschinen. Die Produktpalette umfasst darüber hinaus Küchengeräte wie Herde und Backöfen, Mikrowellengeräte, Dunstabzugshauben, Dampfgarer, Kaffeevollautomaten oder auch Staubsauger sowie gewerbliche Wäschepflegegeräte und Spülautomaten, dazu Spezialspüler für Kliniken und Laboratorien. Praktizierter Umweltschutz und eigene Technologien machen Miele zum Vorreiter.

Einige Meilensteine: 1929 erster elektrischer Geschirrspüler Europas, 1956 erste vollautomatische Waschmaschine, 1958 erster Haushalts-Trockner. Schon seit 1978 rüstet Miele seine Hausgeräte mit Mikrocomputern aus: alle Waschmaschinen, Trockner, Geschirrspüler und Herde haben eine elektronische Steuerung. Neuheiten aus jüngerer Zeit sind der erste Nachrichtenempfänger für Hausgeräte („Miele-InfoControl"), aus dem sich mit SuperVision kommunikationsfähige Hausgeräte entwickelt haben.

Weitere innovative Produktentwicklungen, die beispielhaft für die Branche waren: Waschvollautomaten mit Programmen für handwaschbare Wolle und empfindliche Seide, die patentierte Schontrommel oder die PerfectClean-Ausstattung bei Backöfen und Zubehör – ein Beweis für die Entwicklungs-Kompetenz von Miele.

PRODUKT

Neue Produkte, das Ausschöpfen der vorhandenen Marktpotentiale in Ländern mit eigener Vertriebsstruktur, Aufbau neuer Märkte: Dieses gibt Miele auch in Zukunft auf dem globalen Markt große Chancen. Denn der westfälische Hersteller bietet langjähriges Know-how, höchste Qualität und besten Service. In allen Produkt-Feldern bestehen für Miele noch Wachstumschancen. Diese werden durch innovative Produktideen und durch neuen Nutzen stiftende Produktweiterentwicklungen ausgebaut. Mit einem solchen Konzept kann die Wertschöpfung in Deutschland gehalten werden, weil das Produkt aus Leistung, Qualität und Funktion attraktiv ist.

Die großen Wachstumsimpulse kommen aus der Internationalität – beispielsweise gibt es in Asien viele Miele Kunden, die die Marke aus Deutschland schätzen. Dauerhaftes Wachstum kommt aus Technologieführerschaft, aus der ständigen Innovationsfähigkeit. Ein Beispiel sind die Dampfgarer: Miele ist weltweiter Marktführer bei elektronisch gesteuerten Einbau-Dampfgarern. Zum Programm zählen fünf Dampfgarer für unterschiedliche Ansprüche und für jeden Platzbedarf.

AKTUELLE ENTWICKLUNG

Seit fast vier Jahrzehnten verfügt Miele über Erfahrung in der Elektronik-Entwicklung für Haushalts- und Gewerbegeräte und Miele ist der einzige Hersteller der Branche in Europa mit einer eigenen Elektronik-Entwicklung und Fertigung. Miele Ingenieure haben die Waschprogramme für handwaschbare Wolle oder empfindliche Textilien wie Seide entwickelt. Wasch- und Schleuderrhythmen sind in diesen Programmen genauestens auf die verschiedenen Textilien abgestimmt. Ein weiteres Beispiel für die Innovationsfähigkeit ist die ebenfalls selbst entwickelte Navitronic-Steuerung für Dampfgarer, Herde und Backöfen, Waschvollautomaten und Wäschetrockner. In den neuen Backöfen laufen durch das Zusammenspiel der Steuerung mit einem Sensor Backvorgänge vollautomatisch ab.

WERBUNG

Die Werbung bei Miele war von Anfang an geprägt von detaillierter Produktinformation bei absoluter Glaubwürdigkeit. Heute muss Werbung noch viel mehr leisten. Miele Kunden zeichnen sich insbesondere durch einen genussorientierten, designaffinen und hochwertigen Lebensstil aus. Das heißt, Werbung muss Markenfaszination auslösen.

Miele setzt dabei auf integrierte Kommunikation, die zugleich faszinierend und in ihrer visuellen Art einzigartig ist. Sie ermöglicht, Botschaften an die definierte Zielgruppe durch Nutzung verschiedenster Kommunikationskanäle zu überbringen und somit die Wahrnehmung und Bekanntheit der Marke und der Produkte zu steigern. Das bedeutet die Nutzung aller zur Verfügung stehenden Medien-Kanäle wie Anzeigen, TV, Funk, Außenwerbung, Events, Online-Werbung, Dialog-Werbung etc. Zusammengefasst lässt sich sagen, dass Miele mit dem Werbeauftritt Emotionen und Begeisterung für die Marke Miele auslöst, in dem der Mensch und dessen Einstellung im Mittelpunkt der Ansprache stehen.

MARKENWERT

Carl Miele und *Reinhard Zinkann* hatten ihr uneingeschränktes Glaubensbekenntnis zur höchsten Qualität und zum besten Nutzwert für die Kunden seit 1899 zunächst in Deutschland, dann aber schon bald auch in den Niederlanden durch exzellente Produkte unter Beweis gestellt.

Bis zum Beginn der Achtziger-Jahre baute man vom westfälischen Gütersloh aus das Europageschäft zunächst auf und dann seit dem Zusammenwachsen der europäischen Staaten zu einem gemeinsamen Wirtschaftsraum immer kräftiger aus. Nach Holland erwarb sich Miele in der Schweiz und in Österreich, in Belgien und Luxemburg, später in Italien und Frankreich, schließlich in allen europäischen Ländern einen ausgezeichneten Ruf.

Erst in den Achtziger-Jahren machte Miele den Sprung nach Übersee, und zwar zunächst nach Australien (wie die unten stehenden Bilder eindrucksvoll zeigen) und Südafrika, bevor die Marke Miele ihren Siegeszug in den USA antrat. Miele erzielte während des Geschäftsjahres 2005/2006 einen Gruppenumsatz von 2,54 Milliarden Euro. Der Auslandsanteil am Umsatz betrug im gleichen Geschäftsjahr über 70 Prozent. 15.019 Mitarbeiterinnen und Mitarbeiter sind weltweit für Miele tätig.

www.miele.de

Wussten Sie schon von Miele?

○ Den Vertrieb aller Miele-Produkte sowie den Kundendienst im In- und Ausland verantworten in Deutschland sechs Vertriebszentren, in Europa und Übersee die eigenständigen Vertriebsgesellschaften. Insgesamt ist Miele weltweit mit 38 Vertriebsgesellschaften vertreten.

○ Die Hausgeräte von Miele werden in internen Tests auf Ihre lange Lebensdauer getestet. Die Waschvollautomaten von Miele müssen zum Beispiel 10.000 Betriebsstunden non-stop und einwandfrei überstehen. Bei einer haushaltsüblichen Nutzung (Basis: 4-Personen-Haushalt, 5 Waschgänge pro Woche) entspricht dies rund 20 Jahren.

○ Die lange Lebensdauer der Miele Geräte hat auch nachhaltige Wirkung. Sie trägt zur deutlichen Verringerung der Abfallmengen und zur Schonung der Ressourcen bei.

○ Bei Verbrauchern besitzt Miele größtes Vertrauen und die höchste Wiederkaufrate.

MON CHÉRI
PIEMONT-KIRSCHE®

MARKT

Mit einem Absatz von 130 Millionen Kilogramm im Jahr 2006 erzielte der Pralinenmarkt in Deutschland einen Umsatzanteil von circa 15 Prozent des gesamten Süßwarenmarktes (Quelle: Nielsen) und ist damit einer der bedeutendsten Märkte in dieser Branche.

In diesem Sektor der qualitativ hochwertigen Schokoladenspezialitäten, die sich durch eine besondere Finesse der Rezepturen und die Qualität der Zutaten auszeichnen, spielt Mon Chéri seit nunmehr fast 50 Jahren eine herausragende Rolle und ist aus den deutschen Süßwarenregalen nicht mehr wegzudenken. So ist Mon Chéri seit 1963 die Nummer Eins im gesamten Pralinenmarkt.

ERRUNGENSCHAFTEN UND ERFOLGE

Mon Chéri ist die mit Abstand führende Pralinenspezialität in Deutschland und ist nicht nur Marktführer bei Alkoholpralinen, sondern hält die absolute Führungsposition im gesamten Pralinenmarkt inne (Quelle: Nielsen in Wert).

Zudem ist Mon Chéri neben nutella und kinder Überraschung eines der umsatzstärksten Produkte aus dem Hause Ferrero.

Mit einer gestützten Markenbekanntheit von 98 Prozent ist die Marke Mon Chéri fast jedem in Deutschland ein Begriff.

Eine Besonderheit von Mon Chéri ist die alljährliche Sommerpause. Diese ist keineswegs eine Marketingstrategie, sondern eine wichtige Qualitätsmaßnahme. Da höhere Temperaturen die Qualität der Pralinen beeinträchtigen können und Mon Chéri höchsten Anforderungen unterliegt, ist die Genussspezialität im Sommer nicht erhältlich. In enger Abstimmung mit den Wetterdiensten bestimmen Experten den genauen Termin der Wiedereinführung, so dass Mon Chéri immer in der gewohnt hohen Qualität genossen werden kann.

Die Auswahl der verwendeten Zutaten entspricht ebenfalls höchsten Qualitätsstandards. Dies wurde Mon Chéri auch von Öko-Test (Ausgabe: 01/2001) bestätigt, die der Premium-Spezialität die Bestnote „empfehlenswert" bescheinigten.

GESCHICHTE

Die Firma Ferrero wurde 1946 in Alba / Piemont von *Pietro Ferrero* gegründet.

Die Erfolgsgeschichte von Mon Chéri begann 1957 mit der Markteinführung in Deutschland. Erst ein Jahr zuvor war es zu der Gründung von Ferrero Deutschland im hessischen Stadtallendorf gekommen. Zu Anfang wurde nur Cremalba, das Vorgängerprodukt von nutella, in Deutschland vertrieben, doch bereits ein Jahr später wurde die „Piemont-Kirsche®" als zweites Ferrero-Produkt eingeführt und verhalf dem Unternehmen zum sensationellen Durchbruch auf dem deutschen Süßwarenmarkt.

Lag die Produktion im ersten Jahr noch bei 9.000 Kilogramm täglich, so stieg sie bereits im zweiten Jahr aufgrund der hohen Nachfragen auf 20.000 Kilogramm pro Tag, womit sie sich mehr als verdoppelte.

Die Likör-Kirsch-Praline erfreute sich schon ein Jahr nach der Einführung internationaler Bekanntheit und Beliebtheit.

PRODUKT

Das Geheimnis von Mon Chéri beginnt mit der Kirsche…

Feine Zartbitterschokolade, temperamentvoller Likör und die fruchtige Kirsche machen die Einzigartigkeit von Mon Chéri aus und bieten in der Kombination ein ganz spezielles, kontrastreiches Geschmackserlebnis von Frische und Feuer. Die einzelnen Zutaten werden dabei sorgfältig ausgesucht:

Bei der Auswahl der Kirsche steht höchste Produktqualität im Vordergrund. „Nur die allerbesten Kirschen aus bevorzugten Anbaugebieten der ganzen Welt werden verwendet. Dort reifen sie unter der Sonne des Südens heran. Saftig, knackig, leuchtend rot: Kirschen, die so aromatisch sind, dass sie zur Piemont-Kirsche® werden können.", so der bekannte Claim.

Der Likör wird nach einem geheimen Rezept speziell für Mon Chéri hergestellt und die Pralinen werden unter Einhaltung modernster Qualitätsstandards produziert und ausgeliefert.

Die herausragende Frische von Mon Chéri ist ein ganz besonderer Anspruch, denn nur frisch kommt das einzigartige Produkterlebnis zur vollen Geltung. Da das Produkt hohen Temperaturen gegenüber sehr empfindlich ist, wird Mon Chéri im Sommer grundsätzlich nicht angeboten. Durch die Sommerpause und regelmäßige Kontrollen von Qualität und Frische wird der einzigartige Genuss der Piemont-Kirsche® garantiert.

Die unnachahmliche Rezeptur von Mon Chéri mit der fruchtig frischen Kirsche, dem temperamentvollen Likör und der knackigen, süß-herben Bitterschokolade begründet die Erfolgsgeschichte einer einzigartigen Produktidee. Längst ist aus dem eigentlichen Produkt Mon Chéri eine Kultmarke geworden: die beliebteste Kirsche der Welt.

AKTUELLE ENTWICKLUNG

Deutschland im Jahr der Kirsche - Die beliebteste Praline Deutschlands feiert 50. Geburtstag. Ferrero begeht das Jubiläumsjahr von Mon Chéri ganz im Zeichen der Kirsche: Nach der traditionellen Sommerpause ist Mon Chéri ab Mitte September wieder im Handel erhältlich. Zum diesjährigen Jubiläum wird Mon Chéri unter anderem spezielle Geburtstagspackungen in Kirschform auf den Markt bringen. Außerdem werden zahlreiche Geburtstagsaktivitäten und PR-Maßnahmen die wohl bekannteste Kirsche Deutschlands gebührend zelebrieren.

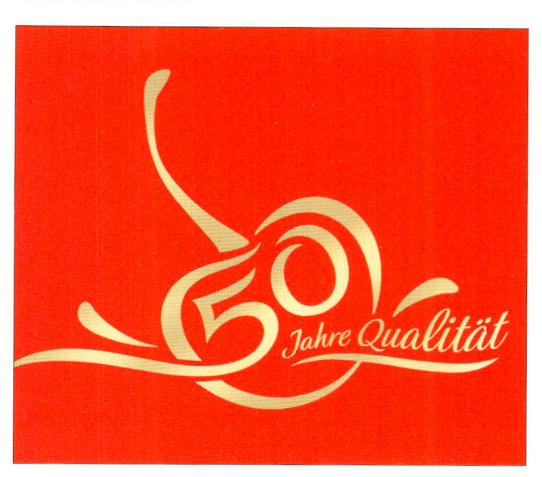

WERBUNG

Ferrero gehört zu den Vorreitern in der deutschen Fernsehwerbung. Bereits Anfang der Sechziger Jahre wird Mon Chéri in der ARD und in diversen Magazinen beworben.

Die Kampagne, die Mon Chéri wie kaum eine andere geprägt hat, begann Anfang der Neunziger Jahre mit *Claudia Bertani*, der Kirschprüferin. In ihrem kirschroten Kostüm machte Sie darauf aufmerksam, dass nur die besten und knackigsten Kirschen von bester Qualität zur Piemont Kirsche werden dürfen.

Parallel zur Claudia-Bertani-Kampagne wurden Testimonial-Spots geschaltet, die auf die verschiedenen Gelegenheiten, Mon Chéri zu genießen mit der Frage „Wer kann dazu schon nein sagen?" aufmerksam machten. Ab Mitte der Neunziger gaben auch Prominente wie *Howard Carpendale*, *Senta Berger* und *Iris Berben* Antworten auf die Frage, warum sie Mon Chéri nicht widerstehen können.

Nach einer über siebenjährigen Pause, tritt *Claudia Bertani* erneut ab September 2005 in den TV Spots auf und steht als charmante Kirschprüferin für „Qualität aus Leidenschaft".

In der aktuellen Kampagne werden Geschichten gezeigt, wie sich eine Vorliebe für Kirschen über die Jahre in eine Liebe zu Mon Chéri verwandeln kann.

Als Geschenkidee für jeden Anlass wurde Mon Chéri schon immer verwendet. Seit den Anfängen der Werbung wurde vor allem im Vorfeld besonderer Feste wie Weihnachten und Ostern, später aber auch Valentins- oder Muttertag für die Premium-Spezialität geworben. Entsprechend gibt es auch im Packungssortiment ein zu den Anlässen passendes Angebot wie zum Beispiel den Mon Chéri Weihnachts-Stern, das Valentins-Herz oder das Ei zu Ostern.

Zusätzlich bewirbt Mon Chéri den Saisonstart nach der Sommerpause in Funk und Fernsehen, um auf das besondere Frischekonzept aufmerksam zu machen. Heute wie damals ist Mon Chéri eine der größten werbetreibenden Marken in Deutschland.

MARKENWERT

Mon Chéri ist die besondere Genussspezialität, die durch die Komposition von Likör, der fruchtig frischen Kirsche und der knackigen Schokolade ein einzigartiges Geschmackserlebnis bietet. Ein Hochgenuss, der von den Konsumenten seit 50 Jahren geschätzt wird und eine Marke, die fest in der Konsumwelt verankert ist.

www.moncheri.de

Wussten Sie schon von MON CHÉRI?

○ Die Mon Chéri-Praline wurde anfangs einzeln verkauft.

○ In Europa werden pro Jahr circa 1,5 Milliarden Mon Chéri hergestellt. Diese Menge würde aneinandergelegt eine Strecke von fast 42.000 Kilometer ergeben, was etwas mehr als dem Umfang der Erde entspricht.

○ *Claudia Bertani* war tatsächlich Qualitätsprüferin bei Ferrero.

○ In der Vorweihnachtszeit werden 12,6 Millionen Mon Chéri pro Tag in Deutschland verkauft.

neckermann.de

Partner der deutschen Olympiamannschaft

MARKT

Stets am Puls der Zeit – den Kundenwünschen immer einen Schritt voraus: Die neckermann.de GmbH gehört zu den führenden Unternehmen der europäischen Versandhandelsbranche. Seit der Gründung im Jahr 1950 hat das Unternehmen Millionen von Haushalten beliefert: in den ersten Jahren ausschließlich mit Textilien, schnell gefolgt von weiteren Sortimenten und Dienstleistungen. Heute umfasst das Angebot von Technik, Mode, Wohnen, Haushalt, Garten & Hobby, Beauty & Wellness, Sport & Freizeit sowie Reisen ein breites Spektrum, das keine Kundenwünsche offen lässt.

Eine rasante Entwicklung vom traditionellen Katalogversender zum modernen E-Commerce-Unternehmen zeichnet neckermann.de aus. Der Multi-Channel-Versender ist einer der Pioniere auf dem Gebiet des E-Commerce. Bereits 1995 beginnt die Online-Präsenz im Internet unter www.neckermann.de. Nur ein Jahr später ist man auch in American Online (AOL) unter „Neckermann" zu finden. Rund 50 Prozent des Umsatzes erwirtschaftet das Unternehmen mittlerweile über den Online-Shop und wächst gegen den Trend der Branche und auch stärker als der E-Commerce-Markt. Die neckermann.de Unternehmensgruppe ist heute als e-driven Company eines der führenden E-Commerce Unternehmen in Europa.

Die Innovationskraft des Versandhändlers schlägt sich in einer Erfolgsstory über ein halbes Jahrhundert nieder. Mit Blick auf den internationalen Markt wird diese Erfolgsgeschichte auch im neuen Jahrtausend fortgeschrieben – unter verändertem Namen und mit neuer Struktur: Denn Anfang 2006 firmierte die Neckermann Versand Aktiengesellschaft in eine Gesellschaft mit beschränkter Haftung um. Der neue Name unter dem Dach der neckermann.de-Gruppe lautet neckermann.de GmbH. Im selben Jahr erzielte die neckermann.de-Gruppe einen Umsatz von 1,3 Milliarden Euro. Sie umfasst die deutsche Gesellschaft, die internationalen Tochterunternehmen, Happy Size sowie weitere Unternehmen in den Bereichen Services, Customer Care, Logistik sowie Management-Services. International sind unter dem Dach der Gruppe 5.000 Mitarbeiter beschäftigt – 3.500 davon in Deutschland. Allein am Standort Frankfurt sind rund 1.300 Beschäftigte im Bereich Logistik tätig.

ERRUNGENSCHAFTEN UND ERFOLGE

Engagement, Offenheit und Innovationskraft auf allen Ebenen wirken sich langfristig positiv auf den Unternehmenserfolg aus. Das Management von neckermann.de ist nicht nur was das Kerngeschäft betrifft erfolgreich mit neuen und konstruktiven Ideen, sondern auch, was das Verhältnis zur Umwelt angeht. Das Stichwort Nachhaltigkeit steht beim Unternehmen ganz oben: Neben dem Streben nach sozialverträglichen Produktionsbedingungen und der verantwortungsvollen Beschaffung von Waren engagiert sich neckermann.de besonders im Bereich der Umweltpolitik. Seit 2005 ist das Unternehmen Partner der bundesweiten Klima-Partner-Initiative zur Entwicklung klimaneutraler Produkte und Dienstleistungen – unterstützt von der hessischen Landesregierung. Dabei werden die unvermeidlichen CO_2-Emissionen berechnet und in einem Klimaschutzprojekt ausgeglichen.

Was den Produktbereich betrifft, ist das Management besonders um eine kundenfreundliche Gestaltung bemüht: So wurde neckermann.de aufgrund der klaren und übersichtlichen Struktur des Internetauftritts auf dem deutschen Versandhandelskongress mehrfach zum besten Online-Shop gewählt.

Auch in Sachen „Web-Security" hebt sich das Unternehmen von der Konkurrenz ab: Finanztester der Stiftung Warentest überprüften Datenbanken und Verschlüsselungstools von 16 Internetshops und attestierten neckermann.de überzeugende Sicherheit im Netz.

GESCHICHTE

Am ersten April des Jahres 1950 gründete *Josef Neckermann* die Neckermann Versand KG in Frankfurt am Main. Aufgrund seiner preisgünstigen Angebotspalette wurde er zu einer Galionsfigur des deutschen Wirtschaftswunders. Der Nachholbedarf an Konsumgütern verhalf dem Unternehmer schnell zu einer großen Anzahl von Stammkunden. Schon im ersten Jahr erwirtschaftete das Unternehmen einen Umsatz von zehn Millionen DM und eröffnete die ersten Kaufhäuser in Trier, Würzburg, Hanau und Rosenheim.

Der erste Neckermann-Katalog umfasste stolze 12 Seiten und 133 Textilangebote – doch schnell wurde aufgestockt: Im Jahr 1953 bot das Unternehmen im Katalog ein Radiogerät zum damaligen Sensationspreis von 187 DM an und erweiterte das Spektrum um weitere Kleinelektrogeräte und Möbel. Schon im dritten Jahr nach der Firmengründung wurde ein Umsatz von 100 Millionen DM erreicht.

Seit den Sechziger Jahren baute Neckermann seine Bekanntheit und Unverwechselbarkeit um ein Vielfaches aus – mit einem Slogan, den jeder kennt: „Neckermann macht's möglich."

PRODUKT

Pro Jahr verlassen rund 15 Millionen Sendungen mit mehr als 57 Millionen Warenstücken die Neckermann-Versandzentrale. Als Multichannel-Versand-Unternehmen bietet neckermann.de sein Sortiment von rund 250.000 Produkten über vielfältige Vertriebswege an: im Online-Shop, über mobile Applikationen sowie über die Haupt- und Spezialkataloge.

Mit *Thomas Gottschalk* als Testimonial wirbt neckermann.de 2004 für seine Produkte. Ende 2005 ging das Unternehmen mit dem ersten deutschen online TV-Lifestyle-Format „neckermann.tv" auf Sendung: In der siebenteiligen Miniserie begleitete *Thomas Gottschalk* Prominente aus den Bereichen Mode, Sport, Musik und Lifestyle bei ihrer Arbeit.

Neue Impulse setzt neckermann.de als Partner der deutschen Olympiamannschaft. Der Vertrag läuft bis 2012 und umfasst die Spiele in Beijing, Vancouver und London. Die Verbindung mit Olympia geht zurück auf *Josef Neckermann*, weshalb die Partnerschaft mehr ist als eine reine Sponsoring-Aktivität: Die olympischen Werte bilden eine Symbiose mit Wertvorstellungen der neckermann.de GmbH.

MARKENWERT

Fast jeder kennt sie – die Marke Neckermann. Über 96 Prozent der Deutschen wissen die Marke einzuordnen oder haben zumindest schon von dem Unternehmen gehört. Damit steht neckermann.de in Deutschland an vorderster Stelle, was den Bekanntheitsgrad großer Marken angeht.

Mit über 132 Millionen Besuchen in 2006 ist www.neckermann.de eine der bekanntesten und populärsten Websites in Deutschland. Gegenwärtig werden pro Monat 20 Millionen Visits gezählt – zusätzlich lesen mehr als vier Millionen Abonnenten den Online-Newsletter.

Die große Anzahl von Kunden setzt aus vielerlei Gründen Vertrauen in die Marke, die für ein hervorragendes Preis-Leistungsverhältnis, Qualität, Innovation und nicht zuletzt Nachhaltigkeit steht.

www.neckermann.de

Die Bedürfnisse der Kunden stehen bei Produktfragen stets an vorderster Stelle – zeitgemäße Kriterien werden mit höchster Priorität umgesetzt: So zeigt der Öko-Pass, bei dem alle Lieferanten zu Inhaltsstoffen und Herstellungsverfahren befragt werden, Optimierungsmöglichkeiten auf, während der Umweltbutton besonders umweltverträgliche Artikel auszeichnet.

neckermann.de setzt bewusst auch auf gegenläufige Trends und brachte im Herbst 2005 erstmals einen gemeinsamen Katalog mit Mode in großen Größen für Kinder, Damen und Herren heraus. Der Spezialkatalog ist ein Novum auf dem deutschen Versandhandelsmarkt.

AKTUELLE ENTWICKLUNG

Da gute Ideen keine Grenzen kennen, ist neckermann.de neben Deutschland in neun weiteren Ländern vertreten. Die weitere Internationalisierung zählt zu den strategischen Zielsetzungen der neckermann.de GmbH. Heute ist die neckermann.de Gruppe inklusive Deutschland in zehn Ländern Europas präsent: Belgien, Niederlande, Kroatien, Österreich, Schweiz, Slowakei, Slowenien, Tschechien und der Ukraine.

Wachstumstreiber des Unternehmens ist das Internet. Der E-Commerce-Anteil am Gesamtbestellwert beträgt gegenwärtig 50 Prozent im Inland und bereits über 50 Prozent in einigen Auslandsmärkten. Ziel des Managements ist es, den Anteil des Online-Umsatzes in naher Zukunft auf 70 Prozent zu steigern, wobei der Katalog als Bestandteil des Multi-Channel-Konzeptes weiter als Impulsgeber fungiert.

WERBUNG

Stets auf der Suche nach ausgefallenen Werbeideen war neckermann.de exklusiver Einrichtungspartner des Berliner T-Com Hauses, das als „modernstes Haus der Gegenwart" galt. Ausgestattet mit neuesten Technologien zeigte es deren Einfluss auf den Alltag der Konsumenten.

Wussten Sie schon von neckermann?

- Bei neckermann.de können Kunden auch mit dem Handy schnell und bequem einkaufen (www.neckermann.mobi)
- Die neckermann.de GmbH ist unter den Top Ten der kundenorientiertesten Dienstleister Deutschlands
- Die neckermann.de GmbH ist einer von 85 Top-Arbeitgebern des Jahres 2007. Besonders positiv stechen die Arbeitgeberqualitäten von neckermann.de in den Bereichen „Entwicklungsmöglichkeiten", „Marktführer" und „Vergütung" hervor
- neckermann.de finanziert die Zertifizierung des Regenwaldes der Kooperative Selva Maya de Norte: So wird in Guatemala ein Gebiet von fast 25.000 Hektar Wald dauerhaft erhalten und die Lebensgrundlage der ortsansässigen Bevölkerung sichergestellt
- Bei neckermann.de findet der Kunde online 250.000 Produkte
- Jeden Monat besuchen 20 Millionen Interessierte die Website neckermann.de
- Die Partnerschaft zwischen neckermann.de und dem Deutschen Olympischen Sportbund dauert bis 2012

NESCAFÉ

MARKT

NESCAFÉ ist die weltweit führende Kaffeemarke. Tagein, tagaus werden rund um den Globus 4100 Tassen NESCAFÉ pro Sekunde getrunken, das sind 354 Millionen Tassen pro Tag. Damit ist NESCAFÉ der meistgetrunkene Kaffee überhaupt. In Deutschland ist Kaffee mit 146 Litern pro Kopf das Lieblingsgetränk, wobei der Trend von sich verändernden Konsumentenwünschen geprägt ist. Diese gehen eindeutig zu mehr Individualität und Kaffeespezialitäten.

Für alle den gleichen Kaffee zum selben Anlass ist ein traditionelles Konzept, das allmählich abgelöst wird von dem Wunsch, verschiedene Kaffeespezialitäten zu unterschiedlichen Tageszeiten und Anlässen zu trinken. So heißt es immer seltener: „Wie wollen Sie Ihren Kaffee?". Die Frage lautet heute vielmehr: „Welchen Kaffee wollen Sie? Cappuccino, Latte Macchiato, Espresso, Caffè Crema?" So hat sich der Markt der löslichen Mixes, also der milchbasierten Kaffeespezialitäten wie Cappuccino oder Latte Macchiato, in den vergangenen zehn Jahren von 15.366 Tonnen auf 44.124 Tonnen verdreifacht. Eine Entwicklung, die NESCAFÉ maßgeblich beeinflusst hat, denn auf dem deutschen Markt behaupten die Produkte der Marke NESCAFÉ bis heute ihre führende Position. So ist NESCAFÉ beispielsweise mit fast 40 Prozent Marktanteil unangefochtener Marktführer im Segment des löslichen Purkaffees.

ERRUNGENSCHAFTEN UND ERFOLGE

NESCAFÉ wurde schon in den Dreißiger Jahren als erster lösliche Bohnenkaffee erfunden. Vor allem in der zweiten Hälfte des 20. Jahrhunderts wurde er zu dem, was er heute ist: einer der populärsten Markenartikel der Welt und das nicht von ungefähr!

Im Laufe seiner erfolgreichen Geschichte erwies sich NESCAFÉ immer wieder mit spektakulären Produktinnovationen als Pionier des weltweiten und des deutschen Kaffeemarktes. Man denke nur an die Erfindung des ersten löslichen Kaffees an sich, aber auch die Entwicklung des ersten löslichen Cappuccinos, des ersten löslichen Espressos oder des ersten Eiskaffees. Ein Beispiel aus jüngster Vergangenheit ist die Erfindung des außergewöhnlichen NESCAFÉ Löffelschaums, der bei löslichen milchbasierten Kaffeespezialitäten völlig neue Maßstäbe setzte. Marktforschungs-Untersuchungen zeigten, dass es für die Produktzufriedenheit der Cappuccino-Konsumenten entscheidend ist, ihren Schaum löffeln zu können. Ein patentiertes, innovatives Verfahren garantiert diesen Löffelschaum, den NESCAFÉ als Erster in dieser Form bei löslichem Cappuccino bieten konnte.

GESCHICHTE

Am 1. April 1938 gelang Nestlé-Forschern in der Schweiz eine revolutionäre Erfindung – der erste haltbare und sofort lösliche Kaffee der Welt. In einer kleinen, braunen Dose wurde er bald in Großbritannien, Amerika und später in der Bundesrepublik eingeführt. Die deutsche Bevölkerung kam erstmals unmittelbar nach dem Zweiten Weltkrieg über die beliebten"Care-Pakete" aus Amerika in Kontakt.

Kurze Zeit später, nämlich schon 1950 begann die Herstellung dann auch in Deutschland; zunächst in Kappeln und seit 1960 in Mainz.

Wichtigster technologischer Meilenstein seit der Ursprungsidee war 1965 die Einführung der Gefriertrocknung. Mit NESCAFÉ Gold, als erstem gefriergetrockneten löslichen Bohnenkaffee in Glasverpackung, begann eine neue Epoche in der Geschichte des Kaffees.

In einem weiteren Schritt – der Agglomeration – bekam NESCAFÉ ein neues Aussehen: eine gröbere und kaffeetypischere Struktur, die den feinen pulvrigen Kaffee ablöste.

Nach und nach erweiterte die Nestlé Erzeugnisse GmbH, Frankfurt, ihr erfolgreiches NESCAFÉ-Sortiment um Produktinnovationen, wie NESCAFÉ presso presso (1980), NESCAFÉ Unser Bester (1985) und NESCAFÉ frappé (1986). Die Marke war mit ihren Neuprodukten immer auf der Höhe der Zeit. So auch mit der Markteinführung des ersten tassenfertigen Cappuccinos im Jahr 1987. Er gilt als ein ausgesprochener Meilenstein in der Geschichte des löslichen Kaffees. In den Neunziger Jahren erweiterte NESCAFÉ sein Angebot durch Varianten wie NESCAFÉ Café au lait und NESCAFÉ Wiener Melange.

1998 nahm NESCAFÉ sein erstes NESCAFÉ CaféMobil in Betrieb, wodurch die Menschen in Bahnhöfen und auf öffentlichen Plätzen quasi im Vorübergehen ihre Tasse NESCAFÉ genießen konnten.

Ein Jahr später eröffnete das erste deutsche Café NESCAFÉ auf der Frankfurter „Fressgass".

2002 gab es NESCAFÉ Classic zum ersten Mal „entkoffeiniert" und ermöglichte damit vielen Genießern ihren Lieblingskaffee auch zu später Stunde. 2004 setzte NESCAFÉ Gold mit einem neuen Aromaschutzverfahren wiederum völlig neue Maßstäbe auf dem Markt der löslichen Kaffees. Mit einem besonders schonenden Verfahren, bei dem reiner Wasserdampf das herrliche Aroma des frisch gerösteten und gemahlenen Premiumkaffees umschließt und es bis zur letzten Tasse bewahrt, sorgte NESCAFÉ für noch mehr und vor allem lang anhaltende Qualität.

2004 brachte NESCAFÉ den ersten Cappuccino und Latte Macchiato auf den Markt, deren cremigen Schaum man auch löffeln kann. Der bekannte NESCAFÉ Löffelschaum war geboren.

Da ein Drittel aller Kaffeetrinker milden Kaffee bevorzugt, brachte Nestlé 2005 mit NESCAFÉ Gold Mild auch für diese Genießer das passende Angebot auf den Markt.

Im Jahre 2006 betrat NESCAFÉ schließlich den wachsenden Markt der Einportions-Kaffeesysteme. Mit der Einführung des innovativen Kapselsystems NESCAFÉ Dolce Gusto bietet Nestlé allen Kaffeefans quasi ihren eigenen privaten Coffee-Shop für zu Hause.

2007 offeriert die Marke NESCAFÉ Classic erstmals auch eine Mild-Variante.

PRODUKT

Wer ein Glas NESCAFÉ öffnet, nimmt zuerst den herrlichen Geruch frisch gemahlenen Bohnenkaffees wahr. Kein Wunder, denn für die Herstellung von NESCAFÉ werden ausschließlich Kaffeebohnen in erstklassiger Qualität verwendet. Costa Rica und Kenia sind auf Grund des hohen Qualitätsstandards ihrer Arabica-Kaffees mit feinster Säure und edlem Aroma die Hauptlieferanten. Im Mainzer NESCAFÉ-Werk werden die Bohnen sorgfältig geprüft und dann ebenso sorgfältig zu aromatischem Löskaffee verarbeitet. Denn Qualität und Geschmack sind für NESCAFÉ oberstes Gebot. Dafür sorgen erfahrene Kaffee-Experten, die jeden Schritt der Herstellung prüfen und den Kaffee streng beurteilen.

So bietet NESCAFÉ reinen Kaffeegenuss, Tasse für Tasse. Liebhaber des puren Geschmacks genießen NESCAFÉ Gold oder NESCAFÉ Classic. Beide gibt es auch entkoffeiniert oder als milde Variante. Fans von milchbasierten Kaffeespezialitäten greifen zu NESCAFÉ Cappuccino oder Latte Macchiato mit herrlich hohem Löffelschaum. Auch hier bietet die Marke wiederum die unterschiedlichsten Varianten für die individuellen

Ansprüche der Genießer: ungesüßt, gesüßt oder entkoffeiniert. So erfüllt NESCAFÉ tagtäglich die vielfältigen Wünsche der Kaffeegenießer.

Seit Oktober 2006 verwöhnt NESCAFÉ anspruchsvolle Kaffeefans mit dem Kapselsystem NESCAFÉ Dolce Gusto. Ihr unkonventionelles Design setzt Akzente und liefert die perfekte Inszenierung für Kaffeegenuss wie im Coffee-Shop – aber eben zu Hause. Sie serviert Top-Qualität - druckvoll, hochwertig und funktional. Denn NESCAFÉ Dolce Gusto arbeitet mit einem ausgeklügelten Kapselsystem und beeindruckt durch ausgefeilte Technologie. Der Profidruck von 14 Bar sorgt jederzeit für perfekten Milchschaum und vollmundigen Geschmack. Fünf verschiedene Kaffeespezialitäten aus Röstkaffee von 100 Prozent Arabica-Bohnen gibt es inzwischen zu kaufen.

AKTUELLE ENTWICKLUNG

Löslicher Kaffee wird auch in Deutschland immer beliebter. Die Qualitätsoffensive von NESCAFÉ mit ihren innovativen Konzepten wie dem neuartigen Aromaschutzverfahren bei NESCAFÉ Gold oder dem außergewöhnlichen Löffelschaum bei Cappuccino und Latte Macchiato hat dazu einen großen Teil beigetragen.

Im Trend liegen ganz besonders lösliche Kaffeespezialitäten wie Cappuccino und Latte Macchiato, die möglichst unkompliziert und schnell in der Zubereitung sind.

Auch Flavours sind bei den löslichen Kaffeespezialitäten ein interessanter Trend. NESCAFÉ vereinte ihn mit dem Coffeeshop-Trend zu Frozen Cappuccino oder Frozen Latte Macchiato und führte 2006 den Saisonartikel NESCAFÉ Latte Macchiato Iced ein. 2007 bringt die Marke für kurze Zeit zwei aromatisierte Kaffeespezialitäten auf den Markt – NESCAFÉ TypLatte Macchiato Vanille und NESCAFÉ TypLatte Macchiato Caramel.

Im Oktober 2006 stieg die weltweit führende Kaffeemarke NESCAFÉ in Zusammenarbeit mit Krups – dem Marktführer bei traditionellen Filter-Kaffeemaschinen und Espresso-Pumpen-Geräten - in den Markt der Einportionen-Systeme ein.

In dem dynamisch wachsenden Markt für Kaffee/Milchvariationen positioniert sich NESCAFÉ mit dem professionellen Kaffeesystem NESCAFÉ Dolce Gusto.

Allein in den ersten drei Monaten wurden über 100.000 Maschinen verkauft. Dank der von Nestlé patentierten Druckregelung innerhalb der Kapseln liefert das Kaffeesystem Top-Qualität, sprich Kaffeegeschmack und Milchschaum wie im Coffee-Shop.

Im August 2007 bringt NESCAFÉ erstmals auch Kaffee-Pads auf den Markt. Angeboten werden Cappuccino, Choco Cappuccino und Café Latte mit dem für NESCAFÉ typischen Löffelschaum. Damit rundet die Marke ihr Portfolio vollends ab und ist in den Segmenten „löslicher Kaffee", „Kaffee-Pads" sowie „Kapselsysteme" DER Anbieter perfekten Kaffeegenusses für die unterschiedlichsten Bedürfnisse der Verbraucher.

WERBUNG

Anfang der Neunziger Jahre konzipierte NESCAFÉ die Welt der „italienischen Momente im Leben" mit dem NESCAFÉ-Cappuccino-Mann „Angelo". Er war der Botschafter des modernen Italiens und vermittelte mit dem Genuss von NESCAFÉ Cappuccino die mediterrane Leichtigkeit des Seins, immer verbunden mit einem leisen, selbstironischen Augenzwinkern.

Im Rahmen dieses Konzepts entstanden in den Neunziger Jahren mehrere sehr erfolgreiche Fernseh-Spots wie zum Beispiel der „Parkplatz" mit dem berühmten Satz „Ich habe gar kein Auto, Signorina". Anknüpfend an diesen Satz entstand 1998 ein Co-Branding mit der Adam Opel AG, die ein Modell Opel Corsa Cappuccino herausgebracht hatte.

Angelo stellte im Laufe von gut zehn Jahren dem deutschen Verbraucher alle neuen NESCAFÉ-Spezialitäten vor.

Danach wurde für NESCAFÉ mit der Dachmarkenkampagne „Open Up" eine weltweite neue Kommunikation entwickelt. Sie basierte auf der globalen Stärke der Marke NESCAFÉ, der meistgetrunkenen Kaffeemarke der Welt. Die Kampagne charakterisiert die ganze Welt von NESCAFÉ: Kompetenz für Kaffee, Internationalität, zwischenmenschliche Begegnungen, Emotionalität sowie Produktvielfalt. Die Marke verbindet damit die Menschen rund um den Globus. Der Slogan „Open up" bedeutete in diesem Zusammenhang: Sei offen für alles.

Mitte 2002 wurde der Entertainer *Harald Schmidt* zum gefragten Testimonial für NESCAFÉ. Spontan und unkonventionell, provokant und individuell – das sind die Attribute, die der berühmte Fernseh-Moderator verkörpert und die seinen hohen Bekanntheits- und Beliebtheitsgrad ausmachen. Der ideale Werbepartner für NESCAFÉ Classic, NESCAFÉ Espresso und 2006 auch NESCAFÉ Cappuccino und Latte Macchiato.

Ende 2006 brachte das neue Kaffeesystem NESCAFÉ Dolce Gusto in einem Fernseh-Spot mit dem Song „Sex Machine" von *James Brown* die Kaffeemaschinen und -tassen zum Tanzen. Damit wurde auf energiegeladene und aufmerksamkeitsstarke Art und Weise die Sortenvielfalt der angebotenen Kaffeespezialitäten sowie deren einfache Zubereitung erklärt.

MARKENWERT

NESCAFÉ ist die beliebteste Marke bei löslichem Bohnenkaffee und wird weltweit häufiger getrunken als jede Röstkaffeemarke. Dieser Erfolg wurde in über 60 Jahren erarbeitet und kommt nicht von ungefähr: NESCAFÉ steht für Kaffeevielfalt mit gleichbleibend hoher Qualität, viel Genuss sowie denkbar einfacher und bequemer Zubereitung.

NESCAFÉ ist laut Interbrand / Business Week 2006 die viertstärkste Food-Marke der Welt und die wertvollste Marke der Nestlé-Gruppe.

www.nescafe.de

Wussten Sie schon von NESCAFÉ?

- Am 20. Juli 1969 war NESCAFÉ mit an Bord von Apollo 11, dem Raumschiff, das die ersten Menschen zum Mond brachte.
- Löslicher Kaffee besteht genauso wie gefilterter Kaffee zu 100 Prozent aus Kaffeebohnen. Der Unterschied liegt in der Weiterverarbeitung der Bohne.
- Bei der Herstellung von löslichem Bohnenkaffee werden Bitter- und Reizstoffe sowie der cholesterinsteigernde Wirkstoff Cafestrol herausgefiltert.
- Laut der Deutschen Gesellschaft für Ernährung ist löslicher Kaffee daher magenschonender als normaler Filterkaffee.
- Weltweit werden pro Tag 354 Millionen Tassen NESCAFÉ getrunken.

Nintendo

MARKT

Der Markt für Videospiele steht am Beginn eines dramatischen Wandels. Und zum zweiten Mal in seiner Geschichte ist es Marktführer Nintendo, der diesen Wandel bewirkt. Derzeit spricht das Unternehmen mit neuartiger Hard- und Software erfolgreich Menschen jenseits seiner klassischen, jugendlichen Zielgruppe an. So bieten der tragbare Nintendo DS und die TV-gebundene Konsole Wii bieten intuitiv einfache Steuerungstechniken und anspruchsvolle neue Spielgenres. Damit erlebt das Videospiel nun auch bei Erwachsenen beiderlei Geschlechts den Durchbruch im großen Stil.

Nintendos besondere Stärke: Als weltweit einziges Unternehmen ist es in allen drei Segmenten des Spielemarktes erfolgreich – bei TV-gebundenen Konsolen ebenso wie bei Handhelds und der zugehörigen Software. Nicht zuletzt deshalb ist Nintendo 2006 deutlich stärker gewachsen als der ohnehin schon dynamische Gesamtmarkt.

Das Volumen der Computer- und Videospielbranche lässt mittlerweile das der Filmindustrie weit hinter sich. Die Deutschen gaben im Jahr 2006 an den Kinokassen 814,39 Millionen Euro aus (Quelle: Filmförderungsanstalt), aber 1,13 Milliarden Euro für Computer- und Videogames. Das entspricht einer Steigerung um 7,4 Prozent gegenüber dem Vorjahr. Das Segment Videospiele legte sogar um mehr als 13 Prozent auf 652,6 Millionen Euro zu (Quelle: BIU / Bundesverband Interaktive Unterhaltungssoftware). Für die entscheidende Schubkraft sorgte wieder einmal Nintendo: Das Unternehmen lieferte 2006 in Deutschland mit einem Anteil von 55 Prozent mehr als jedes zweite Videospielgerät.

ERRUNGENSCHAFTEN UND ERFOLGE

Der Videospielmarkt verdankt seine Existenz im Wesentlichen diesem einen Unternehmen. Als der Markt für die ersten, noch wenig anspruchsvollen Telespiele 1983 zusammenbrach, zogen sich alle damaligen Anbieter aus dem Geschäft zurück – außer Nintendo. Vielmehr brachte das Unternehmen noch im selben Jahr den Famicom heraus, den Family Computer, der in Europa und Amerika als Nintendo Entertainment System (NES) Furore machte. Nach dem Vorbild dieses ersten preiswerten Videospielgeräts für auswechselbare Spielmodule arbeiten bis heute alle auf dem Markt befindlicher Konsolen. Weitere Errungenschaften aus dem Hause Nintendo sind die Erfindung des Rumble-Paks und die Einführung der 3-D-Grafik in die Videospielbranche.

1989 erschien mit dem Game Boy dann der erste praktikable Handheld der Welt. Seine Nachfolgemodelle und der 2005 erschienene Nintendo DS sichern dem Unternehmen bis heute die Marktführerschaft im Bereich der tragbaren Spielsysteme. Auf dem Konsolenmarkt folgten dem NES im Laufe der Jahre das Super NES, der Nintendo 64, der Nintendo GameCube und schließlich, Ende 2006, die revolutionäre Wii. Sie ist die erste Konsole, die es ermöglicht, Spiele durch ganz natürliche Bewegungen zu steuern. Damit hat Nintendo wieder einmal seine Innovationsführerschaft bewiesen.

Zur technisch ausgefeilten Hardware kommt die vielfach preisgekrönte Software von Nintendo. Weltweit hat Nintendo bis heute über 2,2 Milliarden Spiele verkauft, darunter den erfolgreichsten Einzeltitel der Videospiel-Geschichte, „Super Mario Bros.", mit über 40 Millionen Exemplaren. Auch die erfolgreichste Videospielserie stammt von Nintendo: Seit 1996 gingen weltweit mehr als 100 Millionen „Pokémon"-Spiele über die Ladentische. Mit Charakteren wie dem pfiffigen Klempner Super Mario, dem Gorilla Donkey Kong, dem Fantasy-Helden Link aus der Spielserie „The Legend of Zelda" und vielen anderen mehr hat Nintendo Ikonen der modernen Jugendkultur geschaffen, die regelmäßig für Bestseller-Erfolge sorgen.

GESCHICHTE

Die Erfolgsstory von Nintendo begann 1889: Damals gründete *Fusajiro Yamauchi* in Kyoto einen Familienbetrieb, der die japanischen Hanafuda-Spielkarten herstellte. Erst sein Urenkel *Hiroshi Yamauchi*, der Nintendo ab 1949 leitete, beschloss ab 1970 weitere Spielwaren ins Programm zu nehmen. Seit 2002 ist *Satoru Iwata* Präsident der Nintendo Co., Ltd.

In die Unterhaltungselektronik stieg Nintendo 1977 mit Telespielen ein. 1980 folgte die „Game&Watch"-Reihe, während 1979 die ersten Arcade-Titel den Schritt ins Spielhallen-Geschäft markierten. Einer davon, „Donkey Kong", wurde 1981 Nintendos erster großer Videospiel-Hit. Sein Held war ein kleines, schnauzbärtiges Männchen, das einen Gorilla über ein Baugerüst jagte. Wenige Jahre später war *Super Mario* eine weltweit bekannte Kultfigur, und sein Erfinder – *Shigeru Miyamoto* – gilt heute als „Steven Spielberg des Videospiels". *Shigeru Miyamoto* und *Mario* trugen seit 1983 entscheidend zum Erfolg des NES bei. Ebenso wie die weltbesten Software-Designer, die für alle Nintendo-Systeme ein breit gefächertes Spieleprogramm entwickelt haben.

Endgültig festigte Nintendo schließlich seinen Ruf als Innovationsführer mit einem kleinen, grauen Gerät, das einer ganzen Jugendgeneration den Namen gab. Als Vater dieser Game Boy-Generation kann man Gunpei Yokoi bezeichnen, dessen Team dieses erste mobile Videospielsystem entwickelt hat. Mit dem Game Boy wurde die Marke Nintendo 1990 auch in Deutschland über Nacht ein Begriff. Im selben Jahr wurde die europäische Firmenzentrale, die Nintendo of Europe GmbH mit Sitz im bayerischen Großostheim, gegründet.

Die rasante Entwicklung der Computer- und Animationstechnik seit Anfang der Neunziger Jahre eröffnete dem Videospiel immer neue Möglichkeiten. Nintendo stand mit den Nachfolgemodellen von NES und Game Boy dabei stets an der Spitze der Entwicklung: Derzeit definieren Wii und Nintendo DS, was das Maß aller Videospiel-Dinge ist. Mit ihren neuen Steuerungstechniken ermöglichen sie nicht nur neue Spielegenres, sondern sogar völlig neue Anwendungsgebiete wie etwa Gehirn-Jogging. Die ganze Vielfalt dieser Möglichkeiten dürfte noch lange nicht ausgelotet sein. Es bleibt spannend, womit die Spielmacher aus Kyoto die Welt in Zukunft noch überraschen.

PRODUKTE

Mit Wii und Nintendo DS definiert Nintendo derzeit sowohl den Konsolen- als auch den Handheld-Markt völlig neu. Bei der TV-gebundenen Konsole Wii sind Bewegungssensoren in die Fernbedienung integriert, die deren genaue Position und Bewegungen im Raum registrieren und entsprechend auf dem Bildschirm umsetzen. An die Stelle komplizierter Steuerungsmanöver per Knopfdruck oder Joystick treten natürliche, intuitive Handbewegungen. In den Sportsimulationen des Titels „Wii Sports" etwa schwingt der Spieler die Wii Remote wie einen ganz normalen Tennis-, Golf- oder Baseballschläger. In anderen Titeln verwandelt sich die Wii Remote in ein Lenkrad, eine Angel, ein Schwert, einen Bogen, eine Bowlingkugel, einen Boxhandschuh usw. Der Phantasie der Spieledesigner ist praktisch keine Grenze gesetzt. Einen zusätzlichen Mehrwert bietet ihr Kanal-System: Nutzer können vom Sofa aus im Internet surfen, Fotos hochladen oder sich über das Wetter informieren – alles ganz einfach und bei Nutzung des „Wii Connect 24" Online Service rund um die Uhr aktuell. Kurz gesagt: Die Wii hat die Möglichkeiten der Konsolennutzung für immer verändert und erweitert.

Das gleiche leistet der Nintendo DS bereits seit 2005 im Handheld-Bereich. Das tragbare

Gerät bietet zwei Bildschirme, darunter einen Touchscreen sowie ein integriertes Mikrofon, Spracherkennung, kabellose Kommunikation und viele weitere neuartige Features. So können die Nintendo-Fans ihre Spiele nun durch bloße Berührung des Touchscreens oder durch Spracheingabe steuern. Die neuen Möglichkeiten, die sich damit auftun, zeigen sich auch in dem Krimi-Titel „Hotel Dusk: Room 215" einer Kombination von Abenteuer- und Denkspiel. In der Rolle eines Detektivs, der in einem Hotel nach den Spuren eines verschwundenen Freundes sucht, können die Spieler etwa durch einfache Berührungen virtuelle Räume durchsuchen oder verdächtige Gegenstände genauer unter die Lupe nehmen.

Ein ganz neues Anwendungsgebiet für Videospielhardware wurde 2006 mit dem Nintendo DS-Hit „Dr. Kawashimas Gehirn-Jogging: Wie fit ist Ihr Gehirn?" erschlossen. Dabei handelt es sich nicht um ein Videospiel im klassischen Sinn, sondern um ein Programm zur Verbesserung der Gedächtnisleistung basierend auf den realen wissenschaftlichen Erkenntnissen von *Dr. Ryuta Kawashima*. Zu diesem Zweck gilt es, via Touchscreen und Mikrofon eine Vielzahl schriftlicher und sprachlicher Übungsaufgaben zu lösen und seine Fortschritte zu messen. Das fasziniert junge wie ältere Menschen gleichermaßen, so dass „Gehirn-Jogging" 2006 mit rund 340.000 Käufern allein in Deutschland die mit Abstand erfolgreichste Software des Jahres wurde. Das deutliche Wachstum im Handheld-Markt – allein bei der Software verbuchte der deutsche Handel 2006 eine Steigerung um 58 Prozent auf 190 Millionen Euro (Quelle: BIU) – ist vor allem den neuen Nintendo DS Titeln zu verdanken. Nintendo erweitert derzeit auch kontinuierlich das Angebot der neuen „Touch! Generations"-Reihe: Spiele, die sich für alle Altergruppen eignen.

AKTUELLE ENTWICKLUNG

Die Zukunft des Videospielmarktes wird von einem Haupt-Trend geprägt: Gefragt sind Spiele, die einfachste Bedienung mit anspruchsvollen Inhalten und innovativen Spielideen verbinden und gleichzeitig generationsübergreifend funktionieren. Dem trägt Nintendo mit Wii und Nintendo DS Rechnung – und auch mit einer Strategie, die auf eine deutliche Erweiterung der Zielgruppen setzt.

Ihre intuitiv-leichte Handhabung machen Nintendo DS und Wii auch für Menschen interessant, für die Videospiele bisher eine technische Hemmschwelle darstellten. Dazu gehören vor allem Mädchen und Frauen, aber auch die Generation der über 40-Jährigen, die angesichts des demographischen Wandels immer mehr ins Blickfeld der Branche rückt. Beispielsweise wird Wii in den USA in Alterheimen eingesetzt, um Spieleabende für Senioren zu arrangieren. Diese bewegen sich dadurch mit Spaß und Körpereinsatz und machen durch den einfachen Zugang sehr positive Erfahrungen. Gleichzeitig ermöglichen die neuen Steuerungstechniken die Realisierung anspruchsvoller Spielideen, die sowohl Gamer als auch die angepeilten Neueinsteiger begeistern. „Dr. Kawashimas Gehirn-Jogging: Wie fit ist Ihr Gehirn?" ist dafür das beste Beispiel. Dank dieses und ähnlicher Titel weist der Nintendo DS unter allen Spielkonsolen den höchsten Anteil weiblicher und erwachsener Käufer auf.

Sowohl für Nintendo DS als auch für Wii sind zudem zahllose Mehrspieler-Titel auf dem Markt – beide Konsolen sind Wi-Fi-fähig. Das heißt: Besitzer mit Breitband-Internetzugang können sich jetzt mit Freunden auf allen Kontinenten zu Spielgemeinschaften zusammenschließen.

WERBUNG

Herkömmliche aber gewohnte Techniken durch bessere aber ungewohnte abzulösen, ist ein Wagnis. Und selbst vereinfachte Technik will gut erklärt sein. Daher verließ sich Nintendo – wie 2005 bei der Einführung des Nintendo DS – auch vor dem Marktstart der Wii Ende 2006 nicht nur auf klassische Werbung und PR. Zentraler Bestandteil war eine „Hands on"-Kampagne: Bei zahlreichen Promotionaktionen unter dem Motto „Wii move you" wurde möglichst vielen Menschen Gelegenheit gegeben, das neue Gerät einmal selbst auszuprobieren.

Die Strategie der Zielgruppenerweiterung erforderte dabei einen sehr viel breiteren Media-Mix als bei früheren Kampagnen. So wurden verstärkt Medien und Testimonials eingesetzt, die auch bei älteren Erwachsenen ankommen. Unter anderem konnte Nintendo den beliebten Talkmaster *Jörg Pilawa* als Werbeträger für „Dr. Kawashimas Gehirn-Jogging" gewinnen.

MARKENWERT

Menschen auf der ganzen Welt benutzen die Markennamen Nintendo oder Game Boy ganz selbstverständlich als Synonyme für den Gattungsbegriff Videospiel. Die Jugend der Neunziger Jahre wurde als Game Boy- oder Nintendo-Generation bezeichnet. Inzwischen hat diese Generation selbst Kinder, die mit Super Mario & Co aufwachsen. Nintendo war immer ein Vorreiter in der Branche und hat durch seine Innovationskraft viele wegweisende Produkte realisiert.

Die sympathischen Charaktere sind Nintendos wichtigste Markenbotschafter: Mario, sein schurkisches Gegenbild Wario und sein Bruder Luigi, der Dinosaurier Yoshi, der Schwertkämpfer Link, der Gorilla Donkey Kong, die Pokémon und viele mehr. Sie stehen für anspruchsvolle Spiele, die allen Altersgruppen Spaß und Spannung bieten.

Nicht zuletzt signalisiert die Marke Nintendo, dass es sich um familienfreundliche Titel handelt, die klaren ethischen Grundsätzen genügen: Diskriminierende, drogen- oder gewaltverherrlichende Inhalte kommen bei Nintendo generell nicht vor.

Zudem engagiert sich Nintendo im Bereich der Aufklärung von Eltern und Kindern zum Thema Videospiele durch das Engagement beim Institut „Spielraum" der Fachhochschule Köln, das zusammen mit dem Publisher EA im vergangenen Jahr ins Leben gerufen wurde. So kann das Unternehmen sein Ansehen und das seiner Marke glaubhaft dafür nutzen, das Image der gesamten Branche zu verbessern.

www.nintendo.de

Wussten Sie schon von Nintendo?

○ Der japanische Name Nintendo bedeutet auf Deutsch *„In der Hand des Himmels"* oder *„Der Himmel segnet ehrliche Arbeit"*.

○ Nintendos bekannteste Figur *Super Mario* ist nach *Mario Segali* benannt, dem Besitzer eines Lagerhauses, das Nintendo of America 1981 in Seattle angemietet hatte. Den Mitarbeitern war die Ähnlichkeit des Vermieters mit der damals noch namenlosen Spielfigur aufgefallen.

○ Das japanische Erziehungsministerium bat Nintendo Anfang der Neunziger Jahre, neue Produkte nur noch an schulfreien Tagen auf den Markt zu bringen, um massenhaftes Schulschwänzen zu verhindern.

NIVEA

MARKT

NIVEA ist ein Mythos: Aus einer kleinen Dose entstand die größte Körperpflegemarke der Welt. Im Dezember 1911 kam die erste NIVEA Creme, damals noch in einer gelb-grünen Dose mit verspielten Rankenornamenten, auf den Markt. 2006 trugen sämtliche NIVEA-Produkte rund 3,14 Milliarden Euro zum Gesamtumsatz des Beiersdorf-Konzerns (5,12 Milliarden Euro) bei. Ziel der Marke ist es, in möglichst vielen Ländern der Erde eine führende Marktposition in den einzelnen Produktkategorien zu übernehmen. Die jüngsten Zahlen belegen, dass dies häufig gelingt: Gemäß Marktforschungsdaten von 54 untersuchten Ländern hielt NIVEA im vergangenen Jahr 131 Nummer-Eins-Positionen in verschiedenen Produktkategorien, zum Beispiel Körper-, Gesichts- oder Männerpflege. 2005 waren dies 125.

Starke Zuwächse verzeichnet NIVEA vor allem in den wichtigen Wachstumsregionen wie China, Brasilien, Russland und Indien. So ist beispielsweise NIVEA for Men im April 2006 nach nur zwei Jahren auf dem chinesischen Markt Marktführer im Männerpflegesegment geworden. Großer Beliebtheit erfreuen sich in Fernost auch sogenannte Whitening-Produkte – entwickelt übrigens im speziell eingerichteten Asien-Labor des konzerneigenen Hautforschungszentrums.

ERRUNGENSCHAFTEN UND ERFOLGE

NIVEA hat in Deutschland einen Bekanntheitsgrad von nahezu 100 Prozent. Europaweit genießt NIVEA in der Produktkategorie „Hautpflege" so großes Vertrauen wie keine andere Marke. Dies belegt auch die jüngste Studie „Reader´s Digest Most Trusted Brands". 25.000 Menschen wählten NIVEA zum siebten Mal in Folge zur vertrauenswürdigsten Marke in allen 15 teilnehmenden Ländern.

NIVEA-Werbekampagnen wurden in der Vergangenheit weltweit mehrfach mit dem begehrten „Effie-Award" ausgezeichnet. Ende 2006 nahm Beiersdorf zum Beispiel den „Saphir Effie" des Gesamtverbandes Kommunikationsagenturen (GWA) entgegen – einen einmaligen Sonderpreis anlässlich des 25-jährigen Bestehens des GWA. Mit diesem Preis wurden Werbungstreibende ausgezeichnet, die über Jahre hinweg besonders erfolgreich beim „Effie"-Wettbewerb abgeschnitten haben. Im Gegensatz zu anderen Preisen, wo häufig die Kreativität von Marketing-Kampagnen betrachtet wird, bewertet der „Effie" die Effizienz der Marketing-Kommunikation, also das Verhältnis der eingesetzten Mittel zum Erfolg. NIVEA Beauté punktete kürzlich in der dekorativen Kosmetik – und landete auf dem ersten Platz beim Konsumentenpreis „Pegasus Award".

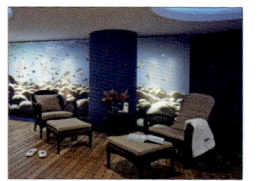

GESCHICHTE

Die Erfolgsstory von NIVEA beginnt im letzten Jahrtausend: Als Gründungsdatum (28. März 1882) des heute global tätigen Unternehmens Beiersdorf gilt der Eintrag der Patenturkunde für medizinische Pflaster durch den Apotheker Paul C. Beiersdorf vor 125 Jahren. Dieser mit Salbe bestrichene Wundverband avancierte zum ersten Verkaufsschlager der noch jungen Firma – und bildete den Anfang einer Forschungsgeschichte, die ihresgleichen sucht.

1911 ist das Geburtsjahr der NIVEA Creme. Schon damals stand hinter der Marke NIVEA das kongeniale Zusammenspiel von bahnbrechender Forschung, Kreativität und unternehmerischem Know-how. So war denn die Entwicklung der NIVEA Creme auch nicht das Werk eines Einzelnen, sondern gleich dreier überaus findiger Männer: Dr. Oscar Troplowitz hatte 1890 die Firma Beiersdorf in Hamburg vom Gründer Paul C. Beiersdorf erworben. Bis zur Entstehung der NIVEA Creme entwickelte und produzierte Oscar Troplowitz bereits erfolgreich erste technische Klebebänder (Vorläufer von tesa) sowie medizinische Pflaster und erste Kautschuk-Heftpflaster (Grundlage für Hansaplast). Sein wissenschaftlicher Berater Prof. Paul Gerson Unna, der später einer der berühmtesten Dermatologen Deutschland werden sollte, besaß einen sicheren Blick für Innovationen. Er machte Troplowitz auf einen völlig neuartigen Emulgator namens Eucerit („das schöne Wachs") aufmerksam. Dr. Isaac Lifschütz war es, der nach jahrzehntelanger Forschung das so überaus wichtige Eucerit entdeckt hatte – eine Revolution. Denn: Nun besaß man eine Substanz, die Fett und Wasser zu einer stabilen Salbengrundlage vereinigen konnte. Der äußerst kreative Dr. Oscar Troplowitz nutzte das ursprünglich für die Medizin entdeckte Eucerit als Basisstoff für eine völlig neuartige kosmetische Creme. Mit seinen Chemikern unter Führung von Dr. Isaac Lifschütz entwickelte er die erste stabile Fett- und Feuchtigkeitscreme der Welt: NIVEA.

PRODUKT

Ihren Namen erhielt die Creme aufgrund ihres reinweißen Aussehens, abgeleitet vom lateinischen Wort „nix, nivis" – der Schnee. NIVEA ist somit die „Schneeweiße". Außer Eucerit zur Verbindung der Öle mit Wasser enthielt sie noch Glyzerin, ein wenig Zitronensäure und zur feinen Parfümierung Rosen- und Maiglöckchenöl. Und obwohl die NIVEA Creme ständig verfeinert und auf den letzten wissenschaftlichen Stand gebracht wurde, hat sich am Grundprinzip der Rezeptur in fast 100 Jahren nur wenig verändert. Heute ist aus der Creme eine große Markenfamilie mit mehr als 500 verschiedenen Produkten geworden.

Seit Jahren bildet NIVEA die größte Körperpflegemarke der Welt, unter deren Dach sich Produktlinien wie NIVEA Visage, NIVEA Vital, NIVEA

Beauté, NIVEA Hair Care, NIVEA Hand, NIVEA Body, NIVEA Sun, NIVEA Bath Care, NIVEA Deo und NIVEA for Men erfolgreich am Markt behaupten können. Alle neuen NIVEA-Produkte entsprechen dem positiven Image der Kernmarke – zuverlässige Qualität, gutes Preis-Leistungsverhältnis, unkompliziert in der Anwendung, überall erhältlich und – was für alle NIVEA-Produkte besonders entscheidend ist – sie sind mild und haben ein hohes Pflegeversprechen. Mit diesen typischen „Erbanlagen" haben die Produkte die Teilmärkte weitgehend geprägt und erreichten sehr schnell eine führende Marktposition.

AKTUELLE ENTWICKLUNG

In den NIVEA-Produktlinien spiegelt sich die bemerkenswerte Kombination aus hoher Innovationskultur und 125 Jahren Hautforschungskompetenz von Beiersdorf wider.

2004 eröffnete die Beiersdorf AG in Hamburg das mit 16.000 qm größte und modernste Hautforschungszentrum Deutschlands. In Kooperation mit Universitäten und Institutionen wird dort dermatologische Grundlagenforschung und Produktentwicklung betrieben. Das Investitionsvolumen betrug 38 Millionen Euro. Mehr als 650 Mitarbeiter aus dem Bereich Forschung & Entwicklung sind in der Hamburger Konzernzentrale tätig. Der Jahresetat für F&E beträgt knapp 120 Mio. Euro.

Ergebnisse des Wissens um die unterschiedlichen und überaus komplexen Funktionsweisen der Haut sind Innovationen wie in 2006 die NIVEA Visage DNAge Creme, das NIVEA Body Goodbye Cellulite Gel sowie NIVEA Hair Care mit neuen Formeln. Für Furore in der Kosmetik-Branche sorgte dabei vor allem die Einführung der NIVEA Visage DNAge-Produkte: Dieses Mal gelingt es den Wissenschaftlern, Erkenntnisse aus der Ernährungslehre für die Haut nutzbar zu machen. Im Fokus ihres Interesses liegt die Folsäure – ein empfindliches Multitalent aus der Familie der B-Vitamine, das bei sämtlichen Wachstums- und Regenerationsprozessen in den Körperzellen eine entscheidende Rolle spielt. In Kombination mit dem Energieträger Creatin wird bei regelmäßiger Anwendung mit NIVEA Visage DNAge die Zellerneuerung der Haut effektiv angekurbelt und die DNA vor Schädigungen durch externe Einflüsse geschützt.

Im April 2006 schenkte die Beiersdorf AG ihrer Marke NIVEA schließlich ein eigenes Zuhause – das weltweit erste NIVEA Haus öffnete seine Türen. Die Stirnseite des Jungfernstiegs ist heute zentrale Anlaufstelle für alle Entspannungssuchenden. Die Beiersdorf AG greift mit dem NIVEA Haus unter dem Motto „Wohlfühlmomente in Hamburgs Innenstadt" den Trend zur Kurzzeit-Wellness auf. Die bewährte Pflegekompetenz wird im NIVEA Haus auf drei Etagen (800 qm) – Strand, Himmel und Meer – erlebbar. Im ersten Jahr haben die Kunden mehr als 18.000 Massage-, Kosmetik und Schönheitsanwendungen genossen. Auf große Resonanz stieß auch das Beratungs- und Analyseangebot. Viele Besucher haben Haut und Haar mit modernster Technik in der blauen Forschungskugel im NIVEA Haus analysieren lassen. Bei soviel Entspannungsbedarf war Verstärkung dringend notwendig: Das Team wuchs seit der Eröffnung von 21 Mitarbeitern auf heute 50 Wohlfühlexperten an.

WERBUNG

Jede Werbemaßnahme für ein Produkt von NIVEA leistet auch immer einen Aktualisierungs- und Imagebeitrag für alle anderen NIVEA-Produkte. Dieser Synergieeffekt wird von sämtlichen NIVEA-Submarken getragen. Knapp 80 Prozent aller Verbraucher lernen die Marke schon während ihrer Kindheit kennen. Und es sind meist Duft, Konsistenz und Farbe der NIVEA Creme, die bei vielen Menschen zum Erfahrungsschatz der Kindheit gehören. Diese sozio-psychologische Dimension wirkt sich positiv auf das lebenslange Verhältnis zur Marke NIVEA aus. Deshalb ist die NIVEA Creme nicht nur in biografischer, sondern auch in sozio-historischer Hinsicht die „Mutter" der Marke NIVEA. Und als solche transportiert sie den Marken-Mythos.

Die sanfte Pflege der NIVEA-Produkte zieht sich durch alle Kampagnen, und allein schon die unverwechselbare Farbaufmachung in Blau und Weiß macht die Zugehörigkeit auf den ersten Blick erkennbar. Die Kampagnen sind bewusst emotional in der Ansprache und kommunizieren auf diese Weise die sanfte Hautverträglichkeit der NIVEA-Produkte. Immer werden Menschen gezeigt, die sich im Umgang mit anderen Menschen und in ihrer gepflegten Haut wohl fühlen. So wird die Produktleistung am besten ausgedrückt.

VERTRAUEN

MARKENWERT

Eine Fülle von positiven Faktoren ist nötig, um Beliebtheit und Erfolg einer Marke über Generationen zu erhalten und zu verstärken. Der Erfahrungsschatz von mehr als 95 Jahren verbindet sich heute mit einer überaus innovativen Ausrichtung der Marke. Und so sind es insbesondere zwei Elemente – Tradition und Innovation –, die den Charakter der Weltmarke NIVEA heute kraftvoll prägen und ausmachen.

www.nivea.de

Wussten Sie schon von NIVEA?

○ NIVEA entwickelte sich schon sehr früh zum internationalen Verkaufsschlager. Bereits 1914 verzeichnete Beiersdorf außerhalb der eigenen Landesgrenzen mit NIVEA und den anderen Marken einen Umsatzanteil von 42 Prozent. Dafür sorgten Verträge mit Vertretungen in 34 Ländern – darunter auch Lizenzproduktionen in Buenos Aires, Kopenhagen, Mexiko City, New York, Paris, Sydney und Moskau. Wenig später gelang der Markteintritt in China.

○ Prominenteste „Werberin" von NIVEA war Deutschlands erste „First Lady" *Elly Heuss-Knapp*. Nachdem 1933 der spätere Bundespräsident *Theodor Heuss* als Professor an der Hochschule für Politik in Berlin mit Berufsverbot belegt wurde, sicherte seine Frau das Familieneinkommen und das Jurastudium des Sohnes mit Rundfunkwerbung für Sekt, Windeln, Husten-Pastillen und NIVEA. Auf einer Aufnahme ist *Theodor Heuss* selbst zu hören. Für die blaue Dose drehte seine Frau auch die ersten Kino-Werbefilme.

○ Sogar in der zeitgenössischen Kunst ist NIVEA präsent: Die Österreicherin *Anna Wukounig* kreierte 1997 aus 25 flach gepressten und vernieteten NIVEA-Dosen ein ungewöhnliches „Gehpanzerkleid" – die NIVEA-Dosen-Hose.

○ Auf Flohmärkten und im Internet tummelt sich eine NIVEA-Fangemeinde. Der wohl eifrigste Sammler dürfte *Stefan Nortmeyer* aus Hannover sein. In seiner 4-Zimmer-Wohnung bewahrt er rund 900 historische NIVEA-Artikel aus rund 40 Ländern auf. Der Wert seiner Exponate beträgt mehrere Tausend Euro.

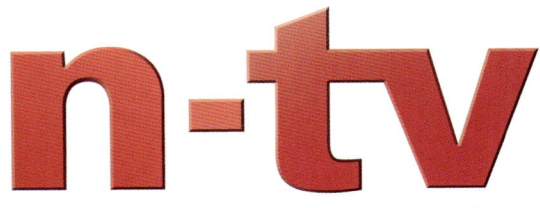

n-tv
Der Nachrichtensender

MARKT

Nachrichten sind ein hartes Geschäft – besonders im Fernsehen: Die Bürger erwarten zu Recht umfassend, seriös und aktuell informiert zu werden. Inhaltlich anspruchsvolle, technisch oft aufwendige Information ist gerade im Fernsehen teuer und gleichzeitig auch eine Herausforderung für die Vermarktung. Als n-tv Anfang der Neunziger Jahre als der erste deutsche Nachrichtensender startete, war das Fernsehnachrichtengeschäft zudem seit Jahrzehnten vom öffentlich-rechtlichen Fernsehen dominiert. Trotzdem behauptete sich der Privatsender nicht nur schnell in einem harten Wettbewerb, sondern weckte mit seinem 24-Stunden-Informationsangebot auch ein ganz neues Bewusstsein für den Stellenwert aktueller Nachrichten in Deutschland.

n-tv hat sich dem schnelllebigen Nachrichtenmarkt nicht nur laufend angepasst, sondern ihn auch maßgeblich mitgeprägt. Mit den drei Programmsäulen Nachrichten, Wirtschaft und Talk spricht n-tv treffsicher die im Werbemarkt besonders begehrte Zielgruppe der Entscheider an. Beruflich erfolgreich und oft an wichtigen Positionen in Wirtschaft und Politik, sind diese Zuschauer besonders auf genau die schnelle, verlässliche und hochwertige Information angewiesen, die n-tv rund um die Uhr anbietet.

ERRUNGENSCHAFTEN UND ERFOLGE

Als n-tv 1992 gegründet wurde, glaubten nur wenige an den Erfolg eines rein auf Information ausgelegten und noch dazu privaten Senders. Seitdem hat sich n-tv nicht nur fest etabliert, sondern dabei auch zu einer grundlegenden Veränderung im deutschen Nachrichtenmarkt beigetragen. Öffentlich-rechtliche wie private Sender haben in den letzten 15 Jahren ihr Informationsangebot ausgebaut und teilweise eigene Nachrichtensender gegründet. Aus vielen Büros, Banken, Börsen, Flughäfen, Bahnhöfen und Hotels sind die Nachrichtensendungen von n-tv nicht mehr wegzudenken.

Passiert etwas Wichtiges in der Welt, berichtet n-tv sofort live – schnell und zuverlässig. Privatnutzer wie Entscheider in Wirtschaft, Politik und Medien vertrauen auf die langjährige Erfahrung des Senders mit Breaking News genauso wie auf die tägliche umfassende und gründliche n-tv-Berichterstattung zum „normalen" Nachrichtengeschehen.

Wie nur wenige Marken hierzulande, steht n-tv neben aktueller Information zum allgemeinen Nachrichtengeschehen auch für anspruchsvolle und umfassende Berichterstattung von Wirtschaft und Börse – für den interessierten Privatanleger genauso, wie für professionelle Händler, Analysten und Manager. Auch hier hatte n-tv eine Vorreiterrolle: Mit der Integration der Telebörse, hat n-tv die Entstehung einer deutschen Aktionärskultur maßgeblich beeinflusst. Durch ausführliche und detaillierte Wirtschaftsprogramme trägt n-tv bis heute täglich aktiv zum Verständnis der Zusammenhänge zwischen Wirtschaft und Politik bei. Mit vielfach preisgekrönten Sendungen wie „Maischberger" hat n-tv zudem Maßstäbe im Talk gesetzt.

Durch die Nutzung neuer Technologien wandelt sich n-tv unter dem Motto „jederzeit und überall" bereits seit Jahren zum crossmedialen Informationsdienstleister. n-tv.de ist die zweitreichweitenstärkste Nachrichtenseite im deutschsprachigen Internet. Mit dem Grimme-Preis sowie dem Online-Award des Forschungsinstituts Medien-Tenor ausgezeichnet, hat auch das vielfältige n-tv.de-Angebot von Diskussionsforen bis „Breaking News Alerts" Standards gesetzt – so bot n-tv in verschieden Pilotprojekten mit der Deutschen Telekom als erster Sender sein Programm auch per Internetstream an und brachte als erster Anbieter per MMS Nachrichten auch als Bewegtbild aufs Handy. Seit 2006 stehen auf n-tv.de darüber hinaus Nachrichten-, Wirtschafts- und Wetter-Podcasts zum Download bereit – ein umfassendes, stets top-aktuelles Angebot, das in Ausmaß und Qualität seines Gleichen sucht.

Anfang 2007 schließlich brachte n-tv eine zukunftsweisende Innovation auf den Markt: Mit „n-tv plus" ließ der Nachrichtensender die Idee vom interaktiven Fernsehen Wirklichkeit werden. „n-tv plus", eine Verbindung aus Fernsehen und Internet, bietet den Zuschauern vielfältige Interaktionsmöglichkeiten – angefangen bei synchronen Zusatzinformationen zum laufenden Programm bis hin zu Votings und Just-missed-Funktionen.

GESCHICHTE

Von Anfang an setzt n-tv auf seriöse Information. Der erste Chefredakteur und langjährige ARD-Korrespondent *Peter Staisch* gab 1992 die künftige Richtung vor: „Das Ziel eines seriösen Fernseh-Nachrichtenkanals, der ohne Infotainment und Schnickschnack antreten will, muss es sein, jedem Interessierten – möglichst zu jeder Zeit – den aktuellen Nachrichtenstand zu liefern."

Als Bundespostminister *Christian Schwarz-Schilling* (CDU) am 30. November 1992 mit dem Druck auf den „roten Knopf" den Sendebetrieb des ersten deutschen Nachrichtenfernsehens in Berlin startete, war der neue „Rund-um-die-Uhr-Sender" in allen Kabelhaushalten der Bundesrepublik zu empfangen. n-tv erreichte am Start mehr Menschen als je ein Privatsender vor ihm: zehn Millionen potentielle Zuschauer. Zunächst blieb der überwiegenden Mehrheit der Fernsehhaushalte in Ostdeutschland der Zugang zum neuen Programm verwehrt, denn es wurde nur vom Satelliten Kopernikus und in allen bundesdeutschen Kabelnetzen ausgestrahlt. Drei Wochen später stieg der US-Nachrichtenkanal CNN ein. Der Sender aus Atlanta gab überraschend bisherige Überlegungen einer Zusammenarbeit mit dem ZDF beim Aufbau eines eigenen deutschen Programms auf und beteiligte sich stattdessen zunächst mit 25,5 Prozent, später dann mit rund 50 Prozent an n-tv. 2002 stieg RTL Television mit ebenfalls rund 50 Prozent ein. Seit Mai 2006 ist n-tv hundertprozentige Tochter von RTL Television.

Mit der Telebörse weitete n-tv 1994 die Wirtschafts- und Börsenberichterstattung stark aus. Wirtschaftsnachrichten wurden neben aktuellen Informationen aus der Politik schnell zum zweiten Standbein von n-tv und gaben dem Sender mit dem Börsenlaufband ein in Deutschland einmaliges Profil als Nachrichten- und Wirtschaftssender. Gleichzeitig konnte n-tv durch die für Werbekunden besonders interessanten Wirtschaftsumfelder neue Einnahmequellen erschließen. Seit Kurzem gibt es die Telebörse auch online: Unter www.Telebörse.de startete im September das neue Börsen- und Finanzportal von n-tv.

Seit 1997 sendet n-tv einen eigenen Teletext. Ein besonderer Schwerpunkt darin ist die ausführliche Wirtschafts- und Börsenberichterstattung. Allein hierfür stehen 500 Textseiten zur Verfügung. Der Text erwies sich schnell als ideale Ergänzung zum Fernsehprogramm und liegt heute mit um die fünf Prozent Marktanteil hinter den „großen" Sendern RTL, ZDF, ARD und SAT.1 auf Platz fünf. Auch in weiteren neuen Technologien ist n-tv führend: Mit dem Start des Online-Portals n-tv.de stellte n-tv 1999 als erster deutscher Fernsehsender seine kompletten Nachrichteninhalte ins Internet. 2002 setzte der Nachrichtensender erneut auf Innovation und führte zusätzlich zum Börsen- auch ein Nachrichtenlaufband ein.

Mit dem Einstieg von RTL gewann n-tv neben CNN auch einen starken inländischen Partner. Die Nutzung von Synergien im technischen Bereich schaffte weitere Kapazitäten für die aktuelle Berichterstattung. Mit der Vermarktung durch die IP Deutschland, den Werbezeitenverkäufer der RTL-Sender, kann n-tv auch seine Einnahmesituation deutlich verbessern.

Seit 2004 wird n-tv als erster deutscher Sender durchgängig digital produziert. Der technische „Quantensprung" von der analogen Technik erlaubt n-tv noch schneller und flexibler auf das Nachrichtengeschehen zu reagieren. Redakteure können, ohne den „Umweg" über einen Schnittplatz nehmen zu müssen, ihre Beiträge am Arbeitsplatz sendefähig machen. Ein zentraler Server erlaubt es zudem verschiedenen Nutzer gleichzeitig, auf das gleiche Quellmaterial zuzugreifen. Im Rahmen der Digitalisierung des Senders, in die die Gesellschafter von n-tv zehn Millionen Euro investiert haben, sendet n-tv aus einer neuen digitalen Redaktionszentrale in Köln. Die Politik- und Talkredaktionen ziehen in ein neues Hauptstadtstudio am Berliner Schiffbauerdamm. Das Börsenstudio in Frankfurt am Main wird 2004 ebenfalls modernisiert.

PRODUKT

Die Kernkompetenzen des Senders sind auch gleichzeitig seine Hauptprodukte. Aktuelle Nachrichten, kompetente Wirtschaftsberichterstattung und anspruchsvolle Talks machen den weitaus größten Teil des n-tv-Programms aus. Zusätzlich dazu bietet n-tv am Wochenende und zu anderen nachrichtenschwachen Zeiten seiner anspruchsvollen Zielgruppe hochwertige Formate rund um die Themen Gesundheit, Lifestyle und People, Segeln sowie Oldtimer (Motor).

n-tv berichtet schnell, umfassend und kompetent über die Ereignisse und Entscheidungen, die wirklich wichtig sind. Rund um die Uhr arbeiten hoch engagierte Redakteure im modernen, voll digitalen Studio. Besonders bei Breaking-News-Ereignissen vertrauen viele Zuschauer auf die Nachrichtenkompetenz von n-tv.

Brandaktuell und mit klarem Blick berichtet der Sender von den Finanzplätzen der ganzen Welt. Im Rahmen der umfangreichen Wirtschaftsberichterstattung holt n-tv zudem hochkarätige Analysten und die entscheidenden Wirtschaftsvorstände vor die Kamera, um dem Zuschauer einen Blick auf Hintergründe und künftige Entwicklungen zu liefern.

Im Talk hat n-tv Maßstäbe gesetzt. In täglichen Formaten diskutieren gestandene Journalisten wie *Heiner Bremer* oder Fernsehpreisträgerin *Leo Busch* leidenschaftlich mit den Menschen des Tages. Mit „Das Duell", „2+4", „Miriam Meckel – Standpunkte" bzw. „europa@n-tv" und „Späth am Abend" sowie „busch@n-tv" bietet n-tv heute von Montag bis Donnerstag tagesaktuellen Talk.

In loser Folge trifft *Heiner Bremer* in „Heiner Bremer – Unter den Linden 1" auf die Spitzenpolitiker des Landes und Welt-am-Sonntag-Chefredakteur *Christoph Keese* lädt Top-Manager zum „Management Forum". So erleben die n-tv-Zuschauer hautnah gestandene Persönlichkeiten aus Wirtschaft und Politik in perfekt zugeschnittenen Sendungen.

AKTUELLE ENTWICKLUNG

Der Sender profitiert von den jüngsten Entwicklungen: Nach der allgemeinen wirtschaftlichen Talfahrt Ende der Neunziger Jahre – n-tv war aufgrund seiner Ausrichtung auf Finanz- und Börsenthemen vom Einbruch des Aktienmarktes besonders betroffen – stehen die Zeichen wieder deutlich auf Wachstum. Die Aufnahme des neuen Magazins „n-tv Mittelstand" sowie die zahlreichen Liveberichte von den wichtigsten Börsenplätzen der Welt spiegeln die steigende Nachfrage an Aktien und Wirtschaftsthemen wider.

Auch im Nachrichtenjahr 2007 zeigt sich das Bedürfnis der Zuschauer nach schneller, seriöser und verlässlicher Information in steigenden Quoten. Besonders an Tagen mit Breaking News vertrauen die Zuschauer n-tv und greifen auf den gewohnten Nachrichtenvorsprung der erfahrenen Journalisten zurück.

Ende November dieses Jahres heißt es: 15 Jahre n-tv. Der Nachrichtensender feiert Geburtstag und hat allen Grund, stolz zu sein auf 15 Jahre seriöse und umfassende Information.

Das kommende Jahr markiert einen weiteren Meilenstein in der Geschichte von n-tv: Es steht der Zusammenzug von n-tv, RTL, VOX und Super RTL sowie dem Werbezeitenvermarkter IP Deutschland auf das alte Messegelände in Köln Deutz an.

WERBUNG

Mit seiner eindrucksvollen Imagekampagne sorgt n-tv seit dem Sommer 2006 für Aufsehen in der Werbeszene. Der Claim „Schärfen Sie ihren Blick" steht in direkter Korrelation zu den unscharfen, humorvollen und hintersinnigen Bildmotiven und richtet sich sowohl an die Zuschauer, als auch an Journalisten und Werbetreibende. Pünktlich zum Sendergeburtstag im November wird es den vierten Flight der Kampagne geben, die n-tv in Zusammenarbeit mit EuroRSCG Düsseldorf entwickelt hat. Darüber hinaus gab es 2007 eine Sonderkampagne zum Start des neuen Finanzportals telebörse.de.

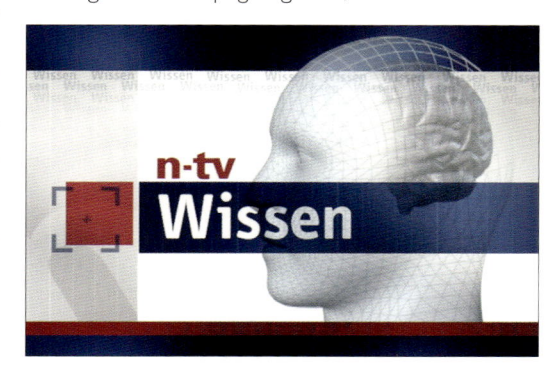

MARKENWERT

Für alle Zuschauer, die tagesaktuell und kompetent informiert werden möchten, ist n-tv die Nachrichtenquelle Nummer Eins. Brandaktuelle Nachrichten und seriöse Wirtschaftsformate, intelligenter Talk und eindrucksvolle Hintergrundberichte bilden die Essenz eines Tages für die entscheidende Zielgruppe. Passiert etwas Essentielles in der Welt, berichtet n-tv live oder mit Breaking News.

n-tv hat bei Machern und Meinungsführern höchste Relevanz. Täglich schalten Millionen von hochrangigen Entscheidungsträgern und Multiplikatoren n-tv ein. Kein anderes Medium dieser Größenordnung erreicht diese Premium-Zielgruppe so zahlreich und gleichzeitig fokussiert. Zuschauer und auch Werbekunden profitieren von der Schnelligkeit und der Spontaneität des Mediums.

Der Markenwert des Senders ergibt sich aus seiner Positionierung und seiner langjährigen Kompetenz. Oder, in Anlehnung an den Claim: n-tv **ist DER** Nachrichtensender.

www.n-tv.de

Wussten Sie schon von n-tv?

○ Die Nachrichtenkompetenz von n-tv lässt sich auch in Zahlen ausdrücken: n-tv zeigt täglich rund sieben Stunden reine Nachrichten und vier Stunden Wirtschaftsberichte (durchschnittlicher Sendetag im Juli 2007) – und liegt damit deutlich vor den Konkurrenzprogrammen.

○ Das neue interaktive Programmangebot „n-tv plus" bietet dem Zuschauer vielfältige Interaktions- und zusätzliche Informationsmöglichkeiten. Außerdem hat er die Möglichkeit, sich das Programm zu personalisieren: Zum Beispiel kann man sich nur die Börsenkurse im Laufband anzeigen lassen, die man wirklich im Auge behalten möchte.

o.b.

MARKT

Sich unbeschwert bewegen, Sport treiben, ein Sonnenbad im Bikini genießen – auch während der Menstruation: Die Einführung von o.b. im Jahr 1950 kam in Deutschland einer stillen Revolution gleich. Damals war die Periode ein Thema, über das man nicht sprach. Da sie den eigenen Körper nicht kannten, trauten viele Frauen dem neuen Produkt nicht. Sie befürchteten, der Tampon könnte im Körper verloren gehen oder die Menstruationsflüssigkeit stauen. Andere wiederum überzeugte die diskret beworbene Neuheit sofort. Auf einen so praktischen Schutz hatten sie geradezu gewartet. o.b. Tampons waren von Anfang an ein Verkaufsschlager. Vor allem aber begleiteten sie die deutschen Frauen auf ihrem Weg zu einem besseren Körperbewusstsein.

Seit mehr als 55 Jahren ist o.b. bereits unangefochtener Marktführer in Deutschland. Der Marktanteil liegt bei 74 Prozent (Wert); über eine Milliarde o.b. Tampons kaufen die deutschen Verbraucherinnen jährlich. Das Kürzel o.b. steht für eine der bekanntesten Marken des Landes. Und es gehört zu den Namen, die zum Synonym für ihre Produktgattung geworden sind – in diesem Fall für den Tampon. Wofür die zwei Buchstaben stehen, wissen jedoch nur wenige: Sie sind die Abkürzung für „ohne Binde".

ERRUNGENSCHAFTEN UND ERFOLGE

o.b. ist mehr als ein gewöhnlicher Konsumartikel. Die Marke ist ein Symbol für weibliches Körper- und Selbstbewusstsein. Heute kennen Frauen ihren Körper besser denn je. Sie gehen gelassener mit ihm um – mit ihrer Periode ebenfalls. Und so sind auch Tampons zu selbstverständlichen Begleitern geworden. Seit April 2004 gibt es o.b. zudem in hübschen Design-Boxen mit wechselnden Motiven – ideal für das Badezimmerregal oder die Schreibtischschublade im Büro. Praktisch sind die Designboxen obendrein: Halb so groß wie ein Päcken Taschentücher finden die Duoboxen selbst in der kleinsten Handtasche Platz.

Ein alltäglicher Umgang mit der Menstruation musste natürlich langsam wachsen. Erst in den Nachkriegsjahren begannen die Frauen, ein Gefühl für den eigenen Körper zu entwickeln und seine Funktionen zu verstehen. o.b. förderte diesen Fortschritt, indem das Unternehmen von Beginn an eine Verbraucherberatung zu seinem Produkt anbot. Damit leistete es Pionierarbeit in der Aufklärung der Konsumentinnen.

Heute zeigt die Erfahrung des Unternehmens, dass viele Unsicherheiten – vor allem der jungen Frauen – seit Generationen die gleichen sind: Kann ich mit Tampons Sport treiben? Wie oft muss ich den Tampon wechseln? Mädchen, die ihre eigene weibliche Identität entdecken, brauchen diskrete und zuverlässige Antworten von Experten. Informationen zu Menstruation, Monatshygiene und dem weiblichen Körper anzubieten, ist für o.b. deshalb immer noch ein wichtiges Anliegen. Zahlreiche Publikationen geben Auskunft zu Fragen, die junge Frauen während der Pubertät beschäftigen. Für sie gibt es unter anderem ein speziell auf ihre Bedürfnisse zugeschnittenes Service-Paket. Darin enthalten: Die Broschüre „Reine Mädchensache", die Schülerinnen auf verständliche Art erklärt, was während der Pubertät mit Körper und Seele geschieht. Sie ermutigt dazu, den eigenen Körper kennen zu lernen und genau zu beobachten. Beispielsweise mithilfe des beiliegenden Menstruationskalenders im Pocketformat. Allen Konsumentinnen steht zudem die Verbraucherberatung der Marke zur Verfügung: Per Post, Internet oder Telefon-Hotline können die Mädchen und Frauen sich vertraulich informieren. Rund 14.000 Anrufe, Mails, Briefe und Faxe beantwortet die o.b. Beratung inzwischen jährlich.

Seit 1974 stellt o.b. darüber hinaus kostenlose Hilfen für den Aufklärungsunterricht in der Schule bereit. Unter www.aufklaerungsstunde.de finden Lehrer prämierte Unterrichtsmaterialien, die Schülerinnen und Schüler anregen, sich mit dem eigenen Körper auseinanderzusetzen und ihn besser zu verstehen.

GESCHICHTE

Genau genommen ist die Entwicklung des o.b. einem glücklichen Zufall zu verdanken. Auf der Suche nach einer lukrativen Geschäftsidee trafen sich Ende der Vierziger Jahre der Ingenieur *Carl Hahn* und der Jurist *Heinz Mittag* in Düsseldorf. In einer amerikanischen Zeitschrift stießen sie auf eine Anzeige mit dem Titel „Be a rebel" – Werbung für Tampons, deren Verwendung auch in den USA noch als geradezu aufwieglerisch galt. Auf dem deutschen Markt fehlte ein solcher Hygieneartikel völlig. *Hahn* und *Mittag* war sofort klar, dass ein solches Produkt Erfolg haben würde – die Vorteile waren offensichtlich. Die Pioniere entwickelten den o.b. gemeinsam mit der jungen Gynäkologin *Dr. Judith Esser*. Die Ärztin beriet die Unternehmer wissenschaftlich und medizinisch. Darüber hinaus sensibilisierte sie die Geschäftsmänner für die Bedürfnisse der Frauen.

Die größte Herausforderung war allerdings technischer Art: Um Tampons als Massenartikel verkaufen zu können, mussten sie maschinell hergestellt werden. Eine Maschine für Watteröllchen gab es bisher nicht. In der Tabakindustrie war es bereits gelungen, maschinell zu rollen. *Hahn* und *Mittag* beauftragten daher einen Konstrukteur, der vorher Zigarrenautomaten entworfen hatte – doch Watte ist widerspenstiger als Tabak. Der Techniker hatte längere Zeit Schwierigkeiten. Dann gelang ihm das Kunststück, das Material mit einer eigens konstruierten Maschine zu rollen. *Hahn* und *Mittag* ließen das Produktionsverfahren umgehend patentieren. In Wuppertal gründeten sie die erste deutsche Tamponfabrik, die Dr. Carl Hahn KG. Am 9. März 1950 stellten sie ihr Produkt Wuppertaler Drogisten vor; vier Tage später waren die ersten o.b. Tampons in der 10er-Packung für 95 Pfennige zu kaufen.

Das neue Produkt traf nicht nur auf Begeisterung. Konservative Händler fanden es unmoralisch, den o.b. anzubieten. Der Grund: Tampons zu benutzen, setzt Kenntnisse über den eigenen Körper und die Menstruation voraus. Die aber waren Ärzten vorbehalten – alles andere galt als Tabubruch. Weil sie den eigenen Körper nicht kannten, misstrauten viele Frauen dem neuen Produkt. Sie fürchteten zum Beispiel, der Tampon könne im Körper verloren gehen. o.b. nahm diese Vorbehalte sehr ernst und setzte ihnen intensive Aufklärungsarbeit entgegen: *Dr. Esser* besuchte Gynäkologen im ganzen Land und erläuterte ihnen Funktion und Vorteile des Tampons. So waren die Mediziner in der Lage, Bedenken ihrer Patientinnen auszuräumen.

Andere Verbraucherinnen nutzten den neuen Schutz von Anfang an gern: o.b. wurde schon im ersten Jahr zum Verkaufsschlager. Zehn Millionen Tampons gingen bereits 1950 über den Ladentisch. Für das Unternehmen Dr. Carl Hahn KG war dies Ansporn, die Produktpalette zu erweitern. Bereits zwei Jahre nach der Markteinführung brachte o.b. die neue Tampongröße super in die Apotheken. Im Laufe der Jahrzehnte hat das Unternehmen den klassischen o.b. dann kontinuierlich optimiert, um ihn bestmöglich auf die Bedürfnisse der Frauen abzustimmen.

Die wichtigsten Neuerungen auf einen Blick: 1964 entwickelte das Unternehmen die Tampongröße super plus; 1972 den o.b. mini. 1963 bekam ein Tochterunternehmen von Johnson & Johnson die Erlaubnis, o.b. Tampons in den Vereinigten Staaten zu vermarkten. 1974 ging die Dr. Carl Hahn KG insgesamt im Unternehmen Johnson & Johnson auf.

Der neue Eigentümer knüpfte an die Tradition an und schrieb es sich auf die Fahnen, das Produkt weiterhin ständig zu verbessern: 1985 entwickelte das Unternehmen den o.b. Applikator, einen Tampon mit Einführhilfe. 1992 folgten Tampons mit Acht-Rillen-Design. Sie dehnten sich gleichmäßiger aus und passten sich dem Körper natürlich an. 1998 kam der o.b. comfort als Produkt für die leichteren Tage der Periode auf den Markt. 2002 wurde das Design mit den längeren, gewundenen Rillen eingeführt. Diese weltweit einmalige Innovation macht es möglich, die Aufnahmekapazität des Tampons noch besser auszunutzen. Im darauf folgenden Jahr erhielt der o.b. comfort seine SilkTouch™-Oberfläche. Dank der patentierten, seidig glatten Hülle lässt sich der neue Tampon noch leichter einführen und entfernen, selbst an den schwächeren Tagen der Periode. 2005 schließlich kombinierte o.b. die SilkTouch™-Oberfläche mit den geschwungenen Rillen. Der Name der neuen Produktlinie: o.b. ProComfort. Der Produktvorteil: Zuverlässiger Schutz plus ein Extra an Komfort.

PRODUKT

o.b. wird inzwischen synonym für eine ganze Produktsparte verwendet – den Tampon. Wofür die zwei Buchstaben stehen, wissen jedoch nur wenige: Sie sind die Abkürzung von „ohne Binde". Den diskreten Namen erfand der Werbeberater *Baron Ludwig von Holzschuher* vor mehr als 55 Jahren. *Holzschuher* setzte sich für diese neutrale Bezeichnung ein, damit den Frauen in der Apotheke die Peinlichkeit erspart bliebe, einen auffälligen Namen aussprechen zu müssen.

Der Grund, warum Frauen Tampons kaufen, ist über die Jahrzehnte gleich geblieben: Sie wollen einen sicheren und diskreten Schutz, um sich frei bewegen zu können und gleichzeitig optimal geschützt zu sein. Während es o.b. anfangs nur in einer einzigen Saugstärke gab, stehen heute zwei verschiedene Produktlinien mit insgesamt fünf verschiedenen Stärken zur Auswahl. Denn die Menstruation jeder Frau ist anders – ebenso wie ihr Anspruch an die Menstruationshygiene.

o.b.
- mit geschwungenen Rillen
- erhältlich in den Saugstärken Normal, Super und Super Plus

o.b. ProComfort
- mit geschwungenen Rillen und patentierter SilkTouch-Oberfläche
- für leichtes Einführen und Entfernen auch an den leichten Tagen der Periode; daher auch sehr gut für junge Mädchen geeignet, die zum ersten Mal Tampons benutzen
- erhältlich in den Saugstärken Mini, Leichte Tage, Normal, Super und Super-Plus

o.b. Flexia
- mit flexiblen SoftFolds™-Flügeln
- für individuell angepassten Schutz
- in den Saugstärken Normal und Super

AKTUELLE ENTWICKLUNG

Johnson & Johnson arbeitet beständig daran, den o.b.-Tampon noch weiter zu verbessern. Eine große Herausforderung: Bleiben doch Form und Größe des Produkts immer in etwa gleich. Zudem ist das Angebot von o.b. bereits sehr gut an die Bedürfnisse der Frauen angepasst und die Qualität ausgesprochen hoch. Und doch optimiert das Unternehmen das Produkt kontinuierlich: Schließlich hat jede Frau individuelle Anforderungen an ihren Menstruationsschutz. Diesen Bedürfnissen gerecht zu werden hat Johnson & Johnson sich auf die Fahnen geschrieben. Viele zum Teil patentierte Neuerungen belegen diesen Anspruch. Auch in Zukunft wird o.b. stets höchste Produktqualität bieten und mit Innovationen in der Produktentwicklung führend bleiben.

WERBUNG

Noch bis in die Achtziger Jahre zeigte o.b. in der Werbung nicht einen einzigen Tampon. Stattdessen erklären frühe Werbetexte die Vorteile der Produkte. Anfangs noch sehr stark verschlüsselt, informieren sie darüber, wie Tampons funktionieren und welche Freiheiten sie den Frauen eröffnen. Naturgemäß ist der Textanteil älterer Anzeigen deshalb sehr hoch, die Tonalität edukativ: Der Fokus des Unternehmens lag darauf, Verbraucherinnen aufzuklären. o.b. wollte ihnen Hemmungen vor ihrem eigenen Körper nehmen und damit auch davor, Tampons zu benutzen.

Ein Fernseh-Spot in den Neunziger Jahren wagte erstmals mehr: Immer noch verschämt, aber fast schon legendär ist der Spot, in dem eine Frau einen Tampon in der Hand hält – um zu zeigen, dass der o.b. die Regel „dort aufnimmt, wo sie entsteht". Auch wenn das natürlich nicht die Hand ist: Damals war es mutig, einen Tampon zu zeigen. Seither hat sich vieles geändert. Auch die o.b.-Werbung geht heute lockerer mit dem Thema Menstruation um. Bilder setzen den Schutz während der Periode witzig und ironisch in Szene – eine Entwicklung zu mehr Selbstverständlichkeit bei einem Thema, das jede Frau betrifft.

MARKENWERT

Falsche Hemmungen ablegen, selbstbewusst zum eigenen Körper stehen – den Frauen dies nahe zu bringen, war von Beginn an ein wichtiges Anliegen von o.b. Ein Engagement, dass mit hohem Vertrauen belohnt wird: die Marke, die für Zuverlässigkeit und diskreten Schutz steht, hat heute eine ungestützte Markenbekanntheit von 92 Prozent (Marktforschung, Deutschland, 2006)

www.ob-online.de

Wussten Sie schon von o.b.?

○ In den ersten Jahren gab es sogenannte „stumme Verkäufer". Dies waren o.b.-Displays, die den Verbraucherinnen die Peinlichkeit ersparten, nach dem Produkt fragen zu müssen.

○ Etwa 50 Prozent der weltweiten o.b.-Produktion kommen bis heute aus dem Stammwerk in Wuppertal. Es hat rund 300 Mitarbeiter und produziert Tampons für mehr als 25 Länder weltweit, darunter viele europäische Länder sowie Australien, Neuseeland, Israel und Marokko.

○ Würde man den Jahresbedarf des Wuppertaler o.b.-Werkes an dem türkisfarbenen Rückholbändchen aneinander legen, so könnte man damit 20 mal die Erde umwickeln.

MARKT

Sie ist der Inbegriff der Babypflege: die Marke Penaten. Seit mehr als 100 Jahren pflegen Eltern die empfindliche Haut ihrer Kinder mit den milden Produkten der Traditionsmarke. In Deutschland ist sie unumstrittener Marktführer – trotz wachsender Konkurrenz. Gemessen am Umsatz beläuft sich der Marktanteil von Penaten im Segment Baby und Kleinkinderpflegeprodukte aktuell auf rund 38 Prozent.

Dieses Niveau zu halten, wird zu einer immer größeren Herausforderung. Denn die Geburtenrate in Deutschland stagniert – und damit auch die Zielgruppe von Penaten, Eltern von Babys und Kleinkindern. Um die jungen Mütter und Väter als Käufer zu gewinnen, setzt die Marke auf ihre traditionell größte Stärke: Sie überzeugt seit jeher mit hoher, wissenschaftlich geprüfter Qualität: neue Produkte werden in enger Zusammenarbeit mit Kinder- und Hautärzten entwickelt. Die verwendeten Rohstoffe erfüllen strenge Qualitätsanforderungen, und die unternehmensinternen Maßstäbe hinsichtlich Hautverträglichkeit und Produktsicherheit gehen teilweise über das gesetzliche Maß hinaus. Denn im Mittelpunkt jeder Innovation steht der Schutz der empfindlichen Babyhaut mithilfe besonders milder Produkte, welche die Haut natürlich gesund halten.

ERRUNGENSCHAFTEN UND ERFOLGE

Die Grundbedürfnisse von Eltern und kleinen Kindern sind im Laufe der Jahrzehnte nahezu unverändert geblieben. Anders die Ansprüche an die Babypflege: Sie sind beständig gestiegen. Für die sich wandelnden Anforderungen junger Eltern hat die Marke stets ein ausgeprägtes Gespür bewiesen: Mit der Erweiterung des Produktfortfolios um Puder, Baby Öl und Seife war Penaten 1951 der erste Anbieter einer kompletten Baby-Pflegeserie auf dem deutschen Markt. 1978 folgten die ersten Ölpflegetücher in Europa, 1990 die Penaten Sonnenschutzprodukte.

Die Innovationskraft der Marke ist ungebrochen: Jüngster Beweis ist die Pflegeserie Soothing Naturals, die Penaten 2006 einführte. Die Produkte beruhigen und schützen trockene und irritierte Babyhaut mit Olivenblattextrakt, Vitamin E und wertvollen Mineralien. Mit Soothing Naturals reagierte Penaten nicht nur auf den Wunsch vieler Eltern nach natürlichen Inhaltsstoffen. Klinische Studien hatten zudem gezeigt, dass zahlreiche Säuglinge unter trockener Haut leiden und daher eine spezielle Pflege benötigen, wie sie Penaten Soothing Naturals bietet. Dass die neue Pflegeserie dem hohen Anspruch gerecht wird, haben Eltern und Hebammen in Verbraucherumfragen eindeutig bestätigt. Auch bekannte Testinstitute bezeugen immer wieder die besondere Qualität und Milde der Penaten-Produkte: Stiftung Warentest zeichnete die Baby Sonnencreme mit der Bestnote „gut" aus (2,0 – test 6/2006). Ende 2006 bewertete die Zeitschrift Öko-Test die Soothing Naturals Lotion mit „sehr gut". Anfang 2007 folgte ein „gut" für das Kopf-bis-Fuß-Waschgel.

Eine zentrale Rolle spielt bei der Entwicklung neuer Produkte für Penaten das Wissen von Experten – das der internen Wissenschaftler ebenso wie das der externen, unabhängigen Fachleute. Seit 1994 lässt sich die Marke von einem unabhängigen Gremium beraten: dem Penaten Beirat. Ihm gehören renommierte Ärzte für Kinderheilkunde, Dermatologie und Allergologie, Hebammen und Kinderkrankenschwestern an. Ihr Wissen und ihre Erfahrung nutzt Penaten nicht nur bei der Produktentwicklung. Der externe Beirat gibt darüber hinaus Impulse für übergeordnete Aktivitäten der Marke rund um Babypflege, kindliche Entwicklung und Familie. Für Hebammen und Pflegekräfte in Geburtskliniken etwa entwickelt Penaten gemeinsam mit dem Beirat fundierte und praxisnahe Ratgeber – zum Beispiel das Penaten Kompendium, ein umfangreiches Nachschlagewerk zu den Themen Babyhaut und Säuglingspflege. Darüber hinaus organisiert die Marke wissenschaftliche Symposien zu ausgewählten Themen und ist auf Kongressen präsent, um Studien oder Initiativen vorzustellen und sich mit den Experten vor Ort auszutauschen. Die Investitionen in Forschung und Produktentwicklung sowie die hohe Qualität der Produkte zeigen: Die Marke ist sich der Verantwortung bewusst, die sie gegenüber Babys und ihren Eltern trägt. Dieses Verantwortungsbewusstsein wird mit Vertrauen belohnt: Mehr als 90 Prozent der deutschen Geburtskliniken verwenden Penaten. Kinderkrankenschwestern überreichen den jungen Müttern ein spezielles Set mit Produkten und Informationen rund um Geburt und Säuglingspflege. Das Penaten Klinikset wurde von der Weltgesundheitsorganisation (WHO) zertifiziert – einzigartig in der Branche.

GESCHICHTE

Alles begann Anfang des 20. Jahrhunderts in einer Drogerie in Rhöndorf bei Bonn. Deren Inhaber *Max Riese* befasste sich zu dieser Zeit eingehend mit den Krankheiten kleiner Kinder. Durch zahlreiche Gespräche mit Müttern war er auf ein Problem aufmerksam geworden: Die empfindliche Haut von Babys wurde leicht wund – besonders in der Windel. Eine spezielle Pflege, die dem vorbeugte, gab es nicht. Der Drogist beschloss, einen milden Hautschutz für Säuglinge zu entwickeln. Er experimentierte so lange mit verschiedenen Inhaltsstoffen, bis er 1904 einen ganz besonderen Schutz erfand – die Penaten Creme.

Ihre Herstellung war ebenso einfach wie raffiniert: *Riese* kochte Schafwolle aus und machte das natürliche Wollfett (Lanolin) zur Grundlage der Penaten Creme. Bis heute steht sie für höchste Qualität. Die Formulierung mit Wollfett und Zinkoxid bildet einen sicheren, besonders haftfähigen Schutzfilm gegen Feuchtigkeit und Reizstoffe und schützt die Haut zuverlässig vor dem Wundwerden. Am 17. September 1904 meldete *Riese* seine Erfindung beim Reichspatentamt in Berlin an. Damit schuf er den Grundstein für die Marke Penaten. Die Nachfrage entwickelte sich so rasant, dass die Hinterstube der Drogerie für die Produktion schon bald zu klein war. *Riese* gründete daraufhin in Rhöndorf eine Firma. 1939 erreichte die Herstellung mit 6.019.000 Cremetöpfchen im Jahr einen Höhepunkt. Dann kam der Zweite Weltkrieg: Das Penaten-Werk wurde komplett zerstört. Bereits im August gelang es jedoch, die begehrte Creme wieder herzustellen.

Auch in der Nachkriegszeit blieb die Marke erfolgreich. Schritt für Schritt weitete Penaten das Sortiment aus. 1986 wurde Johnson & Johnson auf die marktführende Babypflege aufmerksam: Penaten war eine attraktive Ergänzung für das Marken-Portfolio des Unternehmens, das damals bereits der weltweit führende Babypflegehersteller war. Der Konzern führt die bewährten Produkte seither weiter und ist damit auch im Ausland erfolgreich.

PRODUKT

Die Penaten Creme war die erste Wundschutz-Pflege speziell für Babys. Mittlerweile ist die Creme der ersten Stunde zum Klassiker geworden – sie wurde seit 1904 millionenfach verkauft und ist in fast jedem deutschen Haushalt zu finden.

Aktuell bietet Penaten 48 Produkte für Wundschutz, Hautpflege, Reinigung und Sonnenschutz. Bei jeder neuen Entwicklung geht es der Marke in erster Linie um die Bedürfnisse von Babys und kleinen Kindern – sowohl unter medizinischen als auch unter emotionalen Aspekten. Um etwa die empfindliche Babyhaut im Windelbereich vor schmerzhaften Rötungen zu bewahren, entwickelte Penaten die Wundschutzcreme - eine Variante der Penaten Creme, die besonders leicht auf der Haut zu verteilen ist. Wie auch die klassische Creme bietet sie den speziellen Penaten-Dreiphasenschutz, der Wund-, Nässe- und Hautschutz kombiniert. Beide Produkte pflegen die Haut und schützen sie zuverlässig. Sie schirmen Babys Po gegen Nässe und Reizstoffe ab und fördern zugleich das Abklingen von Rötungen. Bei irritierter Haut hilft die Penaten Panthenol-Creme: Sie beruhigt und pflegt gereizte Haut mit dem Hautschutzvitamin Panthenol, Vitamin E und Kamille.

Ob Wundschutz, Waschlotion oder Pflege für besonders sensible und trockene Babyhaut: Die enge Zusammenarbeit mit Wissenschaftlern und Ärzten bei der Entwicklung garantiert, dass alle Penaten-Produkte immer dem neuesten Forschungsstand entsprechen. Strenge interne Qualitätsanforderungen gewährleisten eine größtmögliche Hautverträglichkeit. Und die Nähe zum Verbraucher sorgt dafür, dass Innovationen den Bedürfnissen der Eltern und ihrer Kinder entsprechen. 1998 etwa führte Penaten die „keine Tränen mehrTM"-Formel ein: Auf ihr basieren Produkte wie das Kopf-bis-Fuß Waschgel oder das Baby Shampoo. Sie sind so mild wie reines Wasser – da ist es kein Problem, wenn beim Planschen mal ein Tropfen ins Auge gerät.

Penaten bietet Eltern jedoch nicht nur eine optimal verträgliche Babypflege, sondern unterstützt sie auch dabei, ihrem Kind Nähe, Schutz und Geborgenheit zu vermitteln – und so seine Entwicklung zu fördern. Beispielsweise mit der Penaten Gute Nacht Pflegelinie: Die Produkte mit patentiertem Natural Calm™-Aroma unterstützen das abendliche Einschlafritual. Auch über das Thema Körperpflege hinaus steht Penaten Müttern und Vätern als Ratgeber zur Seite – mit der eigenen Internetseite www.penaten.de und als Partner des Serviceportals www.babycenter.de.

AKTUELLE ENTWICKLUNG

Um sich auch in Zukunft als führende Marke zu behaupten, setzt Penaten auf bewährte Stärken: die Erfahrung aus 100 Jahren Babypflege und eine hohe Innovationskraft. Wissenschaftlich geprüfte Qualität, das Wissen um die Bedürfnisse der Konsumenten und ihr über Generationen gewachsenes Vertrauen bleiben die Basis des Erfolgs.

WERBUNG

Über Jahrzehnte pflegte Penaten in der Werbung einen eher bestimmten, nüchternen Stil. Die Fernsehspots der Sechziger bis Achtziger Jahre waren lehrfilmartig. In einem Spot etwa erläuterte eine Hebamme, welche Regeln Eltern beachten müssten, damit ihr Baby nicht wund würde. „Die vollkommene Kinderpflege" präsentierte sich selbstbewusst und forsch, auch in unterhaltsameren Formen, etwa in Cartoons mit Reimen wie: „Ein Baby soll gesund sein. Ein Baby darf nicht wund sein. Man muss den Müttern raten: Denkt immer an Penaten!"

In den Neunziger Jahren wandelte sich der Marketingansatz: Penaten setzte auf eine emotionalere Kommunikation mit starker Bildsprache. Davon zeugt beispielsweise der von 1995 bis 2000 verwendete Claim „Mit Penaten beginnt ein neues Leben" sowie der aktuelle Slogan „Liebe, Schutz und Pflege".

In der klassischen Kommunikation wird ein Aspekt immer wichtiger: die richtige Balance zwischen wissenschaftlicher Information, die die Konsumenten mit sachlichen Argumenten überzeugt, und emotionaler Ansprache, mit der Penaten die Herzen der Verbraucher gewinnen möchte. So vermittelt die Marke den Eltern die Sicherheit, die richtige Babypflege zu verwenden – damit sie die Zeit mit Ihrem Kind entspannt genießen können.

MARKENWERT

Penaten – so nannten die Römer die Schutzgötter des häuslichen Glücks. Seit mehr als einem Jahrhundert ist dieser emotionale Wert das Leitbild der Marke. Dies unterstreicht auch das Markendesign. Die Farbe Blau etwa: Laut Psychologen steht sie für Vertrauen, Sanftheit und Harmonie. Der beruhigende Farbton ist seit jeher eines der stärksten Markenzeichen von Penaten. Er symbolisiert die Tradition und Kompetenz der Marke als Babypflege-Experte.

Mittlerweile ist Penaten die beliebteste und bekannteste Babypflegemarke in Deutschland: 98 Prozent der Mütter kennen sie. 58 Prozent der Verbraucherinnen vertrauen ihr, weil sie spüren, dass sie dem Prinzip ihres Erfinders *Max Riese* treu geblieben ist: Am Anfang jeder neuen Entwicklung steht die Sorge um die Bedürfnisse der Kleinen. So begleitet Penaten Kinder und Erwachsene ihr Leben lang – und wird von Ärzten, Hebammen und Kinderkrankenschwestern empfohlen.

www.penaten.de

Wussten Sie schon von PENATEN?

○ Das Wort „Penaten" stammt aus dem Lateinischen und steht für die Götter des häuslichen Glücks. Die Idee für diesen Namen stammt von *Elisabeth Riese*. Sie war die Ehefrau von *Max Riese*, der 1904 die Penaten Creme zum Patent anmeldete. Diese sollte wie die römischen Gottheiten die Familie und besonders die Kinder schützen.

○ Auch das Logo-Design folgt seit einem Jahrhundert einer bestimmten Symbolik. Die gelbe Sonne auf blauem Untergrund steht für den Beginn eines neuen Tages – und damit auch den Beginn neuen Lebens. Die Figur des Schäfers weist auf den Hauptbestandteil der Penaten Creme hin, das Schafwollfett. Schließlich findet sich auf jedem Logo die Signatur von *Max Riese*: als Garantie für die hohe Qualität des Produktes.

○ Die klassische Penaten Creme schützt nicht nur Babys Haut sanft und zuverlässig. Laut Verbraucherumfragen gehört sie „einfach zum Haushalt dazu": Sie pflegt raue Lippen, eingerissene Mundwinkel und beruhigt wunde Nasen bei einer Erkältung.

Persil

MARKT

100 Jahre ist es her, dass das erste selbsttätige Waschmittel der Welt auf den Markt kam: Persil revolutionierte 1907 das Waschen und sorgt bis heute immer weiter dafür, dass Wäschewaschen noch einfacher, schonender und leistungsstärker wird. Pro Jahr werden in Deutschland 1,3 Milliarden Waschladungen mit Persil gewaschen. Gefüllt in Wäschekörbe von einem Meter Länge ließe sich daraus eine Reihe bilden, die gut 32 Mal um den Äquator reichen würde. Der jährliche Umsatz mit Universalwaschmitteln liegt bei rund einer Milliarde Euro und zahlreiche Anbieter konkurrieren auf diesem großen Markt um Anteile und Umsätze. Doch die erfolgreichste und bekannteste Marke ist immer dieselbe: Persil.

Die unterschiedlichen Ansprüche der Verbraucher an ihre Waschmittel teilen den Markt in verschiedene Anwendungsbereiche: Da sind die Universalprodukte, die für alle Arten der Wäsche und bei allen Temperaturen einsetzbar sind. Daneben finden sich Color-Produkte, die Farben beim Waschen schonen und schützen sowie Sensitive-Produkte für Menschen mit empfindlicher Haut. Mit Persil mit einem Hauch Vernel gibt es zudem eine Variante, die die Reinheit von Persil mit dem Gefühl der Frische und Weichheit von einem Weichspüler verbindet. Den größten Anteil am Markt haben nach wie vor pulverförmige Waschmittel. Durch die Einführung der Persil Megaperls® 1994 wurden die Superkonzentrate zu einem wichtigen Segment. Und nachdem 1998 Persil Tabs eingeführt wurden, besetzt Persil auch das junge, convenience-orientierte Segment der vordosierten Waschmittel.

Im großen und äußerst kompetitiven Markt der Universalwaschmittel ist die Firma Henkel mit den drei Marken Persil, Weißer Riese und Spee der bestimmende Akteur. Persil, der uneingeschränkte Marktführer, ist auch im Jubiläumsjahr 2007 wieder Deutschlands Waschmittel Nummer Eins.

Das Markenzeichen Persil steht mittlerweile in knapp 60 Ländern für perfekte Reinheit und Pflege der Wäsche. In den vergangenen Jahren konnte sich Persil vor allem in den osteuropäischen Staaten einschließlich Russland und in den Ländern des Nahen/Mittleren Ostens erfolgreich durchsetzen.

ERRUNGENSCHAFTEN UND ERFOLGE

Innovationen bilden die Grundlage der inzwischen 100-jährigen Erfolgsgeschichte von Persil. Die Einführung der Megaperls® als konzentriertes Pulver (1994) war ein Meilenstein der Produktentwicklung. Mit Gel (1997) statt herkömmliche Flüssigwaschmittel und Tabs (1998) gibt es zudem weitere, kompaktere Waschmittel-Formen. Diese Produkte haben nicht nur immer wieder neue Maßstäbe in punkto Waschleistung gesetzt. Sie stehen dank der nun möglichen Reduzierung von Rohstoffen, Verpackung und Transportaufwand auch im Einklang mit dem Leitsatz des nachhaltigen und umweltverträglichen Wirtschaftens, dem Henkel sich verpflichtet hat. So zeigte sich der aktive Einsatz für den Umweltschutz zum Beispiel auch schon mit der Einführung von „Persil Phosphatfrei" im Jahre 1986 – dem ersten Persil, das völlig auf die umweltbelastenden Wasserenthärter verzichtet. Inzwischen sind alle Waschmittel in Deutschland phosphatfrei.

Ein Erfolg der ganz besonderen Art ist zudem die „Unser Bestes"-Aktion, die Persil erstmals 1970 durchführte. Als Dank für die Markentreue der Verbraucher gibt es Persil in der Sondergröße. Bis heute ist jedes Jahr für kurze Zeit „Unser Bestes" von Persil erhältlich. Erkennungsmerkmal der Aktion ist die rote Schleife – und die Verbraucher sind nach wie vor von dem besonderen Dankeschön begeistert.

Wie sehr die Konsumenten Persil vertrauen, beweist zudem die Studie „European Trusted Brands". Bereits zum siebten Mal in Folge wird Persil von den Verbrauchern mit deutlichem Vorsprung zur „Most Trusted Brand" Deutschlands im Bereich der Waschmittel gewählt. 2004 wurde Persil von der GfK (Gesellschaft für Konsumforschung) als ein Gewinner der Studie „best brands" geehrt. Und auch die Fachpresse zeichnet immer wieder unterschiedliche Persil-Produkte aus. So ist Persil mit einem Hauch Vernel zum „HIT 2007" der Lebensmittel Praxis gewählt worden.

GESCHICHTE

Anfang des 20. Jahrhunderts war das Wäschewaschen für die Frauen noch körperliche Schwerstarbeit, die Stunden, ja Tage dauern konnte. Die Waschmittel jener Zeit bestanden vorwiegend aus einem Gemisch von Seife, Soda und Wasserglas. Die nächste Entwicklungsstufe war die Kombination von Wasch- und Bleichmitteln in Pulverform. Aber erst 1907 gab es das erste selbsttätige Waschmittel der Welt, das das Waschen revolutionieren sollte: Am 6. Juni 1907 kündigte eine Anzeige in der „Düsseldorfer Zeitung" das neue Waschmittel Persil an... und die Erfolgsgeschichte von Persil begann.

In den Fünfziger- und frühen Sechziger Jahren wurde der Waschmittelmarkt erneut revolutioniert, dieses Mal durch das Aufkommen etagenfähiger Waschmaschinen und die Zunahme neuer Textilien wie den Chemiefasern Nylon und Perlon. Die geänderten Anforderungen an ein Waschmittel erfüllte die Henkel-Forschung perfekt: Am 1. Januar 1965 präsentierte Henkel Persil 65, ein echtes Vollwaschmittel mit temperaturabhängiger Schaumsteuerung. Persil gelang es stets, mit bedeutenden Neuentwicklungen die Position als Marktführer und innovative Marke zu stärken, ohne die Markenidentität zu verwässern. Gab es Persil 80 Jahre lang ausschließlich als Pulver, wurde 1987 Persil Flüssig eingeführt und das Angebot von Persil nun zunehmend ausgeweitet. Um nur zwei Beispiele zu nennen: 1991 kam das erste Buntwaschmittel mit einem speziellen Verfärbungsinhibitor auf den Markt: Persil Color. Und mit Persil Megaperls® ist seit 1994 eine völlig neue Waschmittelgeneration erhältlich – nun wird mit hochkonzentrierten Perlen anstatt mit Pulver gewaschen.

„Persil bleibt Persil, weil Persil nicht Persil bleibt" – unter diesem Motto entwickelt Henkel Persil ständig weiter. Ziel ist es, sich den veränderten Verbraucherbedürfnissen, ökologischen Rahmenbedingungen oder auch neuen Textilien und daraus abgeleiteten Waschbedingungen frühzeitig anzupassen und dem Verbraucher mit einem weiterentwickelten Persil zu jeder Zeit immer die beste Lösung anzubieten.

PRODUKT

Persil bietet den Verbrauchern heute eine Produktpalette für unterschiedlichste Anwendungsbereiche und Lösungen für jedes Problem. Als Anwendungsformen stehen Pulver, Megaperls®, Gel und Tabs zur Auswahl – in der klassischen Variante als Universalwaschmittel und als Color-Waschmittel. Die Persil Universalwaschmittel entfalten ihre Waschkraft bereits bei niedrigen Temperaturen und sorgen für perfekte Reinheit der Wäsche von 20 bis 95 Grad. Die Persil Color-Waschmittel sind dagegen speziell für Buntwäsche entwickelt worden und schützen durch eine spezielle Wirkstoffkombination die Wäsche vor Verfärbung und Ausbleichen. Zusätzlich gibt es Persil Sensitive mit Hautallergiker-verträglichem Duft: Die Megaperls®, Pulver- und Gel-Varianten wurden speziell für Personen mit empfindlicher Haut entwickelt und bieten aufgrund ihrer speziellen Rezepturen auch Hautallergikern die bewährte Persil-Reinheit und -Pflege. Und wer mit Persil mit einem Hauch Ver-

100 Jahre reine Zukunft

nel wäscht, freut sich über die Vorteile des Universalwaschmittels Persil und des Weichspülers Vernel in nur einem Produkt.

AKTUELLE ENTWICKLUNG

Passend zum Motto des Jubiläumsjahres „Persil 100 Jahre – Rein in die Zukunft" ist Persil seit April 2007 besser denn je: Persil wurde hinsichtlich Leistung, Dufterlebnis und Ästhetik noch weiter verbessert. Am neuen moderneren und dynamischen Packungsdesign wird der größte Relaunch von „Persil 100 – Besser denn je!" bereits auf den ersten Blick deutlich. Die umfassende Verbesserung des gesamten Produktportfolios stellt einen der großen Bausteine im Persil Jubiläumsjahr dar.

WERBUNG

Nicht nur mit seiner Produktinnovation als erstes selbsttätiges Waschmittel, sondern auch in Sachen Werbung war Persil von Anfang an Vorreiter. Schon immer nutzte Persil die neuen Medien der jeweiligen Zeit und entwickelt sie teilweise sogar – immer mit dem Ziel, das Vertrauen der Verbraucher in die Marke zu stärken: Mit einer Zeitungsanzeige machte Henkel 1907 darauf aufmerksam, dass „in allernächster Zeit" das erste selbsttätige Waschmittel auf den Markt kommen wird. Außergewöhnlich waren zudem die „Promoter", die 1908 mit weißen Sonnenschirmen mit Persil-Schriftzug durch Berlin gingen. Ende der Zwanziger Jahre setzte Persil einen so genannten Himmelsschreiber ein: Mit weißen Rauchfahnen ließ Henkel von Flugzeugen den Markennamen Persil in den Himmel schreiben. In den Dreißiger Jahren kamen abendfüllende Persil-Filme wie „Wäsche Waschen Wohlergehen" in die Kinos und wurden innerhalb von sieben Jahren von rund 30 Millionen Menschen gesehen. Das wohl bekannteste Werbemotiv von Persil aber ist die Weiße Dame, die 1922 von dem Berliner Maler *Kurt Heiligenstaedt* geschaffen wurde. Sie warb, dem jeweiligen Zeitgeschmack angepasst, mehrere Jahrzehnte auf Plakaten und Emailleschildern für Persil. Als sie 1950 erstmals nach dem Krieg wieder für Persil lächelte, vermittelte sie vielen Deutschen das Gefühl, dass nun dauerhaft Frieden eingekehrt sei.

Der 3. November 1956 ist ein historischer Tag in der Geschichte des deutschen Fernsehens. Zum ersten Mal wurde an diesem Tag ein Werbespot ausgestrahlt. Die Marke, auf die *Lisl Karlstadt* und *Beppo Brehm* im Kurzfilm verweisen: Persil. Der knapp eine Minute lange Spot eröffnete ein neues Zeitalter der Kommunikation, welches Persil durch die Erfindung des Persil-Presenters als Antwort auf die aufkommenden Handelsprodukte in den Siebziger Jahren nochmals entscheidend mitprägte.

Auch im Jubiläumsjahr setzte Persil wieder Maßstäbe und startete direkt am Jahresanfang eine nationale Werbekampagne mit großen emotionalen Motiven. Gleichzeitig tourte eine Multimedia-Ausstellung rund um die Geschichte des Waschens durch Deutschland: das Persil Erlebnisschiff. Von Anfang Mai bis Ende Juli machte es bundesweit Halt in 17 Städten. Mehr als 40.000 Besucher tauchten in die Welt von Persil ein, darunter auch viele Schulklassen. Sie machten sich mit der Geschichte des Waschens vertraut, erlebten in der 3D-Waschmaschine den Waschgang aus Sicht eines Kleidungsstücks, experimentierten mit Persil und warfen einen Blick in die Zukunft des Waschens. So hat Persil im Jubiläumsjahr einmal mehr bewiesen, welch außergewöhnliche Wege die Marke geht, um ihren Verbrauchern nahe zu sein.

MARKENWERT

Das Institut für Demoskopie in Allensbach beschreibt das Markenbild von Persil so: „Persil verbindet Waschleistung, Spitzenqualität und Modernität. Gleichzeitig ist Persil voll Tradition und immer bodenständig geblieben. Diese Mischung ist kein Gegensatz, sondern definiert das einmalige Markenimage von Persil."

Beide, Kontinuität und Veränderung, sind die wohl zentralen Bestandteile der Strategie: Neue Persil-Produkte müssen authentisch in das Sortiment passen, alte Produkte wollen gepflegt und behutsam aktualisiert werden. Schon kurz nach der Einführung von Persil als revolutionärem Waschmittel erkannte *Fritz Henkel*: „Sie werden sehen, dass es nicht ganz leicht ist, ein modernes Waschmittel herzustellen, und dass es außerordentlicher Mühe und sehr vieler Arbeit bedarf, um ein solches Produkt auf der Höhe zu halten und es noch immer zu verbessern." Dieses einzigartige Spannungsfeld zwischen Tradition und Innovation sorgt jeden Tag dafür, dass Persil auch in Zeiten eines verschärften Wettbewerbs die große Marke bleibt. Dabei ist es wichtig, dass die überlegene Produktleistung immer gewährleistet ist und gilt: „Immer das beste Persil seiner Zeit".

Persil – Reinheit, die man sehen, fühlen und riechen kann.

www.persil.de

Wussten Sie schon von **Persil**?

○ Pro Jahr werden in Deutschland 1,3 Milliarden Waschladungen mit Persil gewaschen.

○ Der Name Persil leitet sich von den zwei wichtigsten chemischen Grundstoffen des Produktes ab: Perborat und Silicat.

○ „Persil bleibt Persil, weil Persil nicht Persil bleibt". (Zitat *Helmut Sihler*, ehemaliger Vorstandsvorsitzender Henkel KGaA). Die Marke Persil steht für Spitzenqualität in Innovation und Waschleistung, vereint mit Tradition. Persil bietet zu jeder Zeit die beste Qualität seiner Zeit.

○ Unter dem Namen „Projekt Futurino" rief Persil im Jubiläumsjahr 2007 Verbraucher dazu auf, sich mit Projektideen für eine bessere Zukunft von Kindern und Jugendlichen zu bewerben. Eine Million Euro wurden zur Verfügung gestellt, um gezielt Projekte für Kinder und Jugendliche in Deutschland zu ermöglichen. Aus knapp 2.500 Anträgen wurden 197 Projekte ausgewählt und unterstützt.

○ Unter www.persil.de finden Sie wichtige Tipps und Informationen rund um die Persil-Welt. Aktuelle Themen, Produkte, Gewinnspiele, Beratung, News und Innovationen, aber auch historische Schätze der Persil-Entwicklung werden hier gezeigt.

○ Anfragen rund ums Waschen, Spülen und Reinigen beantwortet die Henkel Verbraucherberatung, werktags erreichbar von 8 bis 17 Uhr unter der gebührenfreien Rufnummer 0800/1112290. Unter www.henkel-waschmittel.de sorgt ein Fleckenratgeber für schnelle Hilfe.

playmobil

MARKT

Der deutsche Spielwarenmarkt bewegt sich seit Jahren in einer relativ stabilen Größenordnung von circa drei Milliarden Euro. Man unterscheidet zwischen den klassischen Spielwaren und den sogenannten Videospielen. Bei den klassischen Spielwaren nimmt die Marke PLAYMOBIL einen prominenten Spitzenplatz ein.

Seit 1974 ist das fränkische Familienunternehmen geobra Brandstätter aus Zirndorf mit PLAYMOBIL auf einem unvergleichlichen Erfolgskurs. Nur wenige Jahre nach der Markteinführung des Spielsystems wurde die Firma zum umsatzstärksten deutschen Spielwarenhersteller. Der Marktanteil in Deutschland beträgt mittlerweile 9,3 Prozent.

Über zwei Milliarden Figuren wurden bislang hergestellt und bevölkern Kinderzimmer auf der ganzen Welt. Allein 2006 erblickten 80 Millionen Figuren das Licht der Spielwarenwelt. Im weltweit stagnierenden bis schrumpfenden Spielwarenmarkt verzeichnet PLAYMOBIL seit Jahren Umsatzzuwächse. Im Jahr 2006 konnte das Unternehmen international ein Umsatzplus von sieben Prozent auf 402 Millionen Euro erzielen. Die Brandstätter-Gruppe beschäftigt etwa 2.700 Mitarbeiter, gut die Hälfte davon in Deutschland. Zur Unternehmensgruppe gehören außer der Produktion im fränkischen Dietenhofen, die Auslandsfertigungen in Malta, Spanien und Tschechien sowie PLAYMOBIL-Vertriebsgesellschaften in 11 Ländern. In rund 50 weiteren Ländern wird PLAYMOBIL von Distributeuren vermarktet.

ERRUNGENSCHAFTEN UND ERFOLGE

Klein, aber oho: Die nur 7,5 Zentimeter kleinen PLAYMOBIL-Figuren räumen seit ihrer Markteinführung im In- und Ausland regelmäßig Preise und Auszeichnungen ab. Bereits 1975 und mehrfach danach wurden sie „Spielzeug des Jahres" in Holland. Der Arbeitsausschuss Kinderspiel + Spielzeug e.V. bestätigt immer wieder die herausragende Qualität des Spielsystems mit der Auszeichnung „spielgut". Vom Fachverband Kunststoff-Konsumwaren e.V. wurde PLAYMOBIL vielfach zum „Produkt des Jahres" gewählt. Die Zeitschrift „Familie & Co." zeichnete PLAYMOBIL-Arikel sechsmal in Folge mit dem „Goldenen Schaukelpferd" aus. Bereits dreimal konnte geobra Brandstätter den Toy Award entgegen nehmen, der auf der Internationalen Spielwarenmesse in Nürnberg für besonders innovative Spielzeugideen verliehen wird. Mit dem Thema „Hafenwelt" erhielt PLAYMOBIL den Designpreis 2007 der Bundesrepublik Deutschland, die höchste deutsche Design-Auszeichnung.

GESCHICHTE

Die Wurzeln des Unternehmens reichen bis ins Jahr 1876 zurück: *Andreas Brandstätter*, Urgroßvater des heutigen Alleininhabers *Horst Brandstätter*, gründete in Fürth die gleichnamige Firma, die Schatullenbeschläge und -schlösser herstellte. Mit der Produktion von Spielwaren – damals noch aus Blech – beschäftigt man sich seit 1921 – gleichzeitig Jahr des Umzugs nach Zirndorf – heute noch Sitz der Firmenzentrale. Die Produktpalette umfasste unter anderem Registrierkassen und Waagen für Kinderkaufläden, aber auch Spielzeugtelefone und Spardosen, vertrieben unter der Marke geobra.

1954 trat *Horst Brandstätter* als geschäftsführender Gesellschafter in die Firma ein. Er stellte die Produktion unter Beibehaltung des traditionellen Sortiments von Blech auf Kunststoff um. Anfang der Siebziger Jahre beeinflussten der Kostendruck aus Niedriglohnländern und die und die Verteuerung von Kunststoff durch die Ölkrise das geobra-Spielwarensortiment. *Horst Brandstätter* erkannte diese Situation als den richtigen Zeitpunkt, um eine völlig neue Spielidee auf den Markt zu bringen. Sein Entwickler *Hans Beck* hatte sich bereits seit 1971 mit der Kreation kleiner, beweglicher Figuren und passender Accessoires beschäftigt. Unter dem Namen PLAYMOBIL wurden sie 1974 erstmals dem Markt vorgestellt und für die Zielgruppe von drei bis zehnjährigen Kindern angeboten.

Niemand prophezeite den Figuren damals eine so steile internationale Karriere. Doch Kinder und Eltern waren schnell begeistert von der Vielseitigkeit und Spielfreude, die die Figuren und ihre Utensilien boten. Bereits kurz nach der Markteinführung war geobra Brandstätter mit seiner Erfindung auf Erfolgskurs. Seitdem gab es nur einen Weg: Kontinuierlich nach oben.

PRODUKT

In den Grundzügen blieb die PLAYMOBIL-Figur bis heute unverändert, allerdings wurden je nach technischem Fortschritt Anpassungen vorgenommen. So waren Arm und Greifhand der ersten Generation aus einem Guss. Ab 1982 erhielten alle Figuren drehbare Hände. Durch verschiedene Farben, Frisuren, Schuhe und Bekleidung veränderten sich Aussehen und Ausstrahlung. Eine Vielzahl von Frauen, Männern, Mädchen, Jungen und Babys wurde konzipiert und produziert. Derzeit enthält das PLAYMOBIL-Sortiment etwa 1.000 verschiedene Figurenvarianten. Bis heute unverändert blieb der typische, neutral freundliche Gesichtsausdruck, der von Kindern frei interpretiert werden kann.

Die Produktpalette von PLAYMOBIL ist facettenreich und bietet für viele Interessen das richtige Spielzeug: eine Welt im Spielformat. In ihr sind zahlreiche Themen aus Historie und Gegenwart vertreten. Von Anfang an dabei waren die Spielwelten Ritter, Indianer und Bauarbeiter. Ein besonderes Highlight ist das Thema Ritter auch noch heute. 1974 traten die tapferen kleinen Helden ihren Siegeszug in die Kinderzimmer an und gehören seitdem zusammen mit ihren prächtigen Burgen zum Kernsortiment. Zum 30. Geburtstag von PLAYMOBIL im Jahr 2004 erstrahlte eine Figur in Form des goldenen Ritters in besonderem Glanz.

Das schwimmfähige Piratenschiff – topaktuell das Piratentarnschiff – segelt seit Jahren durch die Kinderzimmer und weckt Abendteuerlust.

Zu den neueren Produkten gehört unter anderem ein komplett eingerichtetes Krankenhaus. Eine Ferienwelt mit großer Motoryacht und Wohnmobil sorgt für gute Laune und Urlaubsstimmung. 2006 gab es neu das Fußballstadion mit Spielerfiguren, die mit einem beweglichen Kickbein ausgestattet wurden.

Gros der Produktion und den weltweiten Versand stemmt. Die Kapazität des vollautomatisch gesteuerten Hochregallagers wurde auf 53.000 Palettenstellplätze erhöht. Die nahezu verdoppelte Lagerkapazität soll der zunehmenden Forderung des Handels nach „Just-in-time"-Lieferungen entgegen kommen. Mit circa 330 Spritzgussmaschinen gehört die PLAYMOBIL-Kunststoffspritzerei in Dietenhofen zu den größten und modernsten in Europa. Die Maschinen der neuesten Generation laufen rund um die Uhr und liefern etwa sechs Millionen Einzelteile pro Tag. Unbeirrt von Branchentrends bekennt sich geobra Brandstätter zum Standort Deutschland und produziert PLAYMOBIL in Europa.

Mit dem PLAYMOBIL-FunPark in Zirndorf eröffnete geobra Brandstätter im Jahr 2000 eine Freizeitanlage für Klein und Groß, deren Konzept in Deutschland einmalig ist. Seitdem entwickelt sich der Park zum Besuchermagnet und lockte 2006 mehr als 750.000 Besucher an. Auf rund 90.000 Quadratmetern können Kinder in überdimensionalen PLAYMOBIL-Spielwelten ihre Fantasien ausleben und durch Bewegung und Aktivität alle Sinne stärken. Etwa 100 Millionen Euro investierte *Horst Brandstätter* in den Park inklusive des gläsernen HOB-Centers. Das futuristisch anmutende Gebäude bietet auf 5.000 Quadratmetern eine riesige PLAYMOBIL-Spielstadt mit Themenwelten und Erlebnisgastronomie zur Nutzung bei jedem Wetter.

WERBUNG

Jahr für Jahr bringt der Hersteller rund 100 PLAYMOBIL-Neuheiten auf den Markt. Die gesamte Produktpalette wird hauptsächlich über den 52-seitigen, aufwändig gestalteten Konsumentenprospekt kommuniziert, der zwei Mal jährlich in millionenfacher Auflage erscheint. Er ermöglicht wie kein anderes Werbemittel eine attraktive und detailgetreue Darstellung des gesamten Sortiments. Darüber hinaus unterstützen TV- und Print-Kampagnen sowie PR-Aktivitäten den Abverkauf.

Neben Spielzeug sind auch diverse Lizenzartikel mit PLAYMOBIL-Motiven bei den kleinen und großen Käufern beliebt. Der Kultcharakter von PLAYMOBIL zeigt sich in den wertvollen Bildbänden „30 Jahre PLAYMOBIL" und „Abenteuer der Weltgeschichte" (beide Heel-Verlag). In letzterem erlebt der Leser die Geschichte der Menschheit anhand von Szenarien, sehr gut nachgestellt mit den PLAYMOBIL-Figuren, vom alten Ägypten, über die Französische Revolution bis hin zur Landung auf dem Mond.

Auch Mädchen kommen bei PLAYMOBIL nicht zu kurz. So beflügelt zum Beispiel das Märchenschloss mit romantischer Einrichtung die Fantasie kleiner Prinzessinnen. Für Kinder ab eineinhalb Jahren bietet die Kleinkindlinie PLAYMOBIL 1.2.3 vielfältige Spielmöglichkeiten. Altersgerecht gestaltete Figuren, Fahrzeuge und Gebäude fördern die Kreativität der ganz Kleinen und regen durch runde Formen und kräftige Farben die Sinne an.

AKTUELLE ENTWICKLUNG

Zur Zukunftssicherung und Stärkung der Produktionsstätten investierte der Hersteller in den vergangenen fünf Jahren die Rekordsumme von gut 300 Millionen Euro. Der Löwenanteil der Investitionen mit über 165 Millionen Euro floss in das Stammwerk in Dietenhofen, welches das

MARKENWERT

Seit mehr als drei Jahrzehnten steht die Marke PLAYMOBIL für Spielzeug, das die Kreativität und Fantasie von Kindern beflügelt. Viele junge Eltern von heute sind selbst mit PLAYMOBIL aufgewachsen. Sie schätzen vor allem die hohe Qualität und Langlebigkeit des Spielzeugs und kaufen ihren Kindern bewusst PLAYMOBIL, weil sie den Wert der kleinen Figuren und ihres Zubehörs für die motorische und geistige Förderung schätzen. Im aktiven Rollenspiel können Kinder mit Hilfe von PLAYMOBIL spannende Geschichten selbst entwickeln. Gemäß der Produktphilosophie der Macher verzichten die Macher konsequent auf Horror, vordergründige Gewalt und kurzlebige Trends.

www.playmobil.de

Wussten Sie schon von **playmobil**?

○ In der PLAYMOBIL-Welt gab es anfangs nur Männer. Erst 1976, zwei Jahre nach der Produkteinführung, kamen Frauen hinzu. Auf Nachwuchs mussten die Fans bis 1981 warten: dann gingen 5,5 Zentimeter kleine Mädchen- und Jungenfiguren in Produktion. Wenig später machten 3,5 Zentimeter kleine Babys die PLAYMOBIL-Familie komplett.

○ PLAYMOBIL-Figuren sind nahezu unverwüstlich. Noch immer sind Vertreter der ersten Generation im Einsatz. Viele Fans der Anfangsjahre sind inzwischen selbst Eltern und haben das Spielzeug samt ihrer Begeisterung dafür an ihren Nachwuchs weiter gegeben.

○ Nicht nur in Kinderzimmern, sondern auch in Galerien und Museen ist PLAYMOBIL inzwischen eingezogen. Künstler beschäftigen sich mit den Figuren und bei Sammlern sind sie heiß begehrt. Sie investieren zum Teil erhebliche Summen, um originalverpackte Westernhäuser oder Fahrzeuge aus den Siebziger und Achtziger Jahren zu ergattern.

○ Das Produktionswerk auf Malta ist der Figurenlieferant des Unternehmens. 2006 wurden rund 80 Millionen der niedlichen Spielkameraden in zahlreichen Varianten auf der Mittelmeerinsel hergestellt.

○ Neben seinem Kernprodukt PLAYMOBIL stellt das Unternehmen unter dem Namen LECHUZA seit einigen Jahren edle Pflanzbehälter aus Kunststoff mit integriertem Bewässerungssystem her. Diese innovativen Produkte werden inzwischen in circa 60 Ländern verkauft, die Umsatzentwicklung geht steil nach oben.

poggenpohl®

MARKT

Luxus und Design: dafür steht der Küchenhersteller Poggenpohl. Die älteste deutsche Küchenmöbelmarke ist mittlerweile zu einer der renommiertesten der Welt avanciert. Von New York bis Shanghai sind die großzügigen Luxusküchen begehrt. Mit einer Exportquote von mehr als 75 Prozent liegt Poggenpohl deutlich über der durchschnittlichen Exportquote von 31,1 Prozent in der deutschen Küchenmöbelindustrie. Im US-amerikanischen Markt erwirtschaftet der deutsche Hersteller gut 20 Prozent seines Gesamtumsatzes. An Bedeutung gewinnt zudem der Markt in Großbritannien, der mit einem Umsatzanteil von 15 Prozent im Jahr 2006 einen immensen Zuwachs verbuchte. Auch in Hongkong und den Vereinigten Emiraten (Dubai) verzeichnet Poggenpohl ein hohes Wachstum. Mit einem Gesamtumsatz von 124 Millionen Euro konnte der ostwestfälische Luxusküchenhersteller sein Ergebnis in 2006 zum vierten Mal in Folge überproportional steigern.

Küchen von Poggenpohl werden mittlerweile in über 60 Ländern der Welt vertrieben. Die Eroberung internationaler Märkte will der ostwestfälische Küchenhersteller auch in den nächsten Jahren konsequent weiter verfolgen und vorantreiben.

In Deutschland arbeiten 391 Mitarbeiter für Poggenpohl, weltweit sind es 550. Seit dem Jahr 2000 gehört die Poggenpohl Möbelwerke GmbH zum schwedischen Küchenkonzern Nobia.

ERRUNGENSCHAFTEN UND ERFOLGE

Seit Jahrzehnten setzt Poggenpohl bei der Küchenarchitektur auf innovative Ideen und von namhaften Designern entwickelte Konzepte. So ist das Unternehmen nicht nur Erfinder der ersten Einbauküche und der ersten Massivholzküche, sondern gewann mit seinen Entwürfen auch zahlreiche internationale Preise.

Für das Küchenkonzept +SEGMENTO wurde Poggenpohl im Jahr 2000 vom Architektur- und Designmuseum The Chicago Athenaeum mit dem „Good Design Award" geehrt. Dieser Preis gilt als weltweit renommiertester seiner Art und wird bereits seit 1950 verliehen.

Das Küchenkonzept +INTEGRATION erhielt gleich drei begehrte Auszeichnungen, darunter im Jahr 2004 abermals den „Good Design Award" des Chicago Athenaeum. 2005 wurde +INTEGRATION vom Design-Zentrum Nordrhein-Westfalen mit dem alljährlich verliehenen Qualitätssiegel „red dot design award" geehrt. In der Kategorie „Best System Winners" erhielt +INTEGRATION auf der Internationalen Möbelmesse in Köln den „Interior Innovation Award Cologne 2005". Außerdem war das Küchenkonzept +INTEGRATION für den „Designpreis der Bundesrepublik Deutschland 2006" nominiert. Dieser Designpreis, der seit 2002 verliehen wird, zeichnet „herausragend gestaltete Erzeugnisse aus den Bereichen Produkt- und Kommunikationsdesign" aus. Unternehmen können sich nicht selbst bewerben, sondern werden vorgeschlagen. Nicht zuletzt deshalb gilt dieser Preis unter Designern als „Preis der Preise".

GESCHICHTE

„Wir wollen die Küche besser machen", so lautete der Leitspruch des Tischlermeisters *Friedemir Poggenpohl*, der das Unternehmen 1892 in Bielefeld gründete. Damit legte er den Grundstein für die älteste deutsche Möbelmarke und die erste deutsche Küchenmarke. 1897 siedelte das Unternehmen nach Herford über, wo es noch heute ansässig ist. Innovation wurde zur Maxime des Küchenherstellers. Denn in den folgenden Jahren entwickelte Poggenpohl Konzepte auf dem Gebiet des Küchendesigns, die bis dato einzigartig waren.

1928 präsentierte Poggenpohl die erste Reformküche. Sie bestand aus verbundenen Schränken, einem separaten Schuhschrank sowie Spüle, Tisch und Stuhl. Die neuartige Oberfläche der Reformküche wurde unter dem Namen „Zehner-Schleiflack" über die Grenzen Deutschlands hinaus bekannt und trug den damaligen technischen Errungenschaften Rechnung.

1950 stellte Poggenpohl die erste Anbauküche „form 1000" vor. Zwölf Jahre später, 1962, präsentierte das Unternehmen mit „form 2000" die weltweit erste Einbauküche. Sie wurde wegweisend für die folgenden Küchengenerationen. Sechs Jahre später leitete Poggenpohl mit der ersten Massivholzküche den Trend zur Holzküche ein.

1970 entstand in Zusammenarbeit mit dem Designer *Luigi Colani* und dem Institut für Umweltphysiologie das „experiment 70", die futuristische Studie einer Kugelküche. Sie war als Teil eines Hauses gedacht, bei dem Küche, Bad und Arbeitsbereich als kugelförmige Elemente an einen zentralen Raum angedockt werden sollten.

Auch in den Achtziger und Neunziger Jahren setzte Poggenpohl mit innovativen Entwicklungen neue Akzente im Küchenbereich. Mit dem Nischenprogramm +DIMENSION75 sorgte der Hersteller für eine optimale Nutzung des Raums zwischen Ober- und Unterschränken. 1995 setzte Poggenpohl mit dem Groß-Korpus-System +MAXMORE einen Meilenstein in Sachen Ergonomie. In das neue Jahrtausend startete Poggenpohl dann mit den Design-Highlights +SEGMENTO, +INTEGRATION und PLUSMODO.

PRODUKT

Laut einer Trendprognose, die Poggenpohl 2006 vorstellte, werden Menschen künftig nur noch in drei Räumen ihr gutes Wohngefühl suchen: in der Küche, im Schlafzimmer und im Badezimmer. Der Küchenhersteller geht in seiner Prognose jedoch noch einen Schritt weiter: er verlegt die Küche gedanklich ins Wohnzimmer und macht sie damit zum zentralen Lebens-Raum. Aus der Idee wurde Realität. Poggenpohl übertrug die Theorie in eine real gebaute Designstudie, die subjektiv und sinnlich erfahrbar machen soll, wie Wohnen, Kochen und Kommunizieren zu einem gemeinsamen Leitmotiv verschmelzen.

In der Designstudie verbirgt sich der ursprüngliche Küchenraum mit Geräten, Lager und Arbeitsflächen hinter technisch und ästhetisch aufwändig gestalteten Faltschiebetüren. Der Wohnraum selbst wird dominiert von einem „Dining Desk", einem repräsentativen Arbeits-, Konferenz- und Esstisch. In der Tischmitte öffnet sich ein Funktionsbereich mit Küchenelementen wie

Schneidebrett, Tablett oder Trolleys. Der in der Designstudie vorgestellte Tisch-Prototyp machte auf der Internationalen Mailänder Möbelmesse 2006 derartig Furore, dass er nun tatsächlich produziert wird.

Innovative Designkonzepte in der Küchenarchitektur sind schon seit jeher Markenzeichen von Poggenpohl. Der Herforder Küchenherstellers setzt auf das Besondere. Luxus und Design stehen bei der Gestaltung der Küchen im Bereich moderne Klassik und moderner Purismus im Vordergrund. Und seit 115 Jahren schafft es das Unternehmen, erfolgreiche und preisgekrönte Küchenkonzepte zu entwickeln.

Im Jahr 2000 stellte Poggenpohl +SEGMENTO vor. In der „schwerelosen" Küche steht die Betonung der Horizontalen im Vordergrund. Die Formensprache des Küchenkonzepts sorgte unter Designern international für Furore und wurde vom Architektur- und Designmuseum The Chicago Athenaeum mit dem Good Design Award ausgezeichnet. Charakteristisch für den Stil von +SEGMENTO ist die Kombination breiter, vertikaler Segmente mit schmalen Arbeitsplatten.

Mit PLUSMODO gelang Poggenpohl im Jahr 2005 ein weiterer Coup. Die vielfach preisgekrönten spanischen Architekten *Jorge Pensi* entworfene Küche bietet einen kraftvollen und poetischen Dialog zwischen Präsentieren und Verbergen. Offene und geschlossene Funktionsbereiche wechseln sich ab, Schränke verwandeln sich in ausziehbare Schaukästen, in denen Geschirr effektvoll präsentiert wird. Unterstützt wird die Architektur der Küche durch ein atmosphärisches Lichtkonzept. Beleuchtete Regalböden lassen Gebrauchsgegenstände zu glitzernden Designobjekten werden und setzen die Küche perfekt in Szene.

AKTUELLE ENTWICKLUNG

Als Anbieter von Luxusküchen bietet Poggenpohl eine Reihe innovativer Konzepte an, die die Küche als Lebensmittelpunkt neu definieren. Um auch in Zukunft am Puls der Zeit zu sein, unterstützt die neue Avantgarde in Koch-(Kunst), Design und Architektur den Küchenhersteller bei der Suche nach Erkenntnissen über die Ansprüche von morgen. In Kooperationen und Partnerschaften mit Köchen, Architekten oder anderen Luxusmarken entwickelt Poggenpohl seine Küchen kontinuierlich weiter.

Die Ausstattung der Kochschule des Schlosshotels Lerbach in Bergisch Gladbach war der Beginn einer langfristig angelegten Partnerschaft mit *Dieter Müller*, einem der besten Köche Europas. Seit 2005 eint den 3-Sterne-Koch und den Luxusküchen-Hersteller die Philosophie, dass Kochen und Leben miteinander verbunden sein müssen. *Müller* lässt den Prozess des Kochens mit dem anschließenden Genuss zu einem Gesamtkunstwerk verschmelzen, während Poggenpohl die Vision verfolgt, die Küche zum Lebensraum zu machen.

Eine Vision verfolgt Poggenpohl außerdem gemeinsam mit der Porsche Design Group. Bis 2007 wollen die beiden Luxusmarken eine neue Küche entwickeln, die sich durch funktionelles und puristisches Design auszeichnet. Eine außergewöhnliche Küchenarchitektur hat auch der Designer Jorge Pensi für Poggenpohl geschaffen. Er entwarf die Küche PLUSMODO, die sich durch offene und geschlossene Bereiche auszeichnet dadurch die kommunikativen Eigenschaften der Küche im Sinne der Poggenpohl-Philosophie in den Mittelpunkt rückt.

WERBUNG

Seit 2000 präsentiert sich Poggenpohl mit einem Corporate Design, das für die Gestaltung und die exklusive Ausstattung aller Verkaufsräume im Fachhandel verbindlich ist. Inzwischen sind weltweit 290 Ausstellungen nach dieser einheitlichen Richtlinie gestaltet worden. Ziel dieser erfolgreichen Aktion ist es, den Endverbraucher stärker als bisher mit visuell-emotionalen Mitteln anzusprechen. Jedes Detail der Küchenausstellung soll den Markencharakter und die Produktqualität von Poggenpohl ausstrahlen. Mit dem identischen Corporate Design aller Ausstellungen erreicht Poggenpohl nicht nur steigende Umsätze, sondern positioniert sich eindeutig als Luxusmarke.

Auch in emotional gestalteten Anzeigenmotiven in Wohn-, Design- und Lifestylemagazinen sensibilisiert Poggenpohl den Endverbraucher für das Thema Küche. Mittels eines Händlerverzeichnisses, das als fester Bestandteil in die Anzeigenkampagne integriert ist, können Interessenten direkt in Kontakt zu Poggenpohl-Handelspartnern treten. Der Katalogservice des Küchenherstellers bietet aufwändig gestaltete klassische Werbemittel an.

MARKENWERT

Der Küchenhersteller Poggenpohl legt besonderen Wert auf innovatives Design, das den Puls der Zeit trifft und seiner Zeit weit voraus ist. +SEGMENTO, +INTEGRATION oder PLUSMODO zeichnen sich durch neuartige Designkonzepte aus, die Trends auf internationalen Möbelmessen setzen und Jahr für Jahr renommierte Preise gewinnen.

Poggenpohl-Küchen sind klar im Luxussegment positioniert. Dieses Segment der Küchen ab 10.000 Euro gewinnt an Attraktivität und Marktanteil, so dass Poggenpohl seine Position als führender Küchenhersteller sowohl in Deutschland als auch international weiterhin festigen wird.

www.poggenpohl.de

Wussten Sie schon von **poggenpohl?**

- Poggenpohl-Küchen werden ausschließlich in Deutschland hergestellt. Im nordrhein-westfälischen Herford produziert der Küchenspezialist auf einer Fläche von 45.000 Quadratmetern alle seine Modelle.

- 1962 präsentierte das Unternehmen mit „form 2000" die weltweit erste Einbauküche. Sie wurde wegweisend für die folgenden Küchengenerationen.

- Verbraucher geben in Deutschland derzeit durchschnittlich 20.000 Euro für ihre neue Poggenpohl-Küche aus.

- In New York sind Poggenpohl-Küchen heiß begehrt. Im Jahr 2004 stattete der Küchenhersteller 105 Apartments im 246 Meter hohen New Yorker Glas-Tower „One Beacon Court" mit edlen Luxusküchen aus. Der 53-stöckige Turm wurde von den Architekten *Cesar Pelli* und *Jacques Grange* entworfen. In 515 Park Avenue, dem Gebäude mit der teuersten Wohnfläche in der Geschichte Manhattans, sind alle 53 Apartments und Suiten in 43 Stockwerken mit luxuriösen Poggenpohl-Küchen ausgestattet. Die Wohnungen wurden für über 30.000 Dollar pro Quadratmeter verkauft.

Postbank

MARKT

Selten war sich die Bankenbranche so einig: Gestärkt durch die Konsolidierungserfolge der letzten Jahre und ermutigt durch die Anzeichen eines sich verstärkenden Wirtschaftsaufschwungs entdecken die deutschen Finanzdienstleister wieder die Wachstumspotenziale des Privatkundengeschäfts. Für die nächsten Jahre erwartet die Branche hier deutliche Gewinnzuwächse. Auf Kundenseite besteht, wie Umfrageergebnisse belegen, eine hohe Bereitschaft, neue Bankbeziehungen einzugehen.

Berücksichtigt man die wachsende Attraktivität des Marktes, aber auch die verbesserte operative Schlagkraft auf Anbieterseite, so spricht vieles dafür, dass sich der Wettbewerb um den Privatkunden in den nächsten Jahren weiter verschärfen wird. Die Postbank als führender nationaler Einzelanbieter mit bundesweit einheitlichem Marktauftritt und Produkt-/Serviceangebot hat sich frühzeitig auf den neuen Wettbewerb um den Privatkunden eingestellt. Lohn der Anstrengungen ist ein Stamm von 14,6 Millionen Kunden, mehr als jedes andere Institut in Deutschland hat.

ERRUNGENSCHAFTEN UND ERFOLGE

Trotz der Doppelbelastung durch die Integration von BHW und der 850 Filialen der Deutschen Post ist die Postbank im Geschäftsjahr 2006 gut vorangekommen. Das Geschäft mit den Kunden ist in nahezu allen Bereichen gewachsen und hat dazu geführt, dass die Bank im Jahr 2006 das beste Ergebnis ihrer Geschichte erzielt hat: Mit einem Gewinn vor Steuern von 941 Millionen Euro konnte sie den Vorjahreswert um 31,6 Prozent übertreffen.

Dabei konnte die Postbank 2006 erneut die Zahl der Neukunden steigern. Mit 962.000 hat sie ihr eigenes Ziel von 700.000 deutlich übertroffen. Und im ersten Quartal 2007 konnte die Postbank-Gruppe bereits 260.000 neue Kunden gewinnen, 17.000 mehr als im ersten Quartal des Vorjahres. Sie ist damit auf gutem Weg, ihr Ziel von einer Million Neukunden im Jahr 2007 zu erreichen.

Alleine 470.000 neue Girokonten konnte die Postbank 2006 eröffnen und führte damit zum Jahresende 4,7 Millionen private Girokonten. Der Bestand an Baufinanzierungen wuchs mit knapp 15 Prozent wesentlich schneller als der Gesamtmarkt. Und auch in anderen Bereichen wurden eindrucksvolle Erfolge erzielt: So konnte das Neugeschäft mit Privatkrediten um 31 Prozent auf über 1,35 Milliarden Euro gesteigert werden. Der Bestand an Ratenkrediten lag zum Jahresende 2006 mit 2,4 Milliarden Euro 14,3 Prozent über dem Vorjahr. Und im Neugeschäft mit Lebensversicherungen konnte die Postbank die Versicherungssumme um 21,3 Prozent auf 3,13 Milliarden Euro steigern.

GESCHICHTE

Die Postbank entstand 1990 aus der Aufteilung der Deutsche Bundespost in die drei Unternehmen Post, Telekom und Postbank. Seit Januar 1995 ist die Postbank eine Aktiengesellschaft. Sie begann mit dem Ausbau ihrer Geschäftsfelder sowie der Kreditvergabe und begründet Kooperationen in den Bereichen Versicherung und Bausparen. 1999 erfolgte die Übernahme der bundeseigenen DSL Bank. Im gleichen Jahr wurde die Deutsche Post Eigentümerin der Postbank. Beide Unternehmen beschlossen eine gemeinsame Vertriebsstrategie.

Im September 2000 stieg die Postbank mit ihrer Tochter easytrade ins Direct Brokerage ein. Aktien und Fonds waren jetzt via Internet, Telefon und in den Filialen der Deutschen Post erhältlich. Ende 2002 stieg die Postbank in den mobilen Vertrieb ein. Zu diesem Zweck erwarb sie zwei Tochtergesellschaften der Credit Suisse (Deutschland). Im Oktober 2003 wurde die Postbank auf eine neue Software umgestellt. Das gemeinsam mit SAP entwickelte Programm bearbeitet den Zahlungsverkehr und die Kontoführung für knapp fünf Millionen Konten der Bank.

Am 23. Juni 2004 wurden die Aktien der Postbank an der Börse eingeführt, der erste große Börsengang in Deutschland nach zwei Jahren. Im Oktober 2005 gab die Postbank bekannt, dass sie von den BHW-Eigentümern 76,4 Prozent der Anteile erwerben will. Im Januar 2006 wurde die BHW-Übernahme vollzogen und die Postbank übernahm zudem die 850 attraktivsten Filialen der Deutschen Post. Nur zwei Jahre nach ihrem Börsengang schaffte die Postbank im September 2006 den Sprung in Deutschlands wichtigsten Börsen-Index DAX.

PRODUKT

Als erster Anbieter hat sich die Postbank für eine gesamtheitliche Privatkundenstrategie entschieden, die heute allgemein Best-Practice-Status beanspruchen kann. Sie umfasst fünf Elemente:
– überlegene Value Proposition,
– umfassenden Kundenzugang,
– eine Multikanalstrategie,
– innovative Produktgestaltung sowie
– hohe Kosteneffizienz in den Backoffice-Funktionen.

In einer ersten Realisierungsstufe wurden die Voraussetzungen für nachhaltiges Wachstum im Retailgeschäft geschaffen: Ausgehend vom Leistungsversprechen „einfach, schnell, günstig und gut" wurde ein stark fokussiertes Produktangebot entwickelt mit Schwerpunkt auf das traditionelle Geschäft. Es umfasst vor allem Giro-, Spar- und Altersvorsorgeprodukte; besonders großen Anklang fand das innovative DAX-Sparbuch. Parallel dazu erfolgte der Ausbau des bundesweit flächendeckenden Filialnetzes.

Ausgangspunkt für eine hocheffiziente Kundenbetreuung über alle Kanäle war die Etablierung einer durchgängigen „State of the Art"-IT-Plattform. Aufgrund der damit realisierbaren Skaleneffekte konnte die Postbank in der Folgezeit auch Zahlungsverkehrsdienstleistungen für die Deutsche Bank, die Dresdner Bank und die HypoVereinsbank übernehmen. Vorläufiger Schlusspunkt bei der Vervollständigung des Produkt- und Serviceangebots war der Erwerb von BHW. Damit gelang nicht nur ein gewaltiger Sprung im Bauspar- und Baufinanzierungsgeschäft. Als strategisch nicht weniger bedeutsam erwies sich die Übernahme des mobilen BHW-Vertriebs. 4.400 mobile Berater betreuen inzwischen Kunden der Postbank auch zu Hause in allen Fragen der Finanzplanung und Vermögensanlage.

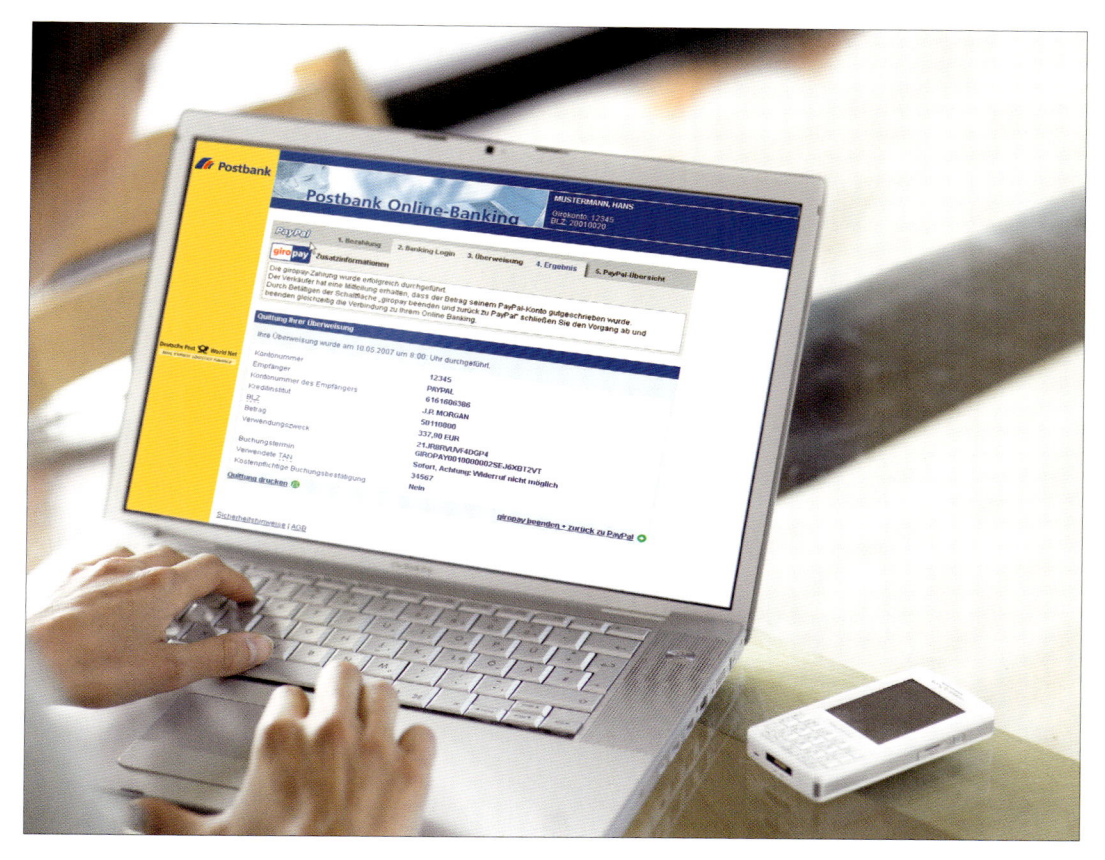

In der anstehenden zweiten Stufe muss es für die Postbank vor allem darum gehen, die erzielten First-Mover-Vorteile auszuschöpfen und weiter auszubauen. Hauptstoßrichtungen liegen in der Produktgestaltung, um eine stärkere Abgrenzung von den „me-too"-Produkten der Konkurrenz zu erreichen sowie im forcierten Ausbau des Finanzberatungsgeschäfts, gestützt auf die Möglichkeiten des mobilen Vertriebs. Finanzplanung, Anlageberatung und Altersvorsorge sind attraktive Wachstumsfelder.

AKTUELLE ENTWICKLUNG

Die Postbank ist seit jeher mit Innovationen im Markt erfolgreich. So gehört sie zu den Initiatoren und Betreibern des Online-Bezahlverfahrens giropay. Seit 2006 können Online-Banking-Kunden der Postbank ihre online bestellten Waren und Dienstleistungen mit giropay einfach, schnell und sicher bezahlen. Eine zusätzliche Software, Registrierung oder Freischaltung ist nicht erforderlich. Im März 2007 überstieg die Anzahl der monatlichen Transaktionen erstmals die eine Million-Marke.

Anfang 2007 haben die Postbank und Western Union einen in Deutschland einzigartigen Online-Service gestartet: Mit „Western Union direkt" können Postbank Kunden von ihrem Girokonto aus weltweit Bargeld verschicken. Dies erfolgt bequem per Online-Banking. Der Empfänger kann sich den Betrag in kürzester Zeit an 260.000 Western Union Vertriebsstandorten in bar abholen. Das Angebot richtet sich an Kunden der Postbank, die auf eine schnelle und verlässliche Art grenzüberschreitend Geld transferieren möchten. Gleichgültig, ob es sich dabei um die Unterstützung der Familie im Heimatland für Miete, Lebenshaltung oder Schulgeld handelt oder jemand Hilfe benötigt, weil die Brieftasche auf einer Auslandreise verloren wurde.

Schneller und komfortabler als je zuvor präsentiert sich das Mobile-Banking und Mobile-Brokerage der Postbank. Das Mobile-Banking, das im November 2006 mit dem news4mobile-Award ausgezeichnet wurde, unterstützt neueste Handys, PDAs (Personal Digital Assistant) und BlackBerrys. Diese Endgeräte bieten Displays mit höherer Qualität und damit auch eine bessere Übersicht und Bedienbarkeit für das Mobile-Banking und -Brokerage. Das Handy-Banking funktioniert wie das Online-Banking: Online-PIN und iTAN gelten für beide Angebote und auch Layout und Benutzerführung sind im Wesentlichen gleich.

WERBUNG

Ende 2006 hat die Postbank ihre Werbung um eine Imagekampagne erweitert. Während bis dahin vorrangig Produkt- und Zielgruppenkampagnen im Fokus standen, sorgt die Kampagne "Mehrbank" für einen grundsätzlichen Kompetenzaufbau. Sie stellt das Dach der Kommunikation dar. TV Spots und Anzeigen zeigen auf überraschende Weise das komplette Leistungsspektrum der Postbank.

Die Produkt- und Zielgruppenkommunikation der Postbank folgt den zwei- bis dreimonatigen Marketingschwerpunkten und konzentriert sich auf ein Produkt bzw. einen Zinssatz. Das Jahr 2007 startete mit einer Kampagne zum Postbank Quartal-Sparen. Primärer Inhalt waren die Top-Konditionen, mit denen die Sparlust der Deutschen geweckt werden sollte.

Nach der erfolgreichen Integration unter das Markendach der Postbank präsentierte sich BHW Anfang April erstmals als "Der Baufinanzierer der Postbank". Eine integrierte Kampagne zeigte auf, wie günstig Bauen mit der Postbank ist.

Anfang Juni 2007 warb die Postbank für den Privatkredit. Dafür kehrten die populären Darsteller aus den erfolgreichen TV-Spots „Kantine" und „Stadion" auf den Bildschirm zurück und zeigten einmal mehr auf humorvolle Weise, was passiert, wenn man sich „unter Freunden" Geld leiht – und dass ein Privatkredit der Postbank auf jeden Fall die günstigere Lösung ist.

Die im Juli 2007 gestartete Kampagne für das kostenlose Girokonto der Postbank setzt auf „Mehr als kostenlos" und verbindet verschiedene Produktvorteile miteinander. Anzeigen und TV-Spots setzen echte Postbank Kunden mit jeweils einem Produktvorteil in Szene.

MARKENWERT

Auf Basis ihres Markenversprechens „einfach und günstig" will die Postbank im Retailgeschäft auch in Zukunft stärker als der Markt wachsen. Produktinnovationen und die Top-Position der Marke Postbank im Online-Banking werden konsequent weitergeführt. Die Spitzenposition als Deutschlands größter Emittent von Kreditkarten, die Technologieführerschaft im Bereich Banken-Kernsysteme und die hervorragende Position im Bereich Supportsysteme sind weitere Erfolgsgaranten. Neben der Abwicklung eigener Transaktionen im Zahlungsverkehr stellt die Postbank ihre Plattform weiterhin anderen Banken zur Verfügung. Auch das stärkt die eigene Marke.

Die Marke Postbank profitiert im Konzernverbund Deutsche Post World Net von der Deutschen Post als Marke für die Briefkommunikation und von DHL, der internationalen Marke für Express und Logistik. Die drei Marken stärken sich gegenseitig und besitzen jeweils genug Markenidentität, um sich kraftvoll in ihren Märkten zu behaupten. Im Konzern Deutsche Post World Net versteht man „Marke" als dynamisches Wertschöpfungssystem, das mittels neuer Leistungen permanent aufgeladen wird.

Das heißt: Die Marke Postbank ist deshalb so stark, weil Prozesse und Produkte permanent den Kundenanforderungen angepasst werden. Diese Strategie trägt sie offensiv-kommunikativ in die Öffentlichkeit. So ist und bleibt sie auf ihrem Heimatmarkt Deutschland bestens etabliert – bei Privat-, Geschäfts- und Firmenkunden. Die Marke Postbank steht für zuverlässige, innovative, einfach zugängliche Leistungen. Und ist damit der Konkurrenz immer einen Schritt voraus.

www.postbank.de

Wussten Sie schon von der Postbank?

○ Mit 9.000 Filialen verfügt die Postbank über mehr Anlaufstellen für ihre Kunden als jede andere Bank in Deutschland. Täglich werden dort rund eine Million Kunden gezählt.

○ Heute hat die Postbank 14,6 Millionen Kunden. Rund 22.000 Mitarbeiterinnen und Mitarbeiter sowie 4.400 mobile Berater/innen bieten umfassende Finanzdienstleistungen und zusätzliche Services für Privat-, Geschäfts- und Firmenkunden der Postbank.

○ Die Postbank verfügt über die modernste Transaktionsplattform einer Bank in Deutschland. Seit 2004 lassen Deutsche Bank und Dresdner Bank ihren Zahlungsverkehr von der Postbank abwickeln, seit Anfang 2007 auch die Hypovereinbank.

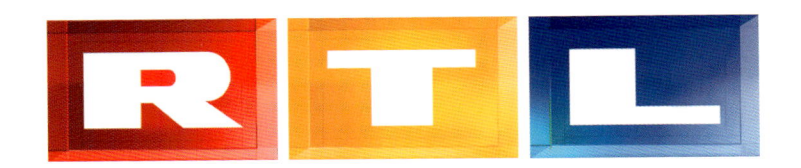

MARKT

RTL Television ist der erfolgreichste Privatsender in Deutschland. Seit über 13 Jahren ist RTL Marktführer beim jungen Publikum. RTL war auch in der Saison 2006/2007 mit einem Marktanteil von 15,8 Prozent erneut die klare Nummer Eins bei den 14- bis 49-Jährigen. Mit großem Abstand folgten ProSieben (12,1 Prozent), Sat.1 (10,7 Prozent), ARD (7,8 Prozent) und VOX (7,6 Prozent).

Die Hitliste der meistgesehenen Sendungen unterstreicht die starke Position von RTL: Von den 100 meistgesehenen Sendungen der 14- bis 49-Jährigen kamen in der Saison 2006/2007 allein 71 Formate aus dem Hause RTL (ARD: neun, ProSieben: acht, ZDF: acht, Sat.1: vier).

ERRUNGENSCHAFTEN UND ERFOLGE

RTL steht für Vielfalt im deutschen Fernsehen: Kein anderer deutscher Sender bietet einen so breiten und erfolgreichen Mix aus Unterhaltung, Information und Sport. Mit innovativen Formaten setzt RTL immer wieder neue Trends. So hat RTL zum Beispiel mit „Die 80er Show" das Genre Timetainment im deutschen Fernsehen etabliert und mit „Deutschland sucht den Superstar" Musikcasting-Shows populär gemacht. Auch tägliche Sendungen wie das Boulevard-Magazin, die deutschen Daily Soaps oder das Mittagsjournal stammen alle im Original von RTL.

Die Qualität der RTL-Formate wird auch durch zahlreiche Preise und Auszeichnungen belegt. Neben Serien wie „Mein Leben & Ich" und „Gute Zeiten, schlechte Zeiten" wurden Shows wie „Wer wird Millionär?" und „Deutschland sucht den Superstar" sowie die Informationssendung „RTL Aktuell" und Reportagen wie „Ein Deutscher im All – Thomas Reiters Weltraumabenteuer", „In Gottes Namen – Die Rekruten des Heiligen Krieges" und „Feuertod" mehrfach ausgezeichnet, unter anderem mit dem Deutsche Fernsehpreis, dem Grimme-Preis, dem Bayerischen Fernsehpreis und internationalen Auszeichnungen wie dem The International Emmy Award.

GESCHICHTE

Am 2. Januar 1984 um 17.27 Uhr erblickte RTLplus in Luxemburg das Licht der Welt. Über die erste Frequenz, den Kanal 7 in Dudelange, empfingen rund 200.000 Haushalte den Sender. Bereits 1985 verbreitete RTLplus sein Programm über den Satelliten ECS und wurde in die ersten deutschen Kabelnetze eingespeist.

Was in den folgenden Jahren geschah, ist große TV-Geschichte. Auf der Schwelle zum neuen Jahrzehnt konnte RTLplus eine stolze Bilanz ziehen: 13 Millionen Haushalte empfingen den Sender, der 1988 nach Köln umzog.

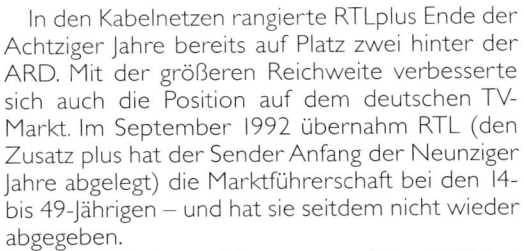

In den Kabelnetzen rangierte RTLplus Ende der Achtziger Jahre bereits auf Platz zwei hinter der ARD. Mit der größeren Reichweite verbesserte sich auch die Position auf dem deutschen TV-Markt. Im September 1992 übernahm RTL (den Zusatz plus hat der Sender Anfang der Neunziger Jahre abgelegt) die Marktführerschaft bei den 14- bis 49-Jährigen – und hat sie seitdem nicht wieder abgegeben.

Der Erfolg kam nicht von ungefähr: 1992 hat RTL Formate wie „Traumhochzeit" mit *Linda de Mol*, das Mittagsmagazin „Punkt 12", die erste deutsche Daily Soap „Gute Zeiten, schlechte Zeiten", das Boulevard-Magazin „Explosiv", den Daily Talk „Hans Meiser" und die US-Serie „Beverly Hills 90210" ins deutsche Fernsehen gebracht.

Als erster Privatsender startete RTL 1994 eine aufwändige Informationsoffensive: „Punkt 7", „Exclusiv", „Extra" und das „RTL Nachtjournal" gingen auf Sendung und ergänzen seitdem die Hauptnachrichtensendung „RTL Aktuell".

Auch mit seinen sportlichen Top-Events ist RTL ganz vorn: Die beiden Boxkämpfe *Henry Maske* gegen *Graciano Rocchigiani* (14. Oktober 1995) und *Axel Schulz* gegen *Frans Botha* (9. Dezember 1995) erzielten mit 17,59 Millionen bzw. 18,03 Millionen die höchsten RTL-Quoten aller Zeiten. 15,41 Millionen Zuschauer verfolgten am 26. Oktober 1997 den Großen Preis von Europa.

Abenteuerliche Stunts und spannungsgeladene Fälle: „Alarm für Cobra 11 – Die Autobahnpolizei" startete am 12. März 1996 und setzte neue Maßstäbe im Hinblick auf Action im Fernsehen. Am 3. September 1999 fragte *Günther Jauch* erstmals „Wer wird Millionär?" und löste in Deutschland einen Quizboom aus. Im Jahr 2001 etablierte RTL mit „Die 80er Show" das Genre Timetainment. An den Erfolg schloss sich 2003 „Die 70er Show" nahtlos an.

Mit „Deutschland sucht den Superstar" hatte der Sender das Fernsehhighlight des Jahres 2003 im Programm: Bis zu 15,05 Millionen Fans verfolgten, wie *Alexander Klaws* von den Zuschauern zum Superstar gewählt wurde.

Seit 2003 zeigt RTL mit Erfolg erstklassige Coachingformate wie „Einsatz in 4 Wänden" und „Die Super Nanny". Ein weiterer Publikumshit war „Ich bin ein Star – Holt mich hier raus!": 54,1 Prozent der 14- bis 49-Jährigen sahen am 20. Januar 2004 das Finale der ersten Staffel.

2006 bescherte die Fußball-WM RTL Traumquoten: Mit 14,63 Millionen Zuschauern (MA 14-49: 51,6 Prozent) war das Spiel Portugal gegen Niederlande am 25. Juni die meistgesehene RTL-Sendung des Jahres. Auch die anderen von RTL übertragenen Sonntagsspiele erzielten hervorragende Marktanteile von bis zu 58,6 Prozent beim jungen Publikum.

Das fiktionale Highlight des Jahres war die RTL-Eigenproduktion „Die Sturmflut". Der Event-Zweiteiler begeisterte im Februar 2006 Kritiker und Publikum gleichermaßen: 11,58 Millionen Zuschauer schalteten am 19. Februar den ersten Teil des packenden Eventfilms ein (MA 14-49: 38,9 Prozent). Beim zweiten Teil fieberten am Tag darauf ebenfalls über 11 Millionen Zuschauer an den Bildschirmen mit (MA 14-49: 39,2 Prozent).

Mit 16,07 Millionen Zuschauern (MA 14-49: 64,4 Prozent) war der Revanchekampf von *Henry Maske* gegen *Virgil Hill* am 31. März 2007 die meistgesehene RTL-Sendung der Saison 2006/2007. Mit einem durchschnittlichen Marktanteil von 31,2 Prozent erzielte die vierte Staffel von „Deutschland sucht den Superstar" ebenfalls Top-Quoten bei den jungen Zuschauern.

Weitere Quotengaranten sind der Quiz-Klassiker „Wer wird Millionär?" mit bis zu 9,66 Millionen Zuschauern sowie die Rennen der Formel 1, die bis zu 13,45 Millionen verfolgten. Immer mehr Fans gewinnen die US-Serien bei RTL: „Dr. House" ist mit bis zu 6,20 Millionen Zuschauern (MA 14-49: bis zu 31,2 Prozent) die erfolgreichste US-Serie im deutschen Fernsehen, knapp gefolgt von „CSI: Miami" mit bis zu 6,01 Millionen Zuschauern (MA 14-49: bis zu 29,9 Prozent).

PRODUKT

RTL Television gehört innerhalb des dualen Systems in Deutschland zum privaten Rundfunk, das heißt, der Sender muss sich im ökonomischen Wettbewerb behaupten und finanziert sich im Wesentlichen aus Werbeerlösen. Deshalb ist es für den Kölner Sender wichtig, Programm zu machen, das den Zuschauern gefällt – und das gelingt keinem so gut wie RTL! Als unangefochtener Marktführer bei den 14- bis 49-Jährigen liegt RTL seit September 1992 Monat für Monat ohne Unterbrechung und mit deutlichem Vorsprung vor allen übrigen Sendern.

Ausschlaggebend für den Erfolg von RTL Television ist der gelungene Mix aus Unterhaltung und Information, aus Bewährtem und Innovation, aus Zuverlässigkeit und Event-Fernsehen. Kurz: RTL punktet in allen Genres. Außerdem ist auf RTL Verlass: In den Nachrichtensendungen werden die Zuschauer schnell und aktuell informiert. Egal was passiert, sie verpassen nichts. RTL hat es als einziger Privatsender geschafft, erfolgreich in die einstige Domäne der Öffentlich-Rechtlichen einzudringen. Ein besonderer Verdienst dabei: Der Sender hat neue Zielgruppen für den Informationsbereich erschlossen – die jungen Zuschauer! Die RTL-Formate sind beständig und dabei jung und dynamisch.

AKTUELLE ENTWICKLUNG

RTL Television ist heute viel mehr als ein Fernsehprogramm: Der 1984 gegründete Sender hat sich zur Unternehmensgruppe mit zahlreichen Engagements rund um das Kerngeschäft Fernsehen entwickelt.

Dazu zählen unter anderem der Fernsehsender VOX, der Nachrichtenkanal n-tv, die für alle interaktiven und transaktionsbasierten Geschäftsfelder zuständige RTL interactive, das Vermarktungsunternehmen IP Deutschland sowie der technische Dienstleister CBC. Auch die Beteiligungen der RTL Group an RTL 2 und Super RTL werden von Köln aus verantwortet.

Ziel ist es, mit der Marke RTL auf allen Bildschirmen präsent zu sein. RTL besetzt daher viele Felder und testet in vielen Bereichen, damit sich der Sender in einer guten Position befindet, wenn sich erfolgreiche Geschäftsmodelle abzeichnen. Im Mittelpunkt aller Aktivitäten steht dabei immer der Mehrwert für die Zuschauer.

Mit clipfish.de hat RTL als erstes deutsches Fernsehunternehmen Mitte 2006 ein eigenständiges Internet-Portal gelauncht, auf dem User selbst produzierte Kurzfilme hoch laden und der Öffentlichkeit zugänglich machen können. Anders als bei You Tube steht bei clipfish 'Content made in Germany' im Mittelpunkt.

Seit dem 1. Dezember 2006 wird das Free-TV-Angebot der RTL-Senderfamilie durch die drei digitalen Spartenkanäle „RTL Crime", „RTL Living" und „Passion" ergänzt. Ausgewählte RTL-Programme in DVD-Qualität, Serien-Archive, Preview-Funktion und Abrufmöglichkeiten rund um die Uhr bietet seit Februar 2007 RTLnow.de, das Video-on-Demand-Angebot von RTL.de im Internet.

WERBUNG

Die Entwicklung vom ersten RTL-Slogan „Erfrischend anders" bis zum aktuellen Claim „Mein RTL" zeigt, dass RTL längst nicht mehr von der Provokation lebt, sondern von der emotionalen Nähe zu seinen Zuschauern. Diese Beziehung zu stärken und mit überraschenden Inhalten neu zu füllen ist Ziel jeder Werbemaßnahme. In einer ständig wachsenden Medienlandschaft wird die Bindung des Zuschauers zu seinem Sender immer wichtiger – keinem gelingt das bei den 14- bis 49-Jährigen so gut wie RTL. Ob in aufwändigen Startkampagnen, groß angekündigten Events oder saisonalen Highlights wie Weihnachten – bei RTL stehen die Emotionen im Mittelpunkt, der Mut zum großen Gefühl.

Ein weiterer Ausdruck der engen Bindung des Senders zu seinem Publikum sind die RTL Werbebreaks. Die kurzen Einspieler zwischen Programm und Werbeblock prägen das Image des Senders entscheidend mit. Zum ersten Mal von RTL so in Szene gesetzt, wird durch einen Blick, ein Lächeln der Protagonisten eine Beziehung zum Zuschauer aufgebaut. Die Einspieler ziehen sich durch den gesamten Programmtag und werden saisonal aktualisiert. So im Herbst 2007 mit einem RTL gebrandeten Paternoster, in dem bekannte RTL Persönlichkeiten mit kleinen spielerischen Einlagen zum Einsatz kommen.

Als erfolgreichster Privatsender Deutschlands besitzt RTL die größte Bandbreite von Bewährtem und Neuem. Eine Vielfalt, die auch für die Promotion gilt: RTL als eine klar integrierende Marke mit starker Zuschauerbindung und überraschenden neuen Trends. Dieser bewährte Charakter aus Beständigkeit und Innovation findet sich auch im Corporate Design wieder: ein moderner Auftritt, der die RTL-Kontinuität wahrt.

MARKENWERT

Für RTL ist der Markenwert klar definiert: Die Marke ist relevant, verlässlich, modern und ist als Marktführer nahe am Konsumenten. Innovation, Qualität und Vielfalt bilden die Basis für alle Senderaktivitäten – und der Erfolg gibt RTL Recht. Als breit positionierter Familiensender hat RTL Entertainment in Deutschland neu definiert.

Mit seinen klar strukturierten Tagesbrands hat der Sender einen zuverlässigen Zuschauer-Flow geschaffen und neue Standards gesetzt. Für die Mehrzahl der 14- bis 49-Jährigen werberelevanten Zuschauer ist RTL die vertrauensvolle „Homebase" in der TV-Landschaft. Dieser stabile Markenwert ist einmalig am deutschen Fernsehmarkt. Für seine Werbekunden erzielt RTL damit eine größtmögliche Planbarkeit und bleibt offen für Programminnovationen.

www.rtl-television.de

Wussten Sie schon von RTL?

○ RTL ist die Abkürzung für Radio Télévision Luxembourg.

○ Zum Start 1984 sendeten die 25 Mitarbeiter das Programm aus einer Villa in Luxemburg Stadt.

○ 1993 führte RTL als erster Sender das so genannte „Programm-Stripping" ein, das heißt, die Zuschauer können seitdem an jedem Werktag zur selben Zeit dasselbe Programmformat sehen.

○ Seit 1996 gibt es den RTL-Spendenmarathon. Insgesamt kamen bisher über 56 Millionen Euro für Not leidende Kinder zusammen, mehr als 66 Projekte in Deutschland und der Welt wurden finanziert. Dafür bekam RTL den UNESCO-Medienpreis und das DZI-Spendensiegel.

SCHLECKER
SCHLECKER HOMESHOPPING www.SCHLECKER.com

MARKT

Der Drogerie-Discounter SCHLECKER ist mit einem Marktanteil von 70 Prozent aller Drogeriemärkte in Deutschland unangefochtener Marktführer.

SCHLECKER gehört zu den 25 größten Handelsunternehmen in Europa und wächst nachhaltig weiter. Allein in Deutschland hat der Discounter ein Verkaufsstellennetz von mittlerweile über 10.800 Drogeriemärkten aufgebaut. Über 3.200 Märkte wurden bisher im übrigen Europa eröffnet.

Das schwäbische Unternehmen mit Sitz in Ehingen setzt seine konsequente Expansionspolitik fort. Kein anderer deutscher Wettbewerber erreichte in den letzten 30 Jahren nur annähernd derartige Neueröffnungszahlen in Deutschland wie SCHLECKER. Trotz eines wettbewerbsintensiven Marktumfeldes liegt der Bekanntheitsgrad von SCHLECKER bei nahezu 100 Prozent. SCHLECKER erfüllt aufgrund seiner deutschlandweiten Durchdringung mit für die Verbraucher nahe gelegenen Einkaufsstätten eine wichtige Nahversorgerfunktion. Kein vergleichbarer Wettbewerber erreicht eine solch starke Präsenz auf dem Markt. Ein ausgewogenes und ständig aktualisiertes Sortiment sorgt dafür, dass jede Woche über 16 Millionen Kunden ihre Drogerieartikel bei SCHLECKER kaufen.

Das Unternehmen arbeitet vollkommen unabhängig und unter der Rechtsform einer Einzelgesellschaft. Alleininhaber ist *Anton Schlecker*, der eigenständig über die Strategie und die Unternehmenspolitik entscheidet. Somit kann auch die Expansion des Discounters forciert und ohne Fremdkapital finanziert werden.

ERRUNGENSCHAFTEN UND ERFOLGE

SCHLECKER ist in 13 europäischen Ländern mit Drogerie-Märkten präsent. Der Discounter betreibt in Österreich 1175, in Spanien 1164, in den BeNeLux-Ländern 280, in Frankreich 200 und in Italien 292 Drogerie-Märkte. Sämtliche Märkte werden wöchentlich von einem der 25 eigenen Logistik-Service-Center mit Waren versorgt. Im Jahr 2006 erwirtschaftete der Drogerie-Discounter einen Umsatz von 6,9 Milliarden Euro.

Über 52.000 Mitarbeiter arbeiten bei SCHLECKER. Damit ist SCHLECKER das größte Drogeriemarktunternehmen Europas. Darüber hinaus haben bislang drei Millionen Kunden den Online-Shop von SCHLECKER genutzt. Damit ist www.SCHLECKER.com bereits heute das meistgenutzte Drogeriewarengeschäft im Internet.

GESCHICHTE

Im Alter von 21 Jahren trat *Anton Schlecker* im Jahr 1965 in das von seinem Vater gegründete Unternehmen ein. Damals bestand die Firma SCHLECKER in Ehingen/Donau aus einer Fleischwarenfabrik und 17 Metzgerei-Filialen. Noch ahnte *Anton Schlecker* nicht, welche Dynamik in der Unternehmensentwicklung er bewirken sollte. Bereits im Jahr seines Eintritts in das väterliche Unternehmen baute *Schlecker* am Stadtrand des schwäbischen Ehingen das erste Selbst-Bedienungs-Warenhaus. Dem folgten zwischen 1972 und 1976 vier weitere Warenhäuser in Schwäbisch-Gmünd, Geislingen, Neu-Ulm und Göppingen.

Mit dem Wegfall der Preisbindung für Drogerie Artikel im Jahr 1974 erkannte *Schlecker* die Chance der damals noch jungen Vertriebsform des Discount-Marktes. Er nutzte sie frühzeitig, als er 1975 in Kirchheim/Teck seinen ersten Drogeriemarkt eröffnete. Das war der Beginn einer beispiellosen Unternehmensgeschichte. Bereits zwei Jahre später – 1977 – betrieb SCHLECKER einhundert solcher Märkte. 1984 durchbrach er mit seinem eintausendsten Drogeriemarkt eine in der Branche unüberwindbar geglaubte „Expansions-Schallmauer". Weitere zehn Jahre später hatte sich die Anzahl der Filialen europaweit verfünffacht.

Das enorme Expansionstempo, das der Drogerie-Discounter vorlegte, fußt auf einer effizienten Vertriebsorganisation. SCHLECKER war einer der ersten, der nach dem Fall der innerdeutschen Grenze in den neuen Bundesländern zahlreiche Drogerie Märkte eröffnete. Bereits 1987 begann SCHLECKER damit, sein Erfolgskonzept auf das europäische Ausland auszudehnen und baute zunächst ein Verkaufsstellennetz in Österreich auf. Der erste und entscheidende Schritt zur Expansion war getan, so dass bald darauf Tochtergesellschaften in Spanien und den Niederlanden gegründet wurden. Durch die Übernahme des französischen Unternehmens „Superdrug" fasste SCHLECKER 1991 auch in Frankreich Fuß. 1999 folgte der Markteintritt in Italien. 2004 eröffnete der Drogerie-Discounter die ersten Filialen in Dänemark und Polen.

Im Jahr 2007 betreibt SCHLECKER bereits über 14.000 Märkte in ganz Europa. Er gehört damit zu den 25 größten Handelsunternehmen und ist gleichzeitig europäischer Marktführer in der Drogeriebranche.

PRODUKT

Im Sortiment der SCHLECKER Drogeriemärkte dominieren die Herstellermarken, die zunehmend durch Eigenmarken ergänzt werden. Von Hygieneartikeln und Kosmetik bis hin zu Pflegeprodukten, Tiernahrung und einer Babypflegeserie bietet SCHLECKER eine reichhaltige Palette an eigenproduzierten Artikeln an. Die bewährten SCHLECKER AS Produkte sind in großer Vielfalt erhältlich. Doch SCHLECKER führt auch hochwertige Exklusivmarken wie die Duft- und AfterShave-Serie „WestLife" für den Mann, die Pflegeserie „Rilanja" für die Frau oder die „Babysmile" -Serie für Babys. Ergänzt wird das Sortiment durch die Gesundheitsmarken „Franziskus" und „Aktiva", die helfen, den Körper zu stärken und das Wohlbefinden zu fördern.

Mit den SCHLECKER Eigenmarken bietet das Unternehmen preiswerte und qualitativ hochwertige Produkte an, die mehrfach von Stiftung Warentest mit den Prädikaten „Gut" und „Sehr Gut" ausgezeichnet wurden. Die SCHLECKER Eigenmarken machen einen Anteil von circa 15 Prozent des Umsatzes aus.

AKTUELLE ENTWICKLUNG

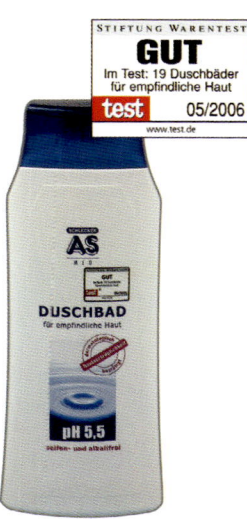

Neben den zahlreichen Drogeriemärkten in ganz Europa können SCHLECKER-Kunden auch bequem von zu Hause aus einkaufen. Seit dem Jahr 2000 ist SCHLECKER HOME SHOPPING die Adresse für Drogerieartikel im Internet. Über drei Millionen Kunden nutzen den Service bereits. Weitere 1,5 Millionen Haushalte werden mit dem SCHLECKER Bestellmagazin alle zwei Wochen über aktuelle Angebote informiert und können ihre Bestellung bequem per Telefon, Brief, Fax tätigen. Der Direktservice bietet die Möglichkeit, Bestellungen auch vor Ort im SCHLECKER Markt aufzugeben, abzuholen und auch zu bezahlen.

SCHLECKER ist in Deutschland Marktführer unter den Drogerie-Discountern. Das straff organisierte Management unter Leitung von *Anton Schlecker* ermöglicht schnelle Entscheidungen und deren unmittelbare Umsetzung. Dieser Wettbewerbsvorteil durch die vollständige Unabhängigkeit unterstützt die Expansionspolitik des Unternehmens, die konsequent weiter verfolgt werden soll. Zuletzt kamen Drogeriemärkte in Dänemark, Tschechien, Polen, Portugal und Ungarn hinzu. Weitere Eröffnungen in anderen europäischen Ländern sind geplant.

Die strategische Zielsetzung besteht darin, die in- und ausländischen Ländermärkte möglichst stark zu durchdringen. Dabei beschränkt sich SCHLECKER konsequent auf den SCHLECKER Drogeriemarkt, der im Durchschnitt auf 200 Quadratmetern Verkaufsfläche rund 4000 Artikel führt.

WERBUNG

Die Nähe zum Verbraucher ist SCHLECKER wichtig. Der Discounter kommuniziert seine Preisführerschaft daher auf verschiedenen Wegen. Kunden können sowohl im SCHLECKER Markt um die Ecke einkaufen, als auch über das Internet bequem von zu Hause aus. Überall erfahren sie von den Dauerniedrigpreisen und den wöchentlich wechselnden Sonderangeboten.

In allen Märkten liegt die kostenlose SCHLECKER Kundenzeitschrift aus, die mit einer Gesamtauflage von 1,5 Millionen Exemplaren eine Leserschaft von 4,42 Millionen und damit eine Reichweite von 6,8 Prozent erreicht (Quelle: AWA 2004). Das SCHLECKER Kundenmagazin ist das führende deutsche Printmedium am Point of Sale – 2004 verzeichnete es den stärksten Reichweitenzuwachs aller erfassten Werbeträger.

Doch SCHLECKER setzt auch die Verkaufsstellen selbst gekonnt als Kommunikationsinstrumente ein. Während die Aufmerksamkeits- und Erinnerungswerte der klassischen Werbung sinken, werden über 60 Prozent aller Kaufentscheidungen im Geschäft gefällt. Mit SCHLECKER TV erreicht der Discounter wöchentlich zwischen 16 und 20 Millionen Kunden am Point of Sale und kann mittels dieses Kanals gezielt auf aktuelle Angebote und Produktneuheiten hinweisen. So bietet SCHLECKER TV die Möglichkeit, zusätzlich zu den klassischen Werbespots individuelle Informationen direkt an den Kunden weiter zu geben. SCHLECKER entwickelt die Inhalte gemeinsam mit den Handelspartnern und produziert die Sendungen im eigenen TV-Studio.

MARKENWERT

„Modern... große Marken... preisberühmt" – unter diesem Motto steht SCHLECKER seit über 30 Jahren für günstige Drogerieprodukte. Und das nicht nur in Deutschland, sondern europaweit. Mit einem Bekanntheitsgrad von nahezu 100 Prozent und einem Marktanteil von 70 Prozent aller Drogeriemärkte in Deutschland ist SCHLECKER der Spitzenreiter im Drogeriehandel. Jede Woche kaufen über 16 Millionen zufriedene Kunden bei SCHLECKER ein – Tendenz steigend.

www.schlecker.com

Wussten Sie schon von SCHLECKER?

○ In Ehingen, dem Hauptsitz von SCHLECKER in Deutschland, steht derzeit Europas modernstes Versandzentrum. Alle über das Internet beauftragten Bestellungen aus ganz Europa, werden in Ehingen bearbeitet. Ehingens exzellente Lage – die Stadt liegt im geographischen Mittelpunkt Europas – wird genutzt und das Versandzentrum weiter ausgebaut.

○ SCHLECKER baute in den vergangenen Jahrzehnten das größte Verkaufsstellennetz in Deutschland auf. Bereits alle drei Kilometer finden Kunden heute einen SCHLECKER Markt.

○ Bei Frauen ist SCHLECKER die Nummer Eins: Laut einer Untersuchung der Frauenzeitschrift „Brigitte" über das Einkaufsverhalten von 25 Millionen Frauen zwischen 14 und 64 Jahren ist SCHLECKER der absolute Spitzenreiter im Drogeriemarkt. Mit einer Bekanntheit von 94 Prozent, einem Sympathiewert von 43 Prozent und der Zahl der Einkäufe von 62 Prozent lässt der Ehinger Discounter die Konkurrenz weit hinter sich (Quelle: Brigitte Kommunikationsanalyse 2004).

○ SCHLECKER wird sich auch künftig seine Unabhängigkeit bewahren, denn das Unternehmen bleibt in den Händen der *Familie Schlecker*. Die Unternehmensnachfolge ist bereits geklärt: Später werden *Lars* und *Meike Schlecker* den Discounter übernehmen, die bereits jetzt von ihren Eltern erfolgreich in die Geschäftsabläufe integriert und in die Firmenleitung eingebunden werden.

Schwarzkopf

MARKT

Eine der wichtigsten Marken von Henkel ist Schwarzkopf. Alle Produkte zur Haarpflege und Haarkosmetik sind innerhalb des Unternehmensbereichs Kosmetik und Körperpflege unter dieser Dachmarke zusammengefasst. Neben den Marken für den Endverbraucher (Schwarzkopf Retail) werden spezielle Markenartikel für das Friseurgeschäft (Schwarzkopf Professional) angeboten.

Schwarzkopf gehört mit seinem überdurchschnittlichen Wachstum zu den führenden Marktteilnehmern. Schwerpunkt der Strategie im Bereich Haarkosmetik ist die kontinuierliche Entwicklung der Dachmarke sowie eine Fokussierung auf die Kernkompetenzen. Sowohl bei den Endverbraucherprodukten als auch im Bereich Schwarzkopf Professional sorgen Produktinnovationen für den kontinuierlichen Ausbau der Marktanteile.

ERRUNGENSCHAFTEN UND ERFOLGE

Die Basis für die erfolgreiche Historie von Schwarzkopf bildeten von Anfang an Innovationen und technologische Meilensteine. Berühmte Beispiele sind die Marken Gliss Kur und Schauma, die Haarstylingmarke Drei Wetter Taft oder auch eine Vielzahl von Colorationsmarken wie Igora. Einige Highlights aus jüngerer Zeit:

- 1998 Poly - Re-Nature
  Erstmalig erfüllte die Re-Pigmentierungs-Creme Re-Nature die Ansprüche von Verbrauchern mit ersten grauen Haaren und schaffte den sofortigen Durchbruch am Markt.
  Wirkung: Pigmente, die zum eigenen Haar identisch sind, sättigen die Haarstruktur und bringen Schritt für Schritt den ursprünglichen Haarton zurück.
- 2000 Gliss Kur – Scan Repair Complex
  Die Scan Repair-Technologie verleiht dem Haar wirksame, maßgeschneiderte Pflege ohne es zu beschweren.
  Wirkung: Kräftigende Pflegestoffe setzen sich gezielt auf Schadstellen im Haar. So gelangt die Repair-Wirkung genau dorthin, wo sie gebraucht wird.
- 2003 Gliss Kur - Liquid Silk-Technologie
  Die völlig neue Liquid Silk-Technologie enthält spezielle Fibroin- und Sericin-Proteine. Das Haar erhält faszinierenden Glanz und Geschmeidigkeit.
  Wirkung: Die Hauptinhaltsstoffe von echter Seide, Sericin und Fibroin werden verflüssigt und im natürlichen Verhältnis zusammengesetzt. Die Produkte verleihen dem Haar die Geschmeidigkeit und den Glanz von Seide.

GESCHICHTE

Die Marke Schwarzkopf geht auf *Hans Schwarzkopf* zurück, der 1898 in Berlin eine kleine Drogerie eröffnete. Aus der damals so genannten „Farben-, Drogen- und Parfümeriehandlung" entstand im Laufe der Zeit eines der bedeutendsten Haarkosmetik-Unternehmen der Welt.

Das Unternehmen legt einen Schwerpunkt auf die Entwicklung neuer Produkttechnologien. Bis 2006 wurden bereits 7600 Patente angemeldet.

Bereits 1903 entwickelte *Hans Schwarzkopf* das erste Pulver-Shampoo. Es war die Alternative zu den bis dahin üblichen teuren Ölen und groben Seifen. Die einfach anwendbare Neuheit begeisterte die Kundinnen. 1904 wurden bereits erste Vertriebskontakte in die Niederlande und nach Russland hergestellt. Die starke Nachfrage ließ das Geschäft rasant wachsen.

1927 kam das erste flüssige Shampoo auf den Markt. Ein Jahr später erhielt Schwarzkopf das erste Patent für ein „Nachspülmittel für die Haare": Schwarzkopf Haarglanz. Der Prototyp aller modernen Shampoos wurde 1933 entwickelt. Onalkali ist weltweit das erste seifenfreie Shampoo.

Eine weitere Innovation folgte 1947 mit der ersten kalten Dauerwelle in Deutschland. Das revolutionäre Produkt ermöglichte den Frauen, das Haar permanent zu wellen, ohne es auf fast 100 Grad erhitzen zu müssen.

1949 wurde der Markenname Schauma geboren. Der Name entwickelte sich schnell zu einem Synonym für den Begriff Shampoo. Auch ein anderer großer Name schaffte es Anfang der Fünfziger Jahre auf den Markt. Taft – das flüssige Haarnetz – wurde zu einem der bekanntesten Markenartikel der Wirtschaftswunderzeit. Seit 1971 heißt die Marke Drei Wetter Taft.

1960 wurde Igora Royal gelauncht. Es ist die Top-Coloration von Schwarzkopf Professional und gilt als eine der weltweit bedeutendsten im Friseurbereich. Im Jahr 1972 führte Schwarzkopf die „Schwarzkopf-Methode" ein: Sie besteht aus einem systematischen Konzept rund um die Dauerwelle – bestehend aus Beratung, Produkten, Technologie und Training.

Der Zeit weit voraus und als einer der ersten internationalen Kosmetikhersteller stellte man 1987 auf FCKW-freie Treibmittel für Haarsprays um.

1991 führte Schwarzkopf Professional mit Igora Botanic eine Farbe auf reiner Pflanzenbasis ein und begegnete damit dem Trend zu natürlichen Produkten.

1995 übernahm Henkel das Unternehmen Schwarzkopf. Schwarzkopf & Henkel wurde zu einem der führenden Anbieter im Bereich Haarkosmetik. Henkels Poly Colorationen, erstmals 1947 von der TheraChemie vermarktet, die Körperpflegeserie Fa sowie die Gesichtspflegeserie Aok ergänzten sich ausgezeichnet mit den Schwarzkopf-Produkten.

Die Coloration Brillance, 1989 als Poly Color Intensiv-Color-Creme von Henkel gestartet, ist heute Marktführer in Deutschland. Im Jahr des 100. Jubiläums gibt es eine weitere bahnbrechende Erfindung. Re-Nature ist die erste Re-Pigmentierungs-Creme für graues Haar, die den natürlichen Haarton zurückbringt.

Im Bereich Schwarzkopf Professional kam im Jahr 2000 die Marke Osis in den Handel. Osis ist eine von Top-Stylisten inspirierte Styling-Marke für den Friseurbereich.

2004 fand die Marke got2b den Weg in den europäischen Einzelhandel. Im folgenden Jahr gab es weitere Innovationen: Neben dem Ansatz-Kaschierstift wurde Natural & Easy eingeführt. 2007 kam das erste Pflege-Tönungs-Gel Men Perfect auf den Markt.

PRODUKT

Schwarzkopf Retail ist in drei Bereiche aufgeteilt: Colorationen, Pflege und Styling.

Zu den Marken im Bereich Colorationen gehören der Ansatz-Kaschierstift, Brillance, Country Colors, Diadem, das Diadem Ansatzset, Live, Men Perfect, Natural & Easy, Poly Color, Poly Blonde und Re-Nature.

Im Bereich Pflege werden die Marken Gliss Kur, Schauma, Activ F/M Dr. Hoting sowie Seborin angeboten.

Zu den Styling-Marken gehören Drei Wetter Taft und got2b.

Das Friseurgeschäft von Schwarzkopf Professional setzt auf Marken wie seah hairspa und BC bonacure im Bereich Haarpflege, auf blondme und IGORA im Bereich Colorationen und die Styling-Linien Natural Styling, strait styling, OSiS und SILHOUETTE.

AKTUELLE ENTWICKLUNG

Im Jahr 2006 investierte Henkel über 50 Millionen Euro in die Entwicklung von neuen Produkten und Marken. Diese Investitionen wurden vor allem eingesetzt, um Marken zu entwickeln, die das Leben der Menschen leichter, besser und schöner machen. Innovationen gelten als die Basis für den Unternehmenserfolg. Beispielhaft können hier die aktuellen Neuheiten Gliss Kur Total Repair 19 oder Activ F/M Dr. Hoting genannt werden.

WERBUNG

Als Dachmarke vieler verschiedener Produkte schaltet Schwarzkopf selbst keine separate Werbung, sondern begleitet im Retail-Bereich die spezifischen Markenkampagnen mit dem bekannten Schwarzkopf-Logo und dem unverwechselbaren Claim „Professional HairCare for you". Professionelle Haarpflege ist dank Schwarzkopf nicht nur für Stars, sondern für jeden einzelnen Verbraucher möglich.

Die Kundenzeitschrift FOR YOU, die zweimal im Jahr auflagenstarken Frauen- und Publikumstiteln beigelegt wird, sowie die aktuelle und mit hilfreichen Tipps hervorragend ausgestattete Webseite schwarzkopf.de präsentieren die Marke Schwarzkopf in der Öffentlichkeit.

Sponsoring-Aktivitäten werden eingesetzt, um das positive Image und die Fachkompetenz von Schwarzkopf weiter zu stärken. Trendkompetenz beweist Schwarzkopf mit den Looks: Im Endverbrauchermarkt präsentieren diese einmal im Jahr die neuesten Trends, die durch Schwarzkopf Produkte individuell umgesetzt werden können. Die Essential Looks aus dem Professional-Bereich erscheinen zweimal jährlich. Sie sind visionär in ihrer Vorausschau, setzen stets neue Maßstäbe und bleiben dabei kommerziell umsetzbar. Schwarzkopf Professional formuliert mit dem Slogan „Together. A passion for hair" die Leidenschaft für Haare und führt 80 Länder und 160.000 Salons unter diesem Leitsatz zusammen.

MARKENWERT

Die Marke Schwarzkopf genießt in Deutschland eine gestützte Bekanntheit von 95 Prozent und wird durch die mehr als 100jährige Geschichte als eine Marke mit Tradition wahrgenommen. So wurde sie 2007 von den Readers Digest Lesern zum siebten Mal in Folge zur „vertrauenswürdigsten europäischen Marke" gekürt. Zahlreiche andere Werbe-Auszeichnungen unterstreichen den Ruf für effektive, inspirierende und wirkstoffreiche Haarprodukte, die die Bedürfnisse der Verbraucher bestens erfüllen und durch ihr gutes Preis-Leistungsverhältnis auffallen.

www.schwarzkopf.de

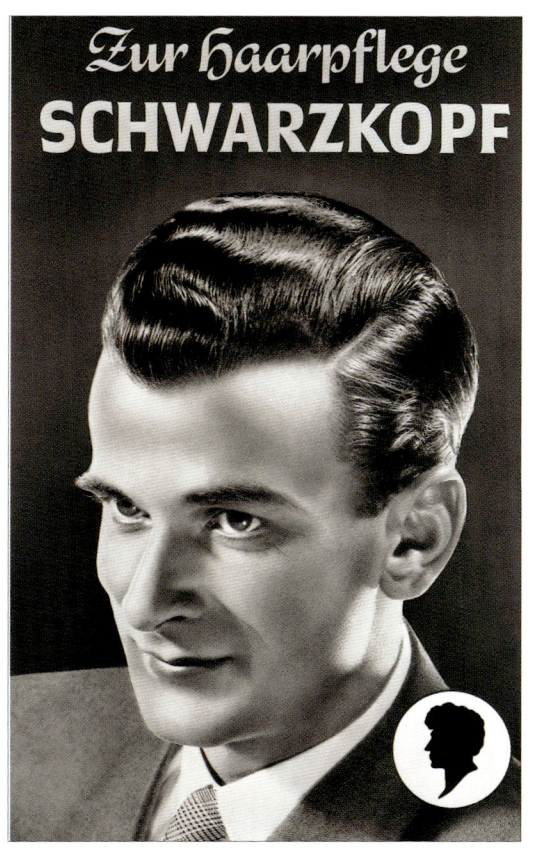

Wussten Sie schon von Schwarzkopf?

○ Allein in einer Minute produziert Henkel weltweit 5.600 Kosmetik Produkte.

○ Schwarzkopf steht für Innovation, Zuverlässigkeit, Qualität, Vertrauen und Kompetenz – Werte, auf denen die erfolgreiche Vergangenheit basiert und die auch die Zukunft der Marke bestimmen. Die Leidenschaft für schönes Haar spiegelt sich in jedem der angebotenen Produkte wider. Schwarzkopfs Akademien und Studios sind anerkannte Zentren, die Friseure in der ganzen Welt schulen und inspirieren.

○ Henkel nimmt seine ethische und umweltpolitische Verantwortung sehr ernst und betreibt ein effektives Programm für Umweltschutz und Sozialverantwortung auf globaler wie auch regionaler Ebene. Dieses Programm ist untrennbar mit dem zukünftigen Erfolg von Henkel verknüpft.

○ Auf der Homepage finden Sie wichtige Tipps und Informationen rund um Schwarzkopf. News & Trends, Looks, sowie zahlreiche Produktinformationen sind neben der erfolgreichen Geschichte Schwarzkopfs detailliert beschrieben..

MARKT

Wo Kinder sind, sind Smarties. Die leckeren bunten Schokoladenlinsen laden nicht nur die Kleinen zum Spielen und Naschen ein – auch Kuchen oder Nachtisch lassen sich toll mit den Linsen dekorieren. Und was wäre ein Kindergeburtstag ohne Smarties?

Fast jedes Kind und jeder Erwachsene in Deutschland kennt die leckeren, bunten Schokolinsen. Smarties ist die Süßwarenmarke, die vor allen Dingen die Kreativität und die Fantasie der Kinder anregt. Doch ist die Zielgruppe von Smarties nicht nur auf Kinder beschränkt, denn in den meisten Fällen kaufen die Eltern und Großeltern die bunten Schokolinsen – und das hauptsächlich als Geschenk für den Nachwuchs oder die Enkel. Ganz gleich ob als Belohnung, Geschenk oder einfach als nettes Mitbringsel: Smarties kommen bei den Kleinen immer gut an, denn sie lieben die Schokolinsen nicht nur wegen der bunten Farben, sondern auch wegen der knackigen Milchschokolade. Doch nicht nur die Kinder essen Smarties – auch „die Großen" naschen immer wieder gerne von der leckeren Süßigkeit!

Der Markt der „süßen Knabberprodukte" ist hart umkämpft. Nichtsdestotrotz konnte sich Smarties als klare Nummer Drei in diesem Markt nicht nur behaupten, sondern im ersten Viertel des Jahres 2007 den Marktanteil weiter ausbauen.

ERRUNGENSCHAFTEN UND ERFOLGE

Schon eine echte Tradition ist der Schulanfang mit Smarties. Denn seit ihrer Markteinführung versüßen die bunten Schokolinsen den ABC-Schützen jedes Jahr den Schulbeginn – und sind ein echtes Muss für jede Schultüte. Mit der Schulanfangspromotion unterstützt Smarties die Kleinen beim Meistern der ersten Hürden im Schulalltag. So ermunterten im Jahr 2006 lustige Charaktere auf den Aktionspackungen die Kinder auf spielerische Art zum Lernen des Alphabets. Von jeder Sechseck-Rolle (38 Gramm) ließ sich eines der insgesamt 26 Lesezeichen mit einem Charakter und seinem jeweiligen Anfangsbuchstaben ausschneiden. Im Minibeutel steckten je zwei von sieben coolen Schulheftstickern zum Kleben, Sammeln und Tauschen. Die Rückseiten der Minischächtelchen waren zusätzlich mit einem Buchstabendomino bedruckt. So wird Buchstabieren zum süßen Vergnügen. Das fand auch die Fachjury des Salescup 2007 und wählte die Smarties Schulanfangspromotion zum Bronze-Gewinner aller bundesweiten Promotions des Jahres 2006.

Auch andere Auftritte von Smarties am Point of Sale wurden für ihre innovative und kreative Umsetzung mit zahlreichen Preisen ausgezeichnet. So wurde vor Kurzem die Jahresstart-Promotion 2007, welche unter dem Motto „Rummel im Dschungel" stand, von der renommierten Fachzeitschrift LZ Direkt zur Promotion des Monats Februar im deutschen Lebensmittelhandel gewählt.

Doch damit nicht genug, denn die bunten Schokolinsen konnten auch zahlreiche Innovationspreise gewinnen, zum Beispiel für neue Produkte wie die Fruity Smarties.

GESCHICHTE

Seit Generationen gehören Smarties einfach zum Kindsein dazu. Ganz klar, denn die Eltern von heute sind schon in ihrer Kindheit mit den bunten Schokolinsen aufgewachsen. Deshalb sind Smarties weit mehr als nur eine Süßigkeit: Sie sind zum Teil des kunterbunten Kinderlebens geworden – und das schon seit vielen Generationen!

Als Smarties im Jahre 1937 das „Licht der Welt" in Großbritannien erblickte, konnten die Produktentwickler noch nicht ahnen, welch großartige Erfolgsstory die ursprünglich „Chocolate Beans" genannten Linsen einmal werden würden. Vorausgegangen waren erfolgreiche Markttests in Schottland. Und schon damals hatten sie acht verschiedene Farben: rot, gelb, orange, grün, violett, pink, hell- und dunkelbraun. Genau zweieinhalb Jahrzehnte später, 1962, wurde die leckere Süßigkeit auch auf dem deutschen Markt eingeführt und sorgt seitdem für strahlende Kinderaugen und glückliche Gesichter. Neben Deutschland kamen auch Belgien, Holland, Frankreich und Italien in den Genuss der schokoladigen Innovation. Seit 1965 werden die Smarties auch hierzulande im Chokoladenwerk Hamburg-Wandsbek produziert.

Nachdem in Deutschland schon Ende der Achtziger Jahre die hellbraune Schokolinse gegen eine blaue ausgetauscht wurde, erhielten ab 1994 alle Länder eine einheitliche Farbgestaltung. Und mit den Smarties mini minis kam ab 1998 zusätzlich eine verkleinerte Version der beliebten Schokolinsen auf den Markt. Das sorgt für noch mehr Vielfalt und Abwechslung bei den kleinen Naschkatzen, denn mit den kleinen Packungen lässt es sich noch besser und kreativer spielen!

Auch haben die Smarties längst ihren Weg in die Tiefkühltruhen der Nation gefunden. Mit dem Smarties Pop Up Eis kam zusammen, was zusammengehört: leckeres Eis mit Vanillegeschmack und knackige Schokolinsen – eine perfekte Kombination. Auch für unterwegs kann Smarties mit dem idealen Angebot dienen: Die Riesenlinse – mit 40 Gramm Smarties gefüllt – ist einfach praktisch für die Fahrt in den Urlaub, als kleine Nascherei, beim Spielen im Garten und vieles andere mehr.

Erstmals kamen im Jahr 2000 die Smarties Saisonprodukte auf den Markt. Seitdem zaubern der Klapper-Klaus an Weihnachten und Klapper-Hase zu Ostern ein Lächeln auf die Kindergesichter – denn sie schmecken nicht nur herrlich schokoladig, sondern klappern und rasseln durch ihre mini Smarties-Füllung auch lustig beim Schütteln. Ergänzt werden sie durch den Multi-Klapper-Mix im Dreierpack und durch die saisonal gestalteten Riesenrollen im österlichen oder weihnachtlichen Gewand.

Fruchtige Smarties? Aber klar doch, denn aus einer Kooperation mit Haribo gehen 2003 die Fruity Smarties hervor. Der Clou: In den typisch farbenfrohen Linsen versteckt sich ein leckerer Goldbärenkern mit verschiedenen Geschmackssorten wie Aprikose, Apfel oder Erdbeere.

2005 wurde die kleine, runde Smarties Rolle mit 40 Gramm Inhalt auf ein neues Format mit sechs Ecken umgestellt. Sie ist fortan sowohl einzeln als auch im attraktiven Dreierpack erhältlich. Damit liegt sie nicht nur griffiger in der Kinderhand, auch lässt sie noch mehr Bastelideen in den Köpfen der kleinen Naschkatzen entstehen.

Seit 2007 werden die Smarties ohne künstliche Farbstoffe hergestellt – eine echte Innovation! Im gleichen Jahr kam der Smarties Family Pack auf den Markt. Das ist bunter Knabberspaß für die ganze Familie. Gefüllt mit 288 Gramm Smarties Schokolinsen lässt sich der praktische Beutel durch einen Zipper immer wieder aufs Neue kinderleicht öffnen und schließen. Ein schokoladig-buntes Snackerlebnis für Groß und Klein!

Heute werden die bunten Schokolinsen in mehr als 100 Ländern weltweit verkauft.

PRODUKT

Mit Smarties lernen Kinder nicht nur die einzelnen Farben zu unterscheiden. Selbst Zählen wird zum bunten Kinderspiel! Und was ist schöner, als erst ein kleines „Gemälde" zu legen und das Kunstwerk zur Belohnung einfach aufzuessen? Und wenn alles leer gegessen ist, fängt der Bastelspaß so richtig an: Getreu dem Smarties-Motto „Erst spielen, dann essen, dann spielen..." laden die unterschiedlichen Verpackungsformate zum Basteln und Bauen ein. Seit über 40 Jahren sind die Verpackungen Teil der Bastelutensilien im heimischen Kinderzimmer: So wird die Riesenrolle zum Fernrohr, werden die Sechs-Eck-Rollen zur Stiftebox oder die mini mini-Schächtelchen zur mittelalterlichen Burg – der eigenen Fantasie sind keine Grenzen gesetzt!

Derzeit umfasst das Smarties Standard-Programm die folgenden Produkte:
- **Die Smarties Riesenrolle** ist der Klassiker schlechthin – für die extragroße Portion Spiel und Spaß.
- **Die Smarties Hexagon-Rolle:** Genuss und Bastelspaß mit sechs Ecken, erhältlich als Einzelrolle oder im praktischen Dreierpack.
- **Die Smarties mini minis:** Die Vielseitigen – viele mini Smarties in kleinen Schächtelchen sorgen für eine gute Portionierbarkeit. Als Belohnung oder einfach nur für zwischendurch.
- **Die Smarties Riesenlinse:** Leuchtende Augen und Klapperspaß garantiert, besonders für unterwegs.
- **Der Smarties Family Pack:** Knabberspaß für die ganze Familie im wiederverschließbaren Standbodenbeutel.

AKTUELLE ENTWICKLUNG

Um dem gesteigerten Verbraucherbewusstsein nach natürlicheren Lebensmitteln entgegen zu kommen, werden alle Smarties seit Beginn 2007 nur noch ohne künstliche Farbstoffe hergestellt, denn als Produkt für Kinder gelten für Smarties natürlich nur die höchsten Qualitätsanforderungen. Trotzdem haben die bunten Schokolinsen ihr farbenfrohes Äußeres behalten.

Die aktuelle Schulanfangspromotion kann mit einem ganz besonderen Highlight aufwarten, denn in der Riesenrolle sind alle gelben Linsen mit den Buchstaben des Alphabets bedruckt – einfach ideal für die ersten Buchstabierversuche!

Natürlich setzen die Smarties-Produktentwickler auch weiterhin auf die Verpackung als kreatives Element, denn nach dem Naschen mit den leeren Kartons und Rollen zu spielen, neue Sachen zu „erfinden", zählen zu lernen oder gar ganze Städte und Züge zu bauen, gehört bei den Kids einfach dazu. Und natürlich ist es das Gesamterlebnis, was die Marke Smarties ausmacht: Das Klappern vor dem Öffnen der Packung, das Legen und Sortieren der Linsen, das Naschen – und natürlich das anschließende Spielen. Aus diesem Grund sind die Smarties als Geschenk so beliebt.

WERBUNG

Hand aufs Herz: Wer kennt ihn nicht, den Slogan „Viele, viele bunte Smarties"? Kein Wunder, denn er wird auch schon seit über 40 Jahren verwendet. Erstmals genutzt wurde er 1964 – und ist seitdem Synonym für eine der stärksten und beständigsten Süßwaren-Marken überhaupt.

Natürlich war Werbung mit Smarties schon immer kunterbunt – ganz egal, aus welchem Jahr und ganz gleich ob Print-Anzeige oder Fernsehwerbung. Bereits in den Fünfziger Jahren waren die Werbeplakate voll von den bunten Schokolinsen. Die gute Vollmilchschokolade und die bunte Markenwelt standen seit jeher im Vordergrund. Ziel der Werbung ist ein einheitlicher Auftritt und die konsequente Unterstützung und Markenführung der Marke Smarties, welche die Kreativität und Fantasie der Kinder anregen und ihren Spielspaß fördern soll. Die Werbung für die bunten Schokolinsen richtet sich jedoch nicht an Kinder, sondern an Eltern und Großeltern.

MARKENWERT

In Deutschland hat Smarties eine gestützte Markenbekanntheit von nahezu 100 Prozent und eine sehr hohe Käuferreichweite. Und das durch alle Altersgruppen hinweg, denn Smarties kaufen primär Eltern und Großeltern – besonders gerne, um die leckeren Schokolinsen an den Nachwuchs zu verschenken. Generationen von Menschen sind bereits mit den bunten Schokolinsen aufgewachsen. Der Claim „Viele, viele bunte Smarties" wurde in zahlreichen Befragungen von fast allen Teilnehmern wiedererkannt und ist damit einer der stärksten Claims im deutschen Süßwarenmarkt überhaupt.

www.nestle.de

OHNE KÜNSTLICHE FARBSTOFFE

Wussten Sie schon von SMARTIES?

- Das Chokoladenwerk Hamburg produziert jedes Jahr circa 6 Milliarden einzelne Smarties Linsen
- Eine Smarties Tagesproduktion genügt, um eine bunte Schokolinsenstrecke quer durch Deutschland zu legen, die Jahresproduktion reicht von der Erde bis zum Mond
- Ihren frisch polierten Glanz erhalten die Smarties durch einen Hauch Bienenwachs

MARKT

Zahlreiche epidemiologische Untersuchungen in der jüngsten Vergangenheit belegen, dass Kopfschmerz die Volkskrankheit Nummer Eins ist; immerhin ist er für 54 Millionen deutsche Bürger eine erhebliche Gesundheitsstörung. Im Laufe eines Jahres erlebt der größte Teil aller Deutschen eine oder mehrere Kopfschmerzattacken. Bereits in der Schule zählen Kopfschmerzen zu den häufigsten Beschwerden der Kinder.

Der Körper selbst verfügt über Endorphine, die den Schmerz kurzfristig ausschalten können. Bei anhaltenden und starken Schmerzen sind diese körpereigenen Schutzmechanismen allerdings nicht mehr oder nicht ausreichend wirksam. In der Schmerztherapie versucht man durch entsprechende Maßnahmen wie Bewegungstherapie, Wärme- und Kälteanwendungen, Akupunktur und Schmerzmedikamente (Analgetika) die Bildung dieser Endorphine zu fördern, ihre Wirkung zu ergänzen oder nachzuahmen.

Der Markt der freiverkäuflichen Schmerzmittel in Deutschland hat ein Volumen von 640 Millionen Euro und stagniert seit Jahren. Spalt gehört zu den Top-Marken in diesem Segment und ist derzeit in dem gesättigten Markt die am stärksten wachsende Marke.

ERRUNGENSCHAFTEN UND ERFOLGE

Die Zusammensetzung der Spalt-Tablette war bei ihrer Markteinführung 1932 äußerst modern und wird bis heute weiterentwickelt. Eine Reihe von Entwicklungen hat aus der Spalt-Tablette die Spalt-Familie werden lassen. Damit entsprechen die Produkte bis heute der Philosophie ihres Erfinders *Baginski*: „Neue Arzneimittel sollen immer eine Bereicherung darstellen."

In den Neunziger Jahren führte Spalt den Wirkstoff Ibuprofen in die Verschreibungsfreiheit. Zunächst die 200 Milligramm Einzeldosis, später auch 400 Milligramm. Seit dem Jahr 2000 ist Spalt mit Flüssigkapseln am Markt, die den modernen Wirkstoff Ibuprofen bereits in vollständig gelöster Form enthalten.

Erstmalig gelang es, ein vollständig gelöstes Ibuprofen in eine Gelkapsel zu bringen. Dieses innovative Verfahren wurde patentiert. Aufgrund der speziellen Galenik wirkt Ibuprofen nicht nur lange und stark, sondern auch schnell. Durch die Freisetzung eines vollständig gelösten Wirkstoffs aus einer Gelkapsel werden viermal so schnell wirksame Blutspiegel erreicht, wie nach Einnahme einer herkömmlichen ibuprofensäurehaltigen Tablette.

Spalt Flüssigkapseln gibt es für Migräne- und Arthrosepatienten, für Zahn- und Menstruationsschmerzen sowie generell für Schmerzen.

GESCHICHTE

Vor 75 Jahren, genau am 21. Juni 1932, brachte der Berliner Kaufmann *Maximilian Baginski* die Spalt-Tablette auf den Markt. Das Produkt sollte sein erfolgreichstes werden.

Kurz zuvor gründete er 1932 die Professor Dr. Much-AG mit Werk in Berlin-Pankow, die neben Spalt auch andere Präparate produzierte. Namensgeber war Professor *Hans Much*, Direktor des Instituts für Serologie und experimentelle Therapie am Eppendorfer Krankenhaus in Hamburg, bekannt für seine Tuberkuloseforschung und für seine Dichtkunst.

Die entschädigungslose Enteignung des Werkes Berlin-Pankow durch die Sowjetunion im Jahr 1945 machte einen Neuaufbau des Werkes erforderlich. Dieser wurde 1950 in Bad Soden-Taunus erfolgreich abgeschlossen.

In den Fünfziger Jahren wurden die weißen Tabletten im damaligen Metallröhrchen mit der Aufschrift „nur echt mit diesem Spalt" zur meist gebrauchten Schmerztablette Deutschlands.

1960 wurde Spalt bereits in 25 Länder exportiert.

Im Jahr 1972 wurde die Prof. Dr. Much AG von dem bedeutenden Pharmaunternehmen American Home Products übernommen und in Deutschland in das Unternehmen Whitehall International Inc. eingegliedert.

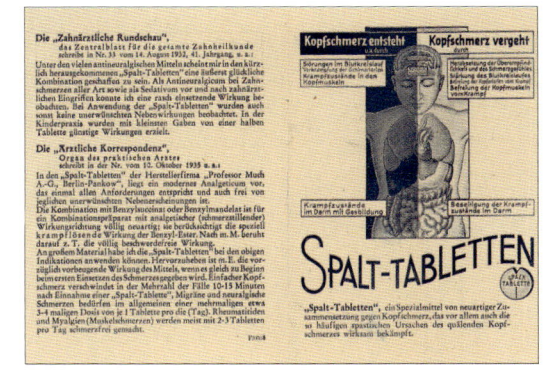

1997 zog die Much Pharma GmbH nach Münster und hieß ab sofort Whitehall-Much GmbH.

Heute repräsentiert Whitehall-Much, Münster, die Consumersparte des internationalen Pharmaunternehmens Wyeth in Deutschland.

Im Jahr 2000 führte Spalt mit Flüssigkapseln eine neue Darreichungsform mit modernem Wirkstoff ein. Die Flüssigkapsel von Spalt ist die einzige, die Ibuprofen vollständig gelöst enthält.

2006 kam mit Spalt Mobil Flüssigkapseln gegen Gelenkschmerzen bei Arthrose eine weitere Produktinnovation auf den Markt.

PRODUKT

Für die lange Tradition von Spalt steht die Spalt Familie. Dabei setzt Whitehall-Much mit seiner Produktreihe Spalt Classic nicht nur auf Tradition, denn der Name Spalt ist nach wie vor der Klassiker unter den Schmerzmitteln. Gerade Innovationen wie die Produktreihe Spalt Liqua spielen eine große Rolle.

Seit 75 Jahren bewährt gegen Schmerzen, haben sich die Spalt Schmerztabletten mit mehreren Wirkstoffen, deren schmerzlindernde Wirkung zusammen stärker ist als bei Einnahme der Einzelsubstanzen.

Spalt plus Coffein enthält ebenfalls die bewährte Acetysalicylsäure/Paracetamol-Kombination. Diese wird durch Coffein ergänzt, so dass die analgetische Wirkung deutlich schneller eintritt. Diese Zusammensetzung wird von der Deutschen Migräne und Kopfschmerzgesellschaft bei Migräne und Spannungskopfschmerz ausdrücklich empfohlen.

Doppelspalt Compact wirkt gegen starke Schmerzen. Das Analgetikum auf Basis von Acetylsalicylsäure ist für seine gute Wirksamkeit und Verträglichkeit bekannt. Durch den Zusatz von Coffein tritt auch hier die Wirkung schneller ein.

Doppel Spalt Compact ist gut geeignet gegen Rheumaschmerzen, Entzündungen und Fieber, zum Beispiel bei einer Erkältung.

Die einzigartigen Spalt Flüssigkapseln Spalt Forte, Spalt Migräne, Spalt Mobil sind herkömmlichen Ibuprofen-Tabletten deutlich überlegen: Die nur einen Millimeter dünne Gelatinehülle enthält flüssiges Ibuprofen. Sie ist besonders einfach zu schlucken und wird im Magen rasch aufgelöst. Da das Ibuprofen bereits vollständig gelöst ist, wird es schneller resorbiert und kann schnell wirken. Daneben überzeugen die Flüssigkapseln durch gute Verträglichkeit. Spalt Flüssigkapseln gibt es mit 200 und 400 Milligramm Ibuprofen sowie speziell zur Behandlung von Migräne oder zur Linderung vor Schmerzen bei bekannter Arthrose.

WERBUNG

Den Grundstein für eine überaus erfolgreiche Werbestrategie legte *Maximilian Baginski*, Firmengründer der Prof. Dr. med. Much AG, mit dem folgenden Auftrag an seinen Tablettenmeister: „Sagense mal Meester, könn'se en Loch in ne Tablette machen, oder ne Kerbe oder sonst wat, det man im Dunkeln fühlen kann, wat es is". Das Ergebnis kennen in Deutschland neun von zehn Erwachsenen.

Die ungewöhnliche Optik der Spalt-Tablette wurde zum Charakteristikum.

„Nur echt mit diesem Spalt", hieß es auf den berühmten historischen Metallröhrchen. Das Äußere und die Wirkung der Tablette verschmolzen zu einer Einheit: „Spalt spaltet den Schmerz", lautete der damalige Werbespruch.

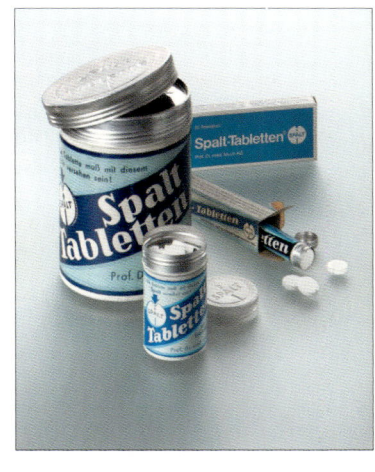

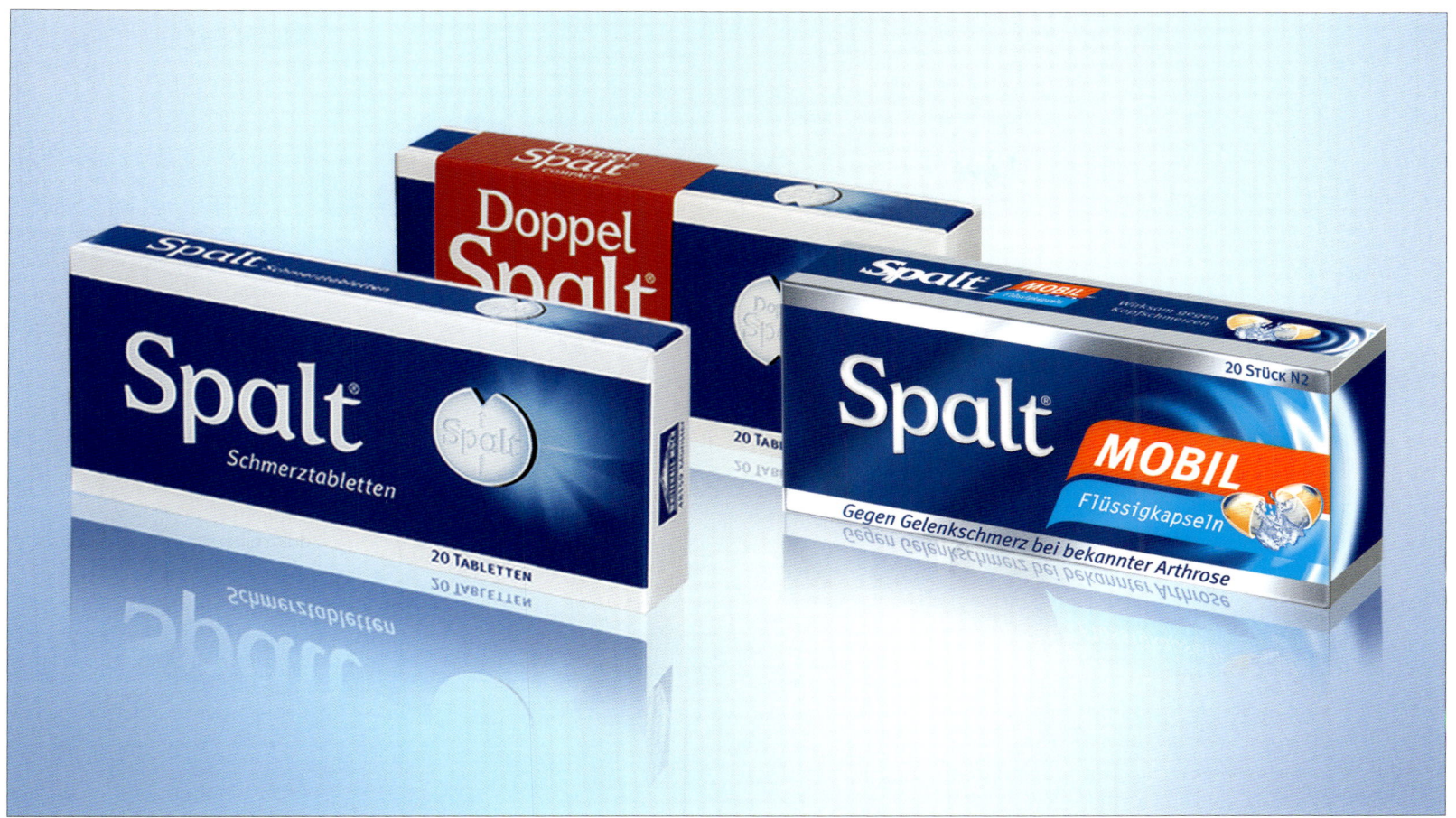

Den Schmerzmittelmarkt richtig in Schwung brachte die erste Kampagne des Werbeprofis *Baginski* zum Spalt-Verkaufsstart. Jeder Apotheker erhielt eine kostenlose Erstausrüstung mit zehn Zehner- und zehn Zwanzigerpackungen. In den ersten beiden Jahren steckte die Much AG jeweils rund 60 Prozent des Umsatzes in die Spalt-Werbung. Eine lohnende Investition: Schon 1938 zählte Spalt neben Aspirin und Togal zu den bekanntesten Schmerzmittelmarken. 1951 lag die Produktion bei über einer Millionen Tabletten am Tag.

Slogans wie „Nimm den Druck von Deinem Kopf" oder „Eine so harmlose Tablette mit einer so großen Wirkung" brachten Spalt schließlich im selben Jahrzehnt an die Spitze, vor Aspirin, Togal und Thomapyrin. In den Achtzigern avanciert der Claim „Spalt schaltet den Schmerz ab. Schnell" zum Werbeschlager.

„So flüssig, so schnell." Mit diesem Slogan führte Spalt im Jahr 2000 seine einzigartigen Spalt Flüssigkapseln auf dem Schmerzmittelmarkt ein.

AKTUELLE ENTWICKLUNG

Mit der Kampagne „Spalt 75 Jahre stark gegen Schmerzen" feiert Spalt in diesem Jahr sein 75-jähriges Jubiläum. Zu diesem Anlass erstellt Spalt eine Sammlung mit den 75 besten Tipps zur Unterstützung der Schmerztherapie. Dabei ist der Verbraucher in Form eines Gewinnspiels aufgerufen, mit ausgefallenen und historischen Ratschlägen aus Großmutters Zeiten beizutragen.

Die jüngste Neuentwicklung im Spalt Schmerzmittelsortiment ist Spalt Mobil, eine Gelkapsel mit flüssigem Ibuprofen zur Behandlung von Gelenkschmerzen bei bekannter Arthrose. Der in einem aufwendigen und patentierten Verfahren vollständig gelöste Wirkstoff sichert eine besonders schnelle Schmerzlinderung. Diese Darreichungsform ist einzigartig im deutschen Markt und nur von Spalt erhältlich.

Eine weitere Innovation von Spalt ist das patentierte Felbinac. Der Wirkstoff befindet sich im Spalt Schmerzgel, das speziell für die äußerliche Anwendung entwickelt wurde. Es hilft bei Muskel- und Gelenkschmerzen. Die Zeitschrift Ökotest bewertete das Gel im März 2005 als „sehr gut". Es ist besonders effektiv, da der Wirkstoff schnell in die Haut eindringt, so dass schon nach kurzer Zeit hohe Wirkstoffkonzentrationen in den Zielgeweben für Schmerzlinderung und Entzündungshemmung sorgen. Darüber hinaus wirkt das Gel angenehm kühlend auf der Haut.

MARKENWERT

Spalt ist aus der deutschen Markenlandschaft nicht mehr wegzudenken: Neun von zehn Erwachsenen über 18 Jahre in Deutschland kennen die Tablette mit der Kerbe. Besonderes Merkmal der Marke Spalt ist die hohe Markenbekanntheit: In gestützten Befragungen erreicht die Marke Spalt eine Markenbekanntheit von 95 Prozent (Quelle: GFK 2007).

Viele verknüpfen mit Spalt nicht nur Hilfe bei Schmerzen, gute Wirksam- und Verträglichkeit, sondern auch Tradition kombiniert mit Innovation, Vertrauen und Qualität.

Die charakteristische Form der Spalt-Tablette durch ihren Erfinder Baginski erfüllte von Anfang an zwei wichtige Kriterien. Der Spalt diente einerseits dazu, die Tablette nachts besser greifen zu können. In erster Linie aber symbolisierte die Form das Spalten oder Zerlegen des Schmerzes. So wurde Spalt schnell zu einem der bekanntesten Schmerzmittel in Deutschland und ist es über Jahrzehnte geblieben.

www.spalt.com

Wussten Sie schon von Spalt?

○ Erfinder der Marke Spalt ist *Maximilian Baginski*. Er versah schon 1932 die ersten Tabletten unter dem Markennamen Spalt mit einer charakteristischen Kerbe, um ein eindeutiges Unterscheidungsmerkmal einzuführen. Bis heute sind Schmerztabletten der Marke Spalt an der Kerbe erkennbar.

○ In den Neunziger Jahren führte Spalt den Wirkstoff Ibuprofen in die Verschreibungsfreiheit. Zunächst die 200 mg Einzeldosis, später auch 400 mg. Seit dem Jahr 2000 ist Spalt mit Flüssigkapseln am Markt, die den modernen Wirkstoff Ibuprofen bereits in vollständig gelöster Form enthalten – bis heute einmalig in Deutschland.

○ Ein „Schwindler" aus Gelsenkirchen wollte 1949 am Ruhm teilhaben und stellte ebenfalls „Spalt-Tabletten" aus einem wertlosen Gemisch her. Er ließ mittels einer kleinen Feile den Spalt in Handarbeit einfeilen. Doch die Polizei legte ihm das Handwerk, er wurde entsprechend bestraft.

STIEBEL ELTRON
Technik zum Wohlfühlen

MARKT
STIEBEL ELTRON bietet komfortable Lösungen rund um die Themen „Erneuerbare Energien", Warmwasser, Klima und Raumheizung.

Ob Heizen mit der Wärmepumpe, ob angenehm warmes Wasser unter der Dusche mit vollelektronischen Durchlauferhitzern, kontrollierte Wohnungslüftung zur Vermeidung von Feuchteschäden oder kühlende Klimageräte für Rekordsommertage: STIEBEL ELTRON hat die passenden – die effizienten – Lösungen.

417 Millionen Euro Umsatz erwirtschaftete das Familienunternehmen aus dem niedersächsischen Holzminden 2006 in den vier Tätigkeitsfeldern.

Der Hauptsitz der STIEBEL-ELTRON-Gruppe liegt in Holzminden. Hier ist nicht nur die weltweit operierende Verwaltungs- und Vertriebsorganisation beheimatet, sondern auch der Produktionsstandort vieler Millionen Elektro-Warmwasser- und Heizgeräte, sowie von Systemen zur Nutzung regenerativer Energien und Anlagen zur Wohnungslüftung mit Wärmerückgewinnung. Darüber hinaus fertigt STIEBEL ELTRON in Eschwege sowie an den drei internationalen Fertigungsstätten – Poprad/Slowakei, Ayutthaya/Thailand und Tianjin/China.

Das Unternehmen vertreibt seine Produkte über 15 Tochtergesellschaften sowie zahlreiche Vertretungen weltweit. Mit eigenen Verkaufsorganisationen und Service-Einrichtungen bearbeiten sie erfolgreich die unterschiedlichsten Märkte.

Traditionell vertreibt das Unternehmen über Großhandel und Fachhandwerk. Diese Ausrichtung ist auch heute noch Unternehmensphilosophie. Größten Wert legt STIEBEL ELTRON auf die aktive Unterstützung seiner Partner. In ganz Deutschland ist STIEBEL ELTRON mit Vertriebszentren und weit über 100 Fachberatern immer in der Nähe der Kunden.

ERRUNGENSCHAFTEN UND ERFOLGE
Das Vertrauen der Kunden in die Produkte mit Namen STIEBEL ELTRON ist immens. Qualität und Langlebigkeit werden ebenso vorausgesetzt wie modernste Technik und topaktuelles Design. Diverse Auszeichnungen in verschiedensten Bereichen zeugen von Akzeptanz und Wertschätzung.

GESCHICHTE
Dr. Theodor Stiebel, der Firmengründer, war 1924 in Berlin mit der Maßgabe angetreten, Produkte mit geringem Energieverbrauch, mehr Sicherheit und mehr Komfort zu entwickeln und zu bauen. Eine Zielsetzung, die auch heute noch für STIEBEL ELTRON Gültigkeit hat.

Noch während seiner Promotion beschäftigte sich Theodor Stiebel mit Funktions- und Fertigungsprinzipien für Tauchsieder. Die damals üblichen Ausführungen hatten eine zu große Masse, brauchten lange zum Aufheizen und kühlten entsprechend langsam ab. Er konstruierte daher einen Ringtauchsieder, mit dem die bisherigen Nachteile behoben werden konnten.

Mit 100 Tauchsieder-Mustern entschloss er sich im Jahre 1924, auf der Leipziger Frühjahrsmesse auszustellen. Die Aktion wurde ein voller Erfolg. Dieser Erfolg veranlasste Dr. Theodor Stiebel am 1. April 1924, die Firma „ELTRON Dr. Theodor Stiebel" zu gründen.

1927 folgten die ersten Kleindurchlauferhitzer; in den Jahren 1932/33 vervollständigten Warmwasserspeicher das ständig wachsende Programm.

Mit dem Ausbruch des Zweiten Weltkrieges fand die stürmische Entwicklung ein jähes Ende: der Betrieb in Berlin wurde weitgehend zerstört. In Holzminden gelang es Dr. Stiebel, ein ausreichend großes Grundstück mit Gleisanschluss zu erwerben. Ab Juli 1945 lief die zivile Produktion bei STIEBEL ELTRON langsam wieder an, 1946 konnte auch die Heißwassergeräte-Fertigung wieder aufgenommen werden.

Am 9. September 1960 verstarb Dr. Theodor Stiebel im Alter von 66 Jahren. Mit 160 Patenten im In- und Ausland gehörte er zu den Pionieren der elektrischen Warmwasserbereitung.

Ende der Sechziger Jahre standen nachts große Stromkapazitäten zur Verfügung, die nicht genutzt wurden. Die Energieversorger führten hierfür erstmals neue Preise ein: der Nachtstrom-Tarif war geboren. Dadurch wurde ein neues Geschäftsfeld erschlossen: die elektrischen Wärmespeicher oder auch 'Nachtspeicheröfen'. Seit 1968 führt STIEBEL ELTRON diese Heizungen im Programm.

Mit der Ölkrise in den Siebziger Jahren wurde Energie teuer, man suchte nach neuen Lösungen zur Heizung und Warmwasserbereitung. Bereits zwei Jahre später begann bei STIEBEL ELTRON die Produktion von Wärmepumpen. Nach der Heizungs-Ausführung kamen 1979 Warmwasser-Wärmepumpen hinzu. 1978 nahm STIEBEL ELTRON auch Solarkollektoren zur Warmwasserbereitung ins Programm. Zwar führte STIEBEL ELTRON bereits 1976 kurzzeitig Klimatruhen in seinem Angebot, doch der eigentliche Durchbruch kam erst 1990 mit der Aufnahme eines kompletten Programms von Raumklimageräten.

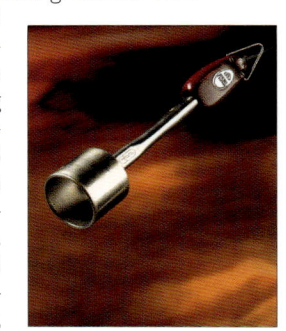

Ein völlig neuer Markt eröffnete sich Anfang der Neunziger Jahre. Durch wärmedämmende Bauweise und eine dabei weitgehend luftdichte Gebäudehülle stellte sich die Problematik des Lüftens. Manuelles Lüften mit geöffnetem Fenster kann den unverzichtbaren Mindestluftwechsel zur Vermeidung von Feuchteschäden, Schimmelpilzbildung und letztendlich sogar Bauschäden nicht leisten. Mit einem Zentral-Lüftungsgerät präsentierte STIEBEL ELTRON 1991 erstmals ein System zur kontrollierten Wohnraumlüftung mit Wärmerückgewinnung. Heutige moderne Integralgeräte sind variabel einsetzbar – im Ein- genauso wie im Mehrfamilienhaus und in Gewerbeobjekten.

PRODUKT
STIEBEL ELTRON setzt auf den Energiewandel. Das Geschäftsfeld der „Erneuerbaren Energien" ist neben der Kompetenz in Sachen warmes Wasser das Zugpferd der positiven Entwicklung des Unternehmens. Die Verkaufszahlen von Wärmepumpen verzeichnen Jahr für Jahr zweistellige Zuwachsraten. Solar-Anlagen und Lüftungsgeräte mit Wärmerückgewinnung runden das Programm in diesem Bereich ab. Das Unternehmen bietet darüber hinaus komfortable Lösungen rund um die Themen Warmwasser, Klimaanlagen und Raumheizung. Zahllose Einzelkomponenten und komplexe Systemlösungen helfen, das tägliche Leben noch ein bisschen angenehmer zu gestalten.

AKTUELLE ENTWICKLUNG
Die Wärmepumpe wird mehr und mehr als komfortable und kostengünstige Heizungsanlage wahrgenommen. Diesem Trend trägt STIEBEL ELTRON Rechnung: Die modernste und größte Wärmepumpenfabrikationshalle Mitteleuropas wurde 2007 eingeweiht. Pro Jahr verlassen bis zu 40.000 Geräte die Produktion.

STIEBEL ELTRON verfügt europaweit über eine der größten Produktpaletten im Bereich Wärmepumpen.

WERBUNG

Jedes Produkt ist für seinen Hersteller nur so gut, wie es sich im Markt verkauft. Darum muss nicht nur das technische Gerät stimmen, sondern auch die Werbung. Ein Produkt, das nicht bekannt und für den Verbraucher nicht problemlos verfügbar ist, wird zum Flop. Der Firmengründer *Theodor Stiebel* hat diese Erkenntnis schon von der ersten Stunde an zur Grundlage seiner unternehmerischen Konzeption gemacht. Der Erfolg hat ihm Recht gegeben.

Zeugnisse der Werbung der frühen Jahre lassen ahnen, wie frisch, unverkrampft und plakativ das Unternehmen schon damals für seine Produkte geworben hat. Bereits Anfang der Dreißiger Jahre verfügte STIEBEL ELTRON über eine eigene Werbeabteilung – für ein Unternehmen dieser Größe damals noch ungewöhnlich.

Der Bekanntheitsgrad der Marke wurde schon in diesen frühen Jahren begründet. Mit dem Wirtschaftswunder und den Einflüssen aus den USA in den Fünfziger und Sechziger Jahren änderte sich auch der Stil der Werbung in Deutschland. Neben Gerätetechnik und Produktqualität gewann Marketing zunehmend an Bedeutung. Die Zusammenarbeit mit *Charles Wilp* Ende der Sechziger Jahre, entpuppte sich als Glücksfall für das Unternehmen. Das „Wunderkind der Werbung" war seiner Zeit voraus und gab STIEBEL ELTRON entscheidende Impulse für den zukünftigen Werbeauftritt. Die gehauchte Botschaft „STIEBEL ELTRON – immer heißes Wasser" ist bis heute im Bewusstsein.

Die neue STIEBEL-ELTRON-Markenkommunikation steht unter dem Motto: „Profil schärfen!" Überraschend anders und doch vertraut – so beschreibt man den neuen Markenauftritt von STIEBEL ELTRON. Es wurde ein umfassend neues Erscheinungsbild der Marke STIEBEL ELTRON entwickelt. Ziel war die Modernisierung der Marke auch unter Designgesichtspunkten – von einer neuen Kommunikation über die Entwicklung der Werbekampagnen bis hin zum Messeauftritt.

Der Endkunde wird verstärkt in den Fokus gestellt. Er soll nicht nur über die unschlagbaren Vorteile „Erneuerbarer Energien" informiert werden, sondern auch über den Komfort einer dezentralen Warmwasserversorgung, von Klimageräten und Lüftungssystemen. Ihn spricht man mit einer zielgerichteten Bildwelt an. Bei ihm müssen Emotionen geweckt werden.

Das neue Literaturkonzept richtet sich lösungsorientiert an der Zielgruppe aus und stellt STIEBEL ELTRON als wertigen Anbieter im Gerätespektrum von der Wärmepumpe bis zum vollelektronischen Durchlauferhitzer dar. Das Markenversprechen „Technik zum Wohlfühlen" kommuniziert man mit zwei unterschiedlichen Bildwelten: Einer eher technischen Produktfotografie (Technik) und einer emotionalen Personenfotografie (Wohlfühlen).

Die Produktbereiche wurden neu gegliedert. Sie verteilen sich auf die vier Bereiche „Warmwasser", „Erneuerbare Energien", „Klima" und „Raumheizung". Diese Aufteilung findet sich zukünftig auf jedem Kommunikationsmittel wieder.

Das Unternehmen vollzieht einen deutlichen Positionswechsel weg vom Produkt-, hin zum Lösungsanbieter. Damit unterstreicht STIEBEL ELTRON vor allem seine Kompetenz als Systemanbieter im stark wachsenden Markt der Erneuerbaren Energien. Trotz aller Veränderungen verlässt sich das Unternehmen auf den gewachsenen Kern der Marke. Denn der Claim „Technik zum Wohlfühlen" bringt nach wie vor das Versprechen der Marke an seine Kunden am besten auf den Punkt.

MARKENWERT

Die Marke STIEBEL ELTRON kennt fast jeder. Der Name ist seit Jahrzehnten in Europa ein Begriff für Qualität, anspruchsvolle Technologien und kundennahen Service.

Die Tradition wurde durch bahnbrechende Entwicklungen und innovatives Gedankengut begründet. Charakteristisch für die Unternehmens-Philosophie ist, dass man sich mit dem Erreichten nie zufrieden gibt. So entwickelt man heute die Produkte für den Markt von morgen, wie man es gestern für die Produkte von heute tat. Oberstes Unternehmensziel ist es, innovative, marktgerechte Produkte und Systeme hoher Qualität zu entwickeln, herzustellen und zu vertreiben.

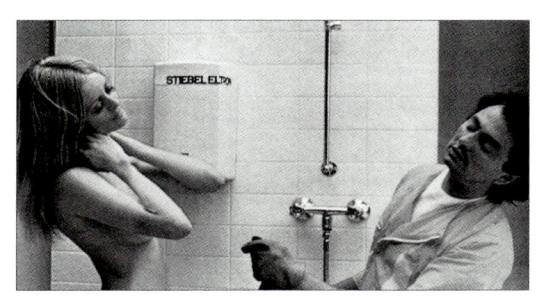

„Technik zum Wohlfühlen": Technik steht dabei für ausgereifte Produkte mit extrem hohen Qualitätsstandard, Geräte, auf die sich Kunden verlassen können. Forschung und Entwicklung werden bei STIEBEL ELTRON groß geschrieben. Jedes neue Produkt ist technisch und auch vom Design her absolut aktuell, nicht selten sogar seiner Zeit voraus. Die andere Facette der Marke sind die emotionalen Werte, die durch das Wort „Wohlfühlen" ausgedrückt werden. Dazu gehört nicht nur die Verlässlichkeit der Produkte, sondern auch das Verständnis, als Lösungsanbieter aufzutreten. So bietet das Unternehmen beispielsweise eine Rundum-Betreuung bei der Anlagenplanung größerer Bauprojekte im Bereich Heiz- und Lüftungstechnik.

www.stiebel-eltron.de

Wussten Sie schon von STIEBEL ELTRON?

○ Anfang 2007 wurde die größte und modernste Wärmepumpenfabrikationshalle Mitteleuropas am Stammsitz in Holzminden eröffnet.

○ *Dr. Ulrich Stiebel*, einer der beiden Söhne des Firmengründers und jetziger Inhaber, hat das „Chaostagehaus" in Hannover erworben und in einer Komplettsanierung auf Passivhausstandard gebracht.

○ Die Stiftung Warentest hat die Sole-Wasser-Wärmepumpe WPC 10 mit einem „Gut" bewertet.

○ Die Unternehmensgruppe hält auch ein Patent für die Automobilindustrie: SCOT, die Weltneuheit für Verbrennungsmotoren als Alternative zur Lambda-Sonde.

SKL
Die Süddeutsche Klassenlotterie

MARKT

Der Traum vom Glück und auch das Spiel ums Glück sind so alt wie die Menschheit. Bis heute hat sich der Glücksspielmarkt in Deutschland zu einem wichtigen Wirtschaftsfaktor entwickelt. Die Süddeutsche Klassenlotterie ist hinter dem Deutschen Lotto- und Totoblock der zweitgrößte staatliche Glücksspielanbieter. Mit einem Marktanteil von circa sieben Prozent und einem Umsatz von über 725 Millionen Euro im Jahr 2006 ist die SKL Marktführer im Bereich Klassenlotterien.

ERRUNGENSCHAFTEN UND ERFOLGE

An den Start ging die SKL am 10. September 1947 mit einer Losauflage von 140.000, einer Gesamtgewinnsumme von 7.373.180 und einem Höchstgewinn von 250.000 Reichsmark. Sie bewährte sich damals als Währungshelfer, da die Gewinne in DM ausgezahlt wurden. 1954 trat Rheinland-Pfalz der SKL bei, nach der Wende folgten 1993 auch Sachsen und Thüringen. Den ersten Millionengewinn gab es 1955 – seitdem macht die SKL kontinuierlich Millionäre. Nicht nur mit dem Höchstgewinn, sondern auch mit der Gesamtgewinnsumme war die SKL immer führend. 1985 gab es dafür sogar einen Eintrag ins Guinness-Buch der Rekorde für die weltweit höchste Gewinnsumme aller Klassenlotterien: 262 Millionen D-Mark. Im Laufe der Zeit erweiterte die SKL die Geldgewinne um hochwertige Sachpreise, wie Autos, Reisen und Häuser. Bis heute ist die Gesamtgewinnsumme auf über 896 Millionen Euro in der 121. Lotterie angestiegen.

Doch die SKL steht nicht nur für attraktive Gewinne, sondern auch für kreative und seriöse Marketingmaßnahmen. So erhielt die SKL im Jahr 1996 den Preis Television der internationalen Lotterievereinigung A.I.L.E. für den besten TV-Spot in der Kategorie Lotteriewerbung. 1999 folgten der zweite Platz beim New Media Award und der Innovationspreis der Jury für das Engagement und die Umsetzung der SKL im Bereich Internet und New Media. Seit 2004 zählt die SKL als einzige Lotterie zu den 100 Superbrands in Deutschland.

GESCHICHTE

Die Süddeutsche Klassenlotterie (SKL) wurde im Jahr 1947 zwischen den süddeutschen Staaten der amerikanischen Besatzungszone (Bayern, Württemberg-Baden und Hessen) als Anstalt des öffentlichen Rechts gegründet. Die Satzung der SKL stellten die Finanzminister der Länder auf. Ausgangspunkt für eine Klassenlotterie nach Kriegsende waren damals Pläne des Landes Bayern aus dem Jahr 1945. Bereits 1946 wurden erste Verhandlungen mit den zuständigen Ministerien geführt. Der SKL-Staatsvertrag war der erste, der nach 1945 zwischen deutschen Ländern vereinbart wurde. Damit ist die SKL älter als die Bundesrepublik Deutschland und die D-Mark, die 1948 eingeführt wurde.

PRODUKT

Die Süddeutsche Klassenlotterie bietet ihren Teilnehmern eine Vielzahl an Gewinnmöglichkeiten. Jedes Gewinnspiel ist in sechs Abschnitte, die jeweiligen Klassen, unterteilt. Dabei entspricht eine Klasse jeweils einem Monat. Alle sechs Klassen ergeben zusammen eine Lotterie. Jede Lotterie läuft somit über ein halbes Jahr und startet jeweils am 1. Dezember bzw. 1. Juni. Die Gewinnzahlen werden mit Ziffernkugeln und Ziehungstrommeln ermittelt. Für jeden Gewinn wird entweder eine 7-stellige Gewinnzahl (Losnummer) oder eine 5-, 4-, 3-, 2- oder 1-stellige Endziffer gezogen. Wenn eine Losnummer mit einer gezogenen Gewinnzahl identisch ist bzw. die richtige Endziffer ausweist, hat sie gewonnen. Alle Ziehungen finden im Ziehungssaal in München unter staatlicher Aufsicht statt.

Das Angebot der SKL wird von Lotterie zu Lotterie an die Wünsche der Teilnehmer angepasst. So werden in der 121. Lotterie ab 1. Juni 2007 im klassischen „Millionenspiel" täglich 1.000.000 Euro oder 1.000 x 1.000 Euro ausgespielt. Zusätzlich warten jeden Samstag Einzelgewinne im Gesamtwert von bis zu 196 Millionen Euro in der sechsten Klasse auf glückliche Gewinner. Der größte Gewinn pro Lotterie ist die einmalige Ausspielung von 12,5 Millionen Euro in der 6. Klasse. Insgesamt fallen im „Millionenspiel" mehr als 1,6 Millionen Gewinne auf 2,5 Millionen Losnummern. Somit kann statistisch mehr als jede zweite Losnummer im Verlauf einer Lotterie gewinnen. Alle Gewinne der 121. Lotterie erreichen damit eine Gewinnsumme von über 896 Millionen Euro.

Neben dem „Millionenspiel" eröffnet die SKL mit den Joker-Spielergänzungen seit dem Jahr 2000 zusätzliche Gewinnchancen. Beim „Euro-Joker" werden stündlich 5.000 Euro und jeden Sonntag 30.000 x 20 Euro ausgespielt. Mit der 121. Lotterie ist die „Euro-Joker-Rente" erheblich erweitert worden. Täglich werden hier eine 1.200 Euro Rente und jeden Sonntag eine 5.000 Euro Rente bzw. fünf 1.000 Euro Renten gezogen. Die Renten-Gewinne gibt es monatlich, zehn Jahre lang, sind vererbbar und steuerfrei. Beim „Traum-Joker" warten täglich sogar zehn Autos auf neue Besitzer und 30 Reisen, die angetreten werden wollen.

Als weltweit erste Klassenlotterie wagte die SKL den Sprung ins Fernsehen. 1998 startete bei RTL in der Primetime die Millionen-Show „Millionär gesucht! – Die SKL-Show" mit *Günther Jauch*. Im Jahr 2001 folgte die 5-Millionen-SKL-Show, die heute zu den beliebtesten TV-Shows im deutschen Fernsehen gehört. Mit dieser TV-Show eröffnet die SKL allen Kunden ein ganz besonderes und einmaliges Highlight. Unter allen SKL-Spielteilnehmern werden zu Beginn einer Lotterie in einer TV-Sonderziehung unter staatlicher Aufsicht 30 Kandidaten gezogen, die dann im Fernsehen die Chance auf den garantierten 5-Millionen-Euro-Gewinn haben. Jeder, der zum Zeitpunkt der Kandidatenziehung ein gültiges Los des „Millionenspiels" besitzt, nimmt automatisch an der Auslosung der Showkandidaten teil.

Für alle Teilnehmer der Show führt der Weg zum Hauptgewinn über ein prominentes Rateteam. Nicht der Kandidat selbst, sondern die Prominenten müssen sich den kniffligen Fragen von Moderator *Günther Jauch* aus verschiedenen Bereichen wie Wissenschaft, Musik, Sport, Film oder Literatur stellen. Mit jeder richtig beantworteten Frage steigt der „Kontostand" des Kandidaten um 5.000 Euro. Beantwortet das Rateteam eine Frage falsch, scheidet der Teilnehmer aus der Show aus. Der Kandidat mit den meisten richtig beantworteten Fragen gewinnt am Ende fünf Millionen Euro. Mehr als ein Dutzend Fünffach-Millionäre hat die SKL-Show bereits hervorgebracht. Zum 10. Show-Jubiläum gründete die SKL den „Club der SKL-Millionäre". Seit 2005 treffen sich so die SKL-Show-Millionäre mindestens einmal im Jahr zum gemeinsamen Shoppen, Kochen oder einfach nur, um Erfahrungen austauschen.

Die Gewinne der 5-Millionen-SKL-Show sind reguläre SKL-Gewinne und als solche im Amtlichen Spielplan der jeweiligen Lotterien festgelegt. Alle Showfolgen haben den Charakter einer TV-Sonderziehung. Sie unterliegen den lotterierechtlichen Bestimmungen und finden unter staatlicher Aufsicht statt.

Mit der 5-Millionen-SKL-Show hat die SKL bewiesen, dass sie eine moderne und sympathische Lotterie ist, die neben hohen Gewinnen auch für intelligente und spannende TV-Unterhaltung steht.

AKTUELLE ENTWICKLUNG

Von der ersten staatlichen Klassenlotterie hat sich die SKL heute zur größten Klassenlotterie Deutschlands und zu einer der modernsten Lotterien weltweit entwickelt. Mit attraktiven Produkten, hohen Spitzengewinnen, Gewinnchancen rund um die Uhr und staatlich garantierten Gewinnen stellt die SKL immer wieder unter Beweis, dass sie eine moderne und attraktive Lotterie ist, und das nun schon seit 60 Jahren.

Am 10. September 2007 feiert die SKL ihr 60-jähriges Jubiläum und die Kunden werden es spüren: In den Geburtstagsziehungen der 121. Lotterie werden insgesamt 9,6 Millionen Euro zu gewinnen sein. Immer am 10. eines Monats werden einmal eine Million Euro und 10 x 60.000 Euro ausgespielt.

WERBUNG

Die SKL ist davon überzeugt, dass es auf lange Sicht nur seriösen und vertrauenswürdigen Anbietern gelingen kann, sich erfolgreich am Markt zu behaupten. Dazu müssen sich die Werte einer Marke transparent und ehrlich in einem glaubwürdigen Markenauftritt wiederfinden. Diese Einstellung spiegelt sich auch in den Marketingmaßnahmen der Marke wider.

Die hohen Gewinnchancen und staatlich garantierten Gewinne machen die Attraktivität der Süddeutschen Klassenlotterie aus. Basierend auf diesem Markenvorteil startete die SKL im Jahr 2006 eine neue Kampagne, mit der das Thema „persönliche Wünsche" durch den Slogan „Wünsch dir was" in den Mittelpunkt der Kommunikation rückte. Die Gewinnwelt spielt mit den Themen Glück, Wünsche und Träume, die in der Kommunikationsstrategie vereint werden. Fokus dabei ist, dass persönliche Wünsche durch das Angebot der SKL in Erfüllung gehen können. Mit dem beliebten TV-Moderator *Günther Jauch* hat die SKL einen starken Repräsentanten und seriösen Mittler für die Kampagne, der als Testimonial für Jung und Alt die Botschaft der SKL glaubhaft transportiert. Vor diesem Hintergrund wird in einem Mix aus TV-, Print- und Online-Werbung nicht nur die Marke SKL, sondern auch das Gewinnspielangebot unterstützt. Zum 60-jährigen Geburtstag im Jahr 2007 wird die Kampagne durch eine weitere aufmerksamkeitsstarke Botschaft aufgeladen, die das Jubiläum der SKL thematisiert. Durch den Slogan „Die Glücks-Wunsch-Lotterie" wird der Gedanke des Sich-etwas-Wünschen-Könnens mit dem Geburtstag der SKL verknüpft und in die bestehende Kommunikationsstrategie glaubhaft integriert.

MARKENWERT

Die Süddeutsche Klassenlotterie steht für Seriosität, Qualität und Glaubwürdigkeit. Das belegen auch die Ergebnisse einer repräsentativen GfK-Spielerbefragung (Quelle: Gesellschaft für Konsumforschung – GfK – 2006). Darin stimmten 82 Prozent der Befragten der Aussage zu, dass die SKL eine seriöse und vertrauenswürdige Lotterie ist. Die staatliche Garantie der Gewinne bildet für 70 Prozent einen wesentlichen Anreiz zum Mitspielen. Mit immer neuen Produktideen sowie außerordentlich hohen Gewinnchancen steht die SKL auch für Innovationskraft und Kundennähe.

Das beweist auch die Aussage von 86 Prozent der befragten Spieler, die in der GfK-Studie ihre Zufriedenheit mit der SKL, auch unabhängig von einem Gewinn, zum Ausdruck gebracht haben. Das Marktforschungsinstitut Forsa bestätigte 2006 in einer repräsentativen Studie, dass die SKL eine gestützte Markenbekanntheit von 90 Prozent besitzt, was bedeutet, dass nur einer von zehn Befragten die SKL nicht kannte.

www.skl.de

Wussten Sie schon von der Süddeutschen Klassenlotterie?

○ Kein geringerer als *Giacomo Casanova* arbeitete als offizieller Lotterieberater am Hofe *Friedrichs des Großen*.

○ Bereits *Johann Wolfgang von Goethe* war seinerzeit Klassenlotteriespieler. Er hatte die Losnummer 7666.

○ Der Staatsvertrag der SKL von 1947 war der erste Staatsvertrag, der nach dem Krieg zwischen deutschen Ländern vereinbart wurde.

○ Beim Millionenfinale am 13. November 1999 spielte die SKL in nur einer einzigen Ziehung 100x eine Million DM aus.

Underberg

MARKT

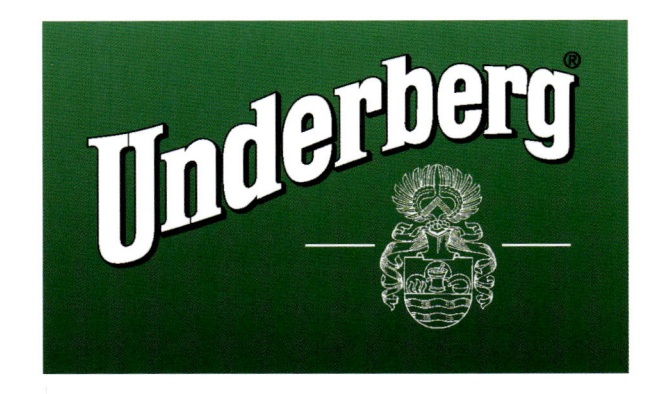

Underberg – bekannt und geschätzt in der Portionsflasche, die wohltuende Rheinberger Kräuterspezialität, die gleichermaßen für Wirkung und Genuss steht. Im europäischen Spirituosen-Markt spielen Kräuterspirituosen in einigen Ländern eine zentrale Rolle und sind oft internationale Berühmtheiten. Führend sind hier die Länder Deutschland, Ungarn, Tschechien und natürlich Italien. Unterschieden wird zwischen Kräuterlikören und Kräuterbittern.

89 Prozent kennen Underberg und 60 Prozent der über 18 Jährigen haben ihn schon genossen – Underberg ein echter Leader in Deutschland. Die Marktforschung (Nielsen, Lebensmittelhandel) ergab, dass Underberg im Kräuterbitter-Segment Marktführer ist.

Underberg ist nicht nur ein Markenklassiker, sondern auch höchst aktuell. In der Verpackungseinheit Portionsflasche ist Underberg auch international die Nummer Eins. Die kleine Flasche wird in mehr als 100 Ländern der Welt verkauft. Im Ausland allein werden mehr als ein Viertel des Gesamtumsatzes erzielt.

ERRUNGENSCHAFTEN UND ERFOLGE

Seinen eigentlichen Siegeszug trat Underberg Ende der Vierziger Jahre an, als *Emil Underberg I.*, der Enkel des Firmengründers, die Entscheidung traf, den Rheinberger Kräuter nur noch in der 2 cl Portionsflasche anzubieten – eine Pionierleistung in Einzigartigkeit. Ein Glas in Originalverpackung! So schuf er die Möglichkeit sich vor Betrügern zu schützen, die zuvor billige Kräutergetränke in Underberg Flaschen umgefüllt und als Underberg verkauft hatten. Weil die Beschaffung der notwendigen Kräuter im Zweiten Weltkrieg nicht mehr gewährleistet werden konnte und somit das Qualitätsversprechen „Semper idem" (stets gleich bleibende Wirkung und Qualität) nicht hätte eingehalten werden können, war die Produktion eingestellt worden.

Am 1. September 1949 kam Underberg wieder auf den Markt ausschließlich in der Portionsflasche. Die Menschen in der Nachkriegszeit hatten zwar nicht viel Geld, Underberg aber konnten sie sich leisten. Die Portionsflasche – eine geniale Geschäftsidee.

Die Füllmenge der Portionsflasche entsprach mit 2 cl der Menge, die schon der Firmengründer empfohlen hatte. Für die Weltausstellung 1867 in Paris ließ er das exklusive Stilglas anfertigen, das 2 cl fasste. Das mundgeblasene Glas gehört auch heute zum echten Underberg Genuss. Mit seinen 24 Zentimetern ist es das höchste Glas einer festlich gedeckten Tafel und die Krönung eines Essens.

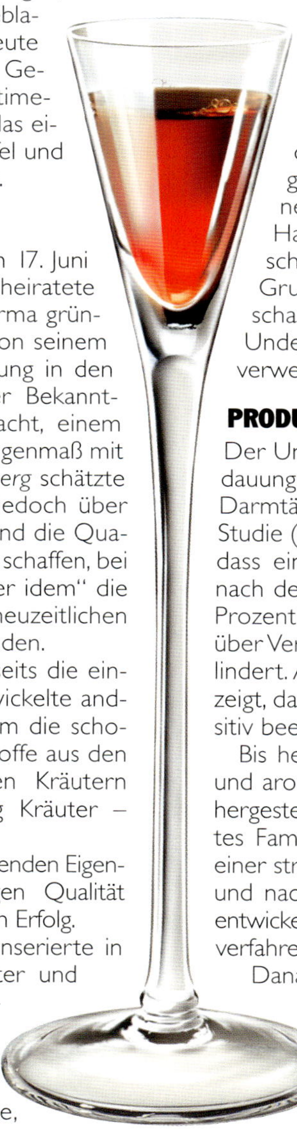

GESCHICHTE

Als *Hubert Underberg* am 17. Juni 1846 *Katharina Albrecht* heiratete und am selben Tag die Firma gründete, war er überzeugt von seinem Produkt. In seiner Ausbildung in den Niederlanden und Belgien hatte er Bekanntschaft mit einem Mixgetränk gemacht, einem Kräuterelexier, das die Wirte nach Augenmaß mit Genever verdünnten. *Hubert Underberg* schätzte diesen „Magenbitter", ärgerte sich jedoch über die willkürliche Zusammensetzung und die Qualität. Sein Ziel war es, ein Getränk zu schaffen, bei dem sich getreu der Devise „Semper idem" die heilsamen Kräfte der Kräuter mit neuzeitlichen Produktionsmethoden verbinden.

Sorgfältig wählte er einerseits die einzelnen Kräuter aus und entwickelte andrerseits ein Verfahren, das ihm die schonende Extraktion der Wirkstoffe aus den erlesenen und aromatischen Kräutern garantierte. Der Underberg Kräuter – Digestif war geboren.

Dank seiner einmalig wohltuenden Eigenschaften und der beständigen Qualität wurde das Erzeugnis schnell ein Erfolg.

Bereits *Hubert Underberg* inserierte in Zeitungen, verteilte Flugblätter und legte seinem Produkt Broschüren bei, die den Kunden mit den wohltuenden Eigenschaften vertraut machten. Underberg war in aller Munde, der Fabrikant erhielt zahlreiche klangvolle und werbewirksame Titel wie den des Hoflieferanten und wurde neben diesen Prädikaten auch auf den Weltausstellungen in London, Paris und Philadelphia mit Medaillen für die Güte seines Erzeugnisses ausgezeichnet.

Zum Schutz gegen Nachahmer deponierte der Gründer am 25. August 1851 die äußere Ausstattung seines Produktes – das Design – beim Handelsgericht in Krefeld. Dies geschah 40 Jahre bevor eine gesetzliche Grundlage für den Markenschutz geschaffen wurde und führte dazu, dass Underberg bis heute einzigartig und unverwechselbar geblieben ist.

PRODUKT

Der Underberg Kräuter-Digestif wirkt verdauungsfördernd, da er die Magensäfte und Darmtätigkeit anregt. Eine wissenschaftliche Studie (Medical Consult 2005) hat ergeben, dass eine Portion Underberg – genossen nach der täglichen Hauptmahlzeit – bei 90 Prozent der teilnehmenden Patienten, die über Verdauungsbeschwerden klagten diese lindert. Ausserdem wurde in der Studie gezeigt, dass Underberg die Blutfettwerte positiv beeinflusst.

Bis heute wird Underberg aus erlesenen und aromatischen Kräutern aus 43 Ländern hergestellt. Die Rezeptur ist ein wohlbehütetes Familiengeheimnis. Die Kräuter werden einer strengen Eingangskontrolle unterzogen und nach dem von der Familie Underberg entwickelten, besonders schonenden Geheimverfahren „Semper idem" weiterverarbeitet.

Danach reift Underberg dann viele Monate in Fässern aus slowenischer Eiche, bevor er in die typische, mit strohfarbenem Papier umwickelte Portionsflasche abgefüllt wird.

Bereits der Firmengründer war überzeugt, dass die Verpackung die wichtigste Visitenkarte eines Produktes ist. Er beschritt deshalb neue Wege. Zu der Zeit war es üblich, die Flaschen für den Transport einfach in Zeitungspapier einzuwickeln und in Holzkisten zu liefern. Underbergs „convenience" bestand nun darin, dass er nicht nur ein spezielles von ihm ausgewähltes Papier verwandte, sondern auch noch das Etikett außen anbrachte. Dadurch konnte der Gastronom in seinem Keller die Underberg Flasche einfach finden. Dieses Prinzip wurde auch beibehalten, als *Emil Underberg* nach dem Zweiten Weltkrieg die Portionsflasche einführte. Bis heute ist jede Underberg Flasche in dieses typische Papier individuell eingewickelt und schützt so auf hygienische Weise das Produkt vor Umwelt- und Lichteinflüssen.

AKTUELLE ENTWICKLUNG

Auch heute ist Underberg ein Familienunternehmen und die Familie ist sich einig: das Besondere eines Familienunternehmens ist, dass Entscheidungen schnell getroffen werden können.

Diese Stärke hat sich in den letzten Jahren ausgezeichnet. „Das wird auch in Zukunft ein wichtiges Kriterium für den Erfolg sein." Da ist sich *Emil Underberg* als Vertreter der vierten Unternehmergeneration sicher. Er formuliert das Erfolgskonzept von Underberg folgendermaßen: „Wir wollen das bestmögliche Produkt herstellen. Das heißt, wir können nur die Zukunft gewinnen, in dem wir uns jeden Tag von neuem bemühen, die Produkte, die wir verkaufen, so gut herzustellen wie kein Zweiter. Wir wollen die Besten sein."

So traditionell das Unternehmen anmutet, so emanzipiert ist es: Underberg gehört zu den immer noch wenigen Firmen mit Frauen an der Spitze. Neben ihrer Mutter *Christiane Underberg* steht mit der promovierten Mikrobiologin *Hubertine Underberg-Ruder* auch in der fünften Generation eine Frau im Dienste des Unternehmens.

WERBUNG

„Täglich Underberg und du fühlst dich wohl." Dieser Slogan war seit den Fünfziger Jahren an fast jeder Straßenecke zu lesen und nicht nur das: der Underberg Hubschrauber, die Underberg Strassenbahn und sogar ein Luftschiff waren für das Haus im Einsatz.

Die Fernsehkampagne „Komm doch mit auf den Underberg" ist ein Werbeklassiker seit den Siebziger Jahren. Und auch heute ist der Spot mit der unverkennbaren Underberg Melodie in den Saisonschwerpunkten zu den besten Sendezeiten vor den Nachrichten fest platziert.

Besonders zielgerichtet werden seit 2002 die Kunden mit der Underberg Treue-Aktion angesprochen: Für eingesandte Underberg Kapseln erhält man ein Underberg Stilglas oder weitere exklusive Prämien. Die ständig steigende Anzahl von gesammelten Kapseln zeigt den Erfolg der Aktion. Allein in Deutschland sind Kapseln für über 145.000 original Underberg Stilgläser und über 41.000 Kräutermobile eingetauscht worden. Und es kommen täglich neue Einsender hinzu, denn der Anteil der Ersteinsender liegt stabil bei 48 Prozent.

Auch international ist die Aktion ein Erfolg: Von Grönland bis Südafrika, von den USA bis nach Griechenland beteiligen sich zahlreiche Underberg Freunde.

Das Underberg Quiz auf www.underberg.com erweitert die Kapsel-Sammel-Aktion in eine neue Dimension. Hier kann der Teilnehmer nicht nur auf unterhaltsame Weise Informationen, sondern auch virtuelle Kapseln sammeln. Das Underberg Quiz hat sechs Kapitel: Geschichte, Marke und Produkt, Geheimnisvolles, Digestif und Essen, Tischkultur und Wirkung. Wenn alle 60 Fragen richtig beantwortet wurden, erhält der Teilnehmer den Status „Underberg Profi" und die Möglichkeit, am Kapselsammeln für besondere Prämien teilzunehmen.

MARKENWERT

Langfristig integrierte Markenführung ist oberstes Gebot, um den Markenwert der Marke Underberg nicht nur vital zu erhalten, sondern in neuen Märkten auch auszubauen. Von zentraler Bedeutung ist hierbei das Keyvisual mit den bekannt vertrauten Elementen: Handzeichen, Kräuterfee, Kräuterweltkugel mit Kräuterbogen, der Berg und die sonnenbeschienene Kräuterwiese in sattem Grün. Diese Elemente sind durchgängig auf allen Underberg Packungen, Informationsbroschüren und verkaufsfördernden Mitteln. Somit wird dieses Key Visual millionenfach in allen Medien immer wieder publiziert.

Die Semper-idem-Qualität ist auch heute eines der stärksten Underberg Argumente. Sie und die große Kontinuität in der Kommunikation haben entschieden dazu beigetragen, dass Underberg sehr bekannt, leicht wieder erkennbar und überall erhältlich ist. Hinter dem Namen Underberg steckt viel mehr als „nur" höchste Produktqualität. Underberg ist auch heute 100 Prozent natürlicher Genuss und Wirkung. Underberg setzt auf Kreativität und Innovation, Experimentierfreude und Hartnäckigkeit, Flexibilität und Kämpfertum. Dazu kommt der Wille, immer dann etwas anders zu machen, wenn alle anderen das Gleiche tun. Diese Pioniereigenschaften scheinen sich mit der Firma vererbt zu haben, zeichnen Sie doch jede Underberg-Generation aus. Das erklärt, weshalb das Produkt auch heute erfolgreich ist. Underberg – er tut einfach gut.

www.underberg.com

Wussten Sie schon von Underberg?

❍ Underberg wirkt durch die Kraft erlesener und aromatischer Kräuter aus 43 Ländern.

❍ Underberg ist mit über 160 Jahren Weitblick und Tradition bis heute ein Familienunternehmen in der fünften Generation.

❍ Das vom Gründer eingeführte „Semper idem" Geheim-Verfahren garantiert bis heute die immer gleich bleibende Qualität und Wirkung von Underberg.

❍ Das richtige Mischungsverhältnis der Kräuter ist im Hause Underberg traditionell Familiensache. Ausser den engsten Familienmitgliedern sind noch zwei katholische Priester in das Geheimnis eingeweiht.

❍ Underberg enthält keinen zugesetzten Zucker.

❍ Underberg gibt es weltweit nur in der Portionsflasche.

MARKT

Deutschland ist Weltmeister. Mit knapp 40 Liter Pro-Kopf-Konsum für Fruchtsäfte und Nektare liegt Deutschland unangefochten an der Spitze im weltweiten Vergleich. Das A und O- Apfel- und Orangensaft- belegen in der Beliebtheitsskala mit großem Abstand Platz eins und zwei. Valensina, die Traditionsmarke mit 93 Prozent Bekanntheitsgrad, hat – wie keine andere Fruchtsaftmarke – mit „Frisch gepresst oder Valensina" den Orangensaftmarkt geprägt.

ERRUNGENSCHAFTEN UND ERFOLGE

Valensina wird aufgrund der hohen Qualität 1972 Alleinlieferant der XX. Olympischen Spiele in München. Das Gleiche wiederholt sich 1976 zu den XXI. Olympischen Spielen in Montreal/Kanada und 1980 zur XXII. Olympiade in Moskau. 1984 – zu den Olympischen Winterspielen in Sarajewo – kann *Rolf H. Dittmeyer* die Organisationskomitees abermals mit seiner Qualität überzeugen und wird gegen starke internationale Konkurrenz wieder offizieller Alleinlieferant.

1993 belegte Valensina hinter RTL und Coca-Cola Platz drei auf der Markenbeliebtheitsskala in Deutschland.

GESCHICHTE

An der jungen Geschichte des Orangensaftes in Europa hat der Firmengründer *Rolf H. Dittmeyer* einen wichtigen Anteil. Viele seiner Ideen haben die Märkte erschlossen.

Nach Gründung und Aufbau der Edeka-Fruchtkontore verkaufte *Rolf H. Dittmeyer* im Jahre 1960 seine Eigentumswohnung, um mit deren Erlös von 23.735 DM seine unternehmerischen Ideen zu realisieren: Er wollte einen wirklich guten Orangensaft herstellen, der es den Verbrauchern erspart, selbst Orangen auszupressen. 1961/1962 bot *Dittmeyer* als erster naturreinen Orangensaft in Flaschen an, die er zuvor leer nach Kenitra/Marokko und Nelspruit/Südafrika verschifft hatte. Der Markt kannte bis dahin nur Orangensaft in Dosen. Die ersten Glasflaschen mit Kronkorkverschluss erschienen auf dem Markt. „Dittmeyer's naturrein" wurde – ohne den Umweg über Konzentrat – direkt in den Ernteländern abgefüllt.

1967 ist das Geburtsjahr der Marke Valensina. *Rolf H. Dittmeyer* füllte als erster in Europa unter der Marke Valensina Orangensaft in einer neuen 1-Liter-Vierkantflasche mit Weithals und Twist-Off-Verschluss ab. Diese Idee setzte sich auf dem Markt schnell durch und formte das Produktbild von Orangensaft in Flaschen.

Im Jahr 1984 verkaufte *Rolf H. Dittmeyer* seine Firmengruppe inklusive der Marke Valensina an Procter & Gamble. Dennoch blieb er seiner Marke Valensina immer eng verbunden und engagierte sich als „Onkel Dittmeyer" sehr in der Valensina-Werbung.

Procter & Gamble setzte voll auf die quadratische „Hypa S" Verpackung von Bosch und ein neues kaltaseptisches Abfüllverfahren. Die schlanke und griffige Hypa S Flüssigkartonverpackung mit neuartigem Öffnungs- und Verschlusssystem war im heißumkämpften Markt in Form und Funktion einzigartig und eigenständig.

1998 erfolgte der erneute Verkauf der Marke zurück von Procter & Gamble an *Rolf H. Dittmeyer*. Dem inzwischen 77jährigen Erfinder der Marke gelang es leider nicht an die Erfolge aus der Vergangenheit anzuknüpfen. Drei Jahre später kaufte die sportfit Fruchtsaft GmbH & Co. KG den Markenklassiker; seitdem wird die Marke im Sinne der Philosophie von Herrn *Rolf H. Dittmeyer*, Valensina nur in außergewöhnlicher Qualität aus besten, extra lang gereiften Orangen anzubieten, weitergeführt.

Heute präsentiert sich Valensina mit einer nach wie vor hervorragenden 100 Prozent Saftqualität und einem aufmerksamkeitsstarken und unverwechselbaren Design. Damit stehen für die Zukunft die Zeichen auf Erfolg.

PRODUKT

Die Orange ist das Symbol für südländische Lebensart und sonnige Gefilde. Ihr Fruchtfleisch gilt als natürlicher „Vitamin C"-Spender und man verbindet mit Orangensaft Genuss und Gesundheit zugleich. Der Trend geht immer stärker in Richtung einer ausgewogenen Ernährung. Fruchtsäfte gehören dazu, denn als Trinkobst sind sie eine bequeme Alternative zu frischem Obst. Mit dem Genuss eines Glases (200ml) Valensina Apfelsinensaft am Morgen wird bereits 100 Prozent der empfohlenen Tagesdosis an Vitamin C abgedeckt.

Um dem wachsenden Qualitätsbewusstsein der deutschen Verbraucher gerecht zu werden, bietet Valensina in seinem neuen Saft-Sortiment nur 100 Prozent Säfte an. Dabei sind sonnenverwöhnte Valensina Orangen der Qualitätsgarant für alle vier Sorten:

- **Apfelsine sonnig mild**
- **Multivitamin**
- **NEU: Orange Mango Ananas**
- **NEU: Orange Pink-Grapefruit**

Diese besondere Qualität aus 100 Prozent Früchten wird als „Dittmeyer´s 100 Prozent Saft Garantie" prominent auf allen Verpackungen ausgelobt. Damit weiß der Verbraucher auf den ersten Blick, dass er bei Valensina vertrauensvoll zugreifen kann.

AKTUELLE ENTWICKLUNG

Im September 2006 wurde das erste Markenangebot im Segment der „kühlfrischen Säfte" etabliert. Damit geht eine große Saftmarke den konsequenten Weg zu maximaler Frische und Qualität. Die Marke Valensina hat damit künftig für alle Verbraucher das richtige Angebot: 100-prozentigen Saft im klassischen Saftregal und 100 Prozent kühlfrischen Direktsaft im Kühlregal. Dabei schmeckt kühlfrischer Valensina – aufgrund seiner individuellen Premiumrezeptur mit der Valencia-Orange - ganz besonders frisch und erfüllt damit allerhöchste Ansprüche an ein Geschmackserlebnis. Die einzigartige Markensubstanz und die hohe Wertschätzung, die der Verbraucher der Marke Valensina entgegenbringt, bilden dabei den Grundstein für den Erfolg im Kühlregal. Der kühlfrische Valensina Direktsaft wird im Kühlregal in einer klaren 1-Liter PET-Flasche angeboten und entspricht damit den Verbrauchererwartungen an eine optimale Saftverpackung. Kühlfrischer Valensina-Saft wird in den Sorten „Orange" und „Blutorange" angeboten. Damit stehen von Anfang an die beiden beliebtesten Zitrussäfte unter Valensina in deutschen Kühlregalen zur Auswahl.

Mit der Marke Valensina ist es ebenso gelungen in verschiedene Warengruppen zu diversifizieren, die dem Kern der Marke entsprechen. Dabei arbeitet man in den einzelnen Segmenten immer mit namhaften Qualitätsführern zusammen.

Der Verbraucher kann daher heute auf 15 Fruchterlebnisse in beliebter Valensina Qualität zugreifen. Neben den bereits vorgestellten vier Säften aus Fruchtsaftkonzentrat und den beiden kühlfrischen Direktsäften präsentiert sich Valensina als Eiserlebnis am Stiel in der Tiefkühltruhe. Den Valensina Geschmack kann man sowohl neben Fruchtbonbon und Kaubonbon als auch mit leckeren Fruchtgummies genießen.

In dem zukunftsträchtigen Kühlregal ist Valensina neben den zwei Direktsäften noch ein zweites Mal vertreten: Zwei Joghurt Drinks mit dem speziellen Valensina-Geschmack runden das Sortiment ab.

WERBUNG

Kaum ein anderer Fernsehwerbespot hat sich in den Köpfen der Konsumenten so verankert wie der Valensina-Werbespot, in dem „Onkel Dittmeyer" in den Achtziger und Neunziger Jahren den Kindern die Entstehung von Orangensaft erklärte. Zahlreiche Werbeslogans wie „Entweder frisch gepresst oder Valensina - Dittmeyer´s Valensina" oder „wählerische Mütter wählen Valensina" machten Produkt und Marke populär. Auf diesem einzigartigen Fundament baut der neue Besitzer der Premium-Marke seine nachhaltigen Investitionen in die Markenkommunikation auf.

Zur richtigen Inszenierung der emotionalen Erlebniswelt der Marke setzt die Valensina GmbH wiederum auf das klassische Medium TV. Der TV-Spot zeigt die bekannte Markenwelt von Valensina: stimmungsvolle Orangenplantagen und frisch gepflückte extra lang gereifte Orangen dokumentieren das besondere Qualitäts- und Genussversprechen der Marke.

MARKENWERT

Valensina ist mit 93 Prozent Markenbekanntheit eine der bekanntesten Marken Deutschlands. Um als Marke weiter erfolgreich zu sein, muss neben der gleichbleibend hohen Qualität eine Eigenständigkeit und Unverwechselbarkeit gegenüber anderen Marken gewährleistet sein: Valensina ist der beste, extra fruchtige Saft aus extra sonnengereiften Früchten – frisch gepresst oder Valensina!

www.valensina.de

Wussten Sie schon von Valensina?

○ Der Name Apfelsina leitet sich aus Apfel + China (Apfel aus China) ab.

○ Spanien ist Europas größtes Anbaugebiet für Zitrusfrüchte.

○ Brasilien ist der Welt größter Orangenproduzent.

○ Bereits *Alexander der Große* entdeckte die immergrünen Bäume mit den „goldenen Äpfeln"

○ Auch *Goethe* schwärmte 1787 von Zitrusfrüchten auf Sizilien.

○ Die Farbe Orange symbolisiert Optimismus und Lebensfreude und wirkt aufbauend und positiv.

VARTA

MARKT

Die Consumer-Electronics-Branche entwickelt sich seit Jahren zielstrebig in eine Richtung: steil nach oben. Alle sprechen von neuen MP3-Playern mit noch mehr Speicherplatz, von Digicams mit extragroßem Display, Blitzgeräten mit unübertroffener Leistungskraft und Fernbedienungen mit ultramodernen Farbdisplays. Sie alle benötigen mobile Energie, um ihre Leistung zuverlässig abzurufen. Konkret sind es Batterien und Akkus in verschiedenen Größen und Formen, die den unterschiedlichsten Multimedia-Geräten dauerhaft Leben einhauchen.

Damit der Batteriemarkt angesichts immer neuer elektronischer Hightech-Anwendungen für den Verbraucher nicht zum undurchdringlichen Dschungel wird, setzt Varta auf ein transparentes und lückenloses Angebot mit eindeutiger Designsprache, in dem jeder sofort findet, was er sucht. Doch die Nummer Eins in Sachen Akkus und Ladegeräte in Europa bietet mehr als nur einen guten Überblick. Varta punktet mit neuen Ideen, reagiert mit Innovationen auf aktuelle Trends und glänzt mit zuverlässigen sowie leistungsstarken Produkten. Dass das Traditionsunternehmen über die Jahrzehnte nur mit kompromissloser Qualität seinen Spitzenplatz in der mobilen Energie-Welt erobern konnte, scheint selbstverständlich. Schließlich hilft der Batterie- und Akku-Spezialist aus Deutschland seit über 100 Jahren jeden Moment mit elektronischen Geräten zu genießen: egal ob beim Kofferradio der Fünfziger Jahre, dem Walkman der Achtziger oder dem Multimedia-Player des 21. Jahrhunderts.

ERRUNGENSCHAFTEN UND ERFOLGE

Erst in Extremsituationen zeigt sich, auf welche Zellen man sich wirklich in jeder Lebenslage verlassen kann. Und gerade wenn es richtig kalt wird, trennt sich selbst bei den ausdauerndsten Energiespeichern die Spreu vom Weizen – am Nordpol oder auf dem Mount Everest zum Beispiel. Auf Varta-Batterien und Akkus ist selbst dann noch Verlass, wenn die Temperaturen weit unter den Gefrierpunkt sinken. Darauf vertrauten bereits vor genau 111 Jahren Forscher auf dem Weg zum Nordpol. Bei Minus 50 Grad brachte Varta schon damals zuverlässig Licht in eisige Arktis-Nächte.

Bis heute ist der Batterie- und Akku-Spezialist in punkto Zuverlässigkeit und Leistungskraft das Maß aller Dinge. So begleiteten Varta-Batterien im Jahr 2003 das deutsch-schweizerische Team zur Jubiläums-Besteigung auf den Mount Everest in luftige Höhen. Und sogar außerhalb der Erdatmosphäre machen Zellen made by Varta eine gute Figur. Neil Armstrong bestückte seine Mondkamera fast 400.000 Kilometer entfernt von der Erde mit Varta-Power.

Zahlreiche Innovationen in der Batterie- und Akkutechnik, von denen wir, unsere Eltern und Großeltern Jahrzehnte lang wie selbstverständlich profitiert haben, kommen aus Vartas Forschungsabteilungen. In den Goldenen Zwanzigern des vergangenen Jahrhunderts verlässt die erste lagerfähige Trockenbatterie die Lagerhallen. Später – im Jahr 1960 – bringt Varta die revolutionäre Zink-Chlorid-Technologie für Trockenbatterien hervor. 2004 entwickelt Varta mit der 15-minute-Technologie das schnellste Akku-Ladesystem der Welt. Im vergangenen Jahr wird die Geschichte mobiler Energie von Varta fortgeschrieben: In Ready2Use verschmelzen die Vorteile von Batterien und Akkus in einer einzigen Zelle. Die neuen Zellen sind von der ersten Sekunde an einsetzbar, überzeugen durch extreme Langlebigkeit und hohe Leistungskraft.

Entwicklungen wie diese überzeugen nicht nur Konsumenten weltweit, sondern auch Experten. Der Beweis: In den vergangenen Jahren gewinnen Varta-Produkte dreimal in Folge den renommierten Plus X Award für außerordentliches Produkt-Design und außergewöhnliche Innovationskraft.

GESCHICHTE

Auf den Straßen fuhr die Kutsche öfter als das Auto. Die ersten Versuche mit Telefonen wurden in Berlin durchgeführt. Die Technik – bislang gebunden an riesige Maschinenhallen – lernte langsam laufen. Die Vorläufer des klassischen Akkumulators sind zwar schon knapp 100 Jahre alt – im Alltag der Deutschen spielten Batterien allerdings kaum eine Rolle. Das änderte sich schon bald, denn 1887 gründete *Adolf Müller* die Firma „Büsche & Müller" und bereitete damit den Weg für die einzigartige Erfolgsgeschichte von Varta.

Mit leistungsstarken Bleiakkumulatoren legte er den Grundstein für die Entwicklung des Unternehmens. Industriegrößen wie AEG und Siemens versuchten zeitgleich, Akkumulatoren vergleichbarer Qualität zu fertigen – ohne Erfolg. Die Folge: Sie schlossen sich 1890 mit *Adolf Müller* zusammen: die Accumulatorenfabrik AG – kurz AFA – entstand. Über die Jahre erschloss sich AFA stetig neue Anwendungsbereiche für seine flexiblen Bleiakkus. Wenig später versorgten AFA-Zellen die ersten Automobile mit Energie. Zur Jahrhundertwende ermöglichte der Erfolg dem Unternehmen kräftig zu expandieren. Weltweit wurden 11 Akkumulatoren-Fabriken gekauft. AFA war auf Expansionskurs. 1904 gründete die florierende Firma ein Tochterunternehmen namens Varta.

Die neue AFA-Tochter spezialisierte sich auf die Produktion kleiner, mobiler Blei-Akkus – zum Beispiel für Taschenlampen und zur Zündung von Motoren.

Um 1926 setzte sich AFA – und damit auch Varta – an die Spitze der Batterie- und Akkubranche. AFA übernahm die Petrix Chemische Fabrik AG. Das Unternehmen hatte die erste lagerfähige Trockenbatterie entwickelt und ermöglichte Varta, erstmals ein lückenloses Sortiment rund um mobile Energie anzubieten.

1957 eroberte Varta auch die Domäne kleiner Elektronik-Geräte. Uhren, Hörgeräte, Radio-Rekorder wurden durch kompakte Rundzellen mobil. Bis heute sind Zellen, die exakt auf die individuellen Bedürfnisse einzelner Anwendungen zugeschnitten sind, eine besondere Spezialität von Varta. Eine Stärke, die die Marke Varta über die Jahre zum Synonym für Batterien gemacht hat. Deshalb firmierte die AFA 1962 kurzerhand in Varta um und übertrug den kurzen, einprägsamen Markennamen auf die gesamte Produktpalette. Unter diesem Label festigte das Unternehmen seine dominierende Stellung im Markt. Heute setzt Varta in 30 Ländern kontinuierlich neue Energie-Maßstäbe, an denen sich die Konkurrenz messen lassen muss.

Seit 2002 ist Varta Teil von Spectrum Brands. Hier befindet sich die populäre Marke in guter Gesellschaft. Schließlich gehört auch der Batteriespezialist Rayovac zum Portfolio der amerikanischen Gesellschaft. Als zweitgrößter Batteriehersteller Europas und führende Marke für Akkus und Ladegeräte setzt Varta mit 1.400 Mitarbeitern auf dem Kontinent über 400 Millionen Euro um. Die perfekte Mischung aus traditionellem Knowhow und in die Zukunft gerichteter Innovationskraft hat Varta zu dem gemacht, was es heute ist: Eine Marke, die sich in der Energie-Welt digitaler Hightech-Geräte einen Spitzenplatz erobert hat.

PRODUKT

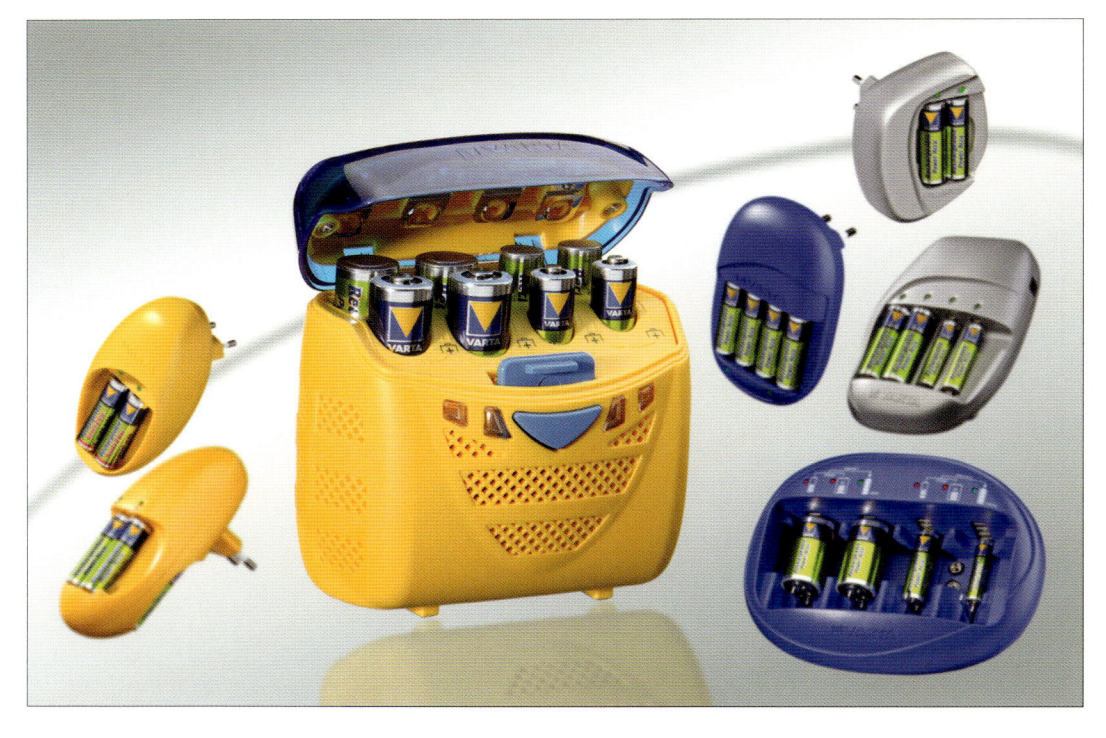

Wenn der MP3-Player den gesamten Strandurlaub am Meer für Entspannung sorgt, bei der Silvesterparty die Digicam bis in den Morgen anstandslos erstklassige Fotos schießt und die Taschenlampe auch nach der dritten Nachtwanderung zuverlässig Licht ins Dunkel bringt, dann haben wahrscheinlich die kleinen Energiepakete von Varta ihre Powerreserven im Spiel. Die großen Energie-Reservoires der Zellen verheißen unbeschwerten Spaß mit modernen elektronischen Geräten.

Neben Qualität und Leistungskraft der Zellen ist es die Breite der Produktpalette, die den Erfolg von Varta ausmacht. Für jeden Bereich, in dem mobile Energie gefragt ist, hat Varta das ideale Produkt: Mit Max Tech bietet der Energie-Spezialist Alkaline-Batterien für anspruchsvolle Hightech-Applikationen, die auf den Punkt genaue Energie benötigen. Hinter High Energy stehen leistungsstarke Kraftpakete für besonders energiehungrige Geräte.

Wer neben der klassischen Einwegbatterie auch auf moderne Akku-Technologie setzen möchte, wird in Vartas umfangreichem Sortiment für wiederaufladbare Energie fündig. Auch hier bietet Varta eine nahezu lückenlose Produktpalette mit unterschiedlichen Ladegeräten und Akkus für die verschiedensten Ansprüche an mobile Energie.

Mit seinen Taschenlampen bringt Varta jederzeit und überall Licht ins Dunkel – mit einer breiten Auswahl für Zuhause und unterwegs. Und wieder sind alle Produkte exakt auf die Bedürfnisse der Verbraucher zugeschnitten. Active-Taschenlampen zum Beispiel sind speziell für den Outdoor-Bereich entwickelt und zeichnen sich durch hohe Funktionalität, Robustheit und hohe Leistungskraft aus – Kindertaschenlampen haben ihre Stärken im verspielten Design und der einfachen Bedienbarkeit.

Trotz der riesigen Produktpalette finden sich Konsumenten problemlos im Varta-Angebot zurecht. Auf Anhieb können sie erkennen, welche Batterien oder Akkus für sie und ihre individuellen Ansprüche die richtigen sind. Dafür sorgen die klare Struktur und das eindeutige Verpackungsdesign des gesamten Sortiments.

AKTUELLE ENTWICKLUNG

Die Strategie, die Trends der Branche mit intelligenten und innovativen Produkten zu bestimmen, zieht sich wie ein roter Faden durch das gesamte Varta-Portfolio. Ist eine neue Zelle auf dem Markt, beginnt Varta gleich mit ihrer Weiterentwicklung. So stellt der Qualitätsführer der Branche sicher, mit den eigenen Produkten immer am Puls der Zeit zu sein. Die Verbraucher freut's: Schließlich können sie sich immer darauf verlassen, dass Zellen made by Varta stets auf dem neusten Stand der Technik sind. So ist Varta bereits vollständig aus der veralteten Zink-Kohle-Technologie ausgestiegen und setzt stattdessen bei der Entwicklung neuer Produkte auf Alkaline.

Allein 2007 stehen in drei Segmenten die Zeichen auf Relaunch: In der ersten Jahreshälfte kommt die neue, technisch verbesserte Version des 15 Minute Ultra Fast Chargers auf den Markt. Es folgt die strategische Erweiterung des Professional Sortiments um weitere Premium-Zellen. In der zweiten Jahreshälfte definiert Varta im Batterie-Bereich mit neuen High Energy, Max Tech und Longlife Extra Zellen neue Qualitätsmaßstäbe für die gesamte Branche. Gleichzeitig können sich die Verbraucher auf das überarbeitete Charger-Sortiment von Varta freuen.

WERBUNG

In der schnelllebigen Elektronik-Branche müssen starke Marken ein Garant für Zuverlässigkeit und Qualität sein. Nur wenn sie diesem hohen Anspruch über Jahre gerecht werden, können sie dauerhafte Werte schaffen. Aber erst eine erfolgreiche Kommunikationsstrategie macht aus einer bedeutenden Marke eine herausragende. Um die Kraft der eigenen Marke noch stärker in den Blickpunkt der Öffentlichkeit zu rücken, hat Varta in diesem Jahr mit *Boris Becker* einen Ausnahme-Sportler als Testimonial gewählt. Genau wie der Batterie- und Akku-Spezialist steht die Sportlegende für Dynamik, Kraft, Lebensfreude – international für dauerhaften Erfolg. Der Weltstar und die Premium-Marke Varta – ein Erfolgsteam für die Zukunft.

Das umfassende Kommunikationskonzept geht jedoch weit über die erfolgreiche Liaison Varta/Becker hinaus. Die Strategie des deutschen Traditionsunternehmens basiert auf drei soliden Säulen:

Erstens: POS-Auftritte, die sich sehen lassen können. Mit durchdachtem Category Management und individuellen, flexiblen Warenträgerkonzepten unterstützt Varta seine Handelspartner auf ganzer Linie. Serviceorientierte und transparente Zusammenarbeit zeichnen die besondere Beziehung zwischen Varta und dem Handel aus.

Zweitens: Public-Relations für vertrauenswürdige Kommunikation. Durch effiziente PR-Tools wird die öffentliche Aufmerksamkeit auf das Thema mobile Energie und News aus dem Hause Varta gezogen. Entscheidend sind dabei Qualität und Kreativität der Pressearbeit sowie das optimale Zusammenspiel der einzelnen Maßnahmen.

Drittens: Ein überzeugender Internetauftritt, der jedem Mehrwert bietet. Welche Batterie ist optimal für welches Gerät? Welcher Akku passt in meine neue Digicam? Welche Technik gehört in ein gutes Ladegerät? Für alle, die in Energie-Fragen nicht weiter wissen, lohnt ein Besuch von www.varta-consumer.de. Denn hier gibt es kompetente Antworten, die den Einstieg in die Welt mobiler Energie so leicht wie möglich machen. Neben aktuellen Infos zum Unternehmen und neuen Produkten ist die Internetpräsenz gespickt mit nützlichen Informationen, praktischen Tipps und einem Online-Lexikon, das für alles aus dem Batterie- und Akku-Kosmos einen Eintrag parat hält. Für Handel und Verbraucher ein unerschöpflicher Pool an Wissen rund ums Thema mobile Energie.

MARKENWERT

Varta ist nicht nur die traditionsreichste Marke auf dem deutschen Batterie-Markt, sondern auch die prominenteste. Mit einer Bekanntheit von nahezu 90 Prozent und dem Image, langjähriges Knowhow mit moderner Innovationskraft erfolgreich zu verbinden, ist Varta für die Zukunft bestens aufgestellt. Verbraucher weltweit verbinden mit der Marke „Energie", „Zuverlässigkeit" und „Spaß mit mobiler Power". In über 30 Ländern ist das blaugelbe Markenlogo ein Symbol für Qualität. Das Geheimnis des Erfolgs: Der intensive Fokus auf den Lebensstil der Konsumenten und die enge Zusammenarbeit mit dem Handel. Auf diese Weise gelingt es Varta immer wieder, im dynamischen Hightech-Markt schnell und flexibel auf aktuelle Gerätetrends mit optimalen Energielösungen zu antworten. Mit dieser Strategie hat sich Varta in ganz Europa einen Namen gemacht.

www.varta.de

Wussten Sie schon von VARTA?

○ *Neil Armstrong* machte einen großen Schritt für die Menschheit mit einer speziellen Marke: Als er 1969 seinen Fuß auf den Mond setzte, stecken Varta-Batterien in seinem Fotoapparat.

○ Varta blickt auf über 100 Jahre Unternehmensgeschichte zurück.

○ Den Lichtkegel im Varta-Logo gibt es schon seit 1922. Symbolisiert wird er durch das gelbe Dreieck. Entstanden ist er damals durch den Firmenschriftzug mit dem Kopf eines Mopses, der eine Taschenlampe im Maul trägt.

○ Der Name VARTA steht für Vertrieb, Aufladung, Reparatur Transportabler Accumulatoren. Vor 100 Jahren war das Unternehmen noch auf kleine transportable Blei-Akkumulatoren spezialisiert.

○ Varta-Batterien leben eine kleine Ewigkeit. Eine Kostprobe: Acht davon hielten das Radio von Vorstandsmitglied *Dr. Wolfgang Schürrle* ab 1968 für 20 Jahre in Betrieb.

VELUX®

MARKT

VELUX ist der weltweit führende Hersteller von Dachfenstern und ist mit mehr als 9.500 Mitarbeitern in rund 40 Ländern vertreten. VELUX Deutschland – mit Sitz in Hamburg - beschäftigt in Produktion und Vertrieb nahezu 1.000 Mitarbeiter. Neben Dachfenstern und anspruchsvollen Dachfenstersystemen umfasst die Produktpalette zudem Dekorations- und Sonnenschutzprodukte, Rollläden und Solarkollektoren sowie Zubehörprodukte für den Fensterbau.

Eigentümer der Holding sind die Gründerfamilie *Rasmussen* und die gemeinnützige VELUX Stiftung. 2005 betrug der Jahresumsatz 1,9 Milliarden Euro. Deutschland stellt den größten Einzelmarkt innerhalb der VELUX Gruppe dar.

ERRUNGENSCHAFTEN UND ERFOLGE

Seit jeher steht VELUX für technische Innovationen im Fensterbau. 1956 entwickelte das Unternehmen das erste Sonnenschutzprodukt für Dachfenster, die Außenmarkise und ließ sie patentieren. Mit der Entwicklung größerer Fensterflächen wuchs der Bedarf an Sonnenschutz. Ende der Sechziger Jahre kamen Rollos, Mitte der Siebziger Verdunklungs- und Insektenschutzrollos und Ende der Achtziger Jahre Außenrollläden hinzu. Heute umfasst das Produktsortiment zudem Faltstores, Jalousetten und Markisen, die per Fernbedienung gesteuert werden können – entweder elektrisch oder kabellos mit Solarzelle oder Funk.

Mit dem ersten Schwingfenster brachte VELUX 1969 ein neues und markant anderes Dachflächenfenster auf den Markt. Das Fenster konnte ohne Aufstellstange offen stehen und war dank Isolierverglasung weniger wärmedurchlässig. Die Fensterflächen konnten deshalb erheblich vergrößert werden und steigerten zudem aufgrund des größeren Lichteinfalls die Wohnqualität.

1981 führte VELUX das erste Kunststofffenster ein, das weitaus stabiler, länger haltbar und weniger pflegeaufwändig war als die bis dahin verarbeiteten Holzfenster. Anfang der Neunziger Jahre revolutionierte VELUX das Wohnen unter dem Dach abermals. VELUX schuf das „Cabrio", ein zweiflügeliges Fenster, das sich zu einem Dachaustritt öffnen lässt und den VELUX Dachbalkon, mit dem ein beliebig breiter voll begehbarer Balkon geschaffen werden kann. Ende der Neunziger präsentierte VELUX die ersten mit Dachwohnfenstern kombinierbaren Sonnenkollektoren. 2002 stellte das Unternehmen mit „Integra" das erste komplett elektrisch bedienbare Fenster mit integriertem Regensensor vor. Seit 2006 genügt ein Knopfdruck, um alle Funktionen der Fenster, Lichteinfall, Luftzirkulation und Verdunkelung, zentral über eine Funkfernbedienung zu steuern. – Mehr noch: „Integra" mit dem io-Standard kann auch per Fernbedienung Produkte unterschiedlicher Hersteller steuern!

GESCHICHTE

Vor mehr als 70 Jahren hatte der Däne *Villum Kann Rasmussen* die Idee, Licht, Luft und Lebensqualität unter das Schrägdach zu bringen. Er wollte dunkle, ungenutzte Dachböden in offene, lichtdurchflutete Lebensräume verwandeln. 1942 entwickelte *Rasmussen* das erste Dachfenster und ließ es noch im selben Jahr unter dem Namen VELUX als Warenzeichen eintragen. Das war die Geburtsstunde eines Weltkonzerns.

Anfang der Fünfziger Jahre expandierte VELUX und eröffnete erste Auslandsniederlassungen in Nachbarländern wie Schweden und Deutschland, später in ganz Westeuropa. Mitte der Siebziger Jahre folgte der Sprung über den großen Teich: 1975 gründete der Fensterhersteller eine Niederlassung in den USA, wenig später in Kanada. Gleichzeitig weitete das Unternehmen auch die Produktion der Fenster auf Standorte außerhalb Dänemarks aus. 1973 begann VELUX mit der Produktion in Großbritannien, 1975 folgte Frankreich. 1978 wurde das erste Werk in den USA errichtet. In den Achtziger Jahren expandierte VELUX in die Märkte Mittel- und Osteuropas und gründete Tochtergesellschaften im Pazifikraum und Südamerika. Weitere Produktionsstätten und Vertriebsgesellschaften folgten in den Neunziger Jahren in Russland und China.

PRODUKT

Seit den Vierziger Jahren erfüllt VELUX Träume für das Leben unter der Dachschräge. Durch kontinuierliche Weiterentwicklung der Produkte entstand im Laufe der Zeit aus einer einfachen Dachluke ein ausgereiftes Dachfenster-System, das in Vielfalt und Qualität keine Wünsche offen lässt. Neben Dachfenstern stellt

Die Systemlösung Quartett (zzgl. Einbau). Jetzt Handwerkerrechnung steuerlich absetzbar. Mehr unter www.velux.de/Foerderung

Horizonterweiterung für 1.989,-

das Unternehmen unter anderem Dekorations- und Sonnenschutzprodukte, Rollläden und Sonnenkollektoren her. Zubehörprodukte für den Fenstereinbau ergänzen das Produktsortiment.

Dank des Einsatzes hochwertiger Materialien, strenger Prüfverfahren und einer mehr als 60-jährigen Erfahrung konnte das Unternehmen im April 2007 die Garantiezeit für alle Original VELUX Fenster auf zehn Jahre verdoppeln.

AKTUELLE ENTWICKLUNG

Neben Dachfenstern für Schrägen bietet VELUX auch Fensterkonstruktionen für Flachdächer an. Noch viel weiter geht das Unternehmen mit dem Prototyp „Soltag" für ein Dachhaus, das auf bestehende Flachdächer aufgesetzt wird. Flachdächer in Großstädten bieten ein hohes Potential für Erweiterungen. Die von dänischen Architekten entworfene Studie „Soltag" ist ein Satteldachhaus mit 45 Grad Neigung und in der Nähe von Kopenhagen zu besichtigen. Mit einem ausgefeilten Energiekonzept ist Soltag perfekt auf die Klimaverhältnisse in Mittel- und Osteuropa abgestimmt. Das Pendant für den südeuropäischen Raum heißt Atika und ist eine Studie eines baskischen Architekturbüros. Derzeit ist dieses Musterhaus auf Europatournee und zeigt, wie in Zukunft umweltbewusstes Wohnen in hellen und freundlichen Räumen aussehen kann.

Bei Soltag und Atika wird das Innenklima durch ein ausgeklügeltes elektronisches Kontrollsystem überwacht. Dieses steuert Wärmezufuhr und -tausch sowie Luftwechsel durch automatisches Öffnen und Schließen von Dachflächenfenstern und Jalousien, ebenso die Regelung von Heizung und Kühlung. Ein wesentlicher Aspekt beider Projekte ist die maximale Ausbeute an Tageslicht, die darauf basiert, dass Licht, welches von oben einfällt viel ergiebiger ist als solches das durch senkrechte Fenster scheint. Gleichzeitig führt das Licht von oben zu sich ständig wandelnden Lichtstimmungen. Beide Häuser dienen also nicht nur dazu, intelligente und innovative Möglichkeiten der innerstädtischen Architektur aufzuzeigen, sondern gleichzeitig die besonderen Chancen des Wohnens unter dem geneigten Dach zu beweisen.

WERBUNG

Nicht nur Endkunden, sondern vor allem auch Handwerker, Architekten, Planer und Baustofffachhändler gehören zur Zielgruppe der Marke VELUX. Das Unternehmen setzt vor allem auf direkten Kontakt zu seinen Konsumenten und auf die Präsentation von Dachfenstern in realer Umgebung. So entstand in unmittelbarer Nähe zum Produktionsstandort Gotha-Sonneborn in Thüringen das VELUX Forum, ein Schulungszentrum, in dem VELUX seine Partner aus- und weiterbildet. Auf 1.000 Quadratmetern sorgen mehr als 160 Dachfenster für moderne Tageslicht-Architektur und eine angenehme Lernatmosphäre.

Mit Konzepthäusern bietet VELUX Wohnträume zum Anfassen und erreicht damit einen direkten Kontakt zu den Konsumenten. Das Musterhaus Atika, das traditionelle mediterrane Architektur und nachhaltiges energiesparendes Bauen vereint, reist in einer Wanderausstellung quer durch Südeuropa und wird bis zum Jahr 2010 in verschiedenen Städten im Mittelmeerraum zu sehen sein.

Beim VELUX 5 Oceans Race ist der Hersteller zudem Hauptsponsor einer der härtesten Solo-Segelregatten der Welt: in drei Etappen führt das Rennen die Segler rund 30.000 Seemeilen um die Welt. Das Sponsoring des Weltumsegelungsabenteuers passt ideal zu dem, was VELUX am meisten am Herzen liegt: Tageslicht und frische Luft. Sein Engagement für Sport unter freiem Himmel zeigte VELUX auch während der Fußball-Weltmeisterschaft 2006 und lud täglich prominente Gäste in die VELUX Lounge im Medienbunker hoch über dem Heiligengeistfeld in Hamburg ein. Unternehmensdarstellungen in Broschüren und Werbematerialien zielen darauf ab, VELUX mit Licht und Frischluft zu assoziieren. Dafür setzt das Unternehmen auf Abbildungen großzügiger Räume, die lichtdurchflutet und modern gestaltet sind. Anzeigen in der Fach- und Publikumspresse runden die Markenbildung von VELUX zusätzlich ab.

MARKENWERT

VELUX – dieser Begriff steht weltweit für hervorragende Qualität von Dachfenstern. Mit einer gestützten Markenbekanntheit von 70 Prozent steht das Unternehmen für zeitgemäßen Wohnkomfort, innovative Fenstertechnik und ein vielseitiges Ausstattungsprogramm. Immer am Puls der Zeit und offen für die Herausforderungen von morgen sucht VELUX ständig nach Weiterentwicklungen und energiesparenden Alternativen in der Fensterproduktion, um optimale Lebensbedingungen zu schaffen. Der Wert der Marke VELUX fußt jedoch vor allem auf Grundsätzen, die Firmengründer *Rasmussen* geprägt hat: nützliche Produkte zu entwickeln und Mitarbeiter, Lieferanten, Kunden und Öffentlichkeit besser zu behandeln als es jedes andere Unternehmen tut. Diesen Grundsätzen ist VELUX treu geblieben. Markenwerte wie Qualität, Vertrauen, Verlässlichkeit und Glaubwürdigkeit begleiten das Unternehmen und gehen vor allem auf die permanente Erfüllung des Markenversprechens im Tagesgeschäft zurück. VELUX will Vorbild sein, Bester seiner Branche und Modellunternehmen für Wirtschaft und Gesellschaft.

www.velux.de

Wussten Sie schon von VELUX?

○ Das VELUX 5 OCEANS Race ist das zweithärteste Solo-Segelrennen um die Welt. Es startete am 22. Oktober 2006 in der spanischen Hafenstadt Bilbao und führte über das westaustralische Fremantle sowie das amerikanische Norfolk (Florida), bevor es über den Atlantik zurück nach Bilbao ging. Dabei entstand auch das über der Rubrik stehende „Sportfoto des Jahres 2006".

○ Der Erfinder der Dachfenster, *Villum Kann Rasmussen*, fand mit „VELUX" einen treffenden Namen für seine Konstruktion. Das Wort setzt sich zusammen aus „**Ve**ntilation" für Belüftung und „**Lux**" für Licht.

○ Bereits 1965 verkaufte VELUX das millionste Dachwohnfenster.

○ VELUX betreibt in Dänemark einen eigenen Windkanal zur Entwicklung und Kontrolle der Produkte.

○ Für die Velux Lounge auf dem Hamburger Medienbunker – anlässlich der Fußball Weltmeisterschaft 2006 errichtet – hat die betreuende Agentur Faktor 3 den PR Report Award 2007 in der Kategorie Publicity gewonnen.

MARKT

Erfindergeist trifft auf Innovationskraft, Kundenorientierung vereint sich mit konsequenter Ausrichtung auf die Marktanforderungen – auf diesen Grundlagen beruht die Marktposition von Villeroy & Boch.

Der Konzern mit Sitz in Mettlach/Saarland gliedert sich heute in drei Bereiche: Bad & Wellness, die Tischkultur und die Fliesen GmbH. Produziert wird in insgesamt 22 Werken, dies in 12 europäischen Ländern sowie in Mexiko. Das Unternehmen agiert in 125 Ländern und hat sich vom produktorientierten Keramikhersteller zur europäischen Lifestyle-Marke von Weltruf entwickelt. Zielgruppen bei allen Unternehmensaktivitäten sind aber nicht nur Endverbraucher, sondern auch die Bereiche Hotellerie und Gastronomie sowie der Objektbereich mit Architekten und Planern.

ERRUNGENSCHAFTEN UND ERFOLGE

Vom Essen zur Tischkultur, vom Waschen zur Badkultur – Villeroy & Boch war und ist Wegbereiter europäischer Lebensart und Kultur. Die Wahrnehmung des Bades als Lebensraum und das Interesse an gepflegter Tischkultur sind durch Villeroy & Boch kontinuierlich belebt worden und gewachsen. Dabei wirkten die Produkte und ihre Präsentation nicht nur prägend auf die Endverbraucher; das Komplettbadkonzept von Villeroy & Boch war für die ganze Sanitärbranche ein Vorbild in Sachen Badgestaltung. Ebenfalls vorbildlich (und häufig nachempfunden) ist das Lifestyle-Konzept, das sich konsequent durch die Kommunikation zieht: Vier unterschiedliche Stilrichtungen zeigen dem Endverbraucher harmonisch aufeinander abgestimmte Lebens- und Wohnwelten.

Eine wichtige Rolle spielen auch die Innovationen des Hauses – Innovationen, die stets zum Ziel haben, Lebensqualität zu gestalten: ceramicplus war die erste überzeugend wirksame schmutzabweisende Oberfläche für Keramik; sie kommt auch bei V&B Fliesen, den keramischen Küchenspülen und beim Ofengeschirr zum Einsatz. Die Weltneuheit PurAir ist das erste WC von Villeroy & Boch, das aktiv den Geruch beseitigt – ein echter Standard für die moderne Badhygiene.

Innovationen finden aber nicht nur auf Produktebene statt, sondern auch bei Produktionsprozessen – hier sichern sie langfristig die Wettbewerbsfähigkeit des Unternehmens: So erhielt die Kaffeetasse New Wave den Innovationspreis der deutschen Wirtschaft für eine völlig neu entwickelte Druckgussmethode.

Zahlreiche Designpreise wie der red dot design award und der iF product design award zeugen darüber hinaus von der Gestaltungskompetenz des Hauses; allein in 2007 ausgezeichnet wurden die superflache Duschwanne Squaro, der Waschtischeinhebelmischer Cult sowie die extravagante Besteckserie Marchesi; die Wellness-Innovation Invisible Jets erhielt den Innovationspreis Architektur und Technik. Die besten Designer arbeiten für die Marke Villeroy & Boch – in einem lebendigen Austausch mit Persönlichkeiten wie *Kenzo*, *Matteo Thun*, *Reiner Moll*, *Paloma Picasso* oder *Sebastian Conran* entstehen so immer wieder Produkte, die der Bad- und Tischkultur des Hauses Villeroy & Boch neue Impulse geben.

GESCHICHTE

1748 begannen *François Boch* und seine Söhne im lothringischen Audun-le-Tiche mit der Keramikherstellung – mit so nachhaltigem Erfolg, dass schon wenig später die Fabrique de Fayence in Septfontaines/Luxemburg eröffnet wurde. 1812 expandierte das Unternehmen weiter: In der barocken Benediktiner-Abtei in Mettlach entstand die erste moderne Fabrik. 1836 wurde Steingutfabrikant *Nicolas Villeroy* aus dem saarländischen Wallerfangen hier zum Mitinhaber. Villeroy & Boch entstand – und bis heute ist die Alte Abtei Stammsitz des Hauses.

Im Laufe der Jahrhunderte hat Villeroy & Boch eine stringente Entwicklung durchlaufen: vom Porzellan zur Bad- und Wohnfliese, vom Tafelgeschirr zur Badkeramik, vom einzelnen Produkt zum komplett ausgestatteten Tisch beziehungsweise

Bad. Die Trennung in die Unternehmensbereiche Bad/Sanitär, Tischkultur und Fliesen entstand 1982, seit 1990 ist die Villeroy & Boch AG börsennotiert.

Um einerseits einen kontinuierlichen Ausbau der einzelnen Geschäftsfelder zu gewährleisten und andererseits den hohen Produktstandard zu sichern, wurden seit 1991 gezielte Zukäufe getätigt – vom niederländischen Badewannenhersteller Ucosan über den schwedischen Sanitärhersteller Gustavsberg bis zu drei Sanitärfabriken in Mexiko 2006.

Die wichtigsten Entwicklungen der letzten Zeit: die Integration des Geschäftsfeldes Wellness mit seinem umfangreichen Sortiment an Bade- und Duschwannen sowie hochwertigen Whirl- und Dampfduschsystemen und die Gründung der Zweitmarke Vivo, die der Tischkultur ein jüngeres, erlebnisorientiertes Publikum erschließt.

PRODUKT

Das komplette Bad – der komplett gedeckte Tisch: Aus dem historischen Keramikhersteller Villeroy & Boch ist ein Lifestyle-Anbieter mit einem hochwertigen Angebot für stilvolles Leben und Wohnen geworden. Das Sortiment für die Badgestaltung reicht dabei von der klassischen Sanitärausstattung wie Waschtischen und WCs über Fliesen, Armaturen und Heizkörper bis hin zu Dusch- und Badewannen oder anspruchsvollen Whirl- und Dampfduschsystemen.

Das Angebot für die Tischkultur umfasst neben Tafelgeschirr auch Gläser, Besteck und dekorative Accessoires aus Glas oder Keramik sowie Tischwäsche. Ein Klassiker für die besonders hochwertige Kücheneinrichtung sind die keramischen Küchenspülen und passenden Armaturen von Villeroy & Boch. Das Produktangebot aller Bereiche zeichnet sich dabei durch eine große stilistische Bandbreite aus – von einer traditionell-zeitlosen Formensprache bis hin zu den klaren, puristischen Designs von heute.

AKTUELLE ENTWICKLUNG

Villeroy & Boch versteht sich im Kern als europäische Marke mit europäischem Fokus – ein Selbstverständnis, dem das Haus verpflichtet ist, ein Bekenntnis zum Ursprung der Marke. Die aktuelle Unternehmensentwicklung aber macht klar: Mit der konsequenten Fortsetzung der Globalisierung wird Villeroy & Boch immer mehr zu einer globalen Marke. Der Auslandsanteil stieg in den letzten zehn Jahren auf 73 Prozent. Die mittel- und nordamerikanischen Märkte werden von den drei Sanitärwerken in Mexiko aus beliefert, wichtigster Auslandsmarkt nach Frankreich sind bereits die USA. Wachstum ist vor allem in Übersee zu verzeichnen – hier baut das Unternehmen seine Position kontinuierlich aus.

Die Anpassung an neue Märkte erfordert dabei stets eine sensible Adaption der Produkte und begleitenden Marketingmaßnahmen. Ein Schwerpunkt internationaler Aktivitäten ist von jeher auch das Objektgeschäft – Hotels, Krankenhäuser oder Wohnanlagen werden mit Produkten aller Unternehmensbereiche ausgestattet.

WERBUNG

„The House of Villeroy & Boch", die ganzheitliche Präsentation der Produkte mit bewusst emotionaler Kundenansprache, steht im Mittelpunkt der Kommunikation: Bäder, Bad- oder Wohnfliesen und die Tischkultur werden in realistischen, ansprechenden Raumsituationen vorgestellt. Auch hier finden die Lifestyles mit ihren verschiedenen Stilrichtungen Eingang – das Ergebnis dieses Shop-in-Shop Konzeptes: Anregung für den Verbraucher, sinnvolle Orientierung und schließlich auch stilsichere Entscheidungshilfe. Gestützt wird diese emotionale Präsentation am Point of Sale von informativen Broschüren und umfangreichen Katalogen. Die Werbe- und Kommunikationsmaßnahmen richten sich aber nicht nur an Endverbraucher; mit gleicher Priorität werden auch Händler sowie Planer und Architekten in die Kommunikation miteinbezogen und über jeweils zielgruppenspezifische Kanäle angesprochen und betreut.

MARKENWERT

Mit fast 260 Jahren Geschichte ist Villeroy & Boch nicht nur eine der ältesten Keramikmarken der Welt – sie zählt zudem zu den berühmtesten und ist mit fast 80 Prozent Bekanntheitsgrad auch die bekannteste der deutschen Keramikbranche. Der Name Villeroy & Boch steht seit Generationen für klassische, zeitlose Designs, für höchste Qualität sowie für perfekte Stilsicherheit – Produkte von Villeroy & Boch werden als echte Werte geschätzt, begehrt und erlebt.

Dank des „House of Villeroy & Boch"-Konzeptes wird die Marke am POS als höchst authentisch und individuell wahrgenommen, die Lifestyles bieten dabei hohes Identifikationspotenzial für den Endverbraucher. Neue Produkte wie ceramicplus oder das PurAir WC haben dafür gesorgt, dass Villeroy & Boch beim Endverbraucher als Marke mit extrem hohem Innovationspotenzial wahrgenommen wird – Villeroy & Boch ist ebenso glaubwürdig wie leistungsstark. Innovative Produkte, Marketing- und Vertriebskonzepte tragen weiter weltweit zum positiven Image und zur Markenbekanntheit von Villeroy & Boch bei.

www.villeroy-boch.com

Wussten Sie schon von Villeroy & Boch?

❍ Das Villeroy & Boch Logo zeigt neben dem Firmennamen und dem Gründungsjahr das Eingangsportal zur Alten Abtei in Mettlach; die drei Bögen darunter symbolisieren die Unternehmensbereiche.

❍ Bereits vier Päpste haben von Villeroy & Boch Geschirr gespeist – natürlich von individuellen Sonderanfertigungen mit Papstwappen. Das 224-teilige Service für *Benedikt XVI.* wurde am 21. März von *Wendelin* und *Brigitte von Boch* persönlich übergeben.

❍ Wellness ist mehr als ein Schlagwort – bei Villeroy & Boch lässt sie sich erleben: In den Wellness Lounges Mettlach und Utrecht können die hochwertigen Wellnessprodukte wie Dampfduschen, Multifunktionskabinen oder Whirlpools ganz ungestört und in aller Ruhe ausprobiert werden.

VISA
LIEBE JEDEN TAG

MARKT
Visa ist eine der weltweit führenden Kartenzahlungs-Organisationen und genießt auf allen Kontinenten eine unübertroffene Akzeptanz. In mehr als 170 Ländern kann mit Visa Karten gezahlt und Bargeld in den lokalen Währungen abgehoben werden.

Allein in Europa sind über 320 Millionen Visa Debit-, Kredit-, Prepaid- und Firmenkarten im Umlauf. Der Umsatz mit diesen Karten im Handel und bei Bargeldabhebungen belief sich im Jahr 2006 auf über 1,2 Billionen Euro. Damit wurde im Jahr 2006 einer von neun in Europa für den privaten Konsum ausgegebenen Euro mit Visa bezahlt.

Visa Europe ist eine Mitgliedsorganisation, die vollständig im Besitz und unter Kontrolle ihrer 4.500 europäischen Mitgliedsbanken ist. Als Miteigentümer von Visa International trägt Visa Europe dazu bei, die weltweite Einsetzbarkeit der Zahlungsprodukte sicher zu stellen und die Marke Visa weiterzuentwickeln.

ERRUNGENSCHAFTEN UND ERFOLGE
Um für Karteninhaber und Händler stets Zahlungstechnologien auf dem neuesten Stand anzubieten, kümmert sich Visa besonders um die Weiterentwicklung seiner Produkte.

Mit der Digitalisierung von Zahlungsabläufen im VisaNet hatte 1973 die zeitaufwändige analoge Übermittlung von Transaktionen ein Ende.

1986 war Visa das erste Zahlungssystem, das Mehrwährungsabrechnungen bot und somit europäischen Banken die Bearbeitung internationaler Transaktionen erleichterte.

GESCHICHTE
Die Geschichte von Visa beginnt in den USA der Fünfziger Jahre. Die Bank of America führte hier 1958 die BankAmericard ein und vergab Lizenzen an andere Banken. 1974 gründeten dann 18 Banken aus 14 Ländern die IBANCO (International Bank Card Company), eine internationale Gesellschaft auf Mitgliedschaftsbasis.

Bereits 1976 bekam IBANCO einen neuen Namen und firmierte seitdem unter Visa International. Ein Jahr später eröffnete das neu benannte Unternehmen sein erstes europäisches Büro in Lausanne in der Schweiz. Seit 1990 begann Visa mit dem Aufbau eines Netzwerkes europäischer Niederlassungen und ist seitdem auch in Frankfurt vertreten.

Parallel zur Einführung des Euro stellte das Unternehmen 1999 alle Buchungssysteme auf die neue Währung um und bearbeitete in Deutschland die weltweit erste Euro-Transaktion über eine in Großbritannien ausgestellte Visa Karte.

Seit 2004 ist der europäische Geschäftsbereich unabhängig. Als Teilhaber der internationalen Organisation pflegt Visa Europe das Zahlungssystem und entwickelt Zahlungsprodukte für die Bedürfnisse der Europäer.

PRODUKT
Über 1,5 Milliarden Visa Karten sind weltweit im Umlauf. Statistisch gesehen hat damit jeder vierte Erwachsene eine solche Karte im Portemonnaie.

Weniger bekannt sind die Prozesse im Hintergrund, die den sicheren und praktischen Gebrauch der Karte an Geldautomaten oder bei Millionen von Händlern ermöglichen. Vier Parteien sind am Zahlungssystem Visa beteiligt: die Bank, die die Visa Karte an ihre Kunden ausgibt, die Bank, die mit Händlern Verträge über die Akzeptanz von Visa abschließt, der Karteninhaber und der Händler. Visa sorgt dafür, dass alle Abläufe reibungslos funktionieren: zuverlässig, sicher, jederzeit und überall.

Visa Karten gibt es in unterschiedlichen Farben, Formen und Größen. In Deutschland werden vor allem Visa Kreditkarten ausgegeben. Aber auch Prepaid- und Firmenkarten sind sehr beliebt. Die meisten europäischen Visa Karten sind Debitkarten, die häufig auch als Bankkarten bezeichnet werden. Mit Debitkarten können Karteninhaber unverzüglich und weltweit auf die Geldmittel auf ihrem Konto zugreifen.

Um auch im Online-Geschäft eine sichere Zahlungsabwicklung zu ermöglichen, hat Visa eine Authentifizierungsmethode für E-Commerce-Transaktionen auf den Markt gebracht. „Verified by Visa" steht damit beispielhaft für die Weiterentwicklung von Produkten und Abläufen, die Visa auf die Bedürfnisse von Händlern und Kunden zuschneidet.

AKTUELLE ENTWICKLUNG
Für den europäischen Zahlungsmarkt hat Visa Europe die Debitkarte V PAY entwickelt. Der Chip auf der V PAY Karte garantiert beim Bezahlen größtmögliche Sicherheit. Dadurch steigt das Vertrauen der Verbraucher in das effiziente elektronische Bezahlen. V PAY wird in Deutschland und ganz Europa im Handel und an Geldautomaten akzeptiert. Von Andorra bis Zypern muss der Karteninhaber jede Zahlung mit seiner Geheimnummer (PIN) autorisieren. Das Bezahlen mit V PAY ist daher überall gleich einfach, bequem und sicher.

Eine weitere neue Zahlungstechnologie macht das Einführen der Kreditkarte in das Lesegerät bald überflüssig. Mit „Visa payWave" stellte das Unternehmen im April 2007 ein kontaktloses Verfahren vor, mit dem Verbraucher Zahlungen quasi im Vorbeigehen tätigen können. Um zu bezahlen, hält der Karteninhaber seine Visa payWave Karte nur sehr kurz vor ein Radiofrequenz (RF)-Lesegerät an der Kasse. Alle erforderlichen Informationen werden dann drahtlos übertragen und die Zahlung wird wie gewohnt durchgeführt. Dieses Verfahren verkürzt die Wartezeiten an der Kasse und ist vor allem für Geschäfte geeignet, die eine hohe Anzahl an Zahlungen abwickeln. Dazu gehören Fast-Food-Ketten, Restaurants, Bars, Zeitungshändler, aber auch Park- oder Selbstbedienungs-Automaten. Bis Oktober 2007 richtet Visa Europe das kontaktlose Zahlungsverfahren zunächst in London ein. Später wird das Zahlen im Vorbeigehen auch in weiteren europäischen Ländern möglich sein.

WERBUNG
„Liebe jeden Tag" heißt es seit 2006 bei Visa. Die Werbekampagne, die in 19 europäischen Ländern läuft, zielt darauf ab, die Visa Kartennutzung in Alltagssituationen zu steigern, in denen Verbraucher in der Regel zum Bargeld greifen. Die Idee: Gerade

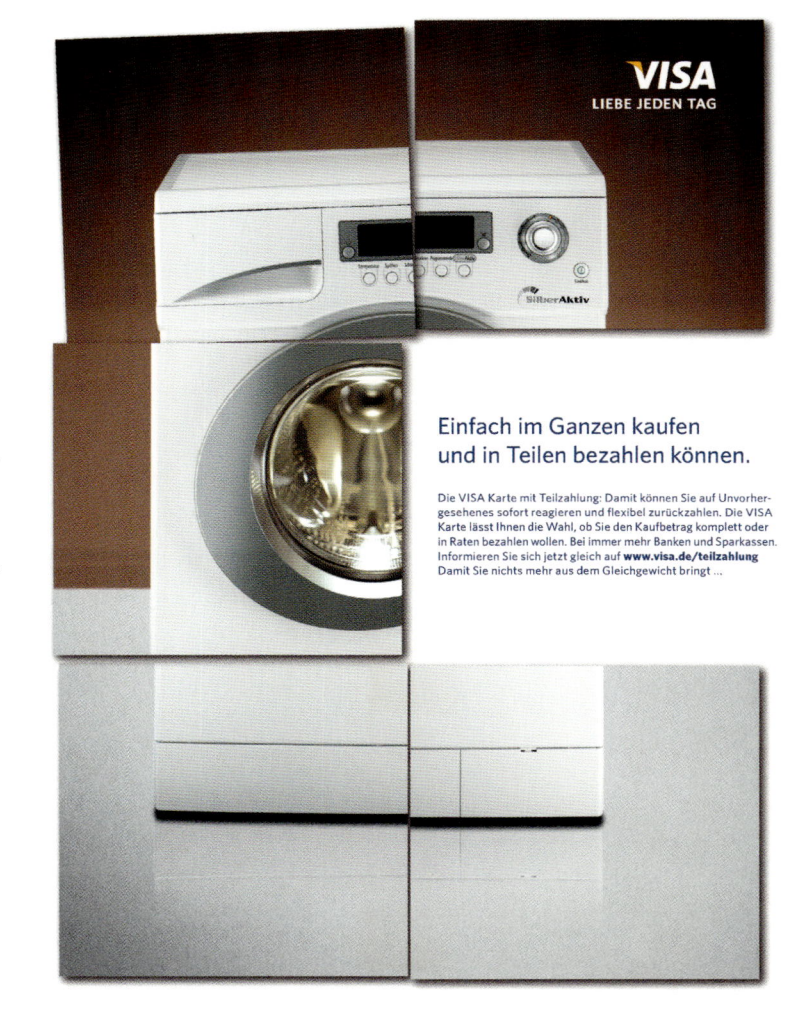

Einfach im Ganzen kaufen und in Teilen bezahlen können.

Die VISA Karte mit Teilzahlung: Damit können Sie auf Unvorhergesehenes sofort reagieren und flexibel zurückzahlen. Die VISA Karte lässt Ihnen die Wahl, ob Sie den Kaufbetrag komplett oder in Raten bezahlen wollen. Bei immer mehr Banken und Sparkassen. Informieren Sie sich jetzt gleich auf **www.visa.de/teilzahlung** Damit Sie nichts mehr aus dem Gleichgewicht bringt ...

die kleinen Dinge im Leben sind es, die den Menschen Freude bereiten. In TV-Spots und Promotions in Print, Radio und Online zeigt Visa alltägliche Dinge, die als Geschenk verpackt sind und so als Metapher für die kleinen Freuden im Leben stehen. Mit „Liebe jeden Tag" löst das Unternehmen damit eine überaus erfolgreiche Kampagne ab: „Die Zukunft spricht Visa" war 2003 in Deutschland gestartet und sollte die Markenpräferenz der Verbraucher weiter ausbauen und die Kartennutzung ankurbeln.

Für die Marke Visa und ihre Werte steht auch das Sportsponsoring. Das Unternehmen unterstützt bereits seit zwei Jahrzehnten die Olympischen Spiele. Seit 2004 wurde dieses Engagement auch auf die Paralympics ausgedehnt. Damit ist Visa die erste und einzige internationale Organisation, die den Behindertensport in dieser Form unterstützt.

Seit 2007 ist Visa zudem exklusiver Partner der FIFA und erhält die globalen Rechte an einer Vielzahl von FIFA-Veranstaltungen, darunter die FIFA-Fußballweltmeisterschaft. Mit diesem Engagement führt Visa die Strategie fort, sich mit den besten Marken der Welt zu verbinden.

Die weltweiten Partnerschaftsprogramme von Visa schaffen emotionale Berührungspunkte mit den Karteninhabern und Mitgliedsbanken.

MARKENWERT

Sicher, anerkannt und beliebt. Diese Eigenschaften einer Marke sind im Zahlungsverkehr unabdingbar. Die Marke Visa vereint alle diese Vorteile und steht in Markenrankings stets ganz oben.

Eigene Analysen des Unternehmens zeigen, dass der Faktor Internationalität von herausragender Bedeutung ist. Kunden nehmen Visa als Produkt ihrer Bank wahr, sehen aber auch die globale Präsenz eines internationalen Zahlungssystems. Nicht umsonst ist Visa die weltweit bekannteste Finanzdienstleistungsmarke. Und eine der Marken, denen Kunden in ganz Europa das meiste Vertrauen schenken.

Vertrauen ist ein wichtiger Faktor jedes Zahlungsverfahrens. Doch um wirklich erfolgreich zu sein, müssen sich Konsumenten bei der Verwendung ihrer Visa Karte auch wohl fühlen. Dieser Wohlfühlfaktor, die Vertrautheit und Bequemlichkeit, für die Visa steht, hat dazu geführt, dass Visa Karten heute häufiger verwendet werden als die jedes anderen Kartenunternehmens.

www.visa.de

Wussten Sie schon von VISA?

○ Ein wichtiger Erfolgsfaktor von Visa ist sicherlich der Name. Wer Visa seinen Namen gab, daran kann sich allerdings niemand mehr erinnern. In den Siebziger Jahren wurden alle Mitarbeiter des Unternehmens, damals noch IBANCO, gebeten, Namensvorschläge einzureichen. Einer der Vorschläge lautete „Visa" – und kam bei allen am besten an. Von wem der Vorschlag stammte, ist bis heute nicht bekannt.

○ Bis in die frühen Siebziger Jahre erfolgten alle Zahlungstransaktionen auf Papierbasis. Eine Autorisierung dauerte länger als fünf Minuten. Die Abwicklung zwischen verschiedenen Banken konnte mehrere Wochen, internationale Transaktionen sogar einen Monat oder länger in Anspruch nehmen. Heute werden Visa Zahlungen dagegen in wenigen Sekunden autorisiert.

○ Visa verdoppelt alle fünf Jahre seinen Anteil am europäischen Zahlungsverkehr.

○ Insgesamt haben die Mitgliedsbanken von Visa bisher über 1,5 Milliarden Karten ausgegeben, über 320 Millionen davon allein in Europa.

○ Auf jeden europäischen Bürger entfällt im Schnitt eine Visa Karte. Über zehn Prozent der privaten Verbraucherausgaben in Europa werden mit einem Visa Produkt getätigt – das ist einer von ausgegebenen neun Euro.

○ Nicht nur Käufer und Verkäufer profitieren von Visa, sondern auch die Volkswirtschaft. Analysen zeigen, dass Länder mit einem hohen Anteil an bargeldlosen Zahlungen auch zu den wohlhabendsten zählen. Ein bargeldloses Zahlungssystem kostet nur ein Drittel bis die Hälfte eines vergleichbaren Bargeldsystems. In den fünf größten europäischen Wirtschaftsländern ergibt sich daraus eine Kostenersparnis von rund 48,9 Milliarden Euro pro Jahr.

wüstenrot

Ein Unternehmen der Wüstenrot & Württembergische AG

MARKT

Mehr als 80 Jahre sind vergangen, seit mit der Gründung von Wüstenrot auch das Bausparen erfunden wurde. Heute zählt mit 20 Millionen Deutschen rund ein Viertel der Gesamtbevölkerung zur Gruppe der Bausparer. Kein Wunder: Die eigenen vier Wände sind nach wie vor Wunschtraum Nummer Eins der Bundesbürger, denn sie bedeuten Behaglichkeit, Sicherheit und Unabhängigkeit.

Wüstenrot gehört zu den vier größten Bausparkassen im deutschen Markt. Diese Spitzenposition erwächst aus verschiedenen Faktoren: Aus rund drei Millionen Kunden deutschlandweit, einem Marktanteil von über acht Prozent, einem Nettoneugeschäft von rund acht Milliarden Euro gemessen an der Bausparsumme, 1.000 Servicecentern und mehr als 6.000 Mitarbeitern im Innen- und Außendienst, die den Kunden beratend zur Seite stehen.

Doch Wüstenrot ist auch anderweitig auf Erfolgskurs: Als wichtige Säule der W&W Gruppe, dem Vorsorge-Spezialisten im deutschen Finanzsektor, profitiert die Traditionsbausparkasse von der Leistungskraft und der starken Marktposition des Stuttgarter Finanzdienstleistungskonzerns. Aktuell besetzt die W&W Gruppe in den Kerngeschäftssegmenten eine Position unter den Top Ten in Deutschland und steigert das Marktwachstum, dank eines groß angelegten Modernisierungsprogramms, nachhaltig.

ERFOLGE UND ERRUNGENSCHAFTEN

Dass aus einer Spar-Initiative unter Freunden einmal ein internationaler Konzern erwächst, hätte sich der Gründervater seinerzeit wahrscheinlich niemals träumen lassen. Wüstenrot vereint heute Bausparkasse AG, Bank AG Pfandbriefbank, Haus- und Städtebau GmbH, Wüstenrot GmbH & Co. Grundstücks-KG, Immobilien GmbH und einen Ableger in Prag unter einem Dach. Die private Baufinanzierung ist nach wie vor die Paradedisziplin des Hauses und steht national auf dem sechsten Platz. Dank seiner effizienten Organisation widersetzt sich Wüstenrot sogar der aktuellen Abwärtsspirale des Marktes: Während die Bausparbranche im Neugeschäft 2007 bis jetzt zweistellige Einbußen verzeichnet, erzielt Wüstenrot seit Mai diesen Jahres wieder gute Wachstumsraten.

Ein Teil des Erfolgsrezepts ist mit Sicherheit die kontinuierliche Investition in seine wichtigste Ressource: die Mitarbeiter. Sie sind es schließlich, die ganz maßgeblich den Erfolg des Unternehmens bestimmen. Aktuell gilt der Ehrgeiz von Wüstenrot der Stärkung der Vertriebskraft. Durch den Aufbau eines „Kompetenzcenters Bewerberservice" und der Intensivierung des Personalmarketings soll bis 2008 die Zahl der Außendienstmitarbeiter auf 3.500 erhöht werden.

GESCHICHTE

Schon 1921 stand Wüstenrot für Erfindergeist. Bereits mit der eigenen Gründung im schwäbischen Dorf Wüstenrot schrieb das Unternehmen Geschichte: das Prinzip Bausparen wurde geboren. Womit nicht nur die Weichen für eine unternehmerische Erfolgsgeschichte gestellt wurden – sondern für eine gesamte Branche.

Mit dem Umzug aus dem beschaulichen Dorf ins größere Ludwigsburg geschah nur sieben Jahre danach der erste große Schritt in Richtung Expansion. Ein weiterer folgte 1949 mit der Gründung der Hausbau-Wüstenrot.

Auch die Idee, sich 1967 mit der Wüstenrot Bank AG einen ganz persönlichen In-Haus-Finanzierer zu schaffen, war visionär. Das Tolle daran: Den Kunden wurde nun erstmals Bausparen und Finanzierung aus einer Hand angeboten.

1969 folgte ein nächster Meilenstein. Eine hausinterne Lebensversicherung wurde in das Leistungsportfolio eingegliedert. Die Idee dahinter: eine Rundumversorgung anzubieten, um sich so vom Markt abzuheben. Mit der Gründung der Hypothekenbank im Jahr 1994 festigte Wüstenrot erneut seine Sonderstellung.

Der wichtigste unternehmerische Schachzug der jüngeren Vergangenheit erfolgte im Jahr 1999: Durch die Fusion mit der traditionsreichen Württembergischen Versicherungsgruppe sicherte sich Wüstenrot seine eigene Unabhängigkeit und potenzierte seine Leistungskraft um ein Vielfaches. Seitdem stehen die beiden Marken Wüstenrot und Württembergische als starke Partner Seite an Seite – und machen die W&W AG zu dem Vorsorge-Spezialisten in den Kompetenzfeldern Vermögensbildung, Wohneigentum, finanzielle Absicherung und Risikoschutz in allen Lebenslagen.

2001 verschmolz die Wüstenrot Bausparkasse mit der Leonberger Bausparkasse. Dies unterstrich nicht nur die Bedeutung des Bausparunternehmens im Markt, sondern auch seine Funktion als eine der zwei tragenden Säulen der W&W Gruppe. Auch für das zweite Kernsegment der Gruppe, die Versicherungen, stellte der W&W Konzern die Weichen in Richtung Wachstum: Mit der 2005 erfolgten Übernahme der Karlsruher Versicherungsgruppe konnte das Unternehmen seine Stellung im Versicherungsmarkt erfolgreich ausbauen.

PRODUKT

Ob Bausparen, Baufinanzierung, Investmentprodukte, Zahlungsverkehr, Immobilien, Haus- oder Städtebau – Wüstenrot berät kompetent und versiert. Dank seines facettenreichen Repertoires kann der Außendienstpartner private Kunden über deren gesamten Lebenszyklus begleiten.

Seit jeher liegt auf der Entwicklung von Produktneuheiten ein besonderes Augenmerk. Dabei stehen Angebote, die sich nach spezifischen Bedürfnislagen der Kunden richten, im Zentrum aller Überlegungen. Dazu gehört beispielsweise das Jugendsparprodukt IDEAL & CLEVER. Bis zum Alter von 21 gewährt es einen besonders attraktiven Zinssatz bei null Gebühren; gleichzeitig kann bereits ab dem 16. Lebensjahr die Wohnungsbauprämie genutzt werden. Wünsche wie der erste Roller oder aber auch die erste eigene Wohnung rücken damit in greifbare Nähe. Ebenfalls bewährt hat sich das Prinzip Unkompliziertheit: Mit dem TOPGiro verfügen die Kunden über ein gebührenfreies Girokonto ohne Mindestumsatz, mit Guthabenzinsen bereits ab einem Euro und äußerst günstigem Dispo – zu Recht also einer der Testsieger bei Stiftung Finanztest.

Ein zweiter wichtiger Erfolgsbaustein ist der Wüstenrot Außendienst. Er überzeugt durch ein dichtes Vertriebsnetz, fachliche Expertise und nicht zuletzt durch das sehr gut sortierte Anschauungsmaterial, das eine Vielzahl an Verbraucherbedürfnissen abdeckt. Während die Mitarbeiter ihre Argumentation einst durch zusammenlegbare Holz-Häuschen stützten, sind heute Plakate, Anzeigen, Prospekte, Mailings und modernste Software im Einsatz, um die Kunden zu informieren. Ergänzend besteht die Option auf Online-Vertragsabschluss, Online-Banking und Online Vertragsauskunft.

AKTUELLE ENTWICKLUNG

Die gesamtwirtschaftlichen Rahmenwerte verheißen Wüstenrot eine erfolgreiche Zukunft. Miet- und schuldenfreies Wohnen im Alter wird im Sinne einer „steinernen Zusatzrente" immer relevanter. Auch die Bedeutung des Themas Vorsorge wächst: Im Zuge der rückläufigen staatlichen Unterstützung sollen die Ausgaben für Altersvorsorge bis 2010 auf 28 Milliarden Euro ansteigen. Mit anderen Worten: Die Verbraucher wissen, dass die richtige Vorsorge immer stärker über das private Glück jedes Menschen entscheidet.

Wüstenrot ist sich dieser großen Verantwortung bewusst. Seit jeher baut man darauf, nah am Verbraucher zu sein und eng mit diesem zusammenzuarbeiten – um seine Bedürfnisse zu verstehen und jeden einzelnen mit einer passgenauen Lösung zu versehen. Eine wichtige Rolle spielt in diesem Zusammenhang der kompetente Außendienst: Durch das Schließen von Lücken, die beim Rückzug der Banken und Sparkassen entstanden sind, wird das Unternehmen in Zukunft noch näher bei seinen Kunden sein.

Aufbauend auf diesem Vorsprung kann der Traditionsbausparer bereits jetzt einen weiteren Schritt in Richtung Zukunft gehen: Anhand von Lebensphasen werden unterschiedliche Zielgruppen identifiziert, von denen jede ein bedarfsorientiertes Produktpaket auf den Leib geschneidert bekommt. Durch diese optimierten und gestrafften Tarife können den Verbrauchern noch transparentere und attraktivere Konditionen angeboten werden.

Verbrauchernähe ist hier schon längst nicht mehr Zukunftsmusik, sondern gelebte Unternehmensphilosophie. Das fokussierte Leistungsportfolio der W&W-Gruppe entspricht exakt dem immer lauter werdenden Konsumentenwunsch nach Komplexitätsreduktion im Alltag: So hätten (laut einer Studie des Kundenmonitors Assekuranz) 60% der befragten Versicherten ihre Geldanlagen am liebsten bei nur einem Anbieter konzentriert.

Im Rahmen des Zukunftsprogramms „W&W 2009" folgt die W&W Gruppe auch auf Konzernebene dem zentralen Marktbedürfnis nach mehr Einfachheit: vormals fünf Geschäftsfelder wurden zu zweien zusammengefasst. Zugunsten von mehr Wachstum, Effizienz und Rentabilität fokussiert sich der Vorsorge-Spezialist in Zukunft auf die beiden Kompetenzfelder „Bausparen/Bank" und „Versicherung" und präsentiert sich schlagkräftiger denn je: Bis zum Jahr 2009 erwartet die Gruppe eine Verdopplung des Über-Kreuz-Vertriebes sowie ein Ansteigen der Eigenkapitalrendite auf neun Prozent.

WERBUNG

Wer Wüstenrot kennt, kennt auch seine Werbung und weiß, dass die Marke mit diesen Klassikern ein Stück Werbegeschichte geschrieben hat. Bereits 1976 revolutionierte sie die bieder angepasste Werbelandschaft der Bausparkassen. Denn bis dato hätte wohl keiner auch nur daran gedacht, Humor, Originalität und Bausparen in einem Atemzug zu nennen. Die typische Wüstenrot Mechanik ist den meisten noch heute vertraut: knappe und pointierte Headlines in Kombination mit bewegender, authentischer Schwarz-Weiß-Fotografie. Die Werbung reizte immer die gesamte Skala möglicher Emotionalität aus: Mal gesellschaftskritisch, mal augenzwinkernd, mal menschennah oder einfach nur ungeschnörkelt realistisch. Und dabei immer im unverwechselbar journalistischen Stil einer Reportage. Aktuell führt Wüstenrot ihr kommunikatives Leitbild der Menschlichkeit und Nahbarkeit in der „Wünsche werden Wüstenrot" Kampagne fort.

MARKENWERT

Ein Bausparer rückt seinem großen Ziel mit jedem Cent einen kleinen Schritt näher. Dieses Bild trifft auch auf die Entwicklungsgeschichte der Marke Wüstenrot zu: Nur das disziplinierte Aufeinandersetzen unzähliger kleiner Bausteine über die Jahrzehnte hinweg hat Wüstenrot zu einer bekannten Größe werden lassen. Dass Kontinuität nichts mit Gleichförmigkeit zu tun haben muss demonstriert die Wüstenrot-Werbung wirkungsvoll. Sie hat die Marken-Kernwerte immer wieder neu interpretiert, ohne sich dabei zu verzetteln und darauf verzichtet, temporären Trends nachzueilen. All das kommt der Marke jetzt zugute:

Fast jeder Deutsche kennt Wüstenrot. 2006 war die Marke mit 89 Prozent Markenbekanntheit im Feld der deutschen Bausparkassen ganz vorne dabei. Laut ICON verkörpert sie für ihre Kunden primär Tradition und Größe – also genau die Faktoren, über die ein Vorzeige-Finanzdienstleister verfügen sollte. Diese Kernwerte spiegeln sich im scharfen Markenprofil wider: Wüstenrot gilt als seriös, sicher, zuverlässig, vertrauenswürdig und sympathisch.

www.wuestenrot.de

Wussten Sie schon von wüstenrot?

○ Es gibt seit 1996 ein Bauspar-Museum. Im Stammhaus von Wüstenrot – im gleichnamigen schwäbischen Dorf – können historische Bausparverträge und diverse andere Exponate besichtigt werden. Denn wer weiß schon mehr über das Bausparen, als sein Erfinder?

○ Der erste deutsche Bausparer, ein Bahnhofsvorstand aus Heidenheim an der Brenz, trug den gleichen Namen wie der achte deutsche Bundespräsident: *Johannes Rau*.

○ Auch *Theodor Heuss* war Bausparer. Sein „Heussens Häusle" auf dem Killesberg in Stuttgart, heute eine Gedenkstätte, wurde 1958 mithilfe von drei Wüstenrot-Bausparverträgen finanziert..

○ Neben vielen anderen Prominenten war Professor *Dr. Dr. Bernhard Grzimek*, Frankfurter Zoodirektor und berühmt durch die TV Sendung „Ein Platz für Tiere", Inhaber mehrerer Wüstenrot-Bausparverträge.

Zewa

MARKT

Zuverlässige Haushaltstücher, weiches und extrem nassfestes Toilettenpapier sowie sanfte Taschen- und Kosmetiktücher sind heute selbstverständliche Bestandteile unseres Hygiene-Alltags. Die Marke Zewa zählt mit ihren Hygienepapieren zu den Pionieren in diesem Bereich und hat sich als Marktführer in den Kategorien Haushaltstücher und Toilettenpapiere etabliert und verteidigt selbstbewusst seine Stellung als das sortimentsübergreifende Markenprodukt in einem Bereich, in den in den letzten Jahren immer mehr Handelsmarken Einzug halten.

Über 90 Prozent aller Bundesbürger kennen die Dachmarke Zewa seit Jahrzehnten und sind mit den Neuentwicklungen und zahlreichen Werbespots aufgewachsen.

Jeder kennt den Slogan „Mit einem Wisch ist alles weg" – und der ist für Zewa Programm. Deutschlands Haushaltstuch Nummer Eins, Zewa Wisch&Weg, trägt die Produktlösung bereits im Namen. Seit über 40 Jahren steht Zewa für Qualität, Sicherheit und Vertrauen und ist der tägliche Begleiter in vielen Lebenslagen: Vom Klecks in der Küche bis zum Tränentrocknen bei „Vom Winde Verweht", von der sanften Behandlung der Vier Buchstaben ganz abgesehen. Folgerichtig daher unter anderem die Aufnahme in das Buch der „Deutschen Standards" als „Markenklassiker" – der Hall of Fame deutscher Erfolgsprodukte.

ERRUNGENSCHAFTEN UND ERFOLGE

Zewa ist mit Zewa Wisch&Weg Marktführer im Bereich Haushaltstücher und im Bereich Toilettenpapier mit den vier Produkten Zewa Lind, Zewa Moll, Zewa Soft und Zewa Sensitive. Mit letzterem war Zewa das erste Toilettenpapier mit spürbarem Lotionsauftrag im deutschen Markt und setzte neue Maßstäbe für innovatives Toilettenpapier. Auch mit Zewa Softis, den weichen Nasenschmeichlern, bewies Zewa eine gute Nase für den Markt und seine Bedürfnisse und ist zum erfolgreichen alternativen Papiertaschentuch seit seiner Einführung im Jahre 1977 geworden: Der Schlüssel zum Erfolg war die Weichheit und die wiederverschliessbare Tüchertasche, ein absolutes Novum vor 30 Jahren.

In der Werbung nimmt Zewa seit Jahrzehnten einen vorrangigen Platz ein. Der geniale Produktname Zewa Wisch&Weg steht unmittelbar für das Produktversprechen und ist im Sprachgebrauch etablierter Gattungsbegriff der Produktkategorie. Erst kürzlich wurde Zewa Wisch&Weg wegen seiner neuen SOS-Formel vom Fachmagazin „Lebensmittel Praxis" zum Produkt des Jahres 2007 im Bereich Hygienepapiere gekürt. Die jüngste Innovation liegt in der Vermarktung einer neuen Gattung von Reinigungstuch unter dem Namen „Zewa Haus&Garten", das Universaltuch für Profis, zur Anwendung über den Haushalt hinaus.

GESCHICHTE

Das deutsche Wirtschaftswunder brachte zunehmenden Wohlstand. 1960 begann die Zellstofffabrik Waldhof-Aschaffenburg (ZeWa) in Mannheim, mit Zellstoffprodukten eine neue Lebensqualität und mehr Hygiene in deutsche Haushalte zu bringen. Schon das erste Zewa-Sortiment bestand aus weichem Toilettenpapier, Haushalts- und Papiertaschentüchern. Die überzeugende Qualität vermittelt seitdem ein „sicheres Gefühl". Werbung und Mundpropaganda führten zu einer hohen Akzeptanz beim Verbraucher und stetig wachsendem Absatz.

Seit 1972 gibt es Zewa Wisch&Weg: Das „Küchentuch von der Rolle". Eine absolute Marktneuheit, die die bis dahin mehrfach verwendeten und damit keimträchtigen Putztücher in Küche und Haushalt in vielen Anwendungsbereichen komplett ersetzt hat. Schnell, sauber und mühelos waren ab da alle Flecken, Reste und kleinen Malheurs vom Tisch: Deutschlands Hausfrauen waren begeistert!

Der Trend zu Convenience und Einmalprodukten ist gerade durch die steigende Zahl berufstätiger Mütter aber auch der Kleinhaushalte ungebrochen. Kaum jemand wäscht und bügelt heutzutage Stofftaschentücher oder verwendet Putztücher aus Lumpen.

Zewa Wisch&Weg ist die unentbehrliche Rolle in jeder Küche und Synonym für schnelle Sauberkeit und stetige Produktentwicklung. So präsentierte Zewa 2004 den Verbrauchern das „schnellste" Zewa Wisch&Weg aller Zeiten mit neu integriertem Turbo-Absorber. 2006 folgte mit der SOS-Produktformel („Saugstarke-Oberflächen-Struktur") die nächste Produktverbesserung, dank der Zewa Wisch&Weg noch mehr Flüssigkeit aufnehmen kann.

1977 wurden Zewa Softis – nasenfreundliche Einmaltaschentücher – eingeführt, ein weiterer Meilenstein der Zewa-Geschichte. Wegen ihrer Weichheit und gleichzeitigen Reißfestigkeit wurden die soften Helfer schnell ein fester Bestandteil im deutschen Papiertaschentuchmarkt. Die wiederverschliessbare Tüchertasche mit dem berühmten roten Klebestreifen wurde schnell zum Markenzeichen der Zewa Softis. Das handliche Pocket-Format sowie die leichte Entnahme im Querformat sind Beweise, dass Zewa ein sehr gutes Händchen für Verbraucherbedürfnisse und erfolgreiche Innovationen hat.

Seit 1996 gehört die Dachmarke Zewa zur weltweit tätigen SCA-Gruppe, dem Marktführer im Bereich Hygienepapiere in Europa, zu deren Sortiment auch Einmal-Babywindeln und die Inkontinenzproduktmarke TENA gehören.

In jüngster Zeit gab es mehrfach Gründe zum Feiern für die Marke: Nach dem 40. Geburtstag von Zewa Lind im letzen Jahr feiern 2007 Zewa Softis sowie Zewa Wisch&Weg 2007 ihr 30. beziehungsweise 35. Markenjubiläum: Und 2008 wird ganz im Zeichen des 20-jährigen Geburtstag von Zewa Soft stehen.

PRODUKT

Zewa bietet dem Verbraucher ein umfassendes Produktsortiment im Bereich Hygienepapiere. Hierzu gehören:
- Toilettenpapiere mit den Marken Zewa Lind, Zewa Moll, Zewa Soft und Zewa Sensitive
- Zewa Wisch&Weg Haushaltstücher in wechselnden Designs
- Zewa Haus&Garten, das blaue Universaltuch für Profis
- Taschentücher der Marke Zewa Softis in den Segmenten Standard, Lotion, Box und Pockets sowie
- Die Kosmetiktücher Zewa Clean&Soft in vier Dekorboxen mit verschiedenen Motiven.

Das Unternehmen SCA hat sich mit dem Zewa Produktsortiment auf die Fahnen geschrieben, stets mit höchster Qualität, Innovationen und Produktvielfalt die Wünsche seiner Verbraucher zu erfüllen.

AKTUELLE ENTWICKLUNG

Seit 2006 ist Zewa Wisch&Weg dank der SOS-Formel "Saugstarke-Oberflächen-Struktur" - einer neuen Tuchprägung - noch saugkräftiger. Der Erfolg zeigt sich im Ausbau der Marktführerschaft.

Seit 2007 stellt Zewa die Hautfreundlichkeit durch das Produktsiegel "dermatologisch getestet" von Zewa Softis und seinen Toilettenpapieren unter Beweis.

Seit April 2007 gibt es zwei weitere Zewa-Innovationen: Das multifunktionale Reinigungstuch Zewa Haus&Garten: Extra große, nass- und reißfeste Tücher, die auch bei extrem widerspenstigem Schmutz vielfach anwendbar sind. Ob beim Renovieren oder Heimwerken, bei der Gartenarbeit, bei der Auto- und Fahrradpflege, Zewa Haus&Garten ist das Universaltuch in unzähligen Anwendungsbereichen.

Neben einer neuen Weichheitsformel setzt das Premium-Toilettenpapier Zewa Soft neue Maßstäbe mit der neuen Komfortöffnung, die einfaches Öffnen und hygienische Entnahme garantiert.

WERBUNG

Die Zewa-Kommunikation ist fester Bestandteil der deutschen Werbegeschichte. Allein der anhand der Zewa-Spots aus fünf Jahrzehnten sichtbare Rollenwandel der deutschen Frau in der Gesellschaft wäre eine soziologische Studie wert. Dies hat unter anderem Zewa Wisch&Weg zum gängigen Begriff für Einmal-Haushaltstücher schlechthin gemacht und der Slogan „Mit einem Wisch ist alles Weg" ist dadurch gängiger Sprachgebrauch geworden. Dabei legt Zewa schon immer Wert auf hochwertige und kreative, sprich: Preisverdächtige Werbespots. Den Nutzen von Zewa Wisch&Weg hat der Verbraucher unterdessen derart verinnerlicht, dass er in der Werbung bereits parodistisch überhöht wird: So wird bei kleinen Familienstreitigkeiten auch schon mal der große Bruder einfach „weggewischt".

Neue Maßstäbe setzt Zewa auch bei den aktuellen Zewa Softis TV-Spots, in denen sich drei männliche Singles als sanfte, gefühlvolle „Softis" präsentieren und per Videobotschaft versuchen, ihre Traumfrau zu finden. Welche Frau könnte da bei der Aufforderung „Nehmen Sie ´n Softi" – noch Nein sagen?!

Durch seine Themenpromotions hat sich Zewa einen Namen gemacht und den Verbraucheralltag mit Designs von „Tom&Jerry", „Starwars" oder zuletzt des oskarprämierten Kinohits „Happy Feet" auf seinen Produkten abwechslungsreich und farbenfroh gestaltet.

Auch 2007 steht im Zeichen neuer Designs. Rechtzeitig zum 30-jährigen Geburtstag enthalten die Zewa Softis Jubiläumspackungen „Retro-Packs" von 1977 und im Rahmen der diesjährigen Geburtstagspromotion von Zewa Softis und Zewa Wisch&Weg stattfindenden Gewinnspiels gibt es einen einmaligen Gewinn: Eine Kochparty für 20 Personen mit zwei Starköchen.

MARKENWERT

Zewa steht für Qualität und Vertrauen. Die Marke ist der Inbegriff für die Erfüllung des Verbraucherwunsches nach Hygiene im Alltag und steht von jeher für Innovation. Viele Deutsche sind mit den Premium-Produkten von Zewa aufgewachsen und zufrieden, das begründet das große Vertrauen der Verbraucher in die Marke. Zewa bleibt konsequent bei seinem erfolgreichen Kern-Sortiment Haushalts- und Taschentüchern, sowie Toilettenpapier, sorgt dabei aber stets für Produktneuerungen.

Viele Verbraucher zeigen demzufolge eine große Treue zu den kleinen Alltagshelfern und bleiben auch in Zeiten wachsender Handelsmarken treue Markenbekenner: Wer einmal Zewa benutzt hat, kommt immer wieder auf Zewa zurück.

www.zewa.de

Wussten Sie schon von Zewa?

- Die Marke Zewa erhielt ihren Namen von den Anfangsbuchstaben des ursprünglichen Firmennamens **Ze**llstofffabrik **Wa**ldhof-Aschaffenburg (Zewa).

- Im Jahr 2006 wurden in Deutschland im Durchschnitt 1,8 Zewa-Produkte pro Sekunde erworben. Das ergibt 108 Produkte pro Minute, 6.480 Produkte in der Stunde und innerhalb von 24 Stunden 155.520 Zewa-Produkte.

- Zewa wird in mehr als 30 Ländern der Welt verkauft.

- Verantwortungsvoller Umweltschutz und die langfristige Bewahrung der natürlichen Lebensgrundlagen stellen elementare Ziele für die gesamte Produktpalette inklusive ihrer Herstellung für Zewa dar.

- Die größte Zewa Wisch&Weg-Rolle aller Zeiten ist 2,80 Meter hoch, 2,60 Meter breit und 1,60 tief. Sie entstand im Rahmen eines Medienevents, bei dem Miss Germany *Claudia Hein* frei schwebend in 40 Meter Höhe dem ehemaligen Überschall-Passagierflugzeug Concorde die Nase auf Hochglanz polierte.

Superbrands präsentiert eine kleine Auswahl der Buch-Cover aus aller Welt

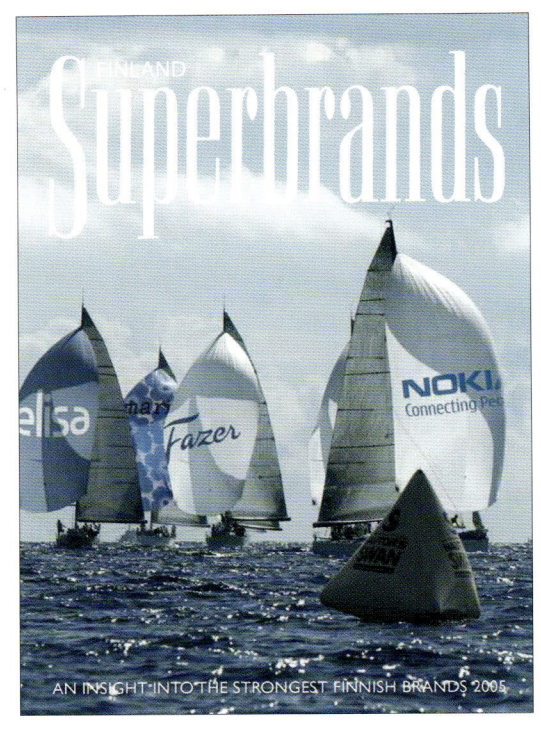

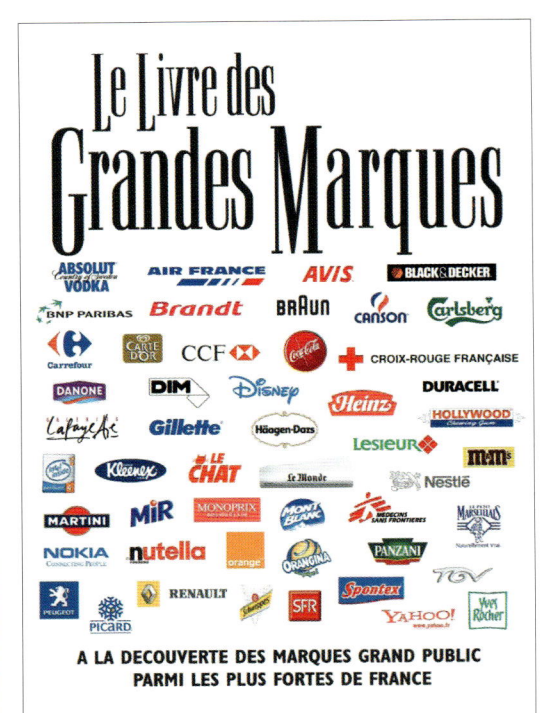

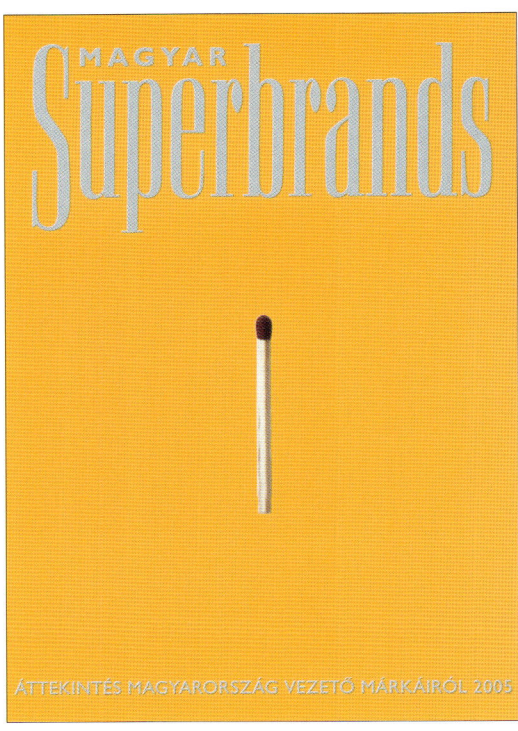

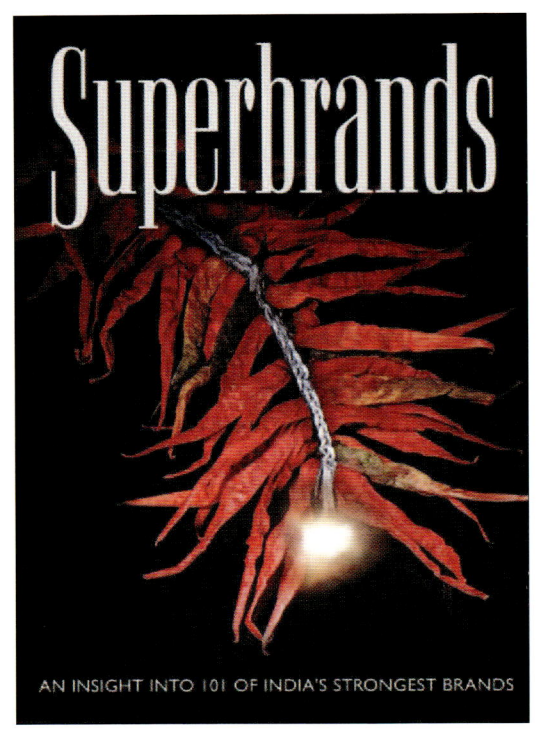

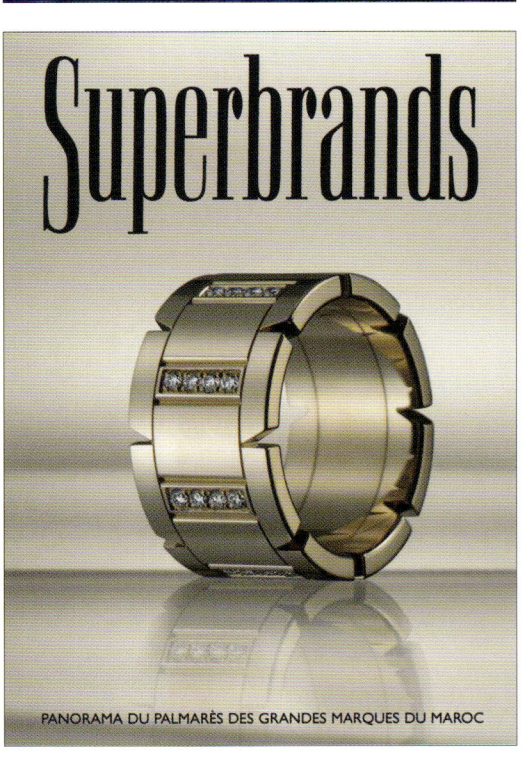

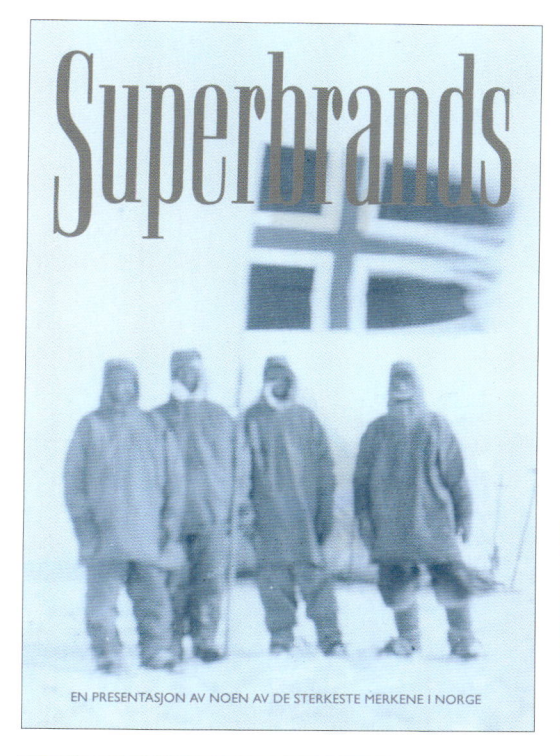

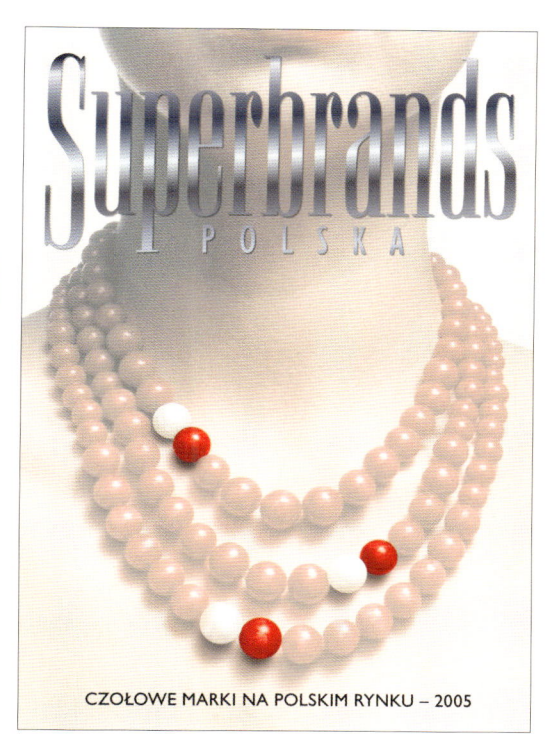

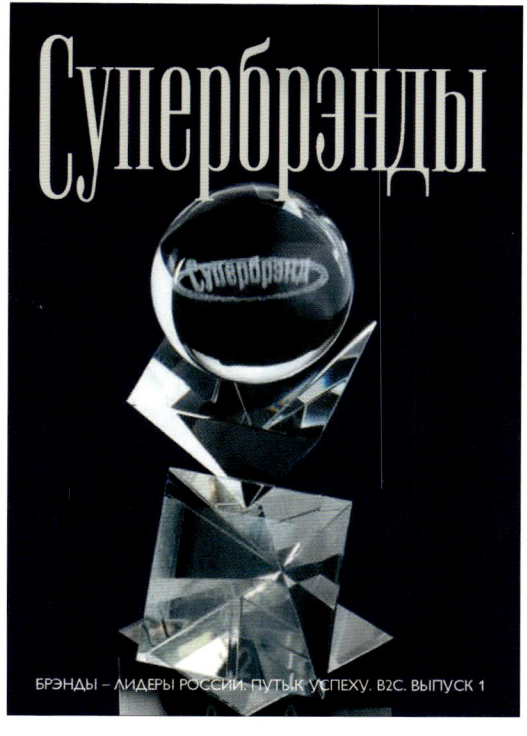

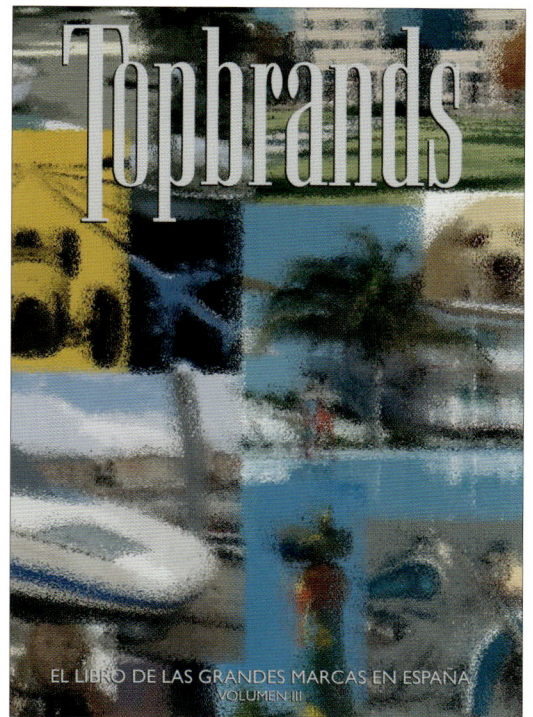

SUPERBRANDS 167